高职高专"十四五"法律类专业系列教材

刑法原理与实务

根据最新刑法修正案修订

主　编　何成兵
副主编　黄素萍　鲍磊磊

内容提要

本教材为高职法律类专业基础课"刑法原理与实务"的配套教材,主要介绍刑法基础理论、基础知识以及常见、多发刑事罪名,所选取教学内容以学生毕业后从事的基层司法行政工作岗位所需要掌握的刑法基础知识为原则。本教材每个学习单元由基本知识和案例分析两部分组成。刑法总论分三部分:认识刑法,认识犯罪,认识刑罚。在刑法分则罪名的选择上,我们以司法实践中多发、常见的交通肇事罪、生产销售伪劣产品罪、故意杀人罪、强奸罪、抢劫罪、盗窃罪、诈骗罪、毒品犯罪、贪污罪等基本罪以及新增加的部分罪名作为教学内容,通过对这些罪名的分析、讲解,使学生掌握刑事案件的基本分析方法,培养学生的理解分析能力和举一反三的能力。

本教材供高职高专法律事务专业及法律类相关专业学生使用,还可供其他法律工作者参考使用。

图书在版编目(CIP)数据

刑法原理与实务 / 何成兵主编;黄素萍,鲍磊磊副主编. — 西安:西安交通大学出版社,2023.2(2024.7重印)
ISBN 978-7-5693-3086-1

Ⅰ.①刑… Ⅱ.①何… ②黄… ③鲍… Ⅲ.①刑法-中国-高等职业教育-教材 Ⅳ.①D924

中国国家版本馆 CIP 数据核字(2023)第 015860 号

书 名	刑法原理与实务
	XINGFA YUANLI YU SHIWU
主 编	何成兵
副主编	黄素萍 鲍磊磊
责任编辑	袁 娟
责任校对	郭 剑
封面设计	任加盟
出版发行	西安交通大学出版社
	(西安市兴庆南路 1 号 邮政编码 710048)
网 址	http://www.xjtupress.com
电 话	(029)82668357 82667874(市场营销中心)
	(029)82668315(总编办)
传 真	(029)82668280
印 刷	陕西奇彩印务有限责任公司
开 本	787mm×1092mm 1/16 印张 18 字数 452 千字
版次印次	2023 年 2 月第 1 版 2024 年 7 月第 3 次印刷
书 号	ISBN 978-7-5693-3086-1
定 价	54.80 元

如发现印装质量问题,请与本社市场营销中心联系。
订购热线:(029)82665248 (029)82667874
投稿热线:(029)82665379 微信号:yy296728019
读者信箱:xj_rwjg@126.com

版权所有 侵权必究

前言
Preface

刑法原理与实务为高职法律类专业基础课,主要介绍刑法基础理论、基础知识以及常见、多发刑事罪名。如何组织教学和安排教学内容是对教师的一个考验,教学内容的取舍很关键。

刑法总论的内容是关于基本原理、基本理论知识方面的,本教材所选取的部分内容主要是关于犯罪方面的基本知识,以学生毕业后从事工作需要掌握的刑法知识为原则。该部分内容分三部分:一是认识刑法;二是认识犯罪;三是认识刑罚。

刑法分则经过修订后有四百多个罪名,即使把所有的课时都放在罪名的讲解上,也是泛泛而谈,因此我们做了一个尝试,即在四百多个罪名中选择司法实践中多发、常见的交通肇事罪,生产、销售伪劣产品罪,故意杀人罪,强奸罪,抢劫罪,盗窃罪,诈骗罪,贪污罪,贩卖毒品罪和非法持有毒品罪等基本罪以及新增加的部分罪名。通过这些罪名和其他罪名之间的联系,起到以点带面的作用。法律本身是以一定的法理为基础的,只有真正理解法律本身的法理,才能以不变应万变。本教材通过对这些罪名的讲解,使学生掌握刑事案件的基本分析方法,培养学生的理解分析能力和举一反三的能力。

本教材的学习单元包括刑法基本知识讲述和同步案例分析,以及相关法律法规条文,这样编写方便教师讲解,更有利于学生学习,这也是本教材的特色。

本教材经过多次修订改版。本次修订根据刑法教学的发展,更改了书名,根据最新刑法修正案,更新了书中相关的法条、数据,删除了部分过时内容,合并调整了接近知识点,新增了新刑法修正案对应的内容,同时对新增部分也增加了相应的案例。例如:更新了刑事责任年龄节点;增加了刑法分则概述学习单元;增加了放火罪,走私普通货物、物品罪,非法拘禁罪,敲诈勒索罪,妨害公务罪,袭警罪,冒名顶替罪,高空抛物罪,受贿罪,滥用职权罪等十个学习单元(十个罪名)。这些修改,使教材覆盖面更全、内容更丰富。

本教材的具体写作分工如下:

黄素萍:第一、六、十二、十三、十四、二十单元;

何成兵:第三、七、九、二十一单元;

崔海梅:第二、十单元;

鲍磊磊:第四、五、八、十一、十五、十六、十七、十八、十九、二十二、二十三单元。

本次修订工作由鲍磊磊具体负责,最后由何成兵老师负责审稿、统稿、定稿。

本教材的编写过程中,编者参考引用了部分学者的著述、案例和有关法院判例,根据编写的需要,我们对案例的部分信息作了适当修改,恳请学者和有关法院予以谅解,在此我们表示衷心的感谢。本教材系浙江省教育厅 2010 年度立项的省高校重点教材,并得到了省教育厅的出版资助;同时本教材的出版与修订还得到了西安交通大学出版社的重视和鼎力支持,有关工作人员也付出了辛勤的劳动,在此谨致诚挚的谢意!

由于编者水平和经验有限,教材中的疏漏在所难免,敬请读者在使用过程中批评指正。

编者

2022 年 3 月

目录
Contents

学习单元一　认识刑法 /001

- 001　一、刑法基本概念
- 005　二、刑法基本原则
- 009　三、刑法适用范围

学习单元二　认识犯罪 /021

- 021　一、犯罪概念与犯罪构成
- 023　二、典型的犯罪构成
- 038　三、非典型的犯罪构成
- 047　四、罪数
- 058　五、排除犯罪性行为

学习单元三　认识刑罚 /065

- 065　一、刑罚的概念和特征
- 066　二、刑罚的体系
- 066　三、刑罚的种类
- 072　四、刑罚裁量制度
- 084　五、刑罚执行制度
- 090　六、刑罚消灭制度

学习单元四　刑法分则概述 /095

- 095　一、刑法分则的基本内容及其与刑法总则的关系
- 095　二、刑法分则的体系和法条结构
- 097　三、罪状、罪名、法定刑

学习单元五　放火罪 /102

- 102　一、放火罪的特征分析
- 103　二、放火罪的认定
- 103　三、放火罪的处罚

· 1 ·

学习单元六　交通肇事罪/105

- 105　一、交通肇事罪的特征分析
- 107　二、交通肇事罪的认定
- 108　三、交通肇事罪的处罚
- 109　四、相关联的罪名：危险驾驶罪

学习单元七　生产、销售伪劣产品罪/114

- 114　一、生产、销售伪劣产品罪的特征分析
- 115　二、生产、销售伪劣产品罪的处罚
- 115　三、生产、销售伪劣产品罪的认定

学习单元八　走私普通货物、物品罪/119

- 119　一、走私普通货物、物品罪的特征分析
- 120　二、走私普通货物、物品罪的认定
- 121　三、走私普通货物、物品罪的处罚

学习单元九　故意杀人罪/124

- 124　一、故意杀人罪的特征、认定和处罚
- 126　二、故意杀人罪与故意伤害罪的甄别界定
- 128　三、故意杀人罪与过失致人死亡罪的甄别界定
- 129　四、转化形态的故意杀人罪、故意伤害罪

学习单元十　强奸罪/132

- 132　一、强奸罪的概念和特征
- 133　二、强奸罪的认定
- 135　三、强奸罪的处罚
- 136　四、相关联的罪名：强制猥亵、侮辱罪

学习单元十一　非法拘禁罪/139

- 139　一、非法拘禁罪的特征分析
- 140　二、非法拘禁罪的认定
- 141　三、非法拘禁罪的处罚

学习单元十二　抢劫罪/143

- 143　一、抢劫罪的特征分析
- 145　二、抢劫罪的认定
- 148　三、抢劫罪的处罚

学习单元十三　盗窃罪/151

- 151　一、盗窃罪的特征分析
- 152　二、盗窃行为的认定
- 156　三、盗窃行为的处罚

学习单元十四　诈骗罪/161

- 161　一、诈骗罪的特征分析
- 162　二、诈骗罪的认定
- 166　三、诈骗罪的处罚

学习单元十五　敲诈勒索罪/170

- 170　一、敲诈勒索罪的特征分析
- 171　二、敲诈勒索罪的认定
- 172　三、敲诈勒索罪的处罚

学习单元十六　妨害公务罪/174

- 174　一、妨害公务罪的特征分析
- 175　二、妨害公务罪的认定
- 176　三、妨害公务罪的处罚

学习单元十七　袭警罪/177

- 177　一、袭警罪的特征分析
- 178　二、袭警罪的认定
- 179　三、袭警罪的处罚

学习单元十八　冒名顶替罪/181

- 181　一、冒名顶替罪的特征分析

| 182 | 二、冒名顶替罪的认定 |
| 182 | 三、冒名顶替罪的处罚 |

学习单元十九　高空抛物罪/185

185	一、高空抛物罪的特征分析
186	二、高空抛物罪的认定
187	三、高空抛物罪的处罚

学习单元二十　毒品犯罪/188

188	一、走私、贩卖、运输、制造毒品罪的认定与处罚
190	二、有关妨害禁毒活动的犯罪
191	三、有关毒品原植物的犯罪
192	四、滥用毒品的犯罪

学习单元二十一　贪污罪/195

195	一、贪污罪的认定
198	二、贪污罪与挪用公款罪的甄别界定
200	三、贪污罪与受贿罪的甄别界定

学习单元二十二　受贿罪/204

204	一、受贿罪的特征分析
205	二、受贿罪的认定
206	三、受贿罪的处罚

学习单元二十三　滥用职权罪/209

209	一、滥用职权罪的特征分析
210	二、滥用职权罪的认定
211	三、滥用职权罪的处罚

附录　中华人民共和国刑法/212

参考文献/280

学习单元一
认识刑法

【学习目标与要求】

了解刑法的含义和性质,明确刑法的基本原则、刑法的效力和时效,能运用刑法的基本原则、刑法的效力分析解决具体案件

【学习重点与提示】

刑法的解释,罪刑法定原则,刑法的效力,追诉时效

基本知识概述

、刑法基本概念

▶(一)刑法的含义和性质

刑法是规定犯罪、刑事责任和刑罚的法律。任何法律如要被称为刑法都必须符合两个基本要素:其一,规定何种行为属于犯罪;其二,规定犯罪的法律后果。具体而言,刑法是掌握政权的阶级即统治阶级,为了维护本阶级政治上的统治和经济上的利益,根据自己的意志,规定哪些行为是犯罪和应负刑事责任,并给犯罪人以何种刑罚处罚的法律。

刑法的性质具有两方面的含义:一是刑法的阶级性质,二是刑法的法律性质。

1. 刑法的阶级性质

刑法是一个历史的范畴,和其他法律一样,不是自古以来就有的。在原始社会末期,随着私有制和阶级的出现,刑法才作为阶级矛盾不可调和的产物应运而生。刑法是统治阶级根据自己的意志和利益制定的,是统治阶级对被统治阶级实行专政的工具。刑法规定的基本内容是犯罪、刑事责任和刑罚,也就是通过对犯罪人追究刑事责任和适用刑罚来为统治阶级服务。刑法的阶级本质是由国家的阶级本质决定的。一切剥削阶级国家的刑法,包括奴隶制国家刑法、封建制国家刑法和资本主义国家刑法,尽管因国家类型不同和朝代更替使得刑法的内容和形式有所差异,但它们都是以生产资料私有制为基础,反映剥削阶级意志并为剥削阶级利益服务。它们都是镇压人民的工具,这就是剥削阶级国家刑法的共同阶级本质。当然,剥削阶级国家刑法为了统治阶级的整体利益,也会处罚统治阶级内部的某些犯罪人,也规定了一些所谓保护全体人民利益的条款,但这并不能掩盖剥削阶级国家刑法的阶级性。与剥削阶级国家刑法不同,我国刑法是社会主义类型的刑法,它是建立在我国社会主义经济基础之上的上层建筑的重要组成部分,反映工人阶级和广大人民群众的意志,保卫社会主义政治制度和经济制度,保护广大人民当前及长远的利益。

2. 刑法的法律性质

刑法的法律性质,亦即刑法作为法律体系组成部分所具有的特征。在我国社会主义法律体系中,宪法是根本大法。宪法之下有刑法、民法、行政法、经济法等基本的部门法律。刑法与

其他部门法如民法、行政法、经济法等比较起来,有两个显著的特点:其一,刑法所保护的社会关系的范围更为广泛。民法、行政法等部门法律都是调整一定的社会关系的,一般来说,调整同一类社会关系的法律规范的总和构成一个独立的法律部门。例如:民法是调整一定范围内的财产关系和人身关系的法律规范的总和;经济法调整的是经济关系;行政法调整的是行政关系。上述法律都以特定的社会关系作为其调整对象。但在这一点上,刑法却是一个例外,即刑法不以特定的社会关系为调整对象,而是以特定的调整方法使它与其他部门法律区别开来。刑法的调整对象不限于某一类社会关系,而是调整各个领域的社会关系。如仅以调整对象为标准,是无法把刑法与其他部门法律区别开来的。任何一种社会关系,只要受到犯罪行为的侵犯,刑法就规定对这种行为予以一定的刑罚处罚,从而使这种社会关系进入刑法调整范围。在这个意义上,刑法可以说是其他部门法的保护法;没有刑法作后盾和保证,其他部门法往往很难得到彻底的贯彻实施。就惩治违法行为而言,其他部门法可以说是"第一道防线",刑法则充任"第二道防线"的角色。其二,刑法的强制性最为严厉。任何法律都具有强制性,任何侵犯法律所保护的社会关系的行为,都必须承担相应的法律后果,受到国家强制力的干预。例如,违反民法的,要承担民事责任;违反治安管理处罚法的,要受到治安管理处罚;等等。但是,所有这些强制,都不及刑法对犯罪分子进行刑事制裁即适用刑罚严厉。刑罚不仅可以剥夺犯罪分子的财产,限制或剥夺犯罪分子的人身自由,剥夺犯罪分子的政治权利,在最严重的情况下还可以剥夺犯罪分子的生命。正因为刑法具有以上特点,所以刑法的法律性质不同于其他法律,它是直接用来同犯罪作斗争的法律。

➤ (二)刑法的分类

1. 广义刑法与狭义刑法

广义刑法是指一切规定犯罪、刑事责任和刑罚的法律规范的总和,它包括刑法典、刑法修正案、单行刑事法律(又称单行刑法)、司法解释以及非刑事法律中的刑事责任条款(又称附属刑法、附属刑法规范)。狭义刑法仅指规定犯罪与刑罚的一般原则和各种具体犯罪与刑罚的法律规范加以条理化和系统化的刑法典。

《中华人民共和国刑法》(以下简称刑法)是我国的刑法典。该刑法典于1979年7月1日第五届全国人民代表大会第二次会议通过,1980年1月1日施行;1997年3月14日第八届全国人民代表大会第五次会议对其进行了全面修订,于1997年10月1日起施行[①]。

刑法修正案是对刑法典的修改和补充,属于刑法典的一部分。刑法生效至今(截止到2022年12月),全国人民代表大会常务委员会共颁布了11个修正案[②]。

单行刑法是指立法机关以决定、规定、补充规定、条例等名称颁布的,针对某种犯罪或某几种犯罪和刑罚单独制定的专项刑事法律[③]。例如1998年12月29日全国人大常委会通过的

---

① 人们习惯性地称1979年刑法为旧刑法,1997年刑法为新刑法,但是从严格意义来讲,我国并不存在新、旧两部刑法,迄今为止,我国只有一部刑法。1997年刑法是在1979年刑法的基础上修订而成的,具有连续性,这一事实对于我们解释刑法具有现实意义。

② 全国人大常委会分别于1999年12月25日、2001年8月31日、2001年12月29日、2002年12月28日、2005年2月28日、2006年6月29日、2009年2月28日、2011年2月25日、2015年8月29日、2017年11月4日、2020年12月26日通过了11个刑法修正案。

③ 1997年刑法颁布实施后,全国人大常委会于1998年12月29日颁布《全国人民代表大会常务委员会关于惩治骗购外汇、逃汇和非法买卖外汇犯罪的决定》,1999年10月30日颁布《全国人民代表大会常务委员会关于取缔邪教组织、防范和惩治邪教活动的决定》,2000年12月28日颁布《全国人民代表大会常务委员会关于维护互联网安全的决定》。

《全国人民代表大会常务委员会关于惩治骗购外汇、逃汇和非法买卖外汇犯罪的决定》。单行刑法由全国人大及其常委会发布。单行刑法的内容基本上是刑法规范,但也不排除在某些单行刑法中包含某些非刑法的内容。例如1991年发布的《全国人民代表大会常务委员会关于严禁卖淫嫖娼的决定》,既包括对组织、强迫、引诱、容留、介绍他人卖淫等违法行为的刑罚处罚的内容,又包括对卖淫、嫖娼等违法行为的行政处罚的内容。

司法解释是国家最高司法机关对司法工作中具体应用法律问题所做的解释。司法解释分为最高人民法院的审判解释、最高人民检察院的检察解释和这两个机关联合发布的解释。审判解释和检察解释有原则性分歧时,应报请全国人大常委会解释或决定。

司法解释、刑法修正案是不属于单行刑法的。

附属刑法是指规定于民法、经济法、行政法等非刑事法律中有关犯罪及其刑罚的规定。在这些法律中,刑法规范不是主体部分,具有附属性。

2. 普通刑法与特别刑法

普通刑法是指在一国范围内普遍适用的刑法规范的总称。特别刑法是指适用于特别的人、特别时间、特别地域或者特定事项的刑法。刑法典属于普通刑法,单行刑法、附属刑法属于特别刑法。当一个行为同时触犯普通刑法与特别刑法时,应当按照特别刑法优于普通刑法的原则,适用特别刑法。

▶(三)刑法的根据、任务和功能

1. 刑法的根据

刑法第1条规定,制定刑法的法律根据是我国宪法,实践根据是我国同犯罪行为作斗争的具体经验及实际情况。宪法是国家的根本大法,在一国法律体系中具有最高的法律效力。刑法根据宪法而制定,意味着刑法必须符合宪法的规定和精神,不能违背宪法或者与宪法相矛盾。

2. 刑法的任务

刑法第1条规定"为了惩罚犯罪,保护人民"而制定刑法,刑法第2条进一步明确规定,刑法的任务"是用刑罚同一切犯罪行为作斗争,以保护国家安全,保卫人民民主专政的政权和社会主义制度,保护国有财产和劳动群众集体所有的财产,保护公民私人所有的财产,保护公民的人身权利、民主权利和其他权利,维护社会秩序、经济秩序,保障社会主义建设事业的顺利进行"。根据这一规定,刑法的任务可以概括为惩罚犯罪与保护人民的统一。惩罚犯罪和保护人民是手段与目的的关系。

3. 刑法的功能

刑法的功能是指刑法作为一个有机整体可起的作用或者发生作用的能力。刑法的功能是多重的,而不是单一的。一般说来,刑法具有对立统一的两方面的基本功能:

一是社会保护功能,即保护社会不受犯罪侵害的功能。刑法通过规定什么样的行为是犯罪并规定相应的刑罚,通过司法活动惩罚犯罪行为,保护国家、社会、个人的利益。

二是人权保障功能,即保障无辜的人不受刑事追究,有罪的人只是受到法律限度内的惩罚。刑罚权和其他国家权力一样,必须受到限制和制约,否则就会被滥用而侵害公民的基本权利。国家动用刑罚惩罚犯罪,必须依法进行,严禁超越法律规定滥用刑罚权,侵害无辜的人或者犯罪人的合法权益。

(四)刑法的体系、解释

1. 刑法的体系

刑法的体系是指刑法的组成和结构。《中华人民共和国刑法》由两编和附则组成,第一编为总则,第二编为分则,最后是附则。编下有章、节、条、款、项等5个层次①。第一编总则共5章,规定刑法的基本原则、适用范围以及有关犯罪和刑罚的一般原则和规则。第二编分则共10章,分别规定了10类犯罪,各类犯罪的排列次序大致反映了立法者对于刑法保护的客体的价值判断。分则内容是具体性的规定,规定各种具体犯罪和法定性。附则由刑法的最后一个条文和两个附件组成,与总则、分则并列但不另立一编。刑法总则与分则是一般与特殊、抽象与具体的关系,二者之间形成指导与被指导的关系。刑法总则指导分则的适用,除非刑法分则有特别的规定,刑法总则的规定适用于刑法分则。

2. 刑法的解释

刑法的解释是对刑法规范含义的阐明。刑法规定大多是抽象的,含义抽象的刑法规定只有通过解释才能具体地运用于复杂多样且不断发展变化的具体案件。刑法解释对于正确适用刑法条文,正确定罪量刑,具有十分重要的意义。

刑法的解释有以下两种分类。

1) 按照解释的效力分类

按照解释的效力分类,刑法解释可以分为立法解释、司法解释和学理解释。

(1) 立法解释。这是由最高立法机关所做出的解释。一般认为有三种情况属于立法解释:①在刑法或相关法律中所做出的解释性规定,如刑法第93条关于国家工作人员的解释。②立法机关制定刑法时在"法律的起草说明"中所做的解释。③在刑法实施过程中,立法机关针对某些问题专门做出的解释。例如,2000年4月29日第九届全国人大常委会第十五次会议通过关于《中华人民共和国刑法》第93条第2款的解释,是我国全国人大常委会第一次专门对刑法做出的立法解释。截至2014年4月,全国人大常委会已经先后做出过13个立法解释②。

---

① 基本层次是:编下设章,但多数章下不设节;章、节之下是具体条文,条文是刑法典的基本单位,从第1条至第452条以统一的顺序编号,不受编、章、节的影响,刑法典以修正案的形式增加条文时,在相应的条文后面采取该条之一、之二的编号方式;条下为款,另起一段表示,有的条文只有1款;条、款之下为项,标志是另起一段且包含使用括号的基数编号。例如,刑法第91条关于公共财产的规定,包含2款,其中第1款又包含3项;刑法第92条关于公民私有财产的规定,只有1款,其中包含4项。

② 自2000年4月29日至2014年4月24日,我国立法机关先后通过了13个关于刑法的立法解释:①2000年4月29日《全国人民代表大会常务委员会关于〈中华人民共和国刑法〉第九十三条第二款的解释》;②2001年8月31日《全国人民代表大会常务委员会关于〈中华人民共和国刑法〉第二百二十八条、第三百四十二条、第四百一十条的解释》;③2002年4月28日《全国人民代表大会常务委员会关于〈中华人民共和国刑法〉第二百九十四条第一款的解释》;④2002年4月28日《全国人民代表大会常务委员会关于〈中华人民共和国刑法〉第三百八十四条第一款的解释》;⑤2002年8月29日《全国人民代表大会常务委员会关于〈中华人民共和国刑法〉第三百一十三条的解释》;⑥2002年12月28日《全国人民代表大会常务委员会关于〈中华人民共和国刑法〉第九章渎职罪主体适用问题的解释》;⑦2004年12月29日《全国人民代表大会常务委员会关于〈中华人民共和国刑法〉有关信用卡规定的解释》;⑧2005年12月29日《全国人民代表大会常务委员会关于〈中华人民共和国刑法〉有关出口退税、抵扣税款的其他发票规定的解释》;⑨2005年12月29日《全国人民代表大会常务委员会关于〈中华人民共和国刑法〉有关文物的规定适用于具有科学价值的古脊椎动物化石、古人类化石的解释》;⑩2014年4月24日《全国人民代表大会常务委员会关于〈中华人民共和国刑法〉第三百四十一条、第三百一十二条的解释》;⑪2014年4月24日《全国人民代表大会常务委员会关于〈中华人民共和国刑法〉第一百五十八条、第一百五十九条的解释》;⑫2014年4月24日《全国人民代表大会常务委员会关于〈中华人民共和国刑法〉第三十条的解释》;⑬2014年4月24日《全国人民代表大会常务委员会关于〈中华人民共和国刑法〉第二百六十六条的解释》。

(2)司法解释。这是由最高司法机关所做出的解释。在我国只有最高人民法院和最高人民检察院可以就审判和检察工作如何具体应用法律做有效的解释。根据2021年6月8日修正的《最高人民法院关于司法解释工作的规定》,最高人民法院的司法解释的形式分为"解释""规定""规则""批复"和"决定"5种。根据2019年3月20日第二次修订的《最高人民检察院司法解释工作规定》,最高人民检察院的司法解释采用"解释""规则""规定""批复""决定"等形式。

(3)学理解释。这是指未经国家授权的机关、团体或者个人从理论上或学术上对刑法所做的解释。学理解释不具有法律约束力,但对刑事司法以及刑事立法有重要的参考作用。

2) 按照解释的方法分类

按照解释的方法,刑法解释可以分为文理解释和论理解释。

(1)文理解释。文理解释又称文义解释,它是对法律条文的字义,包括单词、概念、标点符号从文理上所做的解释。文理解释是一种首选的解释方法。刑法第99条的规定"本法所称以上、以下、以内,包括本数"就是一种典型的文理解释。

(2)论理解释。论理解释,就是对法律条文的含义按照立法精神,根据法理所做的解释。例如《关于〈中华人民共和国刑法(修订草案)〉的说明》对刑法第294条做出解释:"对于黑社会性质的犯罪,必须坚决打击,一定要消灭在萌芽状态,防止蔓延。只要组织、参加黑社会性质的犯罪组织,不管是否有其他具体犯罪行为都要判刑。"这就是论理解释。

论理解释又分为扩张解释和限制解释。

扩张解释是根据立法原意,对刑法条文做超过字面意思的解释。如对于1979年刑法第3条中的"飞机"一词,学理上往往将其扩大解释为"航空器"。最容易和扩张解释相混淆的就是类推适用。但是,两者的区别又是不能回避的,因为这是罪刑法定原则对刑法解释学的基本要求,罪刑法定原则禁止不利于行为人的类推适用,但却允许扩张解释。

限制解释是根据立法原意,对刑法条文作狭于字面意思的解释。与扩张解释相对,限制解释是在字面含义之内进行缩小解释。比如将故意杀人罪中的"人"解释为"本人以外的他人",就是一个明显的缩小解释。在形式层面上,由于限制解释是在字面含义之内所做的解释,因此它完全符合罪刑法定的要求,但是如果解释不当,它却有可能与罪刑法定的实质侧面发生冲突,比如将故意杀人罪中的人解释为精神正常的人,故意杀害精神病人就不构成犯罪,这种解释就完全偏离了法本身所要追求的公平和正义,使得法律成为"恶法",因此缩小解释必须坚持合理性原则。

二、刑法基本原则

刑法基本原则,是指贯穿于全部刑法规范,具有指导和制约全部刑事立法和刑事司法意义,体现我国刑事法制的基本精神的准则。刑法的基本原则是对刑法的制定、补充、修改具有全局性、根本性意义的准则。而那些局部性原则,如对未成年人犯罪从宽处罚等仅仅适用于某些问题或某些案件,不能作为刑法的基本原则。

1997年刑法典明确规定,罪刑法定原则、刑法平等原则和罪刑相当原则是刑法的三大基本原则,其中最重要的是罪刑法定原则。

(一)罪刑法定原则

1. 含义

根据刑法第 3 条的规定,我国刑法的罪刑法定原则包括两个方面的含义:其一是罪刑法定的积极方面,即有罪必罚;其二是罪刑法定的消极方面,即无罪不罚。我们常说的"法无明文规定不为罪,法无明文规定不处罚",其实指的是罪刑法定的消极方面。

2. 理论依据

罪刑法定原则的理论依据有三个来源:其一是三权分立学说,其二是心理强制说,其三是自然法思想。根据三权分立学说,国家的权力应该分为立法权、司法权和行政权,三权要保持分立与制衡。因此,司法机关不能制定刑法,只能适用刑法,不能超越刑法做类推解释。根据心理强制说,人皆有趋利避害的本能,因此法律应当事先公之于世,使公民形成合理预期,告诉公民犯罪的后果,抑制民众犯罪的冲动,法律不应过于含糊,应当尽量明确。同时法律不应该追溯既往。根据自然法思想,刑法本身应该是善法,不得制定不合理的刑法,不得规定残酷不人道的刑罚。

3. 具体要求

罪刑法定原则的精神在于限制国家的刑罚权,使得这种最可怕的国家权力限制在法治的轨道之下,它包括形式层面与实质层面两方面的内容。

1)形式层面

人们通常所说的"法无明文规定不为罪,法无明文规定不处罚",其实主要说的就是罪刑法定形式侧面的内容,它包括以下几方面内容。

第一,制定法原则。规定犯罪及其法律后果的法律必须是立法机关制定的成文的法律,行政规章不得规定刑罚,习惯法不得作为刑法的渊源。同时,我国不承认判例法,判例不应作为刑法的渊源,即使是最高人民法院做出的判例也只具有参考作用,而没有绝对的约束力。

需要注意的是,虽然行政规章不能直接规定犯罪和刑罚,但它可以对犯罪构成要件的某些方面进行填补,空白罪状[①]是符合罪刑法定原则的。如刑法第 341 条第 2 款规定:"违反狩猎法规,在禁猎区、禁猎期或者使用禁用的工具、方法进行狩猎,破坏野生动物资源,情节严重的,处三年以下有期徒刑、拘役、管制或者罚金。"显然,认定狩猎行为是否构成非法狩猎罪,必须要借助相关行政机关制定的狩猎法规。这种空白罪状在我国刑法中大量存在,通常认为这是符合罪刑法定原则的。

第二,禁止不利于行为人的事后法。刑法不能追溯既往,否则就会侵犯公民的合理预期。但是对行为人有利的事后法可以追溯既往,这符合罪刑法定限制国家刑罚权的精神。

第三,禁止不利于行为人的类推解释。类推解释违背了立法和司法的权力分立原则,是罪刑法定原则所禁止的。但是从限制刑罚权的精神出发,对行为人有利的类推解释则是允许的。因此,我们可以笼统地说罪刑法定原则禁止类推解释,但不能说罪刑法定原则绝对禁止类推解释。

第四,禁止绝对的不定期刑与绝对的不定刑。不定期刑制度的出发点在于:罪犯是可以被矫正的。但是人是有区别的,因此每个罪犯所需要的矫正时间是无法事先确定的。不定期刑

---

① 罪状是刑法条文对具体犯罪的基本构成特征的描述。根据刑法条文对罪状描述方式的不同,可将罪状分为简单罪状、叙明罪状、引证罪状和空白罪状 4 种。空白罪状是指未在条文中直接表明某一犯罪的构成特征,只是指出确定该罪需要参照的其他法律、法规。空白罪状往往是在某种犯罪违反了其他法规,而其特征又难以做出简洁表达时采用。

可以分为绝对的不定期刑和相对的不定期刑。前者是法官定罪,刑罚的长短完全由刑罚执行机关(行政机关)决定,比如对行为人处盗窃罪,判处有期徒刑3到10年,刑罚执行机关根据罪犯的服刑状况在这个刑罚幅度内确定最终的刑期;而后者法官不仅定罪,还要确定刑罚的幅度。绝对的不定期刑将刑罚的决定权完全交于行政机关,违背了权力分立原则,也使得服刑人员无法预知自己的刑期,因此是罪刑法定原则所禁止的。但是相对的不定期刑则是在坚持罪刑法定原则的基础上吸收了不定期刑的合理之处,因此是符合罪刑法定原则的。在我国的司法实践中,其实也存在相对的不定期刑,如假释、减刑制度。同时,减刑、假释的决定机关是中级以上人民法院,刑罚的执行机关只具有建议权,这都是相对不定期刑思想的体现。

与不定期刑相关的一个概念是不定刑。不定刑是法律本身对刑罚的规定不确定。它也包括相对的不定刑和绝对的不定刑,前者在中国刑法中比比皆是,也就是我们所说的相对(不)确定的法定刑;而后者如"伤人及盗者抵罪",只规定犯罪,而完全不规定刑罚,这完全违背了罪刑法定原则所要求的刑之法定。

2)**实质层面**

罪刑法定原则的实质层面,其实就是要求刑法本身要是善法。否则,单纯符合罪刑法定形式层面要求的刑法也可能成为压迫民众的工具,而无法对国家的刑罚权进行限制。一般说来,罪刑法定原则的实质层面包括如下内容:

第一,明确性原则。刑法关于犯罪和刑罚的规定应当尽量明确,否则就无法实现法律的指引功能,让公民形成对未来的合理预期。当然,刑法的明确性是相对的,不可能做到绝对的明确。

第二,合理性原则。刑法的处罚范围与处罚程度必须具有合理性,只能将值得科处刑罚的行为规定为犯罪,禁止将轻微危害行为当作犯罪处理;处罚程度必须适应现阶段一般人的价值观念。

第三,禁止不均衡的、残虐的刑罚。刑罚的设计应当符合重罪重刑、轻罪轻刑、无罪不刑这个基本的公平原则,否则就是恶法。罪刑相当原则本身就是罪刑法定原则的合理延伸。同时,酷刑由于完全无视人类的尊严,也属禁止之列。

▶ (二)刑法平等原则(适用刑法人人平等原则)

1. 含义

法律面前人人平等是我国宪法确立的社会主义法治的一般原则。刑法作为惩治犯罪、保护人民的基本法律,更应当贯彻这一原则。鉴于我国司法实践中适用刑法不平等的现象在现阶段还比较严重,刑法第4条明确规定:"对任何人犯罪,在适用法律上一律平等。不允许任何人有超越法律的特权。"这就是刑法平等原则。显而易见,它是我国宪法所确认的法律面前人人平等这一社会主义法制的一般原则在刑法中的贯彻。刑法平等原则主要应当是指司法上的平等。因为刑法立法上的平等与合理问题,属于立法创制中要解决的问题。而法律一旦制定出来,要求的就是依法办事,即在适用法律定罪量刑上的平等与公正。

明确规定刑法平等原则对促进司法公正,增强司法效果,加快实现依法治国、建设社会主义法治国家的目标,具有十分重大的意义。

2. 基本要求

刑法平等原则的基本要求是:就犯罪人而言,任何人犯罪,都应当受到法律的追究;任何人不得享有超越法律规定的特权;对于一切犯罪行为,不论犯罪人的社会地位、家庭出身、民族、宗教、信仰、职业状况、财产状况、政治面貌、才能业绩如何,都一律平等地适用刑法,在定罪量刑时不应有所区别,而要一视同仁,依法惩处。就被害人而言,任何人受到犯罪侵害,都应当依法追究犯罪、保护被害人的权益;被害人同样的权益,应当受到刑法同样的保护;不得因为被害人身份、地位、民族、宗教、信仰、政治面貌、财产状况等情况的不同而对犯罪和犯罪人予以不同的刑法适用。即无论是追究犯罪人,还是保护被害人,均应切实贯彻适用刑法上的平等与公正。刑法平等原则在刑事司法活动中具有全过程性,不仅体现在定罪、量刑上一律平等,而且在行刑上也一律平等。

当然,刑法平等原则并不否定因犯罪人或被害人特定的个人情况而在立法上、司法上允许定罪量刑有其符合刑法公正性的区别。例如,依照法律规定,对累犯应当从重处罚,对未成年人犯罪、中止犯、自首犯、立功的犯罪分子应当从宽处罚,对奸淫不满14周岁的幼女的要按照强奸罪从重处罚,等等;在司法上,犯罪分子的主体情况以及被害人的个人情况,如果是对犯罪行为的危害程度或犯罪人的主观恶性大小有影响的,也允许乃至要求在适用刑法上有所区别和体现。其关键,在于犯罪人、被害人的身份等个人情况对犯罪的性质和危害程度有无影响,有影响的在定罪量刑上应有所区别,无影响的则不应有所区别。可见,刑法平等原则不是孤立地、机械地调节刑法适用的,它要和罪刑相当原则等相互配合来合理地调节刑法的适用。

▶（三）罪刑相当原则（罪责刑相适应原则）

罪刑相当原则又称罪刑均衡、罪刑相称或罪刑相适应原则。

1. 含义

罪刑相当,亦可称为罪刑相适应、罪刑相称、罪刑均衡。罪刑相当原则的基本含义是:犯多大的罪,就应承担多大的刑事责任,法院亦应判处其相应轻重的刑罚。做到重罪重罚,轻罪轻罚,罚当其罪,罪刑相称;罪轻罪重,应当考虑行为人的犯罪行为本身和其他各种影响刑事责任大小的因素。

罪刑相当是资产阶级革命时期自由、平等、博爱思想在刑罚理论上的表现。它最初是为了反对中世纪刑罚的残酷,实现刑罚上的公平与正义。明确提出和阐明罪刑相当原则并奠定其理论基础的是贝卡里亚、边沁、康德和黑格尔。他们的思想观点既有许多相同之处,也有不少矛盾和对立。根据他们的论述,可以把罪刑相当原则的基本含义归纳如下:①罪刑相当是指刑罚的性质和强度要与犯罪的性质和严重程度相称,轻罪轻刑,重罪重刑,刑当其罪,不允许轻罪重刑或重罪轻刑。②衡量犯罪轻重的尺度是犯罪的性质及其对社会的危害,对社会的危害愈大,犯罪就愈严重。衡量刑罚轻重的尺度是它给犯人造成的痛苦或侵害。③罪刑相当原则还包括刑罚在其实施方式上与犯罪相适应。为了使人们清楚地看到刑罚是犯罪的必然结果,必须迅速及时地对犯罪执行刑罚。④犯罪与刑罚的均衡关系只能由法律加以规定。任何司法官员都无权超越法律的规定增加对人民的既定刑罚。⑤犯罪与刑罚的均衡关系是随着时代的变化、国家或社会情况的变化而变化的。应当根据不同时代、不同国家和社会的情况去构建相应的罪刑均衡关系。

刑法第5条规定:"刑罚的轻重,应当与犯罪分子所犯罪行和承担的刑事责任相适应。"上述规定即表明了罪刑相当原则应当包含的两项内容。

(1)刑罚的轻重,应当与犯罪分子所犯罪行相适应。犯罪分子所犯罪行的具体含义,是指犯罪分子实施的触犯刑律的犯罪行为。从犯罪构成理论来说,就是犯罪分子实施的符合刑法规定的犯罪构成的行为,即犯罪构成事实。所谓刑罚轻重应当与犯罪分子所犯罪行相适应,就是指应当与犯罪分子实施的犯罪构成事实的性质和社会危害性相适应。

(2)刑罚的轻重,应当与犯罪分子承担的刑事责任相适应。这一项规定,发源自刑事古典学派倡导的责任主义。责任主义包括两种含义:其一,"无责任则无刑罚",这是责任主义最早的也是最主要的含义。其二,刑罚的轻重程度取决于责任的轻重程度。或者说,刑罚的轻重程度要与责任的轻重程度相适应。

此外,罪刑相当原则还有一个派生含义,就是无罪不罚。既然罪刑相当是重罪重刑、轻罪轻刑,则无罪无刑就是合乎逻辑的必然的结论。

应当指出,我国刑法的罪刑相当原则是以罪刑法定原则为基础和前提的,它们之间有着极其密切的关系。另外,法律是以社会为基础的,犯罪的性质及其社会危害性程度必然随着社会的变化而变化,任何罪刑均衡关系都不是永恒不变的。

我国刑法的罪刑相当原则,体现了区别对待的策略思想和无产阶级的公平、正义观。其目的在于保证国家刑罚权的正确运用,既防止罚不当罪,又防止惩罚无辜,以实现刑法的公平和正义,更有效地惩罚犯罪、保护人民。

2. 基本要求

罪刑相当原则的立法要求是,刑法之立法要依据罪刑相当的原则设置,体现区别对待的刑法制度和轻重有别的具体犯罪的法定刑幅度。我国刑法除明文规定罪刑相当原则外,在有关立法内容上也始终贯穿着罪刑相当的思想。这一原则在刑法中的具体表现是:

第一,刑法确立了科学严密的刑罚体系。我国刑法总则确定了一个科学的刑罚体系,此刑罚体系按照刑罚方法的轻重次序分别加以排列,各种刑罚方法相互区别又互相衔接,能够根据犯罪的各种情况灵活地运用,从而为刑事司法实现罪行相当奠定了基础。

第二,刑法规定了区别对待的处罚原则与刑罚制度。我国刑法总则根据各种行为的社会危害程度和人身危险性的大小,规定了轻重有别的处罚原则。例如:对于预备犯可以比照既遂犯从轻、减轻或者免除处罚;未遂犯可以比照既遂犯从轻或者减轻处罚;中止犯如没有造成损害的应当免除处罚,造成损害的应当减轻处罚;等等。此外,刑法总则还侧重于刑罚个别化的要求,规定了一系列刑罚裁量与执行制度,例如累犯制度、自首制度、立功制度、缓刑制度、减刑制度、假释制度等。

第三,刑法分则设立了轻重不同的具体犯罪的法定刑幅度。我国刑法分则不仅根据犯罪的性质和危害程度,建立了一个犯罪体系,而且还为各种具体犯罪规定了可以分割、能够伸缩、幅度较大、轻重有别的法定刑。这就使得司法机关可以根据犯罪的性质、罪行的轻重、犯罪人主观恶性的大小,对犯罪人判处适当的刑罚。

三、刑法适用范围

刑法的适用范围即刑法的效力范围,主要解决刑法在什么地方、对什么人和在什么时间内具有效力,包括刑法的空间效力与时间效力。

刑法的空间效力,是刑法对地域和对人的效力,就是要解决国家的刑事管辖权问题,即在什么样的空间范围内有效,是以一定范围的地域为准则,还是以一定范围的公民为准则,还是以保护一定范围的利益为准则,等等,从而有了不同的标准。

(1)如果以一定范围的地域为准则,即只要在一国家主权范围内,所有的犯罪行为都适用该国刑法,为所谓的属地原则(即属地管辖)。

(2)如果只要是某个国家的公民,不论其行为在国内还是在国外都适用该刑法,即为属人原则。

(3)如果是以行为是否侵犯本国国家利益或者本国公民利益为准则,都适用本国刑法,则为保护管辖原则。

(4)还有一种是针对国际条约、国际协定中规定的违反全人类共同利益的国际犯罪行为,而不论行为人的国籍、行为所在地,任何缔约国、条约参与国都有权管辖的,则为普遍管辖原则。

以上四个标准,各国基本上都采用综合性的标准,即所有原则都有适用余地,但均没有绝对的效力,各有自己的适用范围①。我国刑法也是如此,体现为以属地原则为主导,同时兼顾属人原则、保护原则以及普遍管辖原则。可以这么理解:如果是在国内犯罪,则适用属地管辖原则;如果是在国外犯罪,则应具体分析,看行为人是否为中国公民,如果是中国公民则同样适用我国刑法,此为属人管辖原则,如果不是中国公民而是外国人则是有条件地适用我国刑法,此为保护管辖原则;如果外国人在境外实施的是国际性的犯罪行为,则只要是该犯罪分子在我国境内被发现,就可以在其所承担的国际条约义务的范围内行使管辖权,即普遍管辖原则。

刑法的时间效力,是指刑法的生效时间、失效时间以及刑法的溯及力问题。

下面对我国刑法的空间效力与刑法的时间效力分别予以详述。

▶(一)我国刑法的空间效力

刑法空间适用范围或说空间效力,就是要解决刑法在什么样的空间范围内适用,是在一定的地域范围内,还是在一定的公民范围内,还是以保护本国利益为准则,从而有所谓的属地原则、属人原则、保护原则,同时在全球化的背景下而产生普遍管辖原则。

我国在空间效力上以属地原则为主导,兼采属人原则和保护原则,并有保留地采用普遍管辖原则。另外,在空间效力问题上,要坚持司法主权原则,当我国与别国对同一犯罪都具有管辖权,虽然经过外国审判的,我国仍然可以追究,但在外国已受到刑罚处罚的,可以免除或减轻处罚。

属地原则针对的对象是国内犯(无论国籍为何,只要是在我国领域内犯罪),属人原则、保护原则、普遍管辖原则针对的对象是国外犯。属地原则是处于基础性地位的,属人原则、保护原则、普遍管辖原则是对属地原则的补充。

1. 属地管辖原则

刑法第6条第1款规定:"凡在中华人民共和国领域内犯罪的,除法律有特别规定的以外,都适用本法。"领域即领土,由领陆、领空、领水和底土组成。领陆指陆地领土,包括岛屿;领水包括内水和领海。内水包括国境以内的江、河、湖泊,领海基线以内的内海、内海湾、内海峡、河口和港口水域。如果是两国之间的界水,通常以河流中心线为界,如果是可航行的河道,则以主航道中心线为界。领海是指一国海岸或内水相连的在领海基线以外领海线以内的属于该国主权之下的一定宽度(我国政府于1958年9月4日发表声明,宣布我国领海宽度为12海里)。领空②指领陆、领水的上空,它只及于空气空间(大体在100~110公里的高度),不包括外层空

---

① 20世纪60年代以后发展起来的一个新的行使刑事管辖权的原则,即永久居所或营业地原则。关于制止危害国际民用航空安全的《东京公约》《海牙公约》和《蒙特利尔公约》首先引入这个原则。例如:《东京公约》第4条第2款规定,如果犯罪人或受害人在一个缔约国有永久居留权,那么该缔约国对这类犯罪案件也有刑事管辖权。这是对刑事管辖权的国际法原则的新发展。有的国家刑法已开始采用这一原则。

② 领空是指有大气的高度,但是大气没有明显的分界。一般认为,领空应当是飞机和气球等航空器(不是航天器)上升的最高处,这个高度现在是35公里;超过100公里的高度,一般人认为是太空,太空不属于领空的范围。

间。底土是指领陆、领水以下的底土(理论上直至地心)。

刑法第6条第2款规定:"凡在中华人民共和国船舶或者航空器内犯罪的,也适用本法。"根据国际惯例,领域还包括船舶和航空器,即所谓延伸的领土。这里的船舶或者航空器,既包括军用的也包括民用的;既指航行途中的,也指处于停泊、停飞状态中的;既指在公海或公海上空的,也指停靠于外国港口、停飞于外国机场的悬挂我国国旗的船舶、航空器。总之,中国的船舶和航空器属于中国领域,凡在我国船舶或者航空器内犯罪的,不论该船舶或航空器是否在我国境内,我国均有刑事管辖权,适用我国刑法。根据司法解释,在我国船舶内犯罪的,由犯罪发生后该船舶最初停泊的中国口岸所在地的人民法院管辖;在我国航空器内犯罪,由犯罪发生后该航空器在中国最初降落地的人民法院管辖。

需要注意的是,国际列车不具有与船舶和航空器一样的法律地位。它可以等同为在汽车上的犯罪。这里需要正确理解最高人民法院关于刑事诉讼法的司法解释①,该解释第6条规定:"在国际列车上的犯罪,根据我国与相关国家签订的协定确定管辖;没有协定的,由该列车最初停靠的中国车站所在地或者目的地的铁路运输法院管辖。"这绝不能理解为我国刑法对于国际列车上的犯罪一律有管辖权。

在国际列车上的犯罪,如果我国与其他国家签订了条约,应直接根据条约确定管辖。如果没有条约,则应根据刑法关于空间效力的原则,具体问题具体分析。如果是国际列车行驶在中国境内,则可依据属地原则进行管辖;如果国际列车行驶在中国境外,但犯罪人是中国人,则可依据属人原则进行管辖;如果国际列车行驶在中国境外,犯罪人也并非中国人,但被害人是中国或中国人,则可依据保护原则管辖;如果国际列车行驶在中国境外,犯罪人并非中国人,被害人也并非中国或中国人,但犯罪人所实施的犯罪属于国际犯罪,则可根据普遍管辖原则进行管辖。司法解释中所说的"由该列车最初停靠的中国车站所在地或者目的地的铁路运输法院管辖"指的就是上述情况,对于其他的国际列车上的犯罪,我国没有管辖权。

根据我国承认的1961年《维也纳外交关系公约》的规定,各国驻外大使馆、领事馆不受驻在国的司法管辖而受本国的司法管辖。据此,在我国驻外使馆、领事馆内发生的任何犯罪,也认为是在中华人民共和国领域内犯罪,适用我国刑法。

犯罪地即犯罪的地域,包括犯罪的行为地和犯罪的结果地。刑法第6条第3款规定:"犯罪的行为或者结果有一项发生在中华人民共和国领域内的,就认为是在中华人民共和国领域内犯罪。"这是对犯罪地确定标准的规定,据此,在我国领域内犯罪,包括三种情况:①犯罪行为和犯罪结果均发生在我国领域内;②犯罪行为发生在我国领域内,但犯罪结果发生在我国领域外;③犯罪行为发生在我国领域外,但犯罪结果发生于我国领域内。对于这里所说的犯罪行为或犯罪结果都应作扩大理解,犯罪行为包括实行行为和非实行行为(共犯行为、未完成行为),犯罪结果包括实际结果以及未遂犯的"可能发生结果",只要其中任何一项在中国境内发生,就属于在中国境内犯罪,从而可以依据属地原则进行管辖。

属地管辖原则存在例外,因此不能武断地说只要是在中国领域内发生的犯罪,都适用我国刑法。例外包括四点:①享有外交特权和豁免权的外国人,其刑事责任通过外交途径解决②;

---

① 2012年11月5日由最高人民法院审判委员会第1559次会议通过的《最高人民法院关于适用〈中华人民共和国刑事诉讼法〉的解释》,法释〔2012〕21号,第6条。
② 享有外交特权和外交豁免权的人主要有:A.外国国家元首和政府高级官员;B.外交代表,外交职员,参加国际会议、执行特定外交任务或者参加典礼活动的外国代表;C.与外交官员一起居住的外交官配偶及其未成年子女。

②香港、澳门特别行政区,只在两种情况下适用本法,分别是战争状态或紧急状态;③刑事特别法另有规定的,依照特别规定;④民族自治地方,可以对本法做变通或补充规定。

需要注意的是,上面的③、④所针对的是狭义刑法(1997年刑法典),而对广义刑法(即包含刑事特别法、自治地方特别法)而言,则不属于例外的情形。

2. 属人管辖原则

刑法第7条第1款规定:"中华人民共和国公民在中华人民共和国领域外犯本法规定之罪的,适用本法,但是按本法规定的最高刑为三年以下有期徒刑的,可以不予追究。"属人管辖原则所针对的是中国人在中国领域外的犯罪。由于它可能会与其他国家的属地管辖相冲突,所以对它有所限制,即相对重罪管辖。对于普通公民,原则上适用我国刑法,但如果不是重罪,即法定最高刑"三年以下"的,可以不予追究。这里需要注意是,刑法表述是"可以不予追究",其言外之意当然也包括"可以追究",因此叫作相对重罪管辖。

该条第2款规定:"中华人民共和国国家工作人员和军人在中华人民共和国领域外犯本法规定之罪的,适用本法。"对于军人和国家工作人员,由于他们身份特殊,刑法规定他们在境外的犯罪一律适用我国刑法,这一规定对保护人民的利益和国家的尊严有重要意义。

3. 保护管辖原则

刑法第8条规定:"外国人在中华人民共和国领域外对中华人民共和国国家或者公民犯罪,而按本法规定的最低刑为三年以上有期徒刑的,可以适用本法,但是按照犯罪地的法律不受处罚的除外。"保护管辖原则针对的是外国人或无国籍人在外国对中国或中国人犯罪。如果在境内犯罪,则直接依据属地原则处理。这种管辖原则更易和其他国家的管辖权相冲突,因此对保护管辖必须进行更严格的限制。这种限制体现在三个方面:

第一,侵犯的是我国国家或公民的利益(犯我)。

第二,绝对重罪管辖。只有当法定最低刑在"三年以上"的,才可以适用。如果法定最低刑不足3年,则不能适用,这与属人原则的相对重罪管辖有所不同。

第三,双重犯罪管辖。必须是我国和犯罪地法律都认为构成犯罪,如果按照犯罪地的法律不受处罚,我国刑法就没有管辖权,这是保护管辖原则的限制性条件。

4. 普遍管辖原则

普遍管辖原则针对的是外国人或无国籍人在外国实施的并非针对中国或中国人的国际罪。普遍管辖原则只是一种最后的补充原则,在可以适用其他管辖原则的情况下,是不适用这个最后原则的。因此,在中国境内发生的国际犯罪,应依据属地管辖原则处理,中国人在境外实施的国际犯罪,也只能依据属人管辖原则处理。另外,普遍管辖原则所涉及的罪必须是我国缔结或者参加的国际条约所规定的罪行(国际犯罪),对于这些罪行,我国只在所承担条约义务的范围内行使刑事管辖权。

常见的国际犯罪有:①劫持民用航空器罪(如果劫持军用航空器,则不属于国际犯罪,对此罪行是否有管辖,要看它是否符合属地原则、属人原则或保护原则);②毒品犯罪;③海盗罪(公海上对船只实施的抢劫、杀人等暴力犯罪行为);④酷刑罪(在我国称刑讯逼供罪);⑤恐怖主义的犯罪(如绑架外交官、暗杀政治家、爆炸、投放危险物质等犯罪行为);⑥贩奴罪(如贩卖妇女、儿童);⑦战争罪行(如反人类罪行、种族屠杀罪)。

依据普遍管辖原则,对国际犯罪人采用的是"或引渡或起诉"的规则。任何一个缔约国对于在本国逮捕的国际犯罪人,要么引渡给有关请求国,要么自行起诉、审判,而不能放任不管。

5. 外国刑事判决的效力

凡在我国领域外的犯罪(不论国籍),虽经外国审判仍适用我国刑法,但已经受罚的可以免除或者减轻处罚①。这对上述属人管辖和保护管辖的理解很有现实意义,因为这两种原则适用的前提是行为人是在国外犯罪,行为地的司法机关完全有可能对其行为已经进行了司法审判甚至已经因此而执行了刑罚,此时行为人若回到我国或者到我国旅游等,我国司法机关对该犯罪行为仍有追究、处理的权力。这里就要考虑原则性和灵活性的相统一:原则性是不承认外国刑事判决的效力而我国仍有管辖权,灵活性是考虑其行为已经得到处罚而可以减免处罚。可以说对外国刑事判决采取的是基于强调国家主权的基础上的消极承认主义。

▶(二)刑法的时间效力

刑法的时间效力,主要解决的是刑法在何时生效、何时失效以及对其生效以前的行为有无溯及力等问题,其中最主要的是刑法的溯及力问题。

刑法的生效通常有两种规定方式:一是公布之日起生效;例如《全国人民代表大会常务委员会关于惩治骗购外汇、逃汇和非法买卖外汇犯罪的决定》第9条规定:"本决定自公布之日起施行。"二是公布后经过一段时间再施行。例如《中华人民共和国刑法修正案(八)》由2011年2月25日第十一届全国人民代表大会常务委员会第十九次会议通过,2011年2月25日中华人民共和国主席令第四十一号公布,自2011年5月1日起施行。

刑法失效也有两种方式:一是自然失效,即新法施行后代替了同类内容的旧法,或者由于原来的立法条件已经消失,旧法自行废止;二是国家立法机关明确宣布某些法律失效。例如刑法第452条第2款规定,列于附件一的全国人大常委会制定的《中华人民共和国惩治军人违反职责罪暂行条例》等15部单行刑法,自1997年10月1日起予以废止。

刑法的溯及力,也称刑法溯及既往的效力,是指一个新的刑法生效后,对它生效以前发生的未经审判或判决尚未确定的行为是否适用的问题,如果能够适用,新法就属于有溯及力的法律;如果不能适用,新法就没有溯及力。

我国1997年修订的刑法根据罪刑法定原则的要求,将溯及力的原则统一确定为从旧兼从轻原则。所谓"从旧",就是原则上对刑法生效以前的行为依照当时的法律定罪处罚,新法没有溯及力,因此,当新旧刑法对某种行为处刑完全相同,对于旧刑法时代发生的案件,只能适用旧刑法的规定;所谓"兼从轻",就是说如果新法较之旧法对行为人有利,如不认为是犯罪的,或者是处罚较轻的,则应当适用较轻的新法。单行刑法、修正案也同样要遵循这个原则。

刑法第12条第1款规定:"中华人民共和国成立以后本法施行以前的行为,如果当时的法律不认为是犯罪的,适用当时的法律;如果当时的法律认为是犯罪的,依照本法总则第四章第八节的规定应当追诉的,按照当时的法律追究刑事责任,但是如果本法不认为是犯罪或者处刑较轻的,适用本法。"该条第2款规定:"本法施行以前,依照当时的法律已经作出的生效判决,继续有效。"根据这一规定,对于1949年10月1日中华人民共和国成立至1997年9月30日这段时间内发生的行为,应按如下不同情况分别处理:

(1)当时的法律不认为是犯罪,而1997年刑法认为是犯罪的,适用当时的法律,即1997年

---

① 刑法第10条规定:"凡在中华人民共和国领域外犯罪,依照本法应当负刑事责任的,虽然经过外国审判,仍然可以依照本法追究,但是在外国已经受过刑罚处罚的,可以免除或者减轻处罚。"

刑法没有溯及力。对于这种情况,不能因为现行刑法已经规定为犯罪而追究行为人的刑事责任。但是根据有关司法解释,行为连续或者继续到1997年10月1日以后的,对于10月1日以后构成犯罪的行为适用修订后的刑法追究刑事责任。

(2)当时的法律认为是犯罪,但1997年刑法不认为是犯罪的,如果未经审判或者判决尚未确定,就应当适用1997年刑法,即1997年刑法具有溯及力。

(3)当时的法律和1997年刑法都认为是犯罪,并按照1997年刑法总则第四章第八节的规定应当追诉的,原则上按当时的法律追究刑事责任。但是,如果1997年刑法比当时的法律处刑较轻的,则适用1997年刑法,即1997年刑法具有溯及力。

对于从旧兼从轻原则,要注意如下问题。

1. 既判力与溯及力的关系

既判力是指已经发生法律效力的判决。关于既判力和溯及力的关系,刑法第12条第2款规定:"本法施行以前,依照当时的法律已经作出的生效判决,继续有效。"即使按1997年刑法的规定,其行为不构成犯罪或处刑较当时的法律为轻,亦应如此。这显然是为了维护判决的尊严和稳定,认为既判力的效力高于溯及力,对行为人有利的新法不能溯及已经生效的裁决。相应的,按照审判监督程序重新审判的案件,由于判决已经生效,故应适用行为时的法律。

2. 司法解释的溯及力问题

司法解释是对法律的一种理解,它的效力附属于所解释的法律,因此它的效力与刑法同步,原则上不受从旧兼从轻原则的约束。例如,2000年通过的司法解释,对于1999年的犯罪行为也有溯及力,因为司法解释的效力"自发布或者规定之日起施行,效力适用于法律的施行期间"。它的效力可以一直追溯到1997年10月1日之后的所有行为。但是,考虑到在我国司法解释具有事实上准法律的作用,因此如果存在新旧两个不同的司法解释,则可受从旧兼从轻原则的约束。如1999年的犯罪行为,2002年被发现,如果对此行为存在1998年、2001年两个司法解释,则应按照从旧兼从轻原则选择对行为人有利的司法解释。

3. 立法解释的溯及力问题

截止到2014年4月,全国人大常委会共通过了13个刑法立法解释,对于这些立法解释的溯及力,相关司法解释认为,立法解释并无单独的溯及力问题,它从属于所解释之法律,适用于该法律生效的全部时间。只要是在该法律生效时期,立法解释对其发布之前的行为也有溯及力。

4. 连续犯、继续犯、同种数罪的法律适用问题

(1)继续犯。对于开始于1997年9月30日以前,继续到1997年10月1日以后终了的继续犯罪,应当适用修订后的刑法,一并进行追诉。

(2)连续犯。对于开始于1997年9月30日以前,连续到1997年10月1日以后的连续犯罪,如果其中的罪名、构成要件、情节以及法定刑均没有变化的,应当适用修订刑法,一并进行追诉;罪名、构成要件、情节以及法定刑已经变化了的,也应当适用修订刑法,一并进行追诉,但是修订刑法比原刑法所规定的构成要件和情节较为严格,或者法定刑较重的,应当酌情从轻处理。

(3)同种数罪。对于在1997年10月1日前后分别实施同种类的数罪的,其处理方法参照连续犯的处理方法。

5. 关于"处刑较轻"的问题

根据从旧兼从轻原则,在一般情况下,新法不具有溯及力,除非新法轻于旧法。因此,新旧法轻重的比较就成为适用从旧兼从轻原则所必须解决的问题。这里需要注意的是刑法第12条规定的"处刑较轻"。关于如何认定"处刑较轻"的问题,最高人民法院曾做过如下司法解释:"刑法第12条规定的'处刑较轻',是指刑法对某种犯罪规定的刑罚即法定刑比修订前刑法轻。法定刑较轻是指法定最高刑较轻;如果法定最高刑相同,则指法定最低刑较轻。""如果刑法规定的某一犯罪只有一个法定刑幅度,法定最高刑或者最低刑是指该法定刑幅度的最高刑或者最低刑;如果刑法规定的某一犯罪有两个以上的法定刑幅度,法定最高刑或者最低刑是指具体犯罪行为应当适用的法定刑幅度的最高刑或者最低刑。"①

6. 其他问题

(1)法定刑以下判刑问题。犯罪分子于1997年9月30日以前犯罪,不具有法定减轻处罚情节,但是根据案件的具体情况需要在法定刑以下判处刑罚的,适用1979年刑法第59条第2款的规定,即经过人民法院审判委员会的决定,就可以在法定刑以下判处刑罚,不必经过最高人民法院的核准②。

(2)累犯问题③。前罪判处的刑罚已经执行完毕或者赦免,在1997年9月30日以前又犯应当判处有期徒刑以上刑罚之罪,是否构成累犯,适用1979年刑法第61条的规定。1997年10月1日以后又犯应当判处有期徒刑以上刑罚之罪,是否构成累犯,适用1997年刑法第65条的规定。

(3)自首问题。1997年9月30日以前被采取强制措施的犯罪嫌疑人、被告人,或者1997年9月30日以前犯罪,1997年10月1日以后仍在服刑的罪犯,如实供述司法机关还未掌握的本人其他罪行的,适用1997年刑法第67条第2款的规定。

(4)立功问题。1997年9月30日以前犯罪的犯罪分子,有揭发他人犯罪行为,或者提供重要线索,从而得以侦破其他案件等立功表现的,适用1997年刑法第68条的规定。

(5)缓刑问题。1997年9月30日以前犯罪被宣告缓刑的犯罪分子,在1997年10月1日以后的缓刑考验期间又犯新罪、被发现漏罪或者违反法律、行政法规或者国务院公安部门有关缓刑的监督管理规定,情节严重的,适用1997年刑法第77条的规定,撤销缓刑。

(6)假释问题。1997年9月30日以前犯罪,1997年10月1日以后仍在服刑的犯罪分子,因为特殊情况,需要不受执行刑期限制假释的,适用1997年刑法第81条第1款的规定,报经最高人民法院核准。

1997年9月30日以前犯罪,1997年10月1日以后仍在服刑的累犯以及因杀人、爆炸、抢劫、强奸、绑架等暴力性犯罪被判处10年以上有期徒刑、无期徒刑的犯罪分子,适用1979年刑法第73条的规定,可以假释。

---

① 1997年12月23日,由最高人民法院审判委员会第952次会议通过的《最高人民法院关于适用刑法第十二条几个问题的解释》。

② 1979年刑法与1997年刑法在关于法定刑以下处罚的问题上规定不同。1997年刑法第63条第2款:"犯罪分子虽然不具有本法规定的减轻处罚情节,但是根据案件的特殊情况,经最高人民法院核准,也可以在法定刑以下判处刑罚。"

③ 1979年刑法第61条第1款:"被判处有期徒刑以上刑罚的犯罪分子,刑罚执行完毕或者赦免以后,在三年以内再犯应当判处有期徒刑以上刑罚之罪的,是累犯,应当从重处罚;但是过失犯罪除外。"1997年刑法第65条第1款:"被判处有期徒刑以上刑罚的犯罪分子,刑罚执行完毕或者赦免以后,在五年以内再犯应当判处有期徒刑以上刑罚之罪的,是累犯,应当从重处罚,但是过失犯罪除外。"2011年的刑法修正案(八)又补充了不满十八周岁的人犯罪的除外情况,即第65条第1款修改为:"被判处有期徒刑以上刑罚的犯罪分子,刑罚执行完毕或者赦免以后,在五年以内再犯应当判处有期徒刑以上刑罚之罪的,是累犯,应当从重处罚,但是过失犯罪和不满十八周岁的人犯罪的除外。"

1997年9月30日以前被假释的犯罪分子,在1997年10月1日以后的假释考验期内,又犯新罪、被发现漏罪,或者违反法律、行政法规或者国务院公安部门有关假释的监督管理规定的,适用1997年刑法第86条的规定,撤销假释。

(7)追诉时效问题。对于行为人1997年9月30日以前实施的犯罪行为,在人民检察院、公安机关、国家安全机关立案侦查或者在人民法院受理案件以后,行为人逃避侦查或者审判,超过追诉期限或者被害人在追诉期限内提出控告,人民法院、人民检察院、公安机关应当立案而不予立案,超过追诉期限的,是否追究行为人的刑事责任,适用1979年刑法第77条的规定。

7.《中华人民共和国刑法修正案(八)》的时间效力问题

(1)关于禁止令的问题。对于2011年4月30日以前犯罪,依法应当判处管制或者宣告缓刑的,人民法院根据犯罪情况,认为确有必要同时禁止犯罪分子在管制期间或者缓刑考验期内从事特定活动,进入特定区域、场所,接触特定人的,适用修正后刑法第38条第2款或者第72条第2款的规定。

犯罪分子在管制期间或者缓刑考验期内,违反人民法院判决中的禁止令的,适用修正后刑法第38条第4款或者第77条第2款的规定。

(2)关于限制减刑问题。2011年4月30日以前犯罪,判处死刑缓期执行的,适用修正前刑法第50条的规定。

被告人具有累犯情节,或者所犯之罪是故意杀人、强奸、抢劫、绑架、放火、爆炸、投放危险物质或者有组织的暴力性犯罪,罪行极其严重,根据修正前刑法判处死刑缓期执行不能体现罪刑相适应原则,而根据修正后刑法判处死刑缓期执行同时决定限制减刑可以罚当其罪的,适用修正后刑法第50条第2款的规定。

(3)关于不满18周岁前的犯罪行为不构成累犯问题。被判处有期徒刑以上刑罚,刑罚执行完毕或者赦免以后,在2011年4月30日以前再犯应当判处有期徒刑以上刑罚之罪的,是否构成累犯,适用修正前刑法第65条的规定;但是,前罪实施时不满18周岁的,是否构成累犯,适用修正后刑法第65条的规定。

曾犯危害国家安全犯罪,刑罚执行完毕或者赦免以后,在2011年4月30日以前再犯危害国家安全犯罪的,是否构成累犯,适用修正前刑法第66条的规定。

曾被判处有期徒刑以上刑罚,或者曾犯危害国家安全犯罪、恐怖活动犯罪、黑社会性质的组织犯罪,在2011年5月1日以后再犯罪的,是否构成累犯,适用修正后刑法第65条、第66条的规定。

(4)关于坦白的问题。2011年4月30日以前犯罪,虽不具有自首情节,但是如实供述自己罪行的,适用修正后刑法第67条第3款的规定。

(5)关于自首又有立功表现的问题。2011年4月30日以前犯罪,犯罪后自首又有重大立功表现的,适用修正前刑法第68条第2款的规定。

(6)关于数罪并罚问题。2011年4月30日以前一人犯数罪,应当数罪并罚的,适用修正前刑法第69条的规定;2011年4月30日前后一人犯数罪,其中一罪发生在2011年5月1日以后的,适用修正后刑法第69条的规定。

(7)关于无期徒刑实际执行期限的问题。2011年4月30日以前犯罪,被判处无期徒刑的罪犯,减刑以后或者假释前实际执行的刑期,适用修正前刑法第78条第2款、第81条第1款的规定。

(8)关于假释的问题。2011年4月30日以前犯罪,因具有累犯情节或者系故意杀人、强奸、抢劫、绑架、放火、爆炸、投放危险物质或者有组织的暴力性犯罪并被判处10年以上有期徒刑、无期徒刑的犯罪分子,2011年5月1日以后仍在服刑的,能否假释,适用修正前刑法第81条第2款的规定;2011年4月30日以前犯罪,因其他暴力性犯罪被判处10年以上有期徒刑、无期徒刑的犯罪分子,2011年5月1日以后仍在服刑的,能否假释,适用修正后刑法第81条第2款、第3款的规定。

8.《中华人民共和国刑法修正案(九)》的时间效力问题

2015年10月29日发布的《最高人民法院关于〈中华人民共和国刑法修正案(九)〉时间效力问题的解释》的主要内容包括:

(1)对于2015年10月31日以前因利用职业便利实施犯罪,或者实施违背职业要求的特定义务的犯罪的,不适用修正后刑法第37条之一第1款的规定。其他法律、行政法规另有规定的,从其规定。

(2)对于被判处死刑缓期执行的犯罪分子,在死刑缓期执行期间,且在2015年10月31日以前故意犯罪的,适用修正后刑法第50条第1款的规定。

(3)对于2015年10月31日以前一人犯数罪,数罪中有判处有期徒刑和拘役,有期徒刑和管制,或者拘役和管制,予以数罪并罚的,适用修正后刑法第69条第2款的规定。

(4)对于2015年10月31日以前通过信息网络实施的刑法第246条第1款规定的侮辱、诽谤行为,被害人向人民法院告诉,但提供证据确有困难的,适用修正后刑法第246条第3款的规定。

(5)对于2015年10月31日以前实施的刑法第260条第1款规定的虐待行为,被害人没有能力告诉,或者因受到强制、威吓无法告诉的,适用修正后刑法第260条第3款的规定。

(6)对于2015年10月31日以前组织考试作弊,为他人组织考试作弊提供作弊器材或者其他帮助,以及非法向他人出售或者提供考试试题、答案,根据修正前刑法应当以非法获取国家秘密罪,非法生产、销售间谍专用器材罪或者故意泄露国家秘密罪等追究刑事责任的,适用修正前刑法的有关规定。但是,根据修正后刑法第284条之一的规定处刑较轻的,适用修正后刑法的有关规定。

(7)对于2015年10月31日以前以捏造的事实提起民事诉讼,妨害司法秩序或者严重侵害他人合法权益,根据修正前刑法应当以伪造公司、企业、事业单位、人民团体印章罪或者妨害作证罪等追究刑事责任的,适用修正前刑法的有关规定。但是,根据修正后刑法第307条之一的规定处刑较轻的,适用修正后刑法的有关规定。实施第307条之一第1款规定的行为,非法占有他人财产或者逃避合法债务,根据修正前刑法应当以诈骗罪、职务侵占罪或者贪污罪等追究刑事责任的,适用修正前刑法的有关规定。

(8)对于2015年10月31日以前实施贪污、受贿行为,罪行极其严重,根据修正前刑法判处死刑缓期执行不能体现罪刑相适应原则,而根据修正后刑法判处死刑缓期执行同时决定在其死刑缓期执行2年期满依法减为无期徒刑后,终身监禁,不得减刑、假释可以罚当其罪的,适用修正后刑法第383条第4款的规定。根据修正前刑法判处死刑缓期执行足以罚当其罪的,不适用修正后刑法第383条第4款的规定。

上述规定中,前3项分别为关于刑法总则规定的从业禁止、死刑缓期执行期间故意犯罪和数罪并罚条款时间效力的规定;第4项和第5项是关于刑法分则规定的程序条款时间效力的规定;第6项和第7项是关于刑法分则部分新增罪名条款时间效力的规定;最后1项是关于贪污受贿罪中的终身监禁条款时间效力的规定。

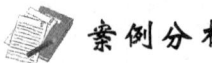
案例分析

【教学案例】

马某系某市钢厂业务员,已婚,有一女3岁。马某因工作经常出差,在丹阳市联系业务时,与一饭店服务员刘某互有好感。马某谎称自己未婚,于1993年7月利用空白介绍信填写虚假内容与刘某登记结婚。一年后刘某生一子。久之,马某之妻潘某有所觉察,多次询问均被马某否认。马某恐夜长梦多,即生害妻之心。1997年6月某日,潘某之友送给她两瓶雀巢咖啡,潘某每晚必冲饮一杯,说喝了提神。遇客来访,潘某亦以咖啡待客。潘某之友知潘某如此喜爱咖啡,又送其两瓶,马某即在又送来的两瓶咖啡中放入氰化物,以毒死妻子,且认为可以免除对自己的怀疑。1998年1月某日,潘某的父母从外地来探望女儿一家。潘某在饭后冲了两杯咖啡,让父母饮用,造成其父母死亡。

分析步骤:

步骤1:马某的重婚行为是否已超过追诉时效?为什么?没有超过追诉时效。因为马某的重婚行为仍然处在继续状态,尚未终了。

步骤2:不应当追究刘某"重婚行为"的刑事责任。因为刘某对马某已有配偶的情形缺乏明知。

步骤3:潘某误将父母毒死的行为属于无罪过事件,不应当追究刑事责任。

步骤4:马某触犯的罪名是:一是重婚罪;二是故意杀人(既遂)罪(同一个构成要件内的打击错误,属于一个直接故意杀人未遂和一个间接故意杀人罪既遂的想象竞合,不影响犯罪故意的成立)。

【训练案例1】

1992年1月28日上午,在北京火车站第三站台风雨棚夹道内,被告人万某与梅某(已判刑)、周某(在逃)得知被害人小郭在外面藏有钱财时,万某、梅某为得到钱财,先后用木棍殴打小郭的下肢,并指使孙某、李某(均另行处理)等人使用木棍反复抽打小郭的臀部及下肢至晚八时左右。29日,被害人小郭因臀部及下肢受到反复多次打击,导致失血性休克死亡。案发后,万某逃到江苏省苏州市,2009年6月9日,被苏州市公安局抓获。

分析提示:

本案涉及1979年刑法和1997年刑法,万某的行为应该涉及哪一部法律?新旧刑法对抢劫罪的规定如何?该行为是否已过追诉时效?新旧两部刑法在追诉时效上的规定如何?

分析参考:

(1)1979年刑法第150条规定:"以暴力、胁迫或者其他方法抢劫公私财物的,处三年以上十年以下有期徒刑。犯前款罪,情节严重的或者致人重伤、死亡的,处十年以上有期徒刑、无期徒刑或者死刑,可以并处没收财产。"

1997年刑法第263条规定:"以暴力、胁迫或者其他方法抢劫公私财物的,处三年以上十年以下有期徒刑,并处罚金;抢劫致人重伤、死亡的,处十年以上有期徒刑、无期徒刑或者死刑,并处罚金或者没收财产。"

1979年刑法与1997年刑法中关于抢劫罪规定了两个法定刑幅度,因本案为抢劫致人死亡,故应在10年以上有期徒刑、无期徒刑或者死刑这个法定刑幅度内进行比较。因主刑要重于附加刑,故此首先对新旧刑法的主刑进行比较。新旧刑法主刑的最高刑均为死刑,最低刑均为有期徒刑10年,即二者的主刑是一致的,无轻重之分。在主刑相同的情况下,再比较附加刑。1979年刑法规定"可以并处没收财产",所以对于附加刑是可以适用也可以不适用的,也就是说可以单独判处主刑。而1997年刑法规定"并处罚金或者没收财产",理解为必须适用一种附加刑,即罚金或者没收财产,即应当同时判处主刑和附加刑。比较而言,1979年刑法在量刑上要轻于1997年刑法。因此,对万某应适用1979年刑法定罪量刑。

(2)万某的行为未过追诉时效。万某因抢劫而致人死亡,故应在10年以上有期徒刑、无期徒刑或者死刑这个法定刑幅度内定罪量刑,1979年刑法与1997年刑法都规定:"法定最高刑为无期徒刑、死刑的,经过二十年不再追诉。"本案案发于1992年,2009年万某被抓获,未超过20年,故万某的行为未过追诉时效。

【训练案例2】

被告人:丁某,男,53周岁,无业。因本案1999年4月7日被逮捕。

1997年11月,中国某集团公司与委内瑞拉某投资公司签订一笔货物买卖合同。集团公司交货后,某投资公司迟迟不支付货款。截至1997年年底,某投资公司尚欠集团公司货款50余万美元。1998年年初,丁某与中国某集团公司联系,希望集团公司委托其全权代理追讨余款,并要求提供委托书,集团公司拒绝了丁某的要求。丁某遂于委内瑞拉私刻中国某集团公司印章,伪造中国某集团公司追讨债务委托书。此后,丁某持委托书向某投资公司追讨债务,案发前将索回债款3万余美元全部挥霍(现有证据不足以认定构成诈骗罪)。

检察机关以伪造公文印章罪对丁某提起公诉,一审法院判决:丁某犯伪造公文印章罪,判处有期徒刑2年。二审法院经审理认为,本案不属我国刑法适用范围,撤销原判,宣告无罪。

丁某于委内瑞拉私刻中国某集团公章,伪造中国某集团公司追讨债务委托书向某投资公司追讨债务的行为是否构成伪造公文证件印章罪?

分析提示:

丁某在国外所实施的行为是否受中国刑法约束?如果适用,涉及刑法空间效力的哪一原则?

分析参考:

丁某在国外实施犯罪,我国司法机关对其行为定罪量刑适用刑法,属于空间效力的属人管辖原则。丁某在国外所实施的犯罪行为已构成我国刑法所规定的伪造公文印章罪。根据刑法第280条第2款规定,应处3年以下有期徒刑、拘役、管制或者剥夺政治权利。刑法第7条规定:"中华人民共和国公民在中华人民共和国领域外犯本法规定之罪的,适用本法,但是按本法规定的最高刑为三年以下有期徒刑的,可以不予追究。"因此,本案既可以定罪量刑(予以追究),也可以无罪(不予追究)。

【相关法律法规】

刑法第3条至第12条;

《最高人民法院关于〈中华人民共和国刑法修正案(八)〉时间效力问题的解释》(2011年5月1日起施行,法释〔2011〕9号);

《最高人民法院关于适用刑法时间效力规定若干问题的解释》(1997年10月1日起施行,

法释〔1997〕5 号）；

《最高人民法院、最高人民检察院关于适用刑事司法解释时间效力问题的规定》（分别于 2001 年 9 月 18 日、2001 年 6 月 18 日，由最高人民法院审判委员会第 1193 次会议，最高人民检察院第九届检察委员会第 90 次会议通过，自 2001 年 12 月 17 日起施行）；

《最高人民法院关于执行〈中华人民共和国刑事诉讼法〉若干问题的解释》（1998 年 6 月 29 日最高人民法院审判委员会第 989 次会议通过，自 1998 年 9 月 8 日起施行，法释〔1998〕23 号）。

学习单元二 认识犯罪

【学习目标与要求】

明确犯罪概念、典型犯罪构成与非典型犯罪构成、排除犯罪性行为；能运用上述知识分析和解决具体案件

【学习重点与提示】

刑事责任年龄与刑事责任能力，犯罪故意与过失，作为与不作为，犯罪的未遂与中止，共同犯罪

基本知识概述

（一）犯罪的概念和特征

犯罪是各种具体犯罪的概称，反映犯罪的共性。

刑法第13条规定："一切危害国家主权、领土完整和安全，分裂国家，颠覆人民民主专政的政权和推翻社会主义制度，破坏社会秩序和经济秩序，侵犯国有财产或者劳动群众集体所有的财产，侵犯公民私人所有的财产，侵犯公民的人身权利、民主权利和其他权利，以及其他危害社会的行为，依照法律应当受刑罚处罚的，都是犯罪，但是情节显著轻微危害不大的，不认为是犯罪。"这是我国刑法对犯罪概念所下的定义。根据刑法的规定，犯罪是严重危害社会、触犯刑法并且应当受到刑罚处罚的行为。犯罪概念是对各种具体犯罪的高度概括，是区分罪与非罪的总的标准。

犯罪概念有以下三个基本特征。

1. 犯罪是严重危害社会的行为，具有一定的社会危害性

行为具有严重的社会危害性是犯罪最基本的特征。犯罪的社会危害性，是指给国家、社会和个人利益造成实际损害或者可能造成实际损害的危险的属性。犯罪只能是"危害社会的"行为，而不是"思想"。

我国刑法第13条通过列举犯罪所侵犯的客体，揭示了犯罪的社会危害性的各个方面的表现。概括起来，它主要表现在几个方面：①对于社会主义国体、政体和国家安全的危害；②对社会公共安全的危害；③对社会主义市场经济秩序的危害；④对公民人身权利、民主权利和其他权利的危害；⑤对社会主义制度下各种财产权利的危害；⑥对社会秩序的危害；⑦对国防利益、军事利益的危害；⑧对国家机关行政、司法秩序及公务活动的廉洁性的危害。上述几个方面概括地反映了我国刑法中犯罪的社会危害性的基本内容。

如何来判断社会危害性的有无和大小？可以从以下三方面来判断。

首先，社会危害性是质与量的统一。社会危害性的质是指行为危害或直接威胁了刑法保护的利益，对此刑法第13条做了高度概括。社会危害性的量是指社会危害性应当达到一定的程度，刑法13条的"但书"①做了明确规定，即"情节显著轻微危害不大的，不认为是犯罪"。"不认为是犯罪"，是指刑法规定不构成犯罪。

其次，社会危害性的内容是主客观的统一。犯罪是行为人主观罪过支配之下实施的危害社会的行为。只有危害社会的客观行为而无罪过或者只有主观犯意而无危害社会的行为，均不是犯罪。

最后，社会危害性是相对稳定性和变动性的统一。行为的社会危害性的有无和大小不是一成不变的，而是受到社会的政治、经济、文化等条件的影响。同样的一种行为，其社会危害性的有无和大小，在一定的时间、地点、条件下保持稳定而具有稳定性；在不同的时间、地点、条件下，其社会危害性的有无和大小总会发生变化而具有变动性。

2. 犯罪是触犯刑法规定的行为，具有刑事违法性

违法行为有各种各样，有的违反民事、经济法律法规，是民事、经济违法行为；有的违反行政法规，是行政违法行为。犯罪是一种违法行为，但不是一般的违法行为，而是违反刑法触犯刑事法律的行为，即刑事违法行为。违法并不都是犯罪，只有违反刑法规定的才构成犯罪。例如诈骗少量财物，属于违反治安管理处罚法的行为；只有诈骗数额较大的公私财物的行为，才构成刑法上的诈骗罪。

行为的社会危害性是刑事违法性的基础，刑事违法性是社会危害性在刑法上的表现。只有当行为不仅具有社会危害性，而且违反了刑法，具有刑事违法性，才可能被认定为犯罪。

3. 犯罪是应受刑罚处罚的行为，具有应受刑罚处罚性

犯罪必须是依法应受刑罚处罚的行为，这是法治原则的要求，也是罪刑法定原则在犯罪概念中的体现。犯罪是适用刑罚的前提，刑罚是犯罪的法律后果。

犯罪只能是一种"依照法律应当受刑罚处罚"的行为，这种行为是一种具体的、类型化的行为，立法者通过刑事法律将某种行为具体化、类型化为犯罪，使公民能够认识什么是犯罪，使司法机关能够依据法律认定犯罪，追究犯罪者的刑事责任。

行为具有依法应受刑罚惩罚性，这一特征表明行为违反刑事禁令，应当受到刑罚处罚。依法应当受到刑罚处罚与实际是否需要予以刑罚处罚是不一样的。司法实践中，在行为人构成犯罪而具有依法应受刑罚处罚性的情况下，可以依据案件的具体情况，例如具有自首、立功、悔罪等情节，免除刑事处分或者刑事处罚。

犯罪的三个特征，紧密联系、缺一不可。一定的社会危害性是犯罪最基本的属性，是刑事违法性和应受刑罚处罚性的基础。没有社会危害性，立法者就不能将其规定为犯罪；行为没有触犯刑法而不具有依法应受刑罚处罚性，无论其社会危害性有多大，司法机关都不得将其以犯罪对待。

---

① 一个刑法条文在同一款里包含有两个或两个以上意思的，在学理上称之为前段、后段，或者前段、中段、后段，在这种结构的条款中，如用"但是"来表示转折关系的，则从"但是"开始的这段文字，称之为"但书"。"但书"所表示的大致有以下几种情况："但书"是前段的补充，例如刑法第13条；"但书"是前段的例外，例如刑法第246条；"但书"是前段的限制，例如刑法第20条第2款。

(二) 犯罪构成的概念和特征

犯罪构成是指依照刑法的规定,决定某一具体行为的社会危害性及其程度,而为该行为构成犯罪所必须具有的一切主观要件和客观要件的有机统一的整体。

犯罪构成与犯罪概念的联系在于:犯罪概念是犯罪构成的基础,犯罪构成是犯罪概念的具体化。

犯罪构成有以下三个特征。

1. 犯罪构成是一系列主观要件和客观要件的有机统一的整体

任何一种犯罪,都有许多要件(成立犯罪的要件),这些要件中,既包含犯罪主体方面的要件和反映行为人主观方面特征的主观要件,又包含犯罪客体要件和反映行为客观方面的客观要件。例如,依照刑法第263条和第17条第2款的规定,构成抢劫罪必须具备以下条件:①行为人已满14周岁,具有刑事责任能力;②主观上具有抢劫的故意,以非法占有为目的;③客观上实施了使用暴力、胁迫等手段劫取公私财物的行为;④抢劫行为侵犯了公私财产权。这几个要件有机结合在一起,就是抢劫罪的犯罪构成。

2. 犯罪构成是行为的社会危害性的法律标志

任何一个犯罪,都可以用许多事实特征来表明,但并非每一个事实特征都可以成为犯罪构成要件,只有对行为的社会危害性及其程度具有决定意义而为该行为成立犯罪所必需的那些事实特征,才能成为犯罪构成的要件。例如前面所列举的抢劫罪还具有其他的一些事实特征,例如被害人的状况,犯罪者实施抢劫行为的时间、地点,犯罪者的出生、受教育程度、体貌特征,等等。这些事实特征并不影响抢劫罪的成立,所以不能成为抢劫罪的构成要件。

3. 犯罪构成要件由刑法加以规定

行为成立犯罪所必需的犯罪构成要件,必须由我国刑法加以规定,这也是罪刑法定原则在犯罪构成理论中的体现。

犯罪构成可分为典型的犯罪构成和非典型的犯罪构成。典型的犯罪构成,是指刑法条文就某一犯罪的基本形态所规定的犯罪构成。典型的犯罪构成一般是指既遂犯和单独犯的构成要件;非典型的犯罪构成(也称为特殊形态的犯罪构成),是指以基本的犯罪构成为前提,适应犯罪行为的不同形态,对典型的犯罪构成加以某些修改变更的犯罪构成。

二、典型的犯罪构成

典型的犯罪构成指刑法分则就某一犯罪的基本形态所规定的犯罪构成,一般是既遂的、单个人实施的犯罪,由刑法分则加以规定。我国刑法理论中所称的犯罪构成一般指的是典型的犯罪构成(以下简称犯罪构成),是我国刑法所规定的,决定某一行为的社会危害性及其程度并为该行为构成犯罪所必须具备的一系列主客观要件的总和。

犯罪构成要件包括犯罪构成的共同要件和具体要件。刑法总论部分主要对犯罪构成的共同要件进行了规定,犯罪构成的具体要件则在刑法分则条文中给以明确规定。犯罪构成的共同要件包括犯罪客体、犯罪客观方面、犯罪主体和犯罪主观方面等四大要件。

(一) 犯罪客体

犯罪客体是我国刑法所保护、而为犯罪行为所侵犯的社会关系。犯罪客体是决定社会危害性的首要条件。

1. 犯罪客体的分类

根据犯罪行为所侵犯的社会关系的范围的大小,犯罪客体可分为:①一般客体,即社会关系的整体。②同类客体,即某一类犯罪行为所共同侵犯的客体,也就是某一类犯罪所共同侵犯而为刑法所保护的社会关系的某一部分或某一方面。我国刑法分则正是根据同类客体的原理,把犯罪分为:危害国家安全罪,危害公共安全罪,破坏社会主义市场经济秩序罪,侵犯公民人身权利、民主权利罪,侵犯财产罪,妨害社会管理秩序罪,危害国防利益罪,贪污贿赂罪,渎职罪和军人违反职责罪等十大类。③直接客体,是某个犯罪行为直接侵犯的某种具体的社会关系,即刑法所保护的社会关系的某一具体部分。根据某种具体犯罪侵犯的直接客体的数量,直接客体又可以分为简单客体和复杂客体。复杂客体中又可以进一步分为主要客体和次要客体。

2. 犯罪客体与犯罪对象

犯罪对象是犯罪行为所直接指向的人或物,是社会关系的具体表现形式或承担者、承受者,如被杀的人、被盗窃的财产等。犯罪对象作为危害行为直接作用的具体人或具体物,是具体社会关系的物质表现或者具体社会关系的主体或参加者。犯罪客体与犯罪对象两者的区别有以下四个方面:①犯罪客体决定犯罪性质,犯罪对象一般不能决定。②犯罪客体是犯罪构成的必备要件,犯罪对象则不是不可缺少的,如脱逃罪、偷越国境罪等犯罪无犯罪对象。③犯罪客体必然因犯罪行为而受到侵犯,犯罪对象则不一定受到损害,如盗窃行为并未使被盗财物等犯罪对象受到损害。④犯罪客体是对犯罪进行分类的根据,犯罪对象对犯罪分类则没有影响。

▶(二)犯罪的客观方面

犯罪的客观方面,是犯罪行为形之于外的具体状况,是对刑法所保护的社会关系造成侵害的客观外在事实特征。犯罪客观方面的要素,一般包括危害行为、危害结果、危害行为和危害结果之间的因果关系以及犯罪时间、地点和方法等,其中只有危害行为是客观方面的必备要素。

1. 危害行为

危害行为是犯罪客观方面的必备要素。危害行为包含有体性、有意性、危害性三方面特征。

(1)有体性就是人的身体动静,是人的身体的举动,包括借助于自然界的力量、借助于其他的工具等。有体性揭示了危害行为的外在特征,将"思想犯罪"排除在刑法规范的视野之外。

(2)有意性表明犯罪行为是行为意识或意志支配之下的身体动静,如果不是意识和意志支配的产物,就不属于刑法意义上的危害行为,不能作为犯罪行为。比如说睡梦中的梦话,梦游症或者夜游症患者的行为,人在不可抗力作用下的举动、身体的反射动作等。有意性揭示了危害行为的主观特征。

(3)危害性亦即行为的有害性,是对犯罪行为的社会评价,表明危害行为必须是在客观上侵犯权益的行为。危害性揭示了危害行为的本质特征,说明某种危害行为之所以以犯罪论处的缘由,如正当防卫、紧急避险等行为,因为没有侵害合法权益或者保护了较大的合法权益,不具有危害性,因而被排除在犯罪之外。

危害行为的表现方式有作为与不作为两种。作为,是指行为人以积极的行为实施刑法所禁止的危害社会的行为。不作为,就是指行为人负有实施某种行为的特定法律义务,能够履行而不履行的危害行为。在作为与不作为这两种方式中,作为即违反禁止性规范,是"不应为而为之";而不作为是违反命令性规范,是"应为而不为之"。作为是常见的行为方式,而不作为是比较少见的。在一般情况下行为人相对静止,没有实施具体行动,不存在犯罪问题;但不作为在同时具备以下三个条件时则存在构成犯罪问题:

第一,行为人负有实施特定积极行为的义务。特定义务指在一定的社会关系内,基于一定的事实与条件产生的要求行为人实施一定积极行为的具体法律义务。

不作为犯罪的作为义务来源:①法律上明确规定的积极作为义务,即行为人所违反的义务是法律所明确规定的。如父母、子女之间的抚养和赡养义务,夫妻间的互相扶养义务。②职务上、业务上所要求的积极作为义务。如值班医生有救治病人的义务。③法律行为引起的积极作为义务,法律行为如合同行为,自愿接受约定的责任、义务,引起了一个积极作为的义务,行为人有义务积极履行。例如保姆和雇主之间的看管孩童的合同(不论口头还是书面),约定保姆对雇主家的孩子负有照看的义务。④先行行为引起的积极作为义务,指由于行为人先前实施的某一行为,使刑法所保护的法律利益处于危险状态,行为人此时就负有救护法益、防止危险发生的义务,如将无自救能力的儿童带到危险地带等。

第二,行为人具有履行该积极义务的能力。法律不强人所难,如果行为人根本没有履行特定义务的能力,那就不可能成立不作为的犯罪。而在存在履行特定义务实际可能的情况下,行为人却未实施刑法规范所要求的作为,致使刑法所保护的社会关系受到侵犯,自然应负刑事责任。至于行为人能否履行义务,则应从行为当时行为人履行义务的主观能力与客观条件两方面进行判断。

第三,行为人未履行特定义务导致某种严重后果发生。

2. 危害结果

危害结果有广义和狭义两种概念。

广义的危害结果,是指行为人的危害行为所引起的一切对社会的损害。广义的危害结果有两种分类:①直接结果和间接结果。直接结果,是指由危害行为所直接造成的侵害事实,它与危害行为之间不存在独立的另一现象作为中介。比如,行为人向被害人开枪致其死亡,被害人的死亡就是行为人的枪击行为的直接结果。间接结果,是指由危害行为所直接造成的侵害事实,它与危害行为之间存在独立的另一现象作为联系中介。比如,行为人诈骗了被害人大量钱财以后,被害人因此而自杀,被害人的死亡就是行为人诈骗行为的间接结果。直接结果有助于正确定罪量刑,间接结果对量刑有影响。②犯罪构成要件的结果和非犯罪构成要件的结果。犯罪构成要件的结果,是指刑法分则条文规定的,成立某种具体犯罪既遂所必须具备的危害结果。比如,故意杀人罪的被害人死亡的结果就是此罪的构成要件的结果。非构成要件的结果,是指危害行为引起的犯罪构成要件以外的,影响行为的社会危害性程度大小的危害结果。比如,故意杀人未遂,致被害人重伤,重伤就是非犯罪构成要件的结果,它影响故意杀人未遂量刑的轻重。

狭义的危害结果,是指作为犯罪构成要件的结果,通常也就是对直接客体所造成的损害。狭义的危害结果是定罪的主要根据之一。比如,在上例中行为人诈骗了财物,造成了被害人自杀,认定其成立诈骗罪的既遂,只能以财物的损失为根据,而被害人的自杀只是作为量刑考虑的情节。

3. 刑法上的因果关系

刑法上的因果关系即危害行为与危害结果之间的因果联系,这种因果关系是在危害结果发生时要求行为人负刑事责任的必要条件。因果关系问题十分复杂,我们可以从以下三个方面掌握。

(1)必然因果关系和偶然因果关系①。一般而言,刑法上的因果关系主要是指必然的因果关系,偶然因果关系通常对量刑具有一定意义,但并不能断然否定偶然因果关系对定罪的影响,也就是说在特定情况下有时候对定罪也有一定的影响。如:私营企业主某甲,从劳务市场上将前来寻找工作的外地民工某乙带回其在郊外的厂房,并以限制人身自由的方法强迫某乙在其作坊劳动(持续时间非常短),某乙发觉上当受骗,决定出逃。当晚乘某甲监管不备时,某乙逃出作坊,甲发现后立即带领两个人持棍棒追赶,并一直吆喝。某乙慌不择路,跌倒在路边沟里,头部碰到沟底一块大石头上,造成头部重伤。在此案中,若甲仅有先行的强迫劳动行为,因持续时间较短,应该说尚未达到情节严重的程度,不能作为强迫劳动罪②,应作为一般违法行为处理。但现在发生了致使乙重伤的后果,而且甲的强迫劳动行为与此结果之间具有偶然的因果联系,据此可以认定甲的强迫劳动行为已经达到情节严重的程度,从而可以对某甲以强迫劳动罪论处。

(2)"条件说"。在某种意义上,偶然因果关系就相当于因果关系中的"条件说"(奉行"没有前者就没有后者"的判断思路),如果以此为判断方法,那么就可以使得行为与后果之间是否存在刑法上的因果关系的问题大大简化,只不过必须明确一点,那就是仅仅存在这种因果关系并不一定就必然存在刑事责任,此种因果关系仅仅是承担刑事责任的客观基础(条件),承担刑事责任还要求行为人对行为后果主观上存在罪过(故意或者过失)。也就是说,因果关系是承担刑事责任的必要条件而非充要条件。这就要求我们从主观和客观两个方面入手判断刑事责任即犯罪构成问题,两方面缺一不可,否则要么是客观归罪,要么是主观归罪。

采取客观基础与主观罪过两方面来判断刑事责任的思路,有助于简化我们对刑法上因果关系的把握。

(3)"介入因素"。采取上述"条件说"判断因果关系,在复杂问题简单化的同时,也不可避免地提出因果关系中断论,以防止因果关系认定的扩大化。因果关系中断的原因在于某先行行为(条件)在发生作用的过程中,因其他因素的介入,打破了预定的因果链。于是,在一个危害行为的发展过程中又介入其他因素而导致发生某种结果的场合,如何确定先前的危害行为和最后的危害结果之间的因果关系就是一个比较复杂的问题。总体而言,介入因素包括三类情形:自然事件、他人行为以及被害人自身行为。如甲以杀人故意向丙的水杯中投放了足以致死的毒药,但在丙喝下含有毒药的水而该毒药尚未起作用时,丙的仇人乙开枪杀死了丙,则在甲的投毒行为致丙死亡的发展过程中,乙开枪的行为就是介入因素。这里介入因素就是他人的行为。

一般而言,在介入因素的情况下,先前行为与危害结果之间的因果关系是否被中断或切断而导致不存在刑法意义上的因果关系,主要考虑介入因素的性质以及同先行行为之间的关系,即介入因素本身的出现是异常还是正常的,介入因素是独立还是从属于先行行为。如果介入因素的出现是异常的,介入因素本身独立于先前行为,则先前行为与危害结果之间的因果关系被切断而导致不存在刑法意义上的因果关系,反之,则先行行为同危害结果的因果联系并未切

---

① 必然因果关系是指行为与结果之间有着内在的、必然的、合乎规律的引起与被引起的联系;偶然因果关系则是指某种行为本身并不包含产生某种危害结果的必然性,但是在其发展过程中,偶然又有其他原因加入其中,即偶然地同另一原因的出现相交叉,由后来介入的这一原因合乎规律地引起这种危害结果。
② 《中华人民共和国刑法修正案(八)》将刑法第244条规定的"强迫职工劳动罪"修正为"强迫劳动罪",该罪要求情节严重的才构成犯罪。此外,强迫劳动罪同非法拘禁罪在行为方式(前者为限制自由的方法,后者为剥夺自由的方法)、主观方面都有区别。况且,本案中,由于某甲限制人身自由的方法持续时间不长,也不符合非法拘禁罪的构成特征。

断而仍存在刑法意义上的因果关系。如上述甲投毒杀丙的案件中,介入因素——乙开枪杀丙的行为的出现显然是异常的、是独立于甲的投毒行为的,从条件说的角度来看,甲的行为与丙的死亡之间,不存在没有前者就没有后者的联系,所以没有因果关系①。

4. 犯罪的时间、地点和方法

任何犯罪都是在一定的时间、地点,采取一定的方法(手段)实施的。在刑法上,它们并非所有犯罪构成的要件,而只是少数犯罪,才将它们作为构成要件加以规定,即它们是选择性的客观要件。

法律将特定的时间、地点和方法明文规定为某些犯罪构成必备的要件时,这些因素就对某些行为是否构成该种犯罪具有决定性作用,即具有犯罪构成必备要件的意义。作为构成要件的时间,是指刑法规定的构成某些犯罪必须具备的犯罪发生的特定时间;作为构成要件的地点,是指刑法规定的构成某些犯罪必须具备的犯罪发生的特定场所;作为构成要件的方法,是指刑法规定的构成某些犯罪必须具备的实施危害行为的特定方式。比如,刑法第340条就把"禁渔期""禁渔区""禁用的工具、方法"等规定为构成非法捕捞水产品罪的必备要件,因而实施的捕捞水产品行为是否具备这些因素,就成为非法捕捞水产品罪成立与否的重要条件。又如,羁押、监管罪犯、被告人或犯罪嫌疑人的场所或者押解途中是成立组织越狱罪、聚众劫狱罪、脱逃罪不可缺少的构成要件。

在我国刑法中,大多数犯罪对危害行为实施的时间、地点、方法等因素在所不问,即行为不论在什么场合实施,对该行为成立犯罪没有影响,但这些因素往往会影响犯罪行为本身社会危害程度的大小,影响量刑的轻重。

▶(三)犯罪主体

犯罪主体是实施了危害社会的行为、依照刑事法律的规定应当承担刑事责任的自然人及单位。在我国刑法中,犯罪主体有两类:一是自然人主体即公民;二是法律上拟制的人即单位。其中自然人犯罪是基础、是原则,单位犯罪是例外。自然人犯罪主体必须具备刑事责任能力,影响刑事责任能力的因素有刑事责任年龄、精神因素以及生理功能等。

1. 刑事责任年龄

刑事责任年龄是指对违法行为负刑事责任的年龄范围。根据我国刑法的规定,刑事责任年龄可以理解为以12周岁、14周岁、16周岁三个节点分为四个部分:

(1)完全不负刑事责任年龄即不满12周岁的自然人,对其行为不负刑事责任。

(2)已满12周岁不满14周岁的人,犯故意杀人、故意伤害罪,致人死亡或者以特别残忍手段致人重伤造成严重残疾,情节恶劣,经最高人民检察院核准追诉的,应当负刑事责任。

(3)相对负刑事责任年龄指年满14周岁不满16周岁的自然人,仅对刑法明确规定的"故意杀人、故意伤害致人重伤或者死亡、强奸、抢劫、贩卖毒品、放火、爆炸、投放危险物质②"等八种严重故意犯罪行为负刑事责任。

---

① 对此案,乙无疑应对丙的死亡负故意杀人罪(既遂)的刑事责任,而甲仅仅负故意杀人罪未遂的刑事责任。如果认为甲的行为同丙的死亡有因果关系,由于其主观上存在杀人的直接故意,则会得出甲也应负故意杀人罪既遂的刑事责任,这显然不妥。

② 根据2002年3月《最高人民法院 最高人民检察院关于执行〈中华人民共和国刑法〉确定罪名的补充规定》,刑法第114条、第115条的"投毒"的罪名不再定"投毒罪"而是"投放危险物质罪",刑法罪名要注意表述的准确性与法定性。

(4)完全刑事责任年龄,即年满16周岁的自然人,对其触犯刑法的行为都要负刑事责任[①]。

与刑事责任年龄有关的问题:

(1)周岁的计算原则,以公历的年月日计算,以实足年龄为准;自过周岁生日的第二天起才为已满12周岁或16周岁,即生日的当天不计算在内。如12周岁生日当天仍属于不满12周岁的完全无刑事责任年龄阶段。

(2)已满12周岁不满14周岁的人,在特定情况下负刑事责任。我国刑法修正案(十一)规定将负刑事责任的年龄由年满14周岁下降至年满12周岁,但对于该下降设置了严格的限制条件:一是罪行条件,犯故意杀人罪、故意伤害罪;二是结果条件,须致人死亡或者以特别残忍手段致人重伤造成严重残疾;三是情节条件,须达到情节恶劣情形;四是程序条件,须经过最高人民检察院核准追诉,将追诉核准权统一赋予最高人民检察院行使,有助于实现标准的统一。

(3)已满14周岁不满16周岁的人,应当负刑事责任的范围是十分明确的,即"故意杀人、故意伤害致人重伤或者死亡、强奸、抢劫、贩卖毒品、放火、爆炸、投放危险物质"等八种严重故意犯罪行为,这几种犯罪行为的确定既考虑了犯罪的严重性也考虑了犯罪的常发性。故意伤害罪包含了两种情况,即故意伤害致人重伤与故意伤害致人死亡,而轻伤的不包括在内。刑法第17条第2款的"故意杀人"与"故意伤害致人重伤或者死亡",包括刑法分则所规定的以故意杀人罪、故意伤害罪(达到重伤程度)论处的情形,如已满14周岁不满16周岁的人非法拘禁他人的并不构成犯罪,但若在非法拘禁过程中,使用暴力致被害人重伤或死亡的,根据刑法第238条第2款的规定,就应以故意杀人罪、故意伤害罪追究其刑事责任。

(4)刑法第17条第2款的强奸罪也包括两种情形,即强奸妇女与奸淫幼女两种情形[②]。但要注意的是已满14周岁不满16周岁的男少年,同不满14周岁的幼女交往密切,双方自愿发生性关系,未造成严重后果,情节轻微的,不认为是犯罪。

(5)抢劫罪不仅包括刑法第263条所规定的典型的抢劫罪,还包括其他类型的"准抢劫罪",如刑法第267条第2款、第269条等规定的抢劫罪;同理,结合2002年8月9日《最高人民检察院关于已满十四周岁不满十六周岁的人承担刑事责任范围问题的复函》(高检发研字〔2002〕17号),明确指出:"刑法第十七条第二款规定的八种犯罪,是指具体犯罪行为而不是具体罪名。"对于刑法第17条中规定的"犯故意杀人、故意伤害致人重伤或者死亡",是指只要故意实施了杀人、伤害行为并且造成了致人重伤、死亡后果的,都应负刑事责任,而不是指只有犯故意杀人罪、故意伤害罪的,才负刑事责任,绑架犯罪的,不负刑事责任。对司法实践中出现的已满14周岁不满16周岁的人绑架人质后杀害被绑架人、拐卖妇女、儿童而故意造成被拐卖妇女、儿童重伤或死亡的行为,依据刑法是应当追究其刑事责任的[③]。

(6)毒品犯罪中,已满14周岁不满16周岁的人仅对贩卖毒品的行为负刑事责任,对基本

[①] 注意:这里仅就年龄而言,暂不涉及责任能力问题,因为16周岁以上者对所有触犯刑法的行为都要负刑事责任,只不过16周岁以上不满18周岁还存在从轻或者减轻的问题(刑法第17条第2款的规定)。但其前提还是应当负刑事责任。

[②] 根据2002年3月26日《最高人民法院 最高人民检察院关于执行〈中华人民共和国刑法〉确定罪名的补充规定》,刑法第236条第2款规定的奸淫幼女行为不再单独定奸淫幼女罪,而定强奸罪,即将奸淫幼女行为作为强奸罪的一种特殊行为并从重处罚。

[③] 最高人民检察院的该具有司法解释性质的复函实际上是转发了全国人民代表大会常务委员会法制工作委员会(简称全国人大法工委)于2002年7月24日发布的《关于已满十四周岁不满十六周岁的人承担刑事责任范围问题的答复意见》(法工委复字〔2002〕12号),作为最高立法机关的专职立法工作的常设机构——全国人大法工委,所作出的该意见是具有相当的法律参照效力的,而且从刑法理论上分析也是完全可取的。

性质相同、危害程度相当的走私、制造、运输毒品的行为(刑法第347条)则不负刑事责任。与这一特征极为类似的还有刑法第114条所规定的几种以危险方法危害公共安全的犯罪行为中,仅规定对放火、爆炸、投放危险物质这三种常见的、多发的犯罪行为负刑事责任,这里的"投毒"包括投放毒害性、放射性、传染病病原体等危险物质,而且已满14周岁不满16周岁的人故意实施放火、爆炸、投放危险物质的行为,符合刑法第114条的构成要件,即使尚未致使他人重伤、死亡或者公私财产遭受重大损失的,也应当负刑事责任。

(7)已满12周岁不满16周岁的人仅对法定的几种故意犯罪负刑事责任,而对任何过失犯罪都不负刑事责任。

(8)对于已满12周岁不满18周岁的人犯罪,适用刑罚时应当遵循以下原则:
①应当从轻或减轻处罚。
②不适用死刑(包括死缓)。
③免除入伍、就业的报告义务。刑法第100条第2款规定,犯罪的时候不满18周岁被判处5年有期徒刑以下刑罚的人,免除前款规定的报告义务。
④不构成累犯。刑法第65条第1款规定,被判处有期徒刑以上刑罚的犯罪分子,刑罚执行完毕或者赦免以后,在5年以内再犯应当判处有期徒刑以上刑罚之罪的,是累犯,应当从重处罚,但是过失犯罪和不满18周岁的人犯罪的除外。
⑤符合缓刑条件的,应当适用缓刑。刑法第72条规定:对于被判处拘役、3年以下有期徒刑的犯罪分子,同时符合下列条件的,可以宣告缓刑,对其中不满18周岁的人、怀孕的妇女和已满75周岁的人,应当宣告缓刑:A.犯罪情节较轻;B.有悔罪表现;C.没有再犯罪的危险;D.宣告缓刑对所居住社区没有重大不良影响。

(9)注意跨法定年龄阶段的犯罪问题,主要在以下两个方面:
①行为人已满16周岁后实施了某种犯罪,并在16周岁生日之前也实施过相同的行为,应否一并追究刑事责任?对此应具体分析:如果已满12周岁不满16周岁期间所实施的是刑法规定的几种特定犯罪的,应一并追究刑事责任;否则,就只能追究已满16周岁以后所犯之罪的刑事责任,其先前的行为只能作为酌定的量刑情节考虑。
②行为人在已满12周岁不满16周岁期间,实施了上述几种特定的行为,并在未满12周岁时也实施过相同行为,对此不能一并追究刑事责任,而只能追究已满12周岁后实施的特定犯罪的刑事责任。

(10)对因不满16周岁不予刑事处罚的,首先考虑责令其家长或者监护人严加管教,其次在必要的时候也可以由政府收容教养。

2. 刑事责任能力

1)刑事责任能力的概念

刑事责任能力,是指行为人构成犯罪并承担刑事责任所必需的、行为人具备的刑法意义上辨认和控制自己行为的能力。简言之,刑事责任能力,就是行为人辨认和控制自己行为的能力。辨认能力指行为人具备对自己的行为在刑法上的意义、性质、后果的分辨认识能力。控制能力指行为人具备决定自己是否以行为触犯刑法的能力。辨认能力是控制能力的基础与前提,没有辨认能力就谈不上有控制能力;控制能力则反映人的辨认能力,有控制能力则表明行为人具有辨认能力,但有辨认能力则不一定就必然有控制能力(如身体受到强制的情形下按照胁迫人意志所实施的行为),控制能力是刑事责任能力的核心,两者需同时具备,缺一不可。

2)刑事责任能力的程度

影响刑事责任能力的有无以及程度的因素有：年龄、精神、生理功能发育、发展正常与否等。根据人的年龄、精神状况、生理功能状况等因素，我国刑法中的刑事责任能力程度包括以下几种情况：

(1)完全刑事责任能力。凡年满18周岁以上未满75周岁的、精神和生理功能健全且智力与知识发展正常的人，都是完全刑事责任能力人。间歇性的精神病人在精神正常时实施的刑法禁止的危害行为，其辨认和控制能力完全具备。完全刑事责任能力人实施了犯罪行为的，应当依法负全部的刑事责任。

(2)完全无刑事责任能力。完全无刑事责任能力人包括两类：一类是不满12周岁的人；一类是行为时因精神疾病而不能辨认或者不能控制自己行为的人。

(3)相对无刑事责任能力。相对无刑事责任能力，指行为人仅限于对刑法所明文规定的某些严重犯罪具有刑事责任能力，而对未明确限定的其他危害行为无刑事责任能力的情况。我国刑法中相对无刑事责任能力人即为已满12周岁不满16周岁的人。

(4)减轻刑事责任能力。减轻刑事责任能力又称限制刑事责任能力、限定刑事责任能力、部分刑事责任能力，其是完全刑事责任能力与完全无刑事责任能力的中间状态，指因年龄、精神状况、生理功能缺陷等原因，而使行为人实施刑法所禁止的危害行为时，虽然具有责任能力，但其辨认或控制自己行为的能力较完全责任能力有一定程度的减弱或降低的情况。我国刑法明文规定的限制刑事责任能力的人有四种：①已满12周岁不满18周岁的人犯罪的，应当从轻或减轻处罚，并且不适用死刑。②已满75周岁的人故意犯罪的，可以从轻或者减轻处罚，过失犯罪的，应当从轻或者减轻处罚。③尚未完全丧失辨认或控制自己行为能力的精神病人犯罪的，可以从轻或减轻处罚。④又聋又哑的人或盲人犯罪的，可以从轻、减轻或免除处罚。

3)刑事责任能力需注意的问题

(1)醉酒的人的刑事责任能力问题。醉酒包括生理性醉酒和病理性醉酒，病理性醉酒是一种比较罕见的精神病状态，而我们最常见的醉酒都指的是生理性醉酒、普通醉酒。刑法第18条第4款规定"醉酒的人犯罪，应当负刑事责任"指的就是这种意义上的醉酒。醉酒者对其刑事责任没有任何影响，应当追究刑事责任，而且不能适用从宽处罚的规定。

(2)间歇性精神病人的刑事责任能力问题。对于间歇性精神病人刑事责任问题，关键看其实施犯罪行为当时是否属于精神正常状态，如果是正常状态则负完全的刑事责任，如果是处于发病期间则以精神病人对待，不负刑事责任。

3. 身份犯

以犯罪主体是否要求具备特定的身份为标准，自然人犯罪主体分为一般主体和特殊主体。一般主体指只要具有刑事责任能力即可构成的犯罪主体。特殊主体，就是除了具备刑事责任能力外还必须具备特定身份才能构成的犯罪主体。特定身份分为自然身份和法定身份。自然身份是基于自然的条件形成的。例如，强奸罪、嫖宿幼女罪的犯罪主体只能是男子；虐待罪、遗弃罪的犯罪主体只能是家庭成员。法定身份是基于法律所赋予而形成的身份，如军人、国家工作人员、国家机关工作人员、司法工作人员、在押罪犯等。

4. 单位犯罪主体

单位犯罪是相对于自然人犯罪而言的。单位犯罪，是指公司、企业、事业单位、机关、团体实施的，依法应当承担刑事责任的危害社会的行为。

单位犯罪具备以下基本特征。

1) 单位犯罪主体特征

单位犯罪的主体包括公司、企业、事业单位、机关、团体。根据1999年6月18日《最高人民法院关于审理单位犯罪案件具体应用法律有关问题的解释》(以下简称《单位犯罪案件解释》)的规定,这里的"公司、企业、事业单位",既包括国有、集体所有的公司、企业、事业单位,也包括依法设立的合资经营、合作经营企业和具有法人资格的独资、私营等公司、企业、事业单位。除了独资、私营企业外,即使不具有法人资格的,只要是一个合格的单位,就可以作为单位犯罪的主体而存在。

2) 单位犯罪的行为特征

单位犯罪的行为与其经营管理活动具有相关性,并常常以单位的名义实施,具体而言,单位犯罪实施的行为和单位的经营范围、业务活动有一定的关联性,并以单位的名义实施(但不绝对),具体实施人可以是单位的负责人,还可以是单位的职工,甚至可以聘请单位以外的其他人来代理,等等。

3) 单位犯罪的主观特征

单位犯罪主观上体现了单位的意志和单位的整体利益,常常是为了单位的利益、单位决策机构集体决定。如果单从外表上看好像是以单位的名义并且又是经过单位的决策,但最终不是为了单位利益,而是为了谋取个人的私利,那么这种情况不能作为单位犯罪处理。例如,某单位的几个领导以单位的名义给予国家工作人员以财物,最终得到的某些不正当利益被个人私分了,这情况一般是作为个人行贿罪处理而不是作为单位行贿罪处理的。刑法第393条对此也有相应的规定,该条在规定单位行贿罪的同时又在后半段专门规定:"因行贿取得的违法所得归个人所有的,依照本法第三百八十九条、三百九十条的规定定罪处罚。"这一点就同这里所讲的单位犯罪的主观特征相一致。

4) 单位犯罪的法定性

单位犯罪行为具有法定性。某种单位行为是否要作为单位犯罪处理,除了前面几个特征之外,还要看是不是刑法明确规定的。因为并不是所有的犯罪行为单位都可以作为主体,在犯罪主体中,自然人主体是基础、是原则,而单位是一种例外。我国刑事立法规定的单位构成犯罪的行为只有一百多个左右。单位犯罪的法定性特征决定了单位犯罪刑事责任具有局限性特点,即单位不可能成为一切犯罪的主体,因而不可能对一切犯罪承担刑事责任。

根据上述特征以及《单位犯罪案件解释》,下列几种情形不作为单位犯罪论处而直接作为个人犯罪论处:

(1) 为了进行违法犯罪活动而设立公司、企业、事业单位的。如果设立公司、企业是为了实施违法犯罪的目的,则按照个人犯罪而不是以单位犯罪处理。

(2) 公司、企业、事业单位设立后,主要进行违法犯罪活动的,也规定按照个人犯罪处理。虽然这个公司、企业的成立表面上是合法的,但它成立之后,主要进行违法犯罪活动,那么这种情况也是按照个人犯罪处理,不按照单位犯罪论。

公司、企业等单位作为一个拟制的人,其刑事责任的承担同自然人犯罪有所不同。刑法第31条规定,在一般的情况下,首先对单位本身判处罚金,同时,对直接责任者即直接负责的主管人员和其他直接责任人员,按照正常的情况追究其刑事责任。但有例外,即法律另有规定的除外。实际上对单位犯罪的处罚,原则上是按照双罚制,既处罚单位本身,又要处罚其直接责任者,这里的直接责任者包括两类人:一类是直接的主管人员,比如财务主管;另一类是其他直接责任者,比如说它的主管厂长、副厂长等。即以双罚制为基础、为一般原则,而以单罚制为例外。单罚制就是单处罚单位本身或者单处罚其直接责任者,但在我国的刑法里,单罚制都是无一例外地体现为仅仅处罚直接责任者,而不处罚单位本身。

▶(四)犯罪的主观方面

犯罪的主观方面是指犯罪人实施犯罪行为时,对其行为所引起的危害社会的结果所持有的心理态度——故意、过失(合称罪过),以及动机和目的。其中罪过是必要要件,目的是选择要件,动机不是犯罪构成的要件,但能够反映行为人主观恶性的大小。

1. 犯罪故意

犯罪故意是指行为人明知自己的行为会发生危害社会的结果,并且希望或放任这种结果发生的一种心理态度。其中,明知属于认识因素,希望或放任是意志因素。犯罪故意的认识因素包括认识到自己的行为必然发生危害社会的结果和认识到自己的行为可能发生危害社会的结果。犯罪故意的意志因素包括希望和放任。希望,是指对危害结果的发生,有目的地、积极地追求的意志状态,结果的发生是行为人努力希望达到的目的。"希望"即"追求"。放任,是指行为人对结果的发生听之任之,不加控制和阻止的状态,危害结果的发生是他意料之中的事。"放任"即"同意"。

根据意志因素的不同,将犯罪故意分为直接故意和间接故意。直接故意是指行为人明知自己的行为必然或者可能发生危害社会的结果,并且希望危害结果发生的心理态度。直接故意又可分为两种情况,即明知可能和明知必然。间接故意是指行为人明知自己的行为可能发生危害社会的结果,并且放任这种结果发生的心理态度。所谓放任,是指行为人对于危害结果的发生,虽然没有希望、积极地追求,但也没有阻止、反对,而是放任自流,听之任之、任凭、同意它的发生。间接故意包括三种情况:①为了追求一个合法的目的而放任一个危害社会的结果发生;②为了追求一个非法的目的而放任另一个危害社会的结果的发生;③在突发性案件中不计后果,类似动辄捅刀子的情形。

直接故意与间接故意的区别:直接故意和间接故意都是犯罪的故意形态,二者的区别体现在以下几个方面。

(1)在认识因素方面有所不同。直接故意既可能是认识到这个结果可能会发生,也可能是认识到结果必然会发生;而间接故意只能是认识到这个结果有可能发生。

(2)在意志因素方面不同,即对危害结果发生的态度不同。直接故意对这个结果出现是积极追求的、是希望的;而间接故意则是放任的、漠不关心的。

2. 犯罪过失

犯罪过失,是指行为人应当预见自己的行为可能发生危害社会的结果,因为疏忽大意而没有预见,或者已经预见但轻信能够避免的心理态度。犯罪过失包括疏忽大意的过失和过于自信的过失两种类型。过失犯罪,法律有规定的才负刑事责任。

过失犯罪的行为人主观上必须有过失心理;客观上必须发生了危害社会的结果,从刑法分则的规定看,这些结果一般都是较为严重的结果且必须有处罚该类过失犯罪的分则性明确规定。

1)疏忽大意的过失

疏忽大意的过失是指行为人应当预见自己的行为可能发生危害社会的结果,因为疏忽大意而没有预见,以致发生了这种危害结果的心理态度,又称无认识过失。

疏忽大意的过失具有以下特征表现。

(1)没有预见。即行为人实施行为时没有预见到自己的行为可能发生危害社会的结果。行为人在主观上不希望、不放任结果的发生,但仍然实施了可能导致危害结果发生的行为,根本原因就在于行为人没有预见到自己的行为可能发生危害社会的结果,否则他就不可能实施该行为或者将采取必要的措施防止危害结果的发生。

(2)应当预见。应当预见是指行为人在行为时有责任预见并且有能力预见。如果根本不应当预见,主观上就没有罪过,也就没有刑事责任。应当预见包括预见义务和预见能力两方面内容。预见义务指行为人对于结果的发生有预见责任;预见能力,即行为人应当预见,如果不能预见,也不负刑事责任。

如何判断一个人是否有预见义务或者预见能力？要根据行为人本身的年龄状态、智力发育、文化知识水平、业务技术水平、生活经验等因素决定其实际认识能力,以及行为当时的客观环境和条件,具体分析行为人在当时的具体条件下,对行为发生这种危害结果能否预见。

(3)应当预见而没有预见的原因是行为人的疏忽大意。如果不是由于疏忽大意,而是由于年幼无知、精神疾病等原因,则不具有罪过。

2)过于自信的过失

过于自信的过失,是指行为人虽然已经预见到自己的行为可能发生危害社会的结果,但轻信可以避免,以致发生了这种结果的心理态度,也称有认识过失。

过于自信的过失具有以下特征表现。

(1)已经预见。行为人已经预见到自己的行为可能发生危害社会的结果,这是成立过于自信的过失的前提,是其区别于疏忽大意的过失的明显标志。

(2)轻信能够避免,即行为人轻信能够避免自己的行为可能发生的危害结果。行为人自恃具有防止结果发生的有利条件,他在主观上对危害结果的发生既不希望也不放任,而是持否定态度的,他自信这种结果不会发生,但是他过高地估计了避免危害结果发生的有利因素,过低估计了自己的错误行为可能导致危害结果发生的程度。这就是"轻信"。

3)过于自信的过失与疏忽大意的过失的区别

这两者都是过失,只不过前者属于有认识的过失,而后者是无认识的过失;二者对危害后果的出现都是持反对的、否定的态度的,结果出现都是意料之外、没有想到的。关键区别点就在于是否已经认识到其行为可能会导致某种结果的发生。

4)过于自信的过失与间接故意的区别

两者都预见到危害结果发生的可能性,同时都不希望危害结果的发生。两者的区别主要是:

(1)认识因素上:一般而言,间接故意认识的程度高一些,认识到这个结果发生的可能性更大,即很有可能发生;而过于自信的过失认识的程度低一些,认识到该行为引起的结果是有可能发生的。

(2)意志因素上:在间接故意的情况下,对这个后果的发生是放任的,持无所谓的态度,是不反对的;而过于自信的过失对结果的发生是反对的,但由于过于自信,没有想到真的会发生。可见,对行为所导致的结果有无否定、反对的态度和是否凭借了一定的避免条件和措施是二者区别的关键所在。行为人过于自信是在认识到行为及其结果发生具有一定的可能性,但同时确确实实凭借了一定的主客观条件认为当时不会发生——从而做出这个错误的判断。如果没有任何的外界条件,那么也是不能认定为过于自信的过失,可能是间接故意。

5) 疏忽大意与意外事件的区别

所谓意外事件就是刑法第16条的规定,即行为人客观上虽然造成了危害结果,但是由于不能预见的原因造成的,不负刑事责任,不是犯罪行为。意外事件对危害结果的出现是没有预见到,而且在当时的具体环境和情形下,也不能要求他预见到,就是说他没有这个预见能力和预见义务,结果的出现对他而言是意外的。

意外事件和疏忽大意的过失在行为当时对危害后果都没有预见到,区别的关键是看行为人应当不应当认识到,有没有预见能力和预见义务。判断的依据是主客观相统一的标准:一方面根据正常人的标准,即具有正常生活经验的人在当时应当不应当预见到;另一方面又要看具体行为人的职务和业务,如他具体的工作环境等,看其应当不应当预见到。

3. 犯罪目的与犯罪动机

1) 犯罪目的和犯罪动机的概念

任何故意实施行为的人,都是在一定的动机支配下,去追求一定的目的的。一般来讲,动机是指推动人去追求某种目的的内在动力或内心起因,目的是在一定动机的推动下希望通过实施某种行为达到某种结果的心理态度。刑法学研究的动机和目的,不是人的一般故意行为的动机和目的,而是作为行为人故意犯罪活动主观因素的犯罪动机和目的。

(1) 犯罪目的的概念。所谓犯罪目的,是指犯罪人希望通过实施犯罪行为达到某种结果的心理态度。如盗窃犯在实施盗窃行为时,就以非法占有他人财物为目的。根据我国刑法理论的通说,犯罪目的一般只存在于直接故意犯罪过程中,间接故意和过失犯罪不存在犯罪目的。从我国刑法的规定来看,绝大多数直接故意犯罪并没有明文规定犯罪目的。只有少数犯罪,刑法对其主观目的做了明文规定。例如,刑法第363条规定的制作、复制、出版、贩卖、传播淫秽物品牟利罪,刑法规定其应以牟利为目的;刑法第240条规定的拐卖妇女、儿童罪,应以出卖为目的。刑法之所以做出这种规定,是因为构成某种犯罪不仅要求行为人在主观上存在故意的心理,而且还必须有特定的目的。

(2) 犯罪动机的概念。所谓犯罪动机,是指刺激犯罪人实施犯罪行为以达到犯罪目的的内心冲动或起因。心理学告诉我们,动机是激励人去行动的主观原因,它激励人确立某种目的,推动人去达到某种目的。犯罪动机当然也具有心理学上的动机的特点,但它与一般动机的不同之处在于,它是刺激人去实施犯罪行为,推动人确立和去达到犯罪目的。例如,对强奸罪的实行犯来讲,非法强行与妇女发生性关系是其犯罪目的,而促使行为人确定这种犯罪目的的内心起因即犯罪动机,可以是贪色、仇恨、报复甚至极端的嫉妒心理等。因此,如果不弄清犯罪的动机,就不能真正了解犯罪人为何去追求某种犯罪目的。应当明确,我国刑法对犯罪动机没有明文规定,但刑法分则不少条文规定了情节严重、情节恶劣或情节轻微等,犯罪动机无疑是重要情节之一。

2) 犯罪目的和犯罪动机对定罪量刑的意义

犯罪目的和犯罪动机存在于直接故意犯罪中,对定罪量刑具有重要的意义。

(1) 犯罪目的对定罪量刑的意义。犯罪目的主要影响直接故意犯罪的定罪问题,表现为以下两种情况:

①在法律标明犯罪目的的犯罪中,特定的犯罪目的是犯罪构成的必备要件。对法律标明犯罪目的的犯罪来说,特定的犯罪目的是这些犯罪构成主观方面的必备要件。其作用或是作

为区分罪与非罪的标准,或是作为区分此罪与彼罪的标准。

②对法律未标明犯罪目的的直接故意犯罪来说,犯罪目的是犯罪故意中必然存在的一个重要内容。由于每种直接故意犯罪都有其犯罪目的,因而在剖析具体犯罪构成的主观要件时,明确其犯罪目的的内涵并予以确切查明,无疑对定罪具有重大作用。例如,抢劫、盗窃、抢夺犯罪都是以非法占有公私财物为目的。行为人虽有客观上相应的行为,但如果不具有这个犯罪目的,就不构成犯罪或者不构成此种犯罪。可见,查清这些直接故意犯罪的犯罪目的,有助于正确区分罪与非罪、此罪与彼罪的界限。另外,由于定罪正确是量刑适当的前提,而犯罪目的影响定罪,因而也可以说它对正确适用刑罚也具有一定的意义。

(2)犯罪动机对定罪量刑的意义。犯罪动机作为犯罪主观方面的构成因素,不仅对于量刑有重要影响,而且对于定罪在某种程度上也有一定的影响。

①犯罪动机对定罪的影响。根据刑法第13条规定的"但书"的内容以及刑法分则规定的对某些"情节犯"的要求,某些行为是否构成犯罪,除了必须具备犯罪构成的其他要件外,还要视其情节是否轻微或是否显著轻微。这样,作为犯罪重要情节之一的犯罪动机,自然在一定程度上成为可以影响犯罪成立与否的一个因素,也就是说,犯罪动机在一定条件下也影响定罪。

②犯罪动机对量刑的影响。犯罪动机是犯罪的重要情节之一,由于不同的犯罪情节对于量刑有着非常重要的影响,因而不同的犯罪动机在司法实践中对量刑的轻重必然会带来一定的影响。

4. 刑法上的认识错误

人的认识是对客观现实的反映,因而判断人的认识是正确或错误,就应当看这种认识是否正确地反映了客观实际。所谓认识错误,就是人对客观实际的不正确反映或认识。刑法上的认识错误,是指行为人对自己的行为在法律上的意义有不正确的理解或者对有关客观事实存在不符合真相的认识。因此,在性质上它与一般的认识错误有着根本的不同。刑法上的认识错误可以分为两类:一是行为人在法律上的认识错误,二是行为人在事实上的认识错误。

1)**法律认识错误**

法律认识错误,即行为人在法律上的认识错误,是指行为人对自己的行为在法律上是否构成犯罪、构成何种犯罪或者应当受到什么样的刑事处罚的不正确的理解。这类认识错误,通常表现为以下三种情况。

(1)行为不构成犯罪,但行为人误认为是犯罪。这种认识错误不影响行为的性质。因为行为是否构成犯罪,应当以法律的规定为准绳,而不是以个人的评价为标准。刑法既然规定这种行为不是犯罪,就不能因为行为人误认为是犯罪而使之负刑事责任。

(2)行为构成犯罪,但行为人误认为不是犯罪。由于违法性认识一般不是犯罪故意的内容,因而行为人误认为自己的行为不构成犯罪,不影响故意犯罪的成立。但在某些特殊情况下,如果行为人确实不了解国家刑事法律的某种禁令,从而也不知道行为具有社会危害性的,就不能让其承担故意犯罪的刑事责任。

(3)对定罪量刑的误解。即行为人误认为对他的行为应定甲罪名,实际上应定乙罪名;或者误认为对他的罪行应处较轻的处罚,实际上应处较重的刑罚。由于这种认识错误所涉及的情况不影响犯罪构成和行为的社会危害性,因而不影响行为人的罪过,也不影响其刑事责任。

2)**事实认识错误**

事实认识错误,是指行为人对自己行为有关的事实情况所产生的不正确的认识。这类认识错误是否影响行为人的刑事责任,要区别情况具体对待:如果行为人对属于犯罪构成要件方面的事实情况认识错误,则影响行为人的刑事责任;如果行为人对属于犯罪构成要件以外的事实情况认识错误,则不影响行为人的刑事责任。行为人对事实的认识错误,主要有以下几种情况。

(1)对客体的认识错误。即行为人意图侵犯一种客体,而实际上侵犯了另一种客体。对于客体认识错误案件,应当按照行为人意图侵犯的客体定罪。

(2)对行为对象的认识错误。行为人对行为对象的认识错误,通常表现为以下四种情况。

①误把甲对象当作乙对象加以侵害,而两者体现相同的社会关系或反映相同的犯罪客体。此种对象错误不阻却故意,也不影响既遂犯的成立。如行为人意欲杀甲,却误把乙当作甲杀死了,构成故意杀人罪既遂。

②误把甲对象当作乙对象加以侵害,但两者体现不同的社会关系或体现不同的犯罪客体。如误以为他人提包中装的是钱财而盗走,实际上提包中装的是手枪和子弹。就行为人实际侵害的对象而言,由于他没有意识到自己的行为会给此种对象及其所体现的特定社会关系(犯罪客体)造成侵害,当然,也就谈不上有此种犯罪的故意。若行为人主观上存在过失,而刑法又有处罚过失犯的规定的情况下,成立过失犯。对意欲侵害的对象而言,行为人主观上有犯罪故意,客观上实施了危害行为,一般是由于认识错误而使犯罪未得逞,所以通常属于犯罪未遂。如果行为人对实际侵害的对象和意欲侵害的对象来说,都构成犯罪,那就属于想象竞合犯,应从一重处断。如果只成立一罪,则按照一罪定罪量刑。就上例而言,行为人无盗窃枪支、弹药罪的故意,不能构成盗窃枪支、弹药罪,而刑法又无处罚过失盗窃枪支、弹药行为的规定,所以,行为人只对其盗窃财物的行为承担刑事责任。

③误把甲对象当作乙对象加以侵害,侵害乙对象的行为刑法规定为犯罪,而侵害甲对象的行为刑法没有规定为犯罪,应以犯罪未遂论处。

④具体的犯罪对象不存在,行为人误以为存在而实施犯罪行为,因而致使犯罪未得逞的,应定为犯罪未遂。

(3)对行为的认识错误。即行为人实施某种行为时,误认为自己的行为能造成危害结果,实际上不能,或者误认为自己的行为不能造成危害结果,实际上造成了危害结果。对行为的认识错误包括如下两种情况。

①对行为性质的认识错误。即行为人对自己的行为是否具有危害社会的性质的不正确认识。在这种情况下,如果行为人应当并能够预见危害后果的发生,应对所造成的危害结果负过失犯罪的责任;如果不能预见,则属于意外事件,不负刑事责任。

②对手段的认识错误。即行为人对所采用的手段或方法能否造成危害结果的不正确认识。它可能表现为所采用的手段不足以造成危害结果,行为人误认为能够造成危害结果。这种情况下,对行为人应依犯罪未遂负刑事责任。它也可能表现为所采用的手段足以造成危害结果,行为人误认为不能造成危害结果。对此,如果行为人应该并能够预见危害后果的发生时,构成过失犯罪;如果不能预见时,属于意外事件,不负刑事责任。它还可能表现为因为愚昧而使用的手段根本不可能导致危害结果发生,但行为人误认为可以导致危害结果发生。这种情况属迷信犯,应认定为无罪。

(4)对因果关系的认识错误。所谓对因果关系的认识错误,是指行为人对自己所实施的行为和所造成的结果之间的因果关系的实际发展有错误认识。对此应按照主客观相统一的刑事责任原则的要求,分析这种错误认识是否影响行为人的刑事责任。对因果关系的认识错误主要包括以下几种情况。

①行为人误认为自己的行为已经达到了预期的犯罪结果,事实上并没有发生这种结果。这种情况属于犯罪未遂。

②行为人所追求的结果事实上是由于其他原因造成的,行为人误认为是自己的行为造成的。这种情况下,应以犯罪未遂追究行为人的责任。

③行为人的行为没有朝他预想的方向发展及其预想的目的停止,而是发生了行为人所预见、追求的目标以外的结果。这种错误不影响行为人原有的故意心理,但对实际发生的超出故意范围的结果要排除故意,只应负过失的责任。

④行为人实施甲、乙两个行为,伤害结果是由乙行为造成的,行为人误认为是由甲行为造成的。这种情况属于对因果关系进程的错误认识,不属于犯罪故意的内容,因而对行为人定罪量刑不产生影响。

案例分析

【教学案例】

河南巩义市小关镇农妇霍某因全身瘫痪,长年生病在床,看病花销比较大。眼见家里一贫如洗,霍某感到痛苦绝望,多次萌生自杀念头。2003年6月14日,霍某丈夫的好友李某来探望霍某。霍某给了李某5元钱,请求他帮自己买农药自杀。李某耐心劝阻后,感到霍某的确痛苦,便答应帮这个忙。6月18日上午,李某从镇里买来一瓶"氧化乐果"农药带到霍家。下午,在霍某的要求下,李某帮助霍将农药喝下。尽管霍的女儿发现后,赶紧将其送到医院,但霍某终因抢救无效死亡。

被告人李某是否构成犯罪?

分析步骤:

步骤1:被告人李某主观上出于故意,其目的是帮助死者霍某自杀。

步骤2:被告人李某帮助霍某将农药喝下的行为,即表示被告人李某客观上实施了剥夺他人生命的行为。

步骤3:霍某的死亡与被告人李某的行为有直接的因果关系,被告人李某的行为已构成故意杀人罪。但由于情节较轻,根据刑法232条规定,应处3年以上10年以下有期徒刑。

【训练案例1】

李某在14岁之前盗窃各类财物约五万余元。14岁生日那天,李某邀集几个朋友一起吃饭。饭后回家途中(当晚九点),李某看到一行人手拿一个提包,即掏出随身携带的弹簧刀将持包人刺伤,将包抢走,包内有手提电话一部、现金5000余元。第二天李某出门游逛,见路边停着一辆吉普车,即设法打开车门,将车开走。行驶途中,因操作生疏,将在车站候车的3人刮倒,二死一伤。李某不仅未停车,反而加大油门逃走。当日下午,李某将汽车以两万元的价格卖出。听说警察在调查此案,李某逃走,后被抓获。经查,李某在逃亡的第五天还曾教唆一个15岁的男少年抢劫他人财产1200元;帮助他人运输毒品30克,获得运输费150元。

请对李某的上述各行为从刑法角度进行分析并说明理由。

分析提示:

(1)盗窃罪的最低刑事责任年龄是16周岁。

(2)刑事责任年龄的计算按照公历的年、月、日计算,生日的当天不计算在内。

(3)偷开他人汽车后变卖的,以盗窃罪论处。

(4)违反公共交通安全,发生交通事故,致人伤亡或造成重大财产损害的,构成交通肇事罪,但最低刑事责任年龄是16周岁。

(5)教唆不满18周岁的人犯罪,从重处罚。

(6)运输毒品罪的最低刑事责任年龄是16周岁。

【训练案例2】

被告人王某与其妻谢某夫妻关系一直不睦。2006年1月17日,王某与谢某因感情问题再次发生争吵后,经村干部劝解,王某坚决要求离婚,随即俩人去街道办办理离婚手续,因婚生子的抚养问题未协商好而离婚未果。当天下午5时许二人回家路过一鱼塘时,谢某要王某一块歇息,王某未予理睬,二人发生抓扯,被途经此地的当地村民陈某劝开。当王某朝回家的方向行走约70余米时,谢某跳入鱼塘中,陈某见状大声呼喊王救人,王某回答:"是她自己跳的水,我又没有推她,不关我事。"又继续往回家的方向走去。因陈某不会游泳,等其喊来其他村民将谢某救起时,谢某已死亡。

王某是否构成间接故意杀人?

分析提示:

(1)《中华人民共和国民法典》第五编(婚姻家庭)第1042条规定,禁止家庭成员间的虐待和遗弃。根据民法典的相关规定,夫妻之间有相互帮助和扶养的义务,当然就应涵盖夫妻间有相互救助的义务。

(2)甲在妻子的自杀案件中,应承担刑事责任。其主观方面是间接故意,即明知自己的行为可能发生危害结果,并且放任这种结果发生的心理态度。

【训练案例3】

被告人胡某,农民。

胡某与本村魏某通奸,达到不可分离的热恋程度。俩人预谋毒害胡某的妻子李某,然后结为夫妻。某日中午,胡某从地里回家,见李某在院子里摘豆角,厨房里煮着米饭,认为毒死李某的机会已到,急忙从里屋拿出"1605"农药瓶,往饭锅里倒了十来滴,然后往院外走,告诉李某他出去办事,饭做好后先吃别等他。李煮好饭后,正在炒菜,这时胡某的儿子(8岁)从外边玩耍回来,嚷着肚子饿,李某便先给儿子盛了一碗饭,儿子吃了几口,便喊肚子疼,一会儿便死了。

试分析被告人胡某对其子死亡的主观心理态度。

分析提示:

被告人胡某是否认识到其行为可能造成其子死亡的危害后果,其对危害行为的意志因素是什么?

三、非典型的犯罪构成

非典型的犯罪构成指以基本的犯罪构成为前提,适应行为的发展变化阶段或共同犯罪的形式而分别加以变更、修改的犯罪构成,规定在刑法总则中,包括故意犯罪的犯罪形态和共同犯罪形态两类。在掌握非典型犯罪构成时,需要把有关犯罪在分则中规定的犯罪构成和总则中关于该修正的犯罪构成结合起来加以认定。

(一)故意犯罪的停止形态

犯罪的停止形态包括犯罪的完成形态与犯罪的未完成形态,是在直接故意犯罪的过程中由于某种主、客观方面的原因而使犯罪行为停止下来、不再发展的形态。犯罪完成形态即犯罪既遂;犯罪的未完成形态包括犯罪预备、犯罪未遂、犯罪中止。

1. 犯罪既遂

犯罪既遂是指行为人所实施的犯罪行为具备了刑法分则规定的该种犯罪构成的全部要件,划分犯罪既遂与犯罪未遂,应当以行为人的行为是否符合犯罪的全部构成要件为标准。

犯罪既遂的类型包括结果犯、危险犯、行为犯和举动犯。

(1)结果犯。结果犯是以法定结果的出现为既遂。所谓法定的危害结果,具体指刑法分则明文规定的犯罪行为对犯罪对象造成物质性的、有形的、可以具体测量确定的损害结果。如故意杀人罪只有发生他人的死亡结果,才能成立故意杀人罪的既遂。这类犯罪很多,典型的有故意杀人罪、故意伤害罪、抢劫罪、盗窃罪、诈骗罪、抢夺罪等犯罪,均为结果犯。

(2)危险犯。危险犯是以行为人实施的危害行为造成法律规定的发生某种危害结果的危险状态作为既遂的标准。其既遂不是以造成物质性的、有形的犯罪结果为标准,而是以法定的客观危险状态的具备为标志,行为人所实施的行为只要足以致使某种危害结果发生的就属于既遂。典型的如危害公共安全犯罪中的放火罪、爆炸罪、破坏交通工具罪、破坏交通设施罪等。

(3)行为犯。行为犯是指犯罪行为实施到一定程度就为既遂,这类犯罪的既遂并不要求造成物质性的、有形的犯罪结果,也不要求实际损害的可能性即危险状态的出现,而是以行为完成为标准。当然,这些行为又不是一着手即告完成,而是要求有一个实行过程,达到一定程度,才能视为行为的完成,典型的如强奸罪、脱逃罪、诬告陷害罪、偷越国(边)境罪等。如脱逃罪,依法被羁押的犯罪嫌疑人、被告人或罪犯,当其脱离监禁羁押的状态到一定程度,如脱离了监狱的大门、围墙或者警戒线,就认定为犯罪行为完成而达到既遂。

(4)举动犯。举动犯又称为即成犯,是指按照法律规定,行为人一着手犯罪实行行为即告犯罪完成和完全符合犯罪构成要件,从而构成既遂的犯罪。我国刑法中的举动犯大致有这样的两种情况:①法律将某些特殊的预备性质的行为提升为实行行为的犯罪,如组织、领导参加恐怖组织罪,组织、领导、参加黑社会性质组织罪;②教唆煽动性质的犯罪,如传授犯罪方法罪、煽动颠覆国家政权罪等。

另外需要注意,由于举动犯一着手实行犯罪就构成既遂,因而不存在犯罪未遂问题,也就没有既遂与未遂之分,但是仍存在预备阶段,故还是有犯罪预备、犯罪中止问题。

2. 犯罪预备

犯罪预备,是指行为人为了犯罪而进行了准备工具、创造条件的行为,由于行为人意志以外的原因未及着手实行犯罪的未完成形态。

(1)预备犯的特征:其一,行为人已经进行了准备工具、制造条件的预备行为。准备工具,即制造、收集可供犯罪利用的各种物品,制造条件,如查看犯罪现场、选择犯罪时机等。该特征区分预备犯和犯意表示。其二,预备行为是在着手之前进行的,并且在着手实行犯罪之前已经终止。着手指行为人开始实施刑法分则规定的特定犯罪的构成要件行为,它是实行行为的开始。该特征区分预备犯和未遂犯。其三,行为在着手实行犯罪之前已经停止,是由于行为人意志以外的原因,并非出于行为人的本来意志。意志以外的原因如因作案条件不成熟而未继续着手实行犯罪,由于被害人闻讯逃避、不在现场或防范措施严密而难以着手实行犯罪,由于司法机关及时行动或被群众抓获而未能着手实行犯罪等。该特征区分预备犯和预备阶段的中止犯。

(2)预备犯的刑事责任:对于预备犯,可以比照既遂犯从轻、减轻或者免除处罚。

3. 犯罪未遂

犯罪未遂,指犯罪分子已经着手实行犯罪,由于其意志以外的原因而未能达到既遂状态的未完成形态。

1)犯罪未遂的特征

第一,犯罪分子已经着手实行犯罪。所谓着手,是动手、开始做某事的意思,即犯罪分子开始实施刑法分则条文规定的具体犯罪的实行行为。它是实行行为的起点,是区分预备行为与实行行为的显著标志。从主观上看,行为人实行犯罪的意志已经通过着手行为而充分表现出来,不同于以前预备实行犯罪的意志。从客观上看,行为人已经开始实施犯罪的构成要件行为即实行行为,它使刑法所保护的社会关系面临实际的威胁,在实行行为中包含着导致危害结果发生的实际可能性,如果不遇意外,该危害结果将合乎规律地发生。

"着手"的判断标准难以做出统一明确的界定,可以从以下几个方面综合考量:一是行为是否直接接触或接近犯罪对象;二是行为是否直接对犯罪对象构成威胁;三是行为人是否利用了自己所制造的条件;四是行为人是否已经使用准备的作案工具。

第二,犯罪行为未得逞。犯罪未得逞是指犯罪行为未能达到既遂状态,即犯罪行为不具备犯罪构成的全部要件。

第三,犯罪未得逞是由于犯罪分子意志以外的原因造成的。这是区别犯罪未遂与犯罪中止的标志。未遂犯在面对外在阻力的情况下无可奈何地、不得不停止犯罪,是企图实施而不能实施。

意志以外的原因,指违背犯罪人的犯罪意志、并足以阻止犯罪行为达到既遂状态的各种主客观因素,这些因素与犯罪人的主观愿望相违背,与犯罪行为的发展进程相冲突。它包括以下情况:①犯罪人意志以外的客观原因,如被害人强有力的反抗,第三者的制止或者司法机关的拘捕,被害人有效的逃避,自然力的破坏,时间、地点使犯罪难以继续进行,遇到难以克服的物质障碍,等等;②犯罪人自身的客观原因,如犯罪人智能低下、技术拙劣,致使其未能完成犯罪,犯罪时突遇病变,体力不支,致使犯罪活动无法继续进行,犯罪人的生理缺陷使犯罪无法继续进行,等等;③犯罪人主观上的认识错误,即对客观外界事物的不正确认识使其行为未能达到既遂状态,包括对犯罪对象的认识错误,对犯罪工具的认识错误,对犯罪因果关系的认识错误,对犯罪时周围客观环境的认识错误,等等。

2)犯罪未遂的种类

以实行行为是否实行终了为标准,犯罪未遂分为实行终了的未遂和未实行终了的未遂。

实行终了的未遂指犯罪分子将犯罪构成的实行行为已经实行完毕,但由于其意志以外的原因而使犯罪未得逞。未实行终了的未遂指犯罪分子未将构成要件行为实施完毕,即由于其意志以外的原因而使犯罪出现未遂状态。这种分类只存在于结果犯中。

以犯罪行为是否能够达到既遂状态为标准,犯罪未遂分为能犯未遂和不能犯未遂。

能犯未遂指行为人已经着手实行犯罪,并且该实行行为实际上有可能达到既遂状态,由于行为人意志以外的原因而使犯罪未得逞。

不能犯未遂指行为人已经着手实行犯罪,但由于其行为的性质,致使其行为不可能达到既遂状态而出现的未遂犯。不能犯未遂又分为手段不能犯未遂和对象不能犯未遂。

不能犯未遂处罚时可以比能犯未遂更轻。

3）犯罪未遂的刑事责任

对于未遂犯，可以比照既遂犯从轻、减轻处罚。

4. 犯罪中止

犯罪中止，指在犯罪过程中，行为人自动中止犯罪或者自动有效地防止犯罪结果发生的犯罪未完成形态。

1）犯罪中止的特征

第一，时间性。在犯罪预备阶段、犯罪实行阶段及犯罪实行后阶段均可以成立中止犯。

第二，自动性。即行为人在确信能够将犯罪进行到底的情况下，基于本人的自由意志而决定放弃犯罪行为，或者主动有效地防止犯罪结果发生。该条件是犯罪中止成立的实质性条件。对此应从两个方面考察：一方面，行为人自认为能够完成犯罪，是认定自动性条件的基本前提。只要行为人自信能够将犯罪进行到底，不管客观上是否可以完成，均可以成立中止犯。相反，如果客观上行为可以进行到底，但行为人主观上却认为不能完成犯罪的，不成立中止犯。另一方面，行为人出于本人的意愿而停止犯罪，是自动性条件的实质内容。

第三，有效性。即犯罪人彻底放弃了犯罪意图，放弃实施犯罪行为，或者有效地防止了犯罪结果的发生。有效性条件在不同阶段的要求不一样，分两种情况：在预备阶段和实行阶段，行为人放弃了犯罪意图，消极地停止实施犯罪行为，即可构成有效性条件；在实行后阶段，行为人主观上必须放弃了犯罪意图，并且积极地采取措施，最终有效地防止了危害结果的发生，避免了危害结果的出现。

2）放弃重复侵害行为的定性

行为人已经着手实行特定犯罪的实行行为，未能发生预期的结果，在能够继续重复实施同一性质的危害行为并造成预期危害结果的情况下，行为人出于自己的自由意志而放弃犯罪，因而使危害结果不再发生的情况。如开枪射击，第一枪未射中，在可以开第二枪的情况下，不再射击的行为，这种情况属于犯罪中止。

3）犯罪中止的刑事责任

对于中止犯，没有造成损害的，应当免除处罚；造成损害的，应当减轻处罚。

5. 三种未完成形态之间的区别

区分犯罪预备、犯罪未遂和犯罪中止三种未完成形态，应从两个方面入手：首先从时空阶段看犯罪行为停止在何种阶段，其次再看该行为停止下来的原因为何。

1）从时空阶段上看

犯罪预备只存在于预备阶段，犯罪未遂只存在于实行阶段。预备阶段与实行阶段的临界点是"着手实行"，而犯罪中止则既可以存在于预备阶段，也可以存在于实行阶段。

2）从停止的原因来看

犯罪中止的一个最基本特征就是"自动性"，即行为人出于自己的意志而放弃自认为当时本可以继续实施和完成的犯罪，这是犯罪中止与犯罪预备、犯罪未遂相区别的关键所在。犯罪预备、犯罪未遂是由于"客观障碍"即违背行为人主观愿望和意图、足以阻止其继续实施和完成其犯罪行为的各种因素，即所谓的意志以外的原因而被迫停止下来。

注意准确地对"意志以外的原因"进行理解：犯罪预备和犯罪未遂中犯罪分子"意志以外的

原因",是指始终违背犯罪分子意志的,客观上使犯罪不可能继续进行或达到既遂,或者使犯罪人(误)认为犯罪不可能继续进行或达到既遂因而被迫停止犯罪的原因。也就是说,"意志以外的原因"的认定应同时从质和量两方面入手。

首先,从性质上看,犯罪分子"意志以外的原因"是阻碍其继续进行和完成犯罪的意志与活动的因素。司法实践中,这种阻碍因素大致可分为三类:

第一,外界原因,包括被害人、第三者、自然力、物质障碍、环境时机等方面对犯罪具有不利影响的因素。

第二,行为人自身方面对犯罪具有不利影响的因素,包括其能力、力量、身体状况、常识技巧等的缺乏或欠佳。

第三,行为人主观上对外界因素、自身情况、犯罪对象情况、犯罪工具性能以及犯罪结果是否已发生或必然发生等因素的错误认识,误认为存在使犯罪不可能继续进行或达到既遂的因素。例如,行为人犯罪时听到路过的警车的警笛就误以为是来抓他的,或者犯罪时碰翻花瓶、脸盆便误以为被人发觉,因而停止犯罪的。

其次,从量上看,犯罪分子"意志以外的原因"在程度上还应该是足以达到阻止其犯罪意志的,如果行为人明知自己遇到的是显然不足以阻止其犯罪继续进行和完成的不利因素,在此情况下放弃犯罪的,就不宜将这种因素认定为犯罪分子"意志以外的原因",即仅仅有客观障碍并非都要认定为犯罪预备、犯罪未遂。

▶ (二)共同犯罪形态

共同犯罪是指二人以上共同故意犯罪。

1. 共同犯罪的构成

构成共同犯罪,应当具备三个条件:其一,主体要件。必须是两个以上的人,这里的"人"是指符合刑法规定的作为犯罪主体条件的人,不仅包括达到刑事责任年龄、具备刑事责任能力的自然人,也包括单位等拟制的人。其二,客观要件。必须有共同犯罪的行为。各共犯人有共同的犯罪行为,即要求各犯罪人为追求同一危害社会结果、完成同一犯罪而实施的相互联系、彼此配合的犯罪行为,各行为人的行为实为一个整体,共同作用于危害结果。至于形式,可以是作为与不作为的结合,也可以是不同阶段犯罪行为的组合,如预备行为、实行行为的结合。其三,主观要件。各共同犯罪人必须有共同的犯罪故意,即要求各共同犯罪人通过意思联络,认识到他们的共同犯罪行为会发生危害社会的结果,并决意参加共同犯罪,希望或放任这种结果发生的心理状态。二人以上通过共同的犯罪故意,使各人的行为形成一个共同的有机整体,因而共犯比单独犯罪具有更大的社会危害性。

根据共同犯罪的构成条件,要注意常见的不构成或不作为共同犯罪处理的几种情形:

(1)共同过失犯罪行为。

(2)二人以上实施共同的危害行为,但罪过形式不同,即一人为故意犯罪,一人为过失犯罪。它具体包括两个方面:一是过失地引起或帮助他人实施故意犯罪,二是故意地教唆或帮助他人实施过失犯罪。此种情况下,也是根据各人的罪过形式和行为形态,分别负相应的刑事责任。

(3)实施犯罪时故意的内容不同。

(4)同时犯。

(5)实行过限行为:实行过限,又称为共同犯罪中的过剩行为,是指实行犯实施了超出共同犯罪故意的行为。在实行过限的情况下，实行过限行为的人应对其犯罪行为承担刑事责任，但是，对没有实行过限行为的其他共同犯罪人则一般不对过限行为承担刑事责任。

(6)事后通谋的窝藏、包庇、窝赃、销赃等行为。

2. 共同犯罪原则的例外

关于共同犯罪条件，2000年11月10日《最高人民法院关于审理交通肇事刑事案件具体应用法律若干问题的解释》第5条第2款规定：交通肇事后，单位主管人员、机动车辆所有人、承包人或者乘车人指使肇事人逃逸，致使被害人因得不到救助而死亡的，以交通肇事罪的共犯论处。众所周知，交通肇事罪是最典型的过失犯罪，但在这种情形下也存在共同犯罪，不能不说是一个特例。

3. 共同犯罪的形式

共同犯罪的形式是二人以上共同犯罪的形成、结构或者共同犯罪人之间结合的方式。根据不同的标准，可以对共同犯罪的形式做不同的分类，主要包括以下四种。

1）任意的共同犯罪和必要的共同犯罪

根据共同犯罪能否任意构成，可以将共同犯罪分为任意的共同犯罪和必要的共同犯罪。

任意的共同犯罪，是指刑法分则规定的一个人能单独实施的犯罪，由二人以上共同实施而形成的共同犯罪。如盗窃罪，既可以由一个人实施，也可以由二人以上共同实施。对任意共同犯罪，应根据刑法分则的有关具体犯罪的规定并结合总则关于共同犯罪的规定定罪量刑。

必要的共同犯罪，是指刑法分则规定必须由二人以上共同实施才能构成的犯罪。必要的共同犯罪的犯罪主体必须是二人以上，一个人不可能单独构成犯罪。根据我国刑法分则的规定，必要共同犯罪有两种形式：①聚众性共同犯罪。我国刑法中的聚众性共同犯罪包括两种情形：第一是犯罪的聚众，属于共同犯罪的聚众犯罪。如刑法第242条第2款聚众阻碍解救被收买的妇女、儿童罪，第268条聚众哄抢罪，第290条第1款聚众扰乱社会秩序罪，第290条第2款聚众冲击国家机关罪，第292条聚众斗殴罪，第317条聚众持械劫狱罪，第371条聚众冲击军事禁区罪、聚众扰乱军事区管理秩序罪等。上述犯罪中的首要分子和积极参加的均构成犯罪。刑法第301条聚众淫乱罪中的首要分子和多次参加的构成犯罪。第二是聚众的犯罪，属于单独犯罪的聚众犯罪。如刑法第291条的聚众扰乱公共场所秩序、交通秩序罪，第303条的赌博罪中的聚众赌博行为，第309条的扰乱法庭秩序罪等，这些只有首要分子构成犯罪。②有组织的共同犯罪。对必要的共同犯罪，应直接依照刑法分则的有关规定定罪处罚。

2）事先通谋的共同犯罪和事先无通谋的共同犯罪

根据共同犯罪故意形成的时间，可以将共同犯罪分为事前通谋的共同犯罪和事前无通谋的共同犯罪。事先通谋的共同犯罪，是指各共同犯罪人在着手实行犯罪前已经形成共同犯罪故意的共同犯罪。我国刑法分则规定的有些犯罪，以事先是否有通谋作为划分该罪的共同犯罪和他罪的单独犯罪的标准。如根据刑法第310条规定，明知是犯罪的人而为其提供隐藏处所、财物，帮助其逃匿或者作假证明包庇的，构成窝藏、包庇罪；但如果事先就事后窝藏、包庇犯罪人和窝藏、销售赃物等通谋的，构成共同犯罪。事先无通谋的共同犯罪，是指共同犯罪人在着手实行犯罪之时或实行犯罪的过程中形成共同犯罪故意的共同犯罪。

3）简单共同犯罪和复杂共同犯罪

根据共同犯罪人之间是否存在分工，可以将共同犯罪划分为简单共同犯罪和复杂共同犯罪。简单共同犯罪，指各共同犯罪人都直接实行刑法分则规定的某一具体犯罪客观方面行为的共同犯罪。复杂共同犯罪,指各共同犯罪人之间存在着犯罪行为分工的共同犯罪。犯罪行为具体包括组织行为、实行行为、帮助行为和教唆行为。具体而言:组织行为是对整个犯罪活动予以组织、策划、指挥和领导的行为;实行行为是指刑法分则规定的具体犯罪构成要件客观方面的行为;教唆行为是指唆使他人产生犯罪意图的行为;帮助行为是指对犯罪的实施、完成和保持犯罪后的不法状态,提供物质和精神上的帮助的行为。

4)一般共同犯罪和特殊共同犯罪

根据有无组织形式,可以将共同犯罪分为一般共同犯罪和特殊共同犯罪。一般的共同犯罪(无组织的共同犯罪)指共同犯罪人暂时结合在一起,在实施完某一具体犯罪后即行散伙的共同犯罪。特殊的共同犯罪,指三人或三人以上以多次实行某一种或几种犯罪行为为目的结合在一起的具有一定组织性的犯罪团体。犯罪集团是三人以上为共同实施犯罪而组成的较为固定的犯罪组织。它具有以下特征:①由三人或三人以上组成;②具有一定程度的组织性,成员之间有领导与被领导的关系;③结成组织的目的是为了实施犯罪;④具有一定程度的固定性,该组织建立起来后准备长期存在。

4. 共同犯罪人的种类

我国刑法对共同犯罪人的分类采取的"以作用分类为主,以分工分类为补充"的标准。将共同犯罪人分为主犯、从犯、胁从犯和教唆犯。

1)主犯

刑法第 26 条第 1 款规定,组织、领导犯罪集团进行犯罪活动的或者在共同犯罪中起主要作用的,是主犯。根据该规定,主犯包括以下几类人员。

(1)组织犯,即组织、领导犯罪集团的首要分子或者在聚众犯罪中起策划、指挥作用的犯罪分子。

(2)犯罪集团中的骨干分子,他们虽然不是组织犯,但在组织犯的领导下,特别卖力地实施犯罪行为,是组织犯的得力助手,具体的犯罪活动往往是他们指挥进行的。

(3)一般共同犯罪中主要的实行犯,其行为对危害结果的发生起到了关键作用。实行犯,是指在共同犯罪中,自己直接实施犯罪的实行行为,或者利用他人做工具实施犯罪的实行行为的共同犯罪人。实行犯的特征:①必须自己实施犯罪的实行行为;②必须有实施实行行为的故意。

(4)事前拉拢、勾结他人,提起犯意,出谋划策的教唆犯。刑法第 26 条第 3 款、第 4 款规定,"对组织、领导犯罪集团的首要分子,按照集团所犯的全部罪行处罚",对于其他主犯,"按照其所参与的或者组织、指挥的全部犯罪处罚"。

2)从犯

从犯是指在共同犯罪中起次要或者辅助作用的人。从犯包括以下两类人员。

(1)在共同犯罪中起次要作用的犯罪分子,指次要的实行犯,他们实施的行为虽然是犯罪的实行行为,但行为对结果的发生所起的作用较小,不是结果发生的主要原因;他们虽直接实施犯罪行为,但对整个犯罪的预谋、实施和完成,所起的作用不大。

(2)在共同犯罪中起辅助作用的犯罪分子,即帮助犯。帮助犯是指不直接实施犯罪行为,而是在他人产生犯罪决意后为他人实施犯罪创造便利条件,帮助他人实施犯罪行为的共同犯罪人。例如,只为共同犯罪的实施创造便利条件、提供帮助。如提供犯罪工具、指示犯罪目标、排除犯罪障碍、望风、转移赃物等。帮助犯的特征:其一,客观上实施了犯罪的帮助行为,即在他人犯罪之前或者犯罪的过程中给予帮助,使其易于实施犯罪或易于完成犯罪的行为;其二,主观上有帮助他人进行犯罪的故意。

对于从犯,应当从轻、减轻或者免除处罚。

3)胁从犯

胁从犯是指被胁迫参加共同犯罪的犯罪分子。被胁迫参加是指在他人暴力强制或精神威胁之下,被迫参加犯罪。对于胁从犯,应注意如下几点。

(1)胁从犯仅包括被胁迫参加犯罪的,不包括被诱骗参加犯罪的情形(被诱骗而参加表明并无共犯的故意,不存在共犯问题)。

(2)被胁迫参加犯罪的并非完全丧失意志自由,仅是不完全自愿地、而尚有选择的自由,否则,如果行为人的身体完全受到外在的暴力强制,完全丧失了选择行动的自由,可以认定为不可抗力或者紧急避险而不负刑事责任。

(3)对被胁迫者要用"发展"的眼光来看。如果开始被胁迫、不情愿地参与犯罪行为,但后来尝到了甜头、得到了好处,而非常积极地、自愿地继续参与犯罪者,不能仍然认为还属于胁从犯,综合全案,可能就是主犯了。

对于胁从犯,应当减轻或者免除处罚。

4)教唆犯

教唆犯是指故意唆使他人犯罪的犯罪分子。教唆犯的实质是本人并不亲自实行犯罪,而故意唆使他人产生犯罪意图或者强化他人的犯罪意图并促使其实施犯罪。

成立教唆犯应具备以下条件。

(1)客观上实施了教唆行为,其教唆行为引起被教唆人实施所教唆的犯罪的犯意。教唆的方式包括建议、劝说、请求、利诱、鼓动、威胁、怂恿、命令、挑拨、激将、收买和雇佣等。教唆的对象必须是本来没有犯罪意图的特定的人,必须是有责任能力人,必须是特定的人。教唆的内容必须是教唆他人犯罪;必须教唆他人犯特定的罪;必须教唆他人犯故意罪,包括教唆他人实施犯罪的实行行为、组织行为、教唆行为和帮助行为。

(2)主观上必须有教唆他人犯罪的故意。教唆犯的刑事责任:其一,教唆他人犯罪的,应按其在共同犯罪中的作用处罚。如果教唆犯的作用比实行犯的作用大或相当于实行犯,应当按照主犯的处罚原则处罚教唆犯;如果教唆犯的作用小于实行犯,则以从犯的处罚原则处罚教唆犯。其二,教唆不满18周岁的人犯罪的,对教唆犯从重处罚。其三,被教唆人没有被教唆之罪的,对教唆犯可以从轻或者减轻处罚。

案例分析

【教学案例】

被告人杨某,女,28岁,某木材加工厂女工。被告人张某,男,30岁,某个体户。被告人钱某,男,26岁,某医院药品管理员。杨某与张某长期通奸,为达到结合为夫妻之目的,预谋要杀害杨某的丈夫王某。他们共同商定由张某设法搞来毒药,由杨某伺机下毒。张某找到在医院工作的钱某要砒霜。钱某问张某干什么,张某讲出真情,钱某拒绝。张某便以揭发钱某的隐私相要挟,钱某无奈,给张某一包硫酸铜(一种会引起呕吐而不会致命的药物),张某将药交给了杨某。某日,杨某在王某的饮食中放入了药物硫酸铜,王某吃后翻胃呕吐,十分痛苦。杨某观察了一段时间,见王某仍在痛苦之中,便后悔,遂急送王某到医院抢救,王某很快恢复了健康。

试分析各被告人的刑事责任。

分析步骤：

步骤1：从案件提供的事实中，被告人杨某、张某二人达成一致，共同实施了投毒杀害被害人的行为，二人均具有相应刑事责任能力，虽分工不同，在共同犯罪中所起的作用不同，但仍然构成故意杀人罪的共同犯罪。

步骤2：本案被告人钱某，在得知张某的杀人意图后，不仅未积极提供帮助，反而予以拒绝。后虽在张某揭发其隐私的要挟下提供了药物，但提供的却是不能置人死地的硫酸铜，这说明钱某自始至终均不存在与杨某、张某共同杀人的主观故意，也未实施共同杀人的客观行为，故钱某的行为不能以犯罪论处。

步骤3：本案中，杨某的投毒杀人行为已经实施完毕，虽未发生行为人所预期的死亡结果，但这是由于行为人所采取的手段是投放不能置人于死命的硫酸铜所致，而非行为人所采取的送医院抢救措施所致。换言之，杨某尽管主观上彻底放弃了犯罪意图，客观上做了积极努力，但这种努力并非有效地避免预期危害结果发生的原因，即这种努力在主观上是自动的，在客观上却是无效的。它虽然符合犯罪中止的自动性条件，但却不具备中止的有效性特征。因此只能以未遂犯论处，而不能以中止犯论处。当然，这种为防止危害结果的发生所做的努力，在量刑时应当作为酌定的从轻情节加以考虑。

【训练案例1】

甲(18岁)和乙(17岁)准备去某仓库偷随身听等电器，路上遇到丙(16岁)便邀其同去，丙犹豫不决，乙一把拖其就走。途中又遇上了丁(15岁)，也邀其同去，丁不愿去。甲威胁说："不去就一拳揍死你。"丁只好跟从。到后，甲吩咐丁在巷子口望风，甲和乙撬开仓库大门，和丙三人各搬走一箱电器，叫上丁就走。后案发均被捕。

分析提示：

共同犯罪的主体均应是对所犯的罪具有刑事责任能力的人。在简单的共同犯罪中，主犯是其行为对于结果的发生起了主要作用的实行犯，从犯是在共同犯罪中起次要或者辅助作用的，被胁迫参加犯罪的，是胁从犯。

【训练案例2】

被告人王某和甲有仇，遂出资5万元雇佣张某去除掉甲，张同意，并将欲杀甲的情况告诉其妻陈某，陈某不仅不加制止，而且积极为其出谋划策，帮张某买来一把尖刀用于杀甲。在陈某的帮助下，张某做了充分准备，于某晚潜入甲的家中，当时甲不在家，见甲妻乙正在床上睡觉，顿起歹意，就把乙给强奸了。等到甲回家，张某又将甲杀死。

本案是否成立共同犯罪？各犯罪人在共同犯罪中如何量刑？

分析提示：

教唆犯指故意引起他人进行犯罪决意的犯罪分子。帮助犯指自己不直接实施犯罪行为，而是在他人产生犯罪决意后为他人实施犯罪创造便利条件，帮助他人实施犯罪行为的共同犯罪人。超出共同犯罪故意的行为不属于共同犯罪。

【训练案例3】

沈某，男，24岁，某厂工人。沈某因赌博欠债，难以偿还，便图谋盗窃本厂财务室保险柜里的现金。某日晚9时许，沈某撬开了财务室的房门，但因无法打开小保险柜，于是，沈某将小保险柜搬离财务室，隐藏在厂内仓库旁的实验室，想等待时机再撬开小保险柜，窃取现金。第二天，财务室李会计发现办公室门被撬、小保险柜失踪，当即报案。公安人员在厂内仓库旁的实验室里找到保险柜,柜门尚未打开,柜内人民币也原封未动。

沈某的行为属于犯罪的何种形态?

分析提示:

根据我国刑法理论和司法实践经验,盗窃罪的既遂是以财物的所有人、监管人失去控制和行为人实际控制为标准的。如果仅仅是行为人控制了物品,但财物的所有人、监管人尚未失去控制的,盗窃行为仍未达到既遂状态。对于保险柜这样的笨重物品,需要搬出厂区,工厂才失去控制,犯罪人才能最终取得控制。

、罪数

(一)罪数判断标准

1. 罪数形态研究的任务和意义

一罪与数罪形态,亦称罪数形态。研究罪数形态的理论,称为罪数形态论。其基本任务在于,从罪数之单复的角度描述行为人实施的危害行为构成犯罪的形态特征,阐明各种罪数形态的构成要件,揭示有关罪数形态的本质属性即实际罪数,剖析不同罪数形态的共有特征并科学划分其区别界限,进而确定对各种罪数形态应适用的处断原则。

罪数形态研究的意义主要表现为以下几个方面。

1)罪数形态研究有助于准确定罪

准确定罪,是刑事审判活动最基本的质量标志。在刑事审判活动中,要想做到定罪准确,不仅需要认定行为人的行为是否构成犯罪,以及构成何种具体犯罪,而且必须判明行为人实施的危害行为所构成的犯罪形态。犯罪形态除犯罪的完成形态和未完成形态,以及共同犯罪之外,还包括犯罪的罪数形态。因而,离开了对罪数形态的认定,在许多情形下,刑事审判活动便难以完成准确定罪的任务。

2)罪数形态研究是合理适用刑罚的必要前提

对犯罪分子裁量适当的刑罚,是罪刑相适应原则的最终体现。然而,要达到此目的,必须以判明行为人所构成的犯罪个数,准确评价不同罪数形态所体现的社会危害性程度和人身危险性程度作为基本的前提。由此可见,一旦罪数认定有误,便不可避免地会导致适用处断原则不当,并进而造成量刑畸重畸轻的结局。

3)罪数形态研究与我国刑法中某些重要制度的适用紧密相关

在我国刑法中,某些罪数形态如继续犯、连续犯、牵连犯、吸收犯的认定,与刑法的空间效力、时间效力、追诉时效等规定或制度的适用,存在直接的、密切的关系,若不能从理论上对这些罪数形态的构成特征、本质属性和处罚原则做出合理的解释,便会在刑事管辖权、刑法溯及力和追究犯罪人刑事责任等方面,造成实际适用法律不当的结果。

4)罪数形态研究对于保障刑事诉讼的顺利进行具有一定的积极作用

受某些罪数形态的构成特征、罪数性质、处断原则的制约,涉及此类罪数形态的刑事诉讼,在诉讼管辖、起诉范围和审判范围的确定等方面,具有区别于一般刑事案件诉讼的特殊性和复杂性。因而,只有在深刻理解、严格把握某些罪数形态的构成特征、罪数性质、处断原则的条件下,才能使具有一定特殊性和复杂程度的刑事诉讼得以顺利进行。

2. 罪数判断标准

在国外刑法学中，历来存在许多有关罪数判断标准的学说，其中主要有行为标准说（具体又分为自然行为说和法律行为说等）、法益标准说（又称结果标准说）、因果关系标准说、犯意标准说、目的标准说、法规标准说、构成要件标准说、广义法律要件说、折中主义标准说、混合标准说等。所有这些判断罪数的观点，存在一个共同的缺陷，即仅以犯罪构成要件的某一要素或某一方面为标准区分罪数，故其实际均未超出客观主义或主观主义的局限性。运用这些以偏概全的标准，都无法对罪数问题做出合理的解释。

新中国的刑法学以辩证唯物主义为指导思想，在全面剖析国外学者关于罪数标准学说的优劣利弊、吸收某些学说的合理成分的基础上，普遍承认以犯罪构成标准说（主客观统说）作为区分一罪与数罪的基本理论。根据犯罪构成标准说的主张，确定或区分罪数之单复的标准，应是犯罪构成的个数，即行为人的犯罪事实具备一个犯罪构成的为一罪，行为人的犯罪事实具备数个犯罪构成的为数罪。

犯罪构成标准说的科学性，主要源于以下几个方面。

1）在以我国刑事立法为根据的基础上，贯彻了罪刑法定的刑法基本原则

我国刑事立法的总则性规范和分则性规范，全面、系统地确定了犯罪构成的要件，这是我国刑法所奉行的罪刑法定原则最突出的体现。以犯罪构成作为区分一罪与数罪的标准，可以在刑事诉讼中有效地避免罪数判定的随意性和非一致性，并在确保罪数判定的法定性、统一性和公正性的基础上，体现罪刑法定原则的基本要求。总之，犯罪构成标准说，是防止罪数判定过程中"擅断"现象发生的有力保障。

2）以犯罪现象的自身规律为出发点，贯彻了主客观相统一的原则

首先，犯罪的自身规律决定了任何犯罪都是行为人主观上的要件和客观上的要件所构成的有机统一体。其次，依据我国刑事立法的规定，任何犯罪也都是犯罪主观要件和犯罪客观要件的有机统一。最后，由犯罪的自身规律和刑法对犯罪构成的规定所决定，任何认定犯罪（包括认定罪数）的活动，必须以主客观相统一的犯罪构成作为基准，除此之外的其他任何标准都是片面的和非科学的。因此，坚持以犯罪构成标准说作为判断罪数的基本理论，不仅克服了各种主观主义和客观主义的罪数判断标准理论的片面性，以及它们任意割裂犯罪的主观方面与客观方面联系的弊端，而且在罪数形态中和罪数判定的司法实践中，全面、彻底地贯彻了主客观相统一的原则。此外，正是基于犯罪构成标准说的科学性和全面性，这种判断标准也便于司法工作人员在实际工作中予以操作。

3）在罪数形态领域贯彻了犯罪构成理论，并为犯罪形态论的深入研究和发展提供了必要的保障

一方面，犯罪构成理论是我国刑法学的核心理论，它贯穿于整个刑法学的始终。从这种意义上讲，犯罪构成标准说，既是犯罪构成理论在罪数形态论领域的自然延伸或必然体现，也是我国刑法学全面构建犯罪构成理论所不可忽视的重要组成部分。另一方面，坚持犯罪构成标准说，有助于我们自觉地依据犯罪构成理论，完善、发展罪数形态研究。

综上所述，罪数形态论的基本任务在于说明各种罪数形态的构成特征、本质属性、共有规律和区别界限，以及应有的处断原则。所有这些任务的完成，除犯罪构成理论之外，任何其他理论均难以胜任。若依据主观主义或客观主义的罪数判断理论，就很难全面、科学地解释各种罪数形态的构成要件，势必在各种具体的罪数形态领域，造成受主观主义和客观主义束缚而难以自圆其说的理论困境。相反,只有自觉地坚持犯罪构成理论,才能有效而顺利地解决诸如继续犯的构成特征、想象竞合犯的本质属性、连续犯连续关系的判断标准、牵连犯的处断原则、牵连犯与吸收犯的区别界限等理论难题,从而确保我国刑法学罪数形态研究朝着更加深入、全面、科学的方向发展。

▶(二)一罪的类型

1. 实质的一罪

实质的一罪,一般包括继续犯、想象竞合犯和结果加重犯。

1)继续犯

(1)继续犯的概念。所谓继续犯,亦称持续犯,是指犯罪行为自着手实行之时直至其构成既遂,且通常在既遂之后至犯罪行为终了的一定时间内,该犯罪行为及其所引起的不法状态同时处于持续过程中的犯罪形态。其中,行为人所实施的犯罪行为自着手实行之时直至其构成既遂的一定时间,是该行为构成犯罪所必需的时间条件,可称之为基本构成的时间;而犯罪构成既遂之后直到犯罪行为终了的一定时间,则是作为量刑情节予以考虑的时间因素,可称之为从重处罚或加重构成的时间。我国刑法第238条规定的非法拘禁罪,就是颇为典型的具有继续犯特征的犯罪。在我国刑法所规定的犯罪当中,除非法拘禁罪外,窝藏罪、遗弃罪等也是典型的继续犯。

(2)继续犯的构成特征。继续犯具有以下四个方面的构成特征。

①继续犯必须是基于一个犯罪故意实施一个危害行为的犯罪。所谓一个危害行为,是指主观上出于一个犯罪故意(无论是单一的犯罪故意,还是概括的犯罪故意),为了完成同一犯罪意图所实施的一个犯罪行为。如果行为人并非实施一个危害行为,而是实施了数个危害行为,则不构成继续犯。必须明确的是,在继续犯的危害行为处于不间断的过程之中,行为人为实现其犯罪意图而采用的具体作案手段的数量和所利用的具体作案地点(环境)发生变更后使用的不同作案方式,只是其所实施的一个危害行为的组成部分或构成因素。也就是说,它们都属于一个危害行为的多种表现形式,不能因此而认定为数个危害行为,并进而否定一行为持续进行的属性。

②继续犯是持续地侵犯同一或相同直接客体的犯罪。所谓"持续地侵犯同一直接客体",是就特定犯罪的直接客体为简单客体而言的;所谓"持续地侵犯相同直接客体",是就特定犯罪的直接客体为复杂客体而言的。因而,若行为人持续实施的危害行为侵犯了作为某一犯罪必要要件之外的他种犯罪的直接客体,则不仅成立以继续犯为特征的具体犯罪,而且同时构成了另一犯罪,若行为人在持续犯罪的过程中,又以其他危害行为侵犯了另外的直接客体,则应当对其所构成的数罪实行并罚。

③继续犯是犯罪行为及其所引起的不法状态同时处于持续过程中的犯罪。继续犯的这一最为显著的特征,是它与即成犯、状态犯、连续犯等犯罪形态相区别的主要标志所在。对于继续犯的这一特征,可从以下几方面加以认识:首先,继续犯的犯罪行为必须具有持续性,它的典型表现是,自犯罪行为着手实行至犯罪行为实施终了的过程中,犯罪行为一直处于正在实施、不断进行的状态。其次,继续犯的犯罪行为及其所引起的不法状态必须同时处于持续状态。最后,继续犯的犯罪行为及其所引起的不法状态必须同时处于持续过程之中。

④继续犯必须以持续一定时间或一定时间的持续性为成立条件。这是继续犯最显著的特征之一,也是它区别于其他犯罪形态的重要标志之一。对于继续犯的时间持续性特征,可以从

以下两方面加以理解：首先，继续犯的时间持续性，通常可分解为作为成立继续犯必要件的时间持续性和作为继续犯经常性特征的时间持续性。这两种时间持续性的性质和作用，是截然不同的。其次，继续犯的时间持续性，表现为基本构成时间和经常伴发其存在的从重处罚或加重构成时间的不间断性。这是继续犯的犯罪行为及其所引起的不法状态同时处于持续状态的重要时间条件。

以上四个方面的基本构成特征，是相互联系、彼此制约的，必须同时具备，才能构成继续犯。

(3)继续犯的处断原则。由于我国刑法分则对属于继续犯的犯罪及其法定刑设置专条予以规定，即对属于继续犯形态的犯罪设置了独立的罪刑单位，故对于继续犯应按刑法规定以一罪论处，不实行数罪并罚。

2)想象竞合犯

(1)想象竞合犯的概念。想象竞合犯，亦称想象数罪，是指行为人基于数个不同的具体罪过，实施一个危害行为，而触犯两个以上异种罪名的犯罪形态。

(2)想象竞合犯的构成特征。想象竞合犯作为一种在司法实践中时常发生的犯罪形态，具有以下基本构成特征或必备条件：

①行为人必须基于数个不同的具体罪过而实施犯罪行为。这是想象竞合犯的主观特征。所谓数个不同的具体罪过(以两个罪过为标准)包括以下三种情形：第一，数个内容不同的犯罪故意。第二，数个内容有别的犯罪过失。如甲的枪走火，打死一人，重伤一人，则分别构成过失致人死亡罪和过失致人重伤罪。第三，一个犯罪故意和一个犯罪过失。如甲打乙未中，子弹击在一石头上，弹起后致丙重伤，则甲构成故意杀人罪(未遂)和过失致人重伤罪。

②行为人只实施一个危害行为。这是想象竞合犯的客观特征之一。如果行为人实施数个危害社会行为，便不可能构成想象竞合犯，只可能构成其他犯罪形态。

③行为人所实施的一个危害社会行为，必须侵犯数个不同的直接客体。这是想象竞合犯的另一客观特征，也是此种犯罪形态触犯数个不同罪名的原因所在。需要强调的是，一般而言，想象竞合犯的这一构成特征突出地表现为，行为人所实施的一个危害社会行为，同时直接作用于体现不同直接客体的数个犯罪对象。

④行为人实施的一个危害社会行为，必须同时触犯数个罪名。这是想象竞合犯的法律特征。所谓数个罪名，是指刑法分则规定的不同种的罪名。一个危害社会行为触犯数个同种罪名，不能构成想象竞合犯。

(3)想象竞合犯的处断原则。目前，在我国刑法学界和司法机构占统治地位的观点一般认为，对于想象竞合犯应采用"从一重处断"的原则予以论处。即：对想象竞合犯无须实施数罪并罚，而应按照其犯罪行为所触犯的数罪中最重的犯罪论处。

3)结果加重犯

(1)结果加重犯的概念。所谓结果加重犯，亦称加重结果犯，是指实施基本犯罪构成要件的行为，由于发生了刑法规定的基本犯罪构成要件以外的重结果，刑法对其规定加重法定刑的犯罪形态。如刑法第260条第1款规定："虐待家庭成员，情节恶劣的，处二年以下有期徒刑、拘役或者管制。"第2款规定："犯前款罪，致使被害人重伤、死亡的，处二年以上七年以下有期徒刑。"这就是虐待罪的结果加重犯。

(2)结果加重犯的构成特征。结果加重犯的基本构成特征，可以从以下几方面加以把握：

①行为人所实施的基本犯罪构成要件的行为必须客观地引发了基本犯罪构成要件以外的

重结果,也即符合基本犯罪构成要件的行为与加重结果之间具有因果联系。

②基本犯罪构成要件以外的重结果或者加重结果,必须通过刑法明文规定的方式,成为依附于基本犯罪构成要件而存在的特定犯罪的有机组成部分,也即基本犯罪构成要件是成立结果加重犯的前提和基础,加重结果不能离开基本犯罪构成要件而独立存在。加重结果的这种法定性和非独立性的特征,是认定结果加重犯并将它与其他罪数形态相区别的重要标准。

③行为人对于所实施的基本犯罪构成要件的行为及其所引起的加重结果均有犯意。至于犯意的表现形式,在理论上有颇多争议。首先,关于基本犯罪行为的罪过形式,有的学者认为只能是故意;有的学者则认为,也可以是过失。而从中外刑事立法上来看,两种立法例均存在。其次,关于对加重结果所持的主观罪过形式,在理论上也有不同主张。有的学者认为,只能出于过失;有的学者则认为,既可以基于过失,也可以基于故意。我们认为,结果加重犯的罪过形式可以划分为三种类型:一是基本犯为故意,对加重结果也是故意;二是基本犯是故意,对加重结果是出于过失;三是基本犯是过失,对加重结果也是出于过失。

(3)结果加重犯的处断原则。由于结果加重犯是以刑法的明文规定为前提并通过刑法的明确规定加重其法定刑的犯罪形态,所以,对于结果加重犯,应当按照刑法分则条款所规定的加重法定刑处罚。

2. 法定的一罪

法定的一罪,包括结合犯和集合犯。

1)结合犯

(1)结合犯的概念。所谓结合犯,是指根据刑法的明文规定,将具有独立构成要件性质各异的数个犯罪(即原罪与被结合之罪)结合成为另一个包含与原罪相对应的且彼此相对独立的数个构成要件的犯罪(即新罪或结合之罪),而行为人以数个性质不同且能单独成罪的危害行为触犯这一新罪名的犯罪形态。如在日本刑法中,强盗罪和强奸罪是两个彼此不同的独立罪名,但其第241条又规定了强盗强奸罪,此即为结合犯。我国刑法中没有典型的结合犯。

(2)结合犯的构成特征。结合犯具有以下几方面的构成特征。

①被结合之罪,必须是刑法明文规定的具有独立构成要件且性质各异的数罪。也即:现行刑法明文规定的独立犯罪的整体,是构成结合犯的基本要素,刑法明文规定的特定犯罪的构成要素之一,不能作为结合犯的基本构成因素之一而存在;并且,这种独立的犯罪,在客观方面既可由单一行为构成,也可由复合行为(包含方法行为和目的行为)构成。此为原罪或被结合之罪的特征,也是结合犯构成的基本前提。结合犯的这一构成特征,具有以下几层含义:第一,被结合之数罪,必须是现行刑事法律明文规定的。第二,被结合之数罪,必须具有独立的构成要件。第三,被结合之数罪,必须是刑法明义规定的性质各异的犯罪。第四,被结合之数罪,必须是刑事法律明文规定的具体犯罪,而不是类罪。

②由数个原罪结合而成的新罪,必须含有与原罪相对应的且彼此相对独立的数个犯罪的构成要件,在此基础上,数个原罪的构成要件又依刑法之规定,被融合为一个统一的独立于数个原罪的构成要素。此为新罪或结合之罪的特征,也是结合犯的内部结构特征和基本形态。对于结合犯的这一构成特征,可从以下几方面加以把握:第一,结合之罪,必须包括与原罪相对应的、稳定不变的数个犯罪的构成要件(必要要件)。第二,依刑法关于原罪之构成要件的规定(即以其作为),可将结合之罪的构成要件分离为相对独立的数个犯罪的构成要件(所言数罪与原罪相同)。第三,结合之罪构成要件,虽然具有前述客观存在的相对性、稳定性和可分离性

特征,但作为法律规定的一个新罪,结合之罪构成要件又客观存在体现新罪本质的整体性、统一性和独立性特征。

③数个原罪必须是基于一定程度的客观联系,并依据刑事法律的明文规定而被结合为一个新罪。此为由被结合之罪转为结合之罪所必须具备的条件,也是结合犯形成的必由途径和基本形式。结合犯的这一特征,表现为关联性和法定性两个具体特征。第一,决定结合犯形成的关联性特征,主要表现为作为结合犯基本构成要素的数个犯罪之间必须存在一定程度的客观联系,这是原罪结合成新罪的必要前提。没有一定客观联系的数个犯罪,根本不可能经由刑事法律的规定而转化为另一新的犯罪即结合之罪。第二,制约结合犯形成的法定性特征,主要表现为数个原罪结合为新罪必须由刑事法律明文规定。这实际是由被结合之罪转化为结合之罪的形式条件和必经的法律途径。

④必须以数个性质各异且足以单独构成犯罪的危害行为,触犯由原罪结合而成的新罪。此为结合犯动态的实际构成特征,也是结合犯成立不可缺少的重要条件之一。

(3)结合犯的处断原则。结合犯的处断原则较易理解,即对触犯结合犯条款的数个性质有别、可独立成罪的犯罪行为,应按照刑法对结合犯所规定的相对较重的法定刑以一罪(即结合之罪)判处刑罚,不应实行数罪并罚或采用其他处断原则。

2)集合犯

(1)集合犯的概念。集合犯,是指行为人基于实施多次同种犯罪行为的意图而实际实施的数个同种犯罪行为,被刑法规定为一罪的犯罪形态。对于集合犯所具体包含的种类,有主张分为常习犯与营业犯的观点,也有主张分为常习犯、职业犯与营业犯的观点。

(2)集合犯的构成特征。集合犯具有以下几方面的构成特征。

①行为人以实施多次或者不定次数的同种犯罪行为为目的。即行为人不是意图实施一次犯罪行为即行结束,而是意图实施多次或者不定次数的同种犯罪行为。这是集合犯的主观特征。

②行为人通常实施了数个同种犯罪行为。这是集合犯的客观特征。其中,依具体的犯罪构成的规定,有的集合犯的成立,必须要求行为人已经实际实施数个同种犯罪行为,如我国刑法第303条规定的"以赌博为业的"构成的赌博罪;有的集合犯的成立,并不要求行为人已经实际实施数个同种犯罪行为,如我国刑法第336条规定的非法行医罪,即使行为人仅实际实施一次非法行医行为,属于情节严重的,也构成非法行医罪,但行为人如果多次实施非法行医行为,也仅构成非法行医罪一罪。

③刑法具体的分则规范将行为人可能实际实施的数个同种犯罪行为规定为一罪,这是集合犯的法律特征。也即集合犯的犯罪构成预先设定实际涵括数个同种犯罪行为。

(3)集合犯的处断原则。集合犯属于法定的一罪,所以,对于集合犯,应当依据刑法典分则的具体规定,以一罪论处,不实行数罪并罚。

3. 处断的一罪

处断的一罪,包括连续犯、牵连犯和吸收犯。

1)连续犯

(1)连续犯的概念。所谓连续犯,是指行为人基于数个同一的犯罪故意,连续多次实施数个性质相同的犯罪行为,触犯同一罪名的犯罪形态。

(2)连续犯的构成特征。连续犯的基本构成特征,可归纳为以下几点。

①连续犯必须基于连续意图支配下的数个同一犯罪故意。这是构成连续犯的主观要件。

连续犯的这一主观特征的含义包括以下三方面：第一，行为人的数个犯罪故意必须同一。所谓数个犯罪故意必须同一，是指行为人的数个呈连续状态的犯罪行为，是在数量对等的具体犯罪故意支配下实施的；这些支配数个危害社会行为的数个具体犯罪故意在性质上完全一致，属于同一种故意，即同属于刑法所规定的某种犯罪的故意。必须注意的是，构成连续犯的数个犯罪行为是否针对同一犯罪对象而实施，对于行为人的数个犯罪故意必须性质同一的特征并无任何影响。绝不能以行为人的数个危害行为的加害对象是否同一作为标准，去划分行为人具体犯罪故意的个数。第二，行为人数个性质同一的犯罪故意，必须源于其连续实施某种犯罪的主观意图（简称连续意图）。这是构成连续犯的决定性要素之一。所谓连续意图，是指行为人在着手实施一系列犯罪行为之前，对于即将实行的数个性质相同的犯罪行为的连续性的认识，并基于此种认识决意追求数个相对独立的犯罪行为连续进行状态实际发生的心理态度。第三，由于连续意图必须在一系列呈连续状态的犯罪行为开始实行之前形成，因而，特定连续意图所制约的各个具体犯罪故意实际都属于预谋故意。过失犯罪行为不能成立连续犯。

②连续犯必须实施数个足以单独构成犯罪的危害行为。这是连续犯成立的客观要件之一。也就是说，行为人实施的数个危害行为必须能够构成数个相对独立的犯罪，这是成立连续犯的前提条件；如果数个危害行为在刑法上不能构成独立的犯罪，就不能成立连续犯；构成连续犯的数个危害行为既不是指数个一般违法行为或者数个自然举动，也不是指在法律上无独立意义的事实上的数个行为，而是指在刑法上能够单独构成犯罪的数个危害行为；相对独立的犯罪行为的数量，只取决于行为人实施的危害行为完全符合特定犯罪构成要件的个数。例如，甲为筹措赌资，先后5次实施盗窃，且每次数额都达到较大，构成连续犯。甲的任何一次盗窃行为都可以单独构成盗窃罪。

③连续犯所构成的数个犯罪之间必须具有连续性。这是成立连续犯的主观要件与客观要件相互统一而形成的综合性构成标准。关于判断犯罪之间是否存在连续性的标准，我们认为，应当坚持主观与客观相统一的刑法基本原则，以反映犯罪故意与犯罪行为对立统一特性的连续意图及其所支配的犯罪行为的连续性作为标准，即基于连续意图支配下的数个同一犯罪故意，在一定时期之内连续实施了性质相同的数个足以单独构成犯罪的危害行为，数个犯罪之间就存在连续性。否则，就无连续性可言。

④连续犯所实施的数个犯罪行为必须触犯同一罪名。这是连续犯的法律特征。所谓同一罪名，是指犯罪性质完全相同的罪名即同质之罪。而决定犯罪性质的唯一根据，是法律规定的犯罪构成。所以，判断行为人连续实施的数个犯罪行为是否触犯同一罪名，只能以其是否符合相同的特定犯罪构成要件为标准。

(3)连续犯的处断原则。目前，我国刑法学界和司法机构普遍接受或遵循的处断原则是，对连续犯一般按照一罪从重处罚。但是，对于是可以从重处罚还是应当从重处罚，以及除在法定的幅度内从重处罚之外，是否可以按照更重的法定刑幅度酌情量刑（即法定刑的升格）等问题，存在不同的观点和做法。我们认为，对于连续犯应当适用按一罪从重处罚或按一罪作为加重情节处罚的处断原则，即在对连续犯按一罪论处、不实行数罪并罚的前提下，应当按照行为人所触犯的罪名从重处罚或者作为加重构成情节酌情判处刑罚。

2) 牵连犯

(1)牵连犯的概念。所谓牵连犯，是指行为人实施某种犯罪（即本罪），而方法行为或结果行为又触犯其他罪名(即他罪)的犯罪形态。

(2)牵连犯的构成特征。牵连犯的构成要件,表现为以下几个基本特征。

①牵连犯必须基于一个最终犯罪目的。这是构成牵连犯的主观要件,而且是认定数个犯罪行为之间具有牵连关系的主要标准。这就是说,行为人是为了达到某一犯罪目的而实施犯罪行为(目的行为),在实施犯罪行为的过程中,其所采取的方法行为(或手段行为)或结果行为又构成另一个独立的犯罪;正是在这一犯罪目的的制约下形成了与牵连犯罪的目的行为、方法行为、结果行为相对应的数个犯罪故意,而在具体内容不同的数个犯罪故意支配下的目的行为、方法行为、结果行为,都是围绕着这一犯罪目的实施的。

②牵连犯必须具有两个以上的、相对独立的危害社会行为。这是牵连犯的客观外部特征。也就是说,行为人只有实施了数个相对独立并完全具备犯罪构成要件的危害社会行为,才有可能构成牵连犯;若只实施了一个危害社会行为,则因行为之间的牵连关系无从谈起而根本不能构成牵连犯,这也是牵连犯与想象竞合犯相区别的重要标志之一;若行为人实施的数个危害社会行为中只有一个构成犯罪,则也因不存在数个犯罪之间的牵连关系而不能构成牵连犯。

③牵连犯所包含的数个危害社会行为之间必须具有牵连关系。所谓牵连关系,是指行为人实施的数个危害社会行为之间具有手段与目的或原因与结果的内在联系,亦即行为人数个危害社会行为分别表现为目的行为(或原因行为)、方法行为或结果行为,并相互依存,形成一个有机整体。进而言之,以辩证唯物主义为哲学基础,以主客观相统一的刑法基本原则为指导,牵连关系就是以牵连意图为主观形式,以因果关系为客观内容所构成的数个相对独立的犯罪的有机统一体。

④牵连犯的数个行为必须触犯不同的罪名。这是牵连犯的法律特征,也是确定牵连犯的标志。如果行为人实行的危害行为只触犯一个罪名,就不能构成牵连犯。行为人的行为只有达到了某种犯罪构成的基本要求,才可谓触犯了该种罪名。若行为人的行为虽然具有某种犯罪的形式特征,并未符合该罪构成的全部要件,就不能视为触犯了该项罪名。

(3)牵连犯的处断原则。我们认为,在我国现行刑法规定的背景下,对于牵连犯的处断原则应当是:凡刑法分则条款对特定犯罪的牵连犯明确规定了相应处断原则的,无论其所规定的是何种处断原则,均应严格依照刑法分则条款的规定,对特定犯罪的牵连犯适用相应的原则予以处断。除此之外,对于其他牵连犯即刑法分则条款未明确规定处断原则的牵连犯,应当适用从一重处断原则定罪处刑,不实行数罪并罚。

3)吸收犯

(1)吸收犯的概念。所谓吸收犯,是指行为人实施数个犯罪行为,因其所符合的犯罪构成之间具有特定的依附与被依附关系,从而导致其中一个不具有独立性的犯罪,被另一个具有独立性的犯罪所吸收,对行为人仅以吸收之罪论处,而对被吸收之罪置之不论的犯罪形态。

(2)吸收犯的构成特征。吸收犯的基本构成特征,可概括为以下几个方面。

①行为人必须实施数个均符合犯罪构成要件的危害行为。这是构成吸收犯的前提性条件。该前提性条件,具体表现为三个具体特征:第一,吸收犯罪必须由数个犯罪行为构成。即犯罪行为的复数性,是成立吸收犯的事实前提。因为,若无数个犯罪行为,也就无从谈起无独立意义的犯罪行为被另一具有独立意义的犯罪行为所吸收。第二,具有复数性的犯罪行为,必须是均符合犯罪构成要件的危害行为。此为吸收犯危害行为的构成符合性特征,也是成立吸

收犯的事实基础。换言之,吸收犯必须是基于数个犯罪行为之间的吸收关系而成立的犯罪形态,而不是基于犯罪行为与违法行为或不法状态之间的吸收关系而成立的犯罪形态,也不是基于同属一个犯罪构成客观方面的复合行为的各个无独立性的行为(如手段行为与目的行为)之间的吸收关系而成立的犯罪形态。第三,把握犯罪行为基本性质的一致性,关键是应明确,犯罪构成依据刑法的规定,可分为不同的类型,如基本的犯罪构成和修正的犯罪构成。无论符合何种类型犯罪构成的危害行为,都无疑是犯罪行为。对于某一特定犯罪来说,分别符合不同类型犯罪构成的数个犯罪行为,则因不同类型的犯罪构成具有共同的基本属性,其基本性质也当然是一致的。构成吸收犯的数个犯罪行为的基本性质应当是一致的。

②行为人实施的数个犯罪行为,必须基于其内在的独立性与非独立性的对立统一特性,而彼此形成一种吸收关系。这是吸收犯作为一种罪数形态存在的基本原因,也是吸收犯区别于其他罪数形态的重要构成特征之一。对此,可以从以下几方面予以把握:第一,在行为人实施的数个犯罪行为中(以下均以行为人实施两个犯罪行为为标准论述),一个犯罪行为不具有独立性,而另一犯罪行为具有独立性,前者以不同的表现形式依附于后者而存在。这是数个犯罪行为构成吸收犯的最基本的原因。第二,基于一个犯罪行为与另一犯罪行为的依附关系而产生的数个犯罪行为的吸收关系,最终取决于类型不同但基本性质一致的犯罪构成所固有的特定联系,并应以此为基准而予以认定。

③行为人实施的数个犯罪行为必须侵犯同一或相同的直接客体,并且指向同一的具体犯罪对象。这是吸收犯的基本构成特征之一。换言之,侵犯客体的同一性和作用对象的同一性,是构成吸收犯所具备的条件。此外,数个犯罪行为侵犯客体和作用对象的同一性,也是判断数个犯罪行为是否具有吸收关系的客观标准之一。

④行为人必须基于一个犯意、为了实现一个具体的犯罪目的而实施数个犯罪行为。这是数个犯罪行为构成吸收犯必须具备的主观特征。

(3)吸收犯的形式。吸收犯的形式,也即吸收犯吸收关系的种类,是与吸收犯的构成特征密切相关的问题之一。在一定程度上,吸收犯的形式是吸收犯基本构成特征的具体化和表现形式。依据以上关于吸收犯构成特征的分析,我们认为,吸收犯的形式主要可概括为以下几种:

①既遂犯吸收预备犯或未遂犯。

②未遂犯吸收预备犯。

③实行阶段的中止犯吸收预备犯。但受重罪吸收轻罪的原则所制约,当实际发生的实行阶段的中止犯轻于预备犯,造成吸收不能的状态时,应将预备犯吸收实行阶段的中止犯,作为实行阶段的中止犯吸收预备犯的一种例外。

④符合主犯条件的实行犯构成之罪,吸收教唆犯、帮助犯、次要实行犯构成之罪。

⑤主犯构成之罪吸收从犯、胁从犯构成之罪。

⑥符合加重犯罪构成之罪吸收符合普通犯罪构成之罪,或者符合普通犯罪构成之罪吸收符合减轻犯罪构成之罪。

在了解上述吸收犯的主要形式之后,必须明确以下几点:第一,吸收犯的形式,必须以吸收之罪重于被吸收之罪为必要条件。第二,吸收关系的认定,必须以整个犯罪行为的主客观方面完全符合前述吸收犯的基本构成特征为必要前提。第三,必须强调指出,成立吸收犯所必需的吸收关系,只能是罪的吸收关系,即行为人的数个危害行为已经分别构成犯罪,才能成立吸收关系。

(4)吸收犯的处断原则。对于吸收犯,应当仅按吸收之罪处断,不实行数罪并罚。

(三)数罪的类型

以科学的罪数判断标准界定数罪的范畴,是适用数罪并罚的前提。但是,对于数罪的认识,不能仅局限于对数罪的概念和基本特征的了解。要想使法律规定的数罪并罚制度,转化为具体的正确适用数罪并罚的操作过程及其相应结果,还必须对数罪的类型有一定程度的认识。因为,在一定程度上,对数罪进行必要的分类,不仅有助于深化对数罪概念、属性、特征的理解,而且便于在类型化的数罪概念的基础上,加深对数罪并罚适用对象的认识,有利于数罪并罚的实际操作。依据不同的标准,可对数罪进行多种分类,其中有助于适用数罪并罚的分类,主要有以下几种。

1. 异种数罪和同种数罪

异种数罪和同种数罪,是以行为人的犯罪事实充足符合的数个犯罪构成的性质是否一致为标准,对数罪所进行的分类。其中,异种数罪,是指行为人的犯罪事实充足符合数个性质不同的犯罪构成的犯罪形态。同种数罪,是指行为人的犯罪事实充足符合数个性质相同的犯罪构成的犯罪形态。行为人的犯罪事实所符合的数个犯罪构成的性质是否一致,表现在法律特征上,就是行为人实施的数个犯罪行为所触犯的罪名是否相同。数个犯罪行为触犯数个不同罪名,就是异种数罪;数个犯罪行为触犯相同罪名,就是同种数罪。将数罪分为异种数罪与同种数罪的意义在于:首先,异种数罪和同种数罪,都是实质数罪的基本形式,不能因数罪的性质有别,而否认其中任何一种数罪作为实质数罪的法律地位。其次,无论是异种数罪,还是同种数罪,均可被分为并罚的数罪和非并罚的数罪。最后,尽管作为实质数罪的部分异种数罪和同种数罪,会引起对其予以并罚的法律后果,但是,在相同的法律条件下,异种数罪和同种数罪被纳入并罚范围的机会不是均等的。换言之,在一定的法律条件下,对于异种数罪必须予以并罚,而对于同种数罪则无须实行并罚。

2. 并罚的数罪和非并罚的数罪

并罚的数罪和非并罚的数罪,是以对行为人的犯罪事实已构成的实质数罪是否实行数罪并罚为标准,对数罪所进行的分类。其中,并罚的数罪,是指依照法律规定应当予以并罚的实质数罪。非并罚的数罪,是指无须予以并罚,而应对其适用相应处断原则的实质数罪。数罪的这种分类所具有的主要意义为:明辨实质数罪中应予并罚的数罪范围,并在此基础上,针对非并罚的实质数罪,包括其中的异种数罪和同种数罪,如牵连犯、连续犯等犯罪形态,确定与之相应的处断原则。

3. 判决宣告前的数罪和刑罚执行期间的数罪

判决宣告前的数罪和刑罚执行期间的数罪,是以实质数罪发生的时间条件为标准,对数罪所进行的分类。其中,判决宣告以前的数罪,是指行为人在判决宣告以前实施并被发现的数罪。刑罚执行期间的数罪,是指在刑罚执行期间发现漏罪或再犯新罪而构成的数罪。数罪的此种分类的意义在于:明确应予并罚的数罪实际发生的时间条件,并以此为基础,对发生于不同阶段或法律条件下的数罪,依法适用相应的法定并罚规则(包括并罚的数罪性质和并罚的具体方法),决定应予执行的刑罚。由于我国刑法对发生于不同时间条件下的数罪,规定了不同的并罚规则,所以,将数罪区分为判决宣告以前的数罪和刑罚执行期间的数罪,是正确适用不同法定并罚规则的必要前提。

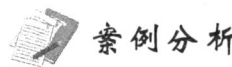案例分析

【训练案例1】

被告人张某,男,34岁;被告人李某,女,31岁。1998年10月,被告人张某与其妻被告人李某将被害人黄某骗至安徽省寿县,出卖给寿县农民韩某为妻,得赃款4000元。11月,张某将被害人唐某带至安徽省寿县,出卖给寿县农民时某为妻,得赃款3000元。12月,张某以找工作为名,将被害人林某从家中骗出带至安徽省寿县,出卖给农民常某为妻,得赃款3500元。1999年2月,张某和李某以做生意为名,将正在玩耍的被害人吴某骗至安徽省霍邱县,出卖给农民江某为妻,得赃款3500元。直至2000年2月案发,张某与李某采取类似手段共拐骗十余位妇女并卖至安徽、河南等地。

问题:

(1)张某和李某构成何种罪数形态?

(2)对张某和李某应当实行数罪并罚还是以一罪论处?

分析要点提示:

(1)张某和李某基于数个同一的犯罪故意,实施数个足以独立构成犯罪的具有连续性的危害行为,且触犯同一个罪名,即拐卖妇女罪,构成连续犯。

(2)对连续犯,应以一罪论处,不实行数罪并罚。

【训练案例2】

被告人于某,男,30岁。于某在某市工作期间,认识了某省物资开发公司业务员孟某等人。1999年7月,于某向孟某等人谎称其亲戚有关系能够搞到指标内物资。孟某等人信以为真,即委托于某为其购货,并答应在事成后给于某好处费。于某则让孟某等人准备好购货款。同年9月中旬,于某冒充市人民政府某领导人的秘书奚某之名,要求某国有企业经理张某帮助解决物资的指标。此后,于某使用在私人流动摊贩处私刻的假公章"某市人民政府办公厅专用章",加盖在他冒用奚某之名书写的便条上,并携带由他人提供的介绍信,先后多次行骗。由于有关部门的告发,当被告人于某于同年10月9日再次行骗时,被公安人员当场抓获归案。随后,公安人员在被告人于某住处搜缴了伪造的"某市人民政府办公厅专用章"一枚。

问题:

于某是否构成牵连犯?

分析要点提示:

(1)于某构成牵连犯。

(2)于某冒充某市人民政府领导人的秘书招摇撞骗,获取非法利益,构成招摇撞骗罪。

(3)于某为招摇撞骗,伪造公章,又构成伪造国家机关印章罪。

(4)于某招摇撞骗的行为和伪造国家机关印章的行为存在目的和手段的牵连关系,构成牵连犯。

五、排除犯罪性行为

(一)正当防卫

正当防卫指为了使国家、公共利益、本人或者他人的人身、财产和其他权利免受正在进行的不法侵害,而以给不法侵害人造成损害的方式制止不法侵害,尚未明显超过必要限度造成重大损害的行为。

1. 正当防卫的条件

1)必须有不法侵害行为发生

正当防卫只能针对不法侵害行为,这是正当防卫的起因条件。所谓不法侵害行为,是指行为人所实施的对国家、公共利益和公民个人合法权益的违法的侵袭和损害行为。不法侵害行为包括刑事违法行为和犯罪行为。关于不法侵害的程度,原则上对任何不法侵害都可以实施防卫,但一般认为不法侵害行为应具有暴力性、破坏性、紧迫性。

正当防卫行为是针对不法侵害实施的,因而对于一切合法行为,不存在防卫的可能性。因此,对下列几种行为,不能或不宜进行正当防卫:①对合法行为不能进行正当防卫;②对紧急避险行为不能实行正当防卫;③对意外事件不能实行正当防卫;④对防卫过当、紧急避险过当不宜进行正当防卫;⑤对过失犯罪和不作为犯罪不能进行正当防卫。上述各种行为,有的是正当合法行为,有的是缺乏侵害紧迫性的行为。

不法侵害必须是现实存在的。正当防卫所指向的是现实存在的不法侵害,而不能是防卫人的一种假设、一种想象。如果不法侵害实际上并不存在,行为人却误认为存在,进而错误地实行了自以为是的正当防卫行为而给无辜者造成了一定的损害,则属于假想防卫。如果行为人在行为当时,应当预见对方可能不是进行不法侵害,那么行为人主观上存在过失,因而对其假想防卫造成的损害结果负过失犯罪的刑事责任;如果行为人在行为当时不应预见到对方不是进行不法侵害,那么行为人主观上无罪过,对其假想防卫造成的结果,不负刑事责任。

不法侵害通常是人的不法侵害。受到他人豢养的或野生的动物侵袭,自然可以进行打击,动物谈不上侵害,受害人打击也只是紧急避险或民事上排除侵害的行为,谈不上正当防卫。

2)不法侵害行为必须正在进行

正当防卫只能在不法侵害正在进行时实行,这是正当防卫的时间条件。所谓正在进行,是指不法侵害已经开始,尚未结束。所谓不法侵害已经开始,以不法侵害人着手实行不法侵害时作为不法侵害开始的标志,但在不法侵害的现实威胁已经十分明显、紧迫的情况下,即使不法侵害尚未着手,也应认为不法侵害已经开始。所谓不法侵害尚未结束,是指不法侵害行为或者其导致的危险状态尚在继续中,防卫人可以用防卫手段予以制止或排除。以下几种情况一般认为不法侵害已经结束:其一,不法侵害行为确已自动中止;其二,不法侵害人已经被制服,或已经丧失侵害能力;其三,侵害行为已经实施完毕、危害结果已经发生,不法侵害人也没有进一步侵害的明显意图;其四,不法侵害造成的结果已经出现,即使实施防卫行为,也不能阻止危害结果的发生或即时即地挽回损失,即使不实行正当防卫,也不会发生危害结果或危害结果不致进一步扩大。

行为人明知不法侵害尚未开始或者已经结束时,进行所谓的防卫而对侵害者造成一定危害的,叫作"防卫不适时"。根据防卫不适时发生的时间,可分为事前防卫和事后防卫。对于因防卫不适时而造成损害结果的,如果构成犯罪的,都应追究刑事责任。

3) **防卫行为必须针对不法侵害人本人实行**

正当防卫只能针对不法侵害者本人实行,是正当防卫的对象条件。这是由正当防卫的目的和不法侵害人自身行为的非法性所决定的。对不法侵害人以外的第三者实行"防卫"的,达不到有效制止不法侵害的目的,也不具有正当性,不是正当防卫。对于这种情况,如果符合刑法规定的某种犯罪的构成要件的,应依法追究行为人的刑事责任。

4) **防卫行为必须是为了使国家、公共利益、本人或者他人的人身、财产和其他权利免受正在进行的不法侵害**

为了使国家、公共利益、本人或者他人的人身、财产和其他权利免受正在进行的不法侵害,是正当防卫的主观条件。非出于这种目的的,不能成立正当防卫。这是区分正当防卫与防卫挑拨、相互的非法侵害行为这些形似正当防卫而实为违法犯罪行为的关键。①防卫挑拨,是指为了加害对方,故意以挑衅、引诱等方法挑逗他人向自己进攻,然后借口正当防卫加害对方的行为。②互相斗殴,是指双方行为人都有向对方实行不法侵害的意图和行为。由于在互相斗殴的场合,没有侵害者和被侵害者之别,双方都有侵害对方的意图,也都有侵害对方的行为,因此任何一方均无权实行正当防卫。但在其中一方确实已放弃了对另一方的不法侵害,而另一方却继续实施侵害行为的情况下,另一方可行使正当防卫。③为保护非法利益而实行的防卫。在这种情况下,行为人不具备防卫的正当性,不能认定为正当防卫。

5) **防卫不能明显超过必要限度且造成重大损害**

防卫行为不能明显超过必要限度且造成重大损害,是正当防卫的限度条件。防卫行为只能在必要的限度内进行且没有造成重大损害;防卫行为超过了必要的限度,造成重大损害,即可构成防卫过当。是否明显超过必要限度并造成重大损害,是区分防卫的合法与非法、正当与过当的标准。

2. 特别防卫权

特别防卫权是指公民在某些特定情况下所实施的正当防卫行为,没有必要限度的限制,对其防卫行为的任何后果均不负刑事责任。刑法第20条第3款规定:"对正在进行行凶、杀人、抢劫、强奸、绑架以及其他严重危及人身安全的暴力犯罪,采取防卫行为,造成不法侵害人伤亡的,不属于防卫过当,不负刑事责任。"刑法设立特别防卫权制度,其立法意旨在于充分鼓励公民打消顾虑,勇于行使正当防卫的权利,避免那些严重犯罪行为对国家、公共利益或公民的人身、财产或者其他合法权利造成重大的损害。

行使特别防卫权必须具备三个条件:①客观上存在严重危及人身安全的暴力犯罪;②严重的暴力犯罪正在进行;③防卫行为只能针对不法侵害者本人实施。在符合上述三个条件的前提下,防卫人因防卫行为致使不法侵害者伤亡的,即使"明显超过了必要的限度造成重大损害的",仍应为正当防卫而不属于防卫过当,应受法律的保护而不负刑事责任。

3. 防卫过当及其刑事责任

1) **防卫过当的概念和特征**

防卫过当,是指防卫行为明显超过必要限度造成重大损害,应当负刑事责任的犯罪行为。防卫过当具有两方面的特征:

(1)在客观上表现为防卫行为明显超过了必要限度并造成了重大损害。把握此方面特征，应注意以下两点：一是这里的"防卫行为"必须是具备成立正当防卫的除了限度条件之外的前四个条件，缺少该四个条件中的任何一个条件，不能认为属于防卫行为。二是防卫行为必须明显超过必要限度且造成重大损害。

(2)防卫人在主观上对过当行为及造成的结果具有罪过。至于罪过的形式，有的认为可以是故意（包括直接故意和间接故意），也可以是过失；有的认为只能是间接故意和过失；还有的认为只能是过失。我们认为，在防卫过当的场合，行为人对于其过当行为及其结果，主观上不可能出于直接故意，因为正当防卫的目的与犯罪的目的，在一个人的头脑中不可能同时并存。但主观上存在间接故意和过失，则是可能的。

2) **防卫过当的刑事责任**

防卫过当的刑事责任包括两个方面：一是防卫过当的定罪；二是防卫过当的处罚。

防卫过当不是独立的罪名，对于防卫过当行为，实践中应当根据具体案件中过当的犯罪事实的性质，以及犯罪人的主观罪过形式，依照刑法分则的有关条款来确定罪名。刑法第20条第2款规定，对于防卫过当构成犯罪的，"应当减轻或者免除处罚"。在司法实践中，确定何种情况下减轻、减轻多少，何种情况下免除处罚，一般应当综合考虑防卫的具体目的、过当的程度、罪过形式以及防卫行为所保护权益的性质等各方面的因素。

▶ (二)紧急避险

紧急避险，是指在不得已的情况下损害另一合法利益以保护较大合法利益免受正在发生的危险，尚未超过必要限度造成不应有损害的行为。紧急避险是法定的正当行为之一。

1. 紧急避险的条件

1) **必须有威胁合法利益的危险发生**

有威胁合法利益的危险发生，是紧急避险的前提条件。所谓危险，是指足以对合法利益造成损害的某种紧迫事实状态。从司法实践来看，危险的主要来源有四种：自然灾害，违法犯罪行为或无责任能力人的危害社会行为，人的生理、病理原因，动物的侵袭。

作为紧急避险前提条件的危险，必须是客观存在的，而不是避险人假想的、推测的。如果实际上并不存在危险，避险人却误认为危险存在，因而实行了所谓的紧急避险的，属于假想避险。对于这种情况，应当按照事实认识错误的处理原则解决。如果避险人对于危险的客观不存在应当预见而由于疏忽大意没有预见，因而实行所谓紧急避险的，应当按照过失犯罪处理；如果避险在当时的情况下根本无法认识危险的客观不存在，应当按照意外事件处理。

2) **必须是危险正在发生**

危险正在发生，是紧急避险的时间条件。所谓危险正在发生，是指立即造成损害或正在造成损害的危险已经出现而尚未结束。紧急避险只能在危险已经出现而又尚未结束这一时间条件下进行，否则就不是紧急避险。

假如避险人在危险尚未出现或者危险已经结束的情况下实施所谓避险，刑法理论上称之为避险不适时。避险不适时不是紧急避险，行为人因此而对合法权益造成损害的，应当根据案件具体情况，追究行为人相应的刑事责任或民事责任。

3) **必须是为了使合法利益免受正在发生的危险**

为了使国家、公共利益、本人或者他人的人身或者其他权利免受正在发生的危险，是紧急避险的主观条件。如果是为了保护某种非法利益,是不能成立紧急避险的。另外,如果在客观上实际使合法权益免受了某种危险可能带来的损害,但行为人并不是出于避险的意图,而是出于侵害的意图的,也不是紧急避险。

4)避险的对象必须是无辜的第三者

避险的对象只能是无辜的第三者,这是紧急避险的对象条件。

紧急避险的本质特征,在于为了保全一个较大的合法权益,而采取牺牲另一个较小的合法权益的手段转嫁风险。因此,紧急避险行为针对的是第三者的合法权益,而不是危险的来源。如果行为人没有通过损害相关较小合法权益的手段,而是直接以反击手段对抗危险,那么该行为就不是紧急避险,而是抢险行为或正当防卫等行为。例如,行为人通过损害不法侵害者的人身权利或财产权利来排除遭受不法侵害的危险,其行为就不是紧急避险而是正当防卫。

5)避险行为只能是在不得已的情况下实施

避险行为只能是在不得已的情况下实施,是紧急避险的客观限制条件。紧急避险是为了保护更大合法权益免受危险而牺牲较小合法权益的一种权宜措施。因此,刑法对紧急避险规定了特别的严格限制条件,即只能在"不得已"的情况下才能进行紧急避险。所谓"不得已",就是指在当时的情况下,除了通过损害另一合法利益的手段外,找不到任何其他方法来避免更大的合法利益所面临的危险。如果当时尚有其他方法(包括正当防卫、直接排除危险等)可以避免危险造成的损害,行为人却不采取,而仍通过损害第三者的合法权益的手段避险,那么其行为不能认为是紧急避险,构成犯罪的,应当追究刑事责任。

6)避险行为不能超过必要限度且造成不应有的损害

不能超过必要限度且造成不应有的损害,是紧急避险的限度条件。对于紧急避险的必要限度,我国刑法没有明确规定。但是,根据紧急避险的性质,这个标准应当是:避险行为所造成的合法权益的损害,必须小于所避免的损害。如何权衡合法权益大小,是一个极为复杂的问题。一般认为,人身权利大于财产权利;人身权利中生命权为最高权利;财产权利的大小可以用财产的价值大小来衡量。但是,实践中有的案件是十分复杂的。对于合法权益大小的比较,需要进行全面的分析和判断。

在把握紧急避险的成立条件时,应当注意,刑法第 21 条第 3 款规定:"关于避免本人危险的规定,不适用于职务上、业务上负有特定责任的人。"所谓在职务上、业务上负有特定责任的人,是指在危险发生时,其依法承担的职务或所从事的业务活动本身要求他们同危险作斗争的人。例如,在发生火灾时,面对烧伤的危险,消防队员就必须奋勇扑火;医生、护士在治疗疾病的过程中,不能因为有病菌传染的危险而采取避险行为;等等。如果这些负有特定责任的人员,为了避免与自己职务、业务有关的上述种种危险,而擅离职守、逃避责任,其行为不能成立紧急避险。造成严重危害后果构成犯罪的,应当依法追究其刑事责任。

2. 避险过当及其刑事责任

避险过当,是指避险行为超过必要限度且造成不应有的损害的行为。构成避险过当,必须具备以下三个方面的条件:

(1)必须具备上述紧急避险的前五个条件。

(2)行为人在客观上实施了超过必要限度的避险行为,并给合法权益造成了不应有的损害。

(3)行为人在主观上对避险过当行为具有罪过。避险过当的罪过形式通常是疏忽大意的过失,即行为人应当预见自己的避险行为所损害的权益可能等于或者大于所保全的权益,因为疏忽大意而没有预见,以致超过必要限度造成了不应有的损害。在少数情况下,也可能是间接故意或过于自信的过失。

对于避险过当行为,应当减轻或者免除处罚。

▶(三)紧急避险与正当防卫的区别

正当防卫的实质是"正当对不正当的反击",而紧急避险的实质是"两害相权取其轻"。二者的区别主要体现在这样的几个方面。

1. 起因条件不同,即危险的来源不同

正当防卫的危险来源仅限于人为的不法侵害;而紧急避险的危险来源多种多样,既包括人为的不法侵害更包括自然力的影响,如自然灾害等。

2. 限制条件不同

紧急避险要求是不得已而为之;而正当防卫一般无此要求,防卫人面对不法侵害,既可以采取逃跑等回避措施,也完全可以采取正面与之相斗争,以"正"对"不正"。

3. 对象条件不同

这是二者区别的最显著之处。正当防卫损害的对象是不法侵害者本人,而紧急避险损害的对象为无辜的第三人的合法权益。

4. 限度条件不同

正当防卫造成的损害可以等于或大于不法侵害可能造成的损害,只要不过于悬殊即可;而紧急避险则要求所造成的损害必须小于所避免的损害。

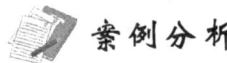案例分析

【教学案例】

被告人:谢某,男,27岁,江苏省无锡市人,无业。2000年12月14日因涉嫌故意伤害被逮捕。

1999年12月6日晚11时许,被告人谢某起身如厕,见陌生人史某(男,16岁,送奶员)骑自行车从其居住的门口经过,认为其形迹可疑,遂尾随其后查看。见史某向前骑至一拐角处,将自行车停靠在该处路灯下,右向拐进小弄,至另一门口,用手开门旁的窗户。谢某跟至史某身后五六米处停下,查问史某是干什么的,史某答:"你管我是干什么的!"谢某听后未作声,返身至一邻居家,对邻居讲:"有贼,快跟我去捉贼!"他随即从门后取得一根晾衣用的铁杖返回现场,见史某正欲推自行车离开,遂用铁杖向史某的头部打去,正击中史某的嘴部,致史某7颗牙齿脱落。随后赶至的邻居认出史某系送奶员,谢某也发现了自行车倒下后从篓筐中散落在地的牛奶瓶,才知道史某原来是送牛奶的。经法医鉴定,史某的损伤已构成重伤。案发后,谢某已赔偿史某的经济损失一万元。

分析步骤:

步骤1:从案件提供的事实中,看是否有损害事实发生。本案被告人谢某殴打送奶工致其重伤,有刑法上的损害事实发生,也有行为人,且行为人的行为与损害事实之间存在因果关系,具备构成故意伤害罪的可能性。

步骤2:本案被告人谢某明知铁杖向史某头部打去会造成史某受伤但是仍旧实施了这一

行为,应认定为主观故意,构成故意伤害罪。虽然被告人谢某先入为主地认为史某是小偷,但即使史某真的是小偷,只要被告人谢某不是正当防卫,仍应接受刑事处罚。本案属于假想防卫,不属于正当防卫,不能排除其行为的犯罪性。

步骤3:根据刑法第234条,被告人谢某故意犯罪致人重伤的,应处3年以上10年以下有期徒刑。

【训练案例1】

2007年2月22日凌晨1时许,被告人特某与朋友在某舞厅跳舞时,与被害人发生争执,后相互殴打。在打斗的过程中,被告人特某及朋友跑出舞厅,被害人追赶被告人,被告人特某从墙角捡起一酒瓶继续朝前跑,当被害人追赶其约3米左右时,被告人特某转身用手中的酒瓶朝被害人面部砸去,造成被害人右眼角膜穿通伤。经鉴定被害人的伤势程度为重伤。

分析提示:

根据刑法的相关规定,在互相斗殴的过程中一般不存在正当防卫的行为。本案中被告人的行为是否是正当防卫的行为,其关键在于被告人与被害人之间的互殴行为是否已经停止或被告人已退出互殴。

【训练案例2】

被告人:黑某,男,45岁,某客轮船长。2008年10月1日,某客轮正在新加坡驶回广州的途中,突然遇到台风,船长凭自己多年航海经验决定抛弃旅客携带的大量贵重货物(折合价值达200万元人民币),以减轻重量,保护广大旅客的生命安全。

分析提示:

抛弃旅客携带的大量贵重货物的行为的目的是什么?抛弃旅客携带的大量贵重货物的行为所造成的损失与保护的利益的大小进行比较。抛弃旅客携带的大量贵重货物的行为是否迫不得已?

【训练案例3】

徐某,男,20岁。2007年12月2日下午,徐某与同学王某等人在课间休息时相互扔雪球耍,事后王某发现裤子被木材划破,怀疑是徐某所为。因此,王某在上课时用雪球打徐某,并向徐某身上吐痰。放学后,王某、华某为此又追赶殴打徐某。第二天下午徐某外出时又遭王某、华某殴打,嘴被打破。徐某因连遭王某等人殴打,一连几天不敢到学校上课,在家中自制尖刀一把。3月8日上午徐某携带尖刀一把到学校上课,行至教室门前,被同学刘某拉到校外,刘某与王某等一伙人又对徐某进行殴打,徐某所带尖刀被打落在地,徐某拾起尖刀逃跑,刘某一伙人拾起砖头追打徐某,将徐某的腰部、腿部、脚部打伤。刘某追上前抓住徐某后,用砖头猛击徐某的头部等处,将徐某的头部顶骨打破裂,手部打伤。徐某在这种情况下,左手捂住自己的头部,用右手持刀乱捅,致刘某胸部、腹部六处受伤,造成出血性休克死亡。

试分析本案中徐某的行为是否属于正当防卫。

分析提示:

徐某的防卫行为是否明显超过必要限度?

【训练案例4】

王某,女,24岁。张某,女,44岁。被害人王某,平素对其妻张某、女儿王某经常打骂虐待。一天深夜,被害人王某对女儿王某强奸2次。女儿王某被强奸后服药自杀,经抢救未死。张某也曾被被害人王某打后自杀未遂。某年2月27日深夜,被害人王某钻入女儿王某被窝,意欲强奸,女儿王某不从。被害人王某唯恐其妻发觉,便回自己被窝。早晨4时许,被害人王某又钻入女儿王某被窝,女儿王某奋力反抗。被害人王某说:"今天不把你祸害了,我都是你养的。"女儿王某大声呼救。张某被惊醒后,气愤地打了被害人王某嘴巴。接着张某按住被害人王某,女儿王某取两段麻绳将被害人王某的手、脚捆住,并用绳子将被害人王某勒死。6时许,母女二人投案自首。

对女儿王某、张某应如何定罪处罚?说明理由。

分析提示:

(1)对女儿王某、张某应以故意杀人罪定罪。理由是:被害人王某在对其女儿实施强奸时,女儿王某、张某将被害人王某予以捆绑,属于对正在进行的不法侵害行为实施的正当防卫。但是,在被害人王某已被制服失去侵害能力的情况下,被害人王某所实施的不法侵害也随之结束,女儿王某、张某又对其实施的打击行为,已失去了正当防卫的前提条件,属于事后防卫,应当依法负刑事责任。

(2)女儿王某、张某的行为属于激愤杀人,且有自首情节,应当从宽处罚。

【相关法律法规】

《中华人民共和国刑法》第13条至31条;

2000年4月29日《全国人民代表大会常务委员会关于〈中华人民共和国刑法〉第九十三条第二款的解释》;

2002年12月28日《全国人民代表大会常务委员会关于〈中华人民共和国刑法〉第九章渎职罪主体适用问题的解释》;

2002年4月28日《全国人民代表大会常务委员会关于〈中华人民共和国刑法〉第二百九十四条第一款的解释》;

《最高人民法院关于审理未成年人刑事案件具体应用法律若干问题的解释》(2005年12月12日最高人民法院审判委员会第1373次会议通过,法释〔2006〕1号);

《最高人民法院关于审理单位犯罪案件具体应用法律有关问题的解释》(1999年6月18日最高人民法院审判委员会第1069次会议通过,自1999年7月3日起施行,法释〔1999〕14号);

《最高人民法院关于审理单位犯罪案件对其直接负责的主管人员和其他直接责任人员是否区分主犯、从犯问题的批复》(2000年9月28日最高人民法院审判委员会第1132次会通过,法释〔2000〕31号);

《最高人民检察院关于涉嫌犯罪单位被撤销、注销、吊销营业执照或者宣告破产应如何进行追诉问题的批复》(2002年7月4日由最高人民检察院第九届检察委员会第111次会议通过,高检发释字〔2002〕4号)。

学习单元三
认识刑罚

【学习目标与要求】

了解刑罚的概念和特征,明确刑罚的种类,掌握刑罚的裁量制度和执行制度,能在实践中对具体的裁量制度和执行制度予以认定和运用

【学习重点与提示】

刑罚的种类,刑罚裁量(累犯、自首、坦白、立功、数罪并罚、缓刑),刑罚执行(减刑、假释)

基本知识概述

一、刑罚的概念和特征

(一)刑罚的特征

刑罚是国家根据法律规定对犯罪人剥夺或限制其合法权益的最严厉的强制方法。刑罚具有如下特征:

(1)刑罚是刑法规定并被赋予"刑罚"名称的强制方法。刑罚这种强制方法只能在国家最高权力机关制定的刑法中予以规定,并且必须被赋予"刑罚"名称,否则就不是刑罚。如我国刑法中规定的没收违法所得等其他强制方法,由于没有被赋予"刑罚"名称,就不是刑罚方法。

(2)刑罚是对犯罪人适用的强制方法。刑罚只能对刑法规定的构成了犯罪的人适用,包括自然人和单位。刑罚不能适用于其他违法违纪而没有构成犯罪的人,更不能适用于遵纪守法的人。强调刑罚只能对犯罪人适用,不仅有利于保护人权,也有利于维护国家法律的尊严。

(3)刑罚是法院依照法律规定适用的强制方法。刑罚是国家权力的重要体现形式,因而其适用必须具有严肃性。根据国家根本法的规定,刑罚只能由法院适用产生,而且法院在适用时不能随心所欲,必须依照刑事实体法和刑事程序法的规定裁判刑罚。

(4)刑罚是由特定执行机关适用的强制方法。根据法律规定,刑罚只能由监狱和其他劳动改造机构来执行。死刑、罚金和没收财产由法院执行,"死缓"、无期徒刑和有期徒刑由监狱和其他劳动改造场所执行,管制、拘役和剥夺政治权利由公安机关执行。

(5)刑罚是最严厉的强制方法。任何法律强制方法都具有严厉性,但与其他强制方法相比,刑罚具有最严厉性。刑罚不仅可以剥夺犯罪人的财产、政治权利,而且可以剥夺犯罪人的人身自由,根据我国目前法律规定甚至可以剥夺犯罪人的生命。

(二)刑罚与其他法律制裁措施的区别

一个国家的法律制裁体系,通常是由刑事制裁、民事制裁、行政制裁、经济制裁等制裁措施构成的。刑罚作为刑事制裁措施,属于整个法律制裁体系的组成部分,也是保障其他法律制裁

措施有效进行的坚强后盾。它与其他法律制裁的区别主要在于以下几个方面。

1) 严惩程度不同

如前所述,刑罚是一种最严厉的法律制裁措施,它涉及对人的生命、自由、财产、资格的限制和剥夺。这种严厉性是通过对犯罪人适用死刑、自由刑、财产刑和资格刑表现出来的。其他法律制裁绝对排除对生命的剥夺,一般也不涉及剥夺人身自由的问题。

2) 适用对象不同

刑罚适用的对象只能是触犯刑法、构成犯罪的人;而其他法律制裁方法则主要适用于仅有一般违法行为、尚未构成犯罪的人。

3) 适用机关不同

刑罚只能由国家刑事审判机关适用;而民事制裁则由国家民事审判机关适用,行政制裁由国家行政机关适用。

4) 适用根据和程序不同

适用刑罚的根据是刑法和刑事诉讼法;而适用民事制裁、行政制裁的根据则分别是民事实体法和民事程序法、行政实体法和行政诉讼法。

二、刑罚的体系

刑罚体系,是指我国刑法规定的按照一定次序排列的各种刑罚方法的总和。

根据刑法第 32 条的规定,刑罚分为主刑和附加刑。这是按照各刑种能否独立适用而做出的划分。

根据刑法第 33 条的规定,主刑包括管制、拘役、有期徒刑、无期徒刑和死刑共 5 个种类。主刑,理论上也称基本刑、单独刑。主刑只能独立适用,不能附加适用;一个罪只能适用一种主刑,而不能同时适用两种以上的主刑。

根据刑法第 34 条的规定,附加刑包括罚金、剥夺政治权利和没收财产共 3 个种类。附加刑,理论上也称从刑。附加刑既可以独立适用,也可以附加于主刑适用。

根据刑法第 35 条的规定,对于犯罪的外国人,可以独立适用或者附加适用驱逐出境。这是一种特殊种类的附加刑。

三、刑罚的种类

(一) 主刑

1. 管制

管制,是指对犯罪人不予关押,但限制一定自由,依法实行社区矫正的刑罚方法。

(1) 管制的对象。刑法对于管制的对象没有做出明确限制规定,只要刑法分则条文的法定刑中规定有管制的,法院就可以根据案件的具体情况,认为犯罪尚不够判处有期徒刑或者其他主刑,以不予关押为宜的犯罪分子,都可以判处管制,限制其一定的人身自由。

(2) 管制的期限。根据刑法第 38 条的规定,管制的期限,为 3 个月以上 2 年以下。根据刑法第 69 条的规定,数罪并罚时管制最高不能超过 3 年。根据刑法第 41 条的规定,管制的刑期,从判决执行之日起计算;判决执行以前先行羁押的,羁押一日折抵刑期二日。根据刑法第

40条的规定,被判处管制的犯罪分子,管制期满,执行机关应即向本人和其所在单位或者居住地的群众宣布解除管制。

(3)管制的内容。被判处管制的犯罪分子,虽然不予关押,但要限制其一定的人身自由。根据刑法第39条的规定,被判处管制的犯罪分子,在执行期间,应当遵守下列规定:①遵守法律、行政法规,服从监督;②未经执行机关批准,不得行使言论、出版、集会、结社、游行、示威自由的权利;③按照执行机关规定报告自己的活动情况;④遵守执行机关关于会客的规定;⑤离开所居住的市、县或者迁居,应当报经执行机关批准。对于被判处管制的犯罪分子,在劳动中应当同工同酬。

(4)管制的执行。刑法第38条第3款规定:"对判处管制的犯罪分子,依法实行社区矫正。"①第2款规定:"判处管制,可以根据犯罪情况,同时禁止犯罪分子在执行期间从事特定活动,进入特定区域、场所,接触特定的人。"对"违反第2款规定的禁止令的,由公安机关依照《中华人民共和国治安管理处罚法》的规定处罚"。

根据刑法第39条的规定,被判处管制的犯罪分子,还要服从监督,即服从群众的监督,这有利于发挥人民群众参与改造罪犯的积极作用,也体现出管制是我国专门机关与群众相结合的司法实践经验的创造性产物。

2. 拘役

拘役,是指对犯罪人短期剥夺人身自由,就近关押强制实行劳动改造的刑罚方法。

(1)拘役的对象。拘役主要适用于那些罪行较轻,但又必须短期剥夺其人身自由进行劳动改造的犯罪人。

(2)拘役的期限。根据刑法第42条的规定,拘役的期限,为1个月以上6个月以下。根据刑法第69条的规定,数罪并罚时拘役最高不能超过1年。根据刑法第44条的规定,拘役的刑期,从判决执行之日起计算;判决执行以前先行羁押的,羁押一日折抵刑期一日。

(3)拘役的内容。拘役要对犯罪人短期剥夺其人身自由,实行关押,这是拘役与管制区别的关键地方。对被判处拘役的犯罪人,有劳动能力的,要强制实行劳动改造。

(4)拘役的执行。根据刑法第43条的规定,被判处拘役的犯罪分子,由公安机关就近执行。在执行期间,被判处拘役的犯罪分子每月可以回家一天至两天;参加劳动的,可以酌量发给报酬。这里的公安机关是指县级公安部门,就近执行是指拘役一般要放在拘役所执行,没有拘役所的,可放在就近的监狱或劳改队执行,远离监狱和劳改队的,也可以放在就近的看守所执行。

3. 有期徒刑

有期徒刑,是指剥夺犯罪人一定期限的人身自由,并强制进行劳动改造的刑罚方法。

(1)有期徒刑的对象。有期徒刑是我国适用范围最广泛的一种刑罚方法,这是因为有期徒刑量刑幅度变化大,适用于各类犯罪分子,既适用于罪行较重的罪犯,也适用于罪行较轻的罪犯。我国刑法分则凡是规定法定刑的条文,一般都包含有期徒刑。

(2)有期徒刑的期限。根据刑法第45条的规定,有期徒刑的期限,为6个月以上15年以下。根据刑法第50条的规定,判处死刑缓期执行的,在死刑缓期执行期间,如果确有重大立功表现,2年期满以后,减为25年有期徒刑。根据刑法第69条的规定,有期徒刑总和刑期不满

---

① 1997年刑法第38条第2款规定:"被判处管制的犯罪分子,由公安机关执行。"

35年的,最高不能超过20年,总和刑期在35年以上的,最高不能超过25年。根据刑法第47条的规定,有期徒刑的刑期,从判决执行之日起计算,判决执行以前先行羁押的,羁押一日折抵刑期一日。

(3)有期徒刑的内容。根据刑法第46条的规定,被判处有期徒刑的犯罪分子,凡有劳动能力的,都应当参加劳动,接受教育和改造。也就是说被判处有期徒刑的犯罪分子,除丧失劳动能力的以外,都必须参加劳动,这里的劳动改造是强制性的。

(4)有期徒刑的执行。根据刑法第46条的规定,被判处有期徒刑的犯罪分子,在监狱或者其他执行场所执行。这里的其他执行场所主要是指劳动改造管教队、少年犯管教所、看守所等。

4. 无期徒刑

无期徒刑,是指剥夺犯罪人终身人身自由,强迫实行劳动改造的刑罚方法。

(1)无期徒刑的对象。无期徒刑只适用于严重的犯罪。它是一种严厉性仅次于死刑的刑罚,是自由刑中最为严厉的刑罚方法。

(2)无期徒刑的期限。无期徒刑,从法律规定和理论上说,是剥夺犯罪人终身人身自由,但因为法律同时规定了减刑、假释和赦免等制度,故被判处无期徒刑的犯罪人往往很少有终身服刑的。

(3)无期徒刑的内容。无期徒刑的内容参照有期徒刑的内容。

(4)无期徒刑的执行。除参照有期徒刑的执行外,根据刑法第57条的规定,对于被判处无期徒刑的犯罪分子,应当剥夺政治权利终身。这就是说无期徒刑不是被独立适用的。

5. 死刑

死刑,是指剥夺犯罪人生命的一种刑罚方法,理论上也被称为生命刑。由于死刑是最为严厉的刑罚方法,故理论上也称之为极刑。死刑存废之争由来已久,从人类发展的长远观点来看,将来废除死刑是必然之事,但我国目前尚缺乏废除死刑的条件。虽然我国保留了死刑,但根据目前我国刑法的规定,对死刑的适用进行了严格的限制。这主要表现在以下几个方面。

1)在适用死刑的法定情节上进行了限制

根据刑法第48条的规定,死刑只适用于罪行极其严重的犯罪分子。"罪行极其严重",就是指罪行对国家和人民利益的危害特别严重,情节特别恶劣,手段极其残忍,行为人具有极其严重的人身危险性。

2)在适用死刑的主体上进行了限制

根据刑法第49条的规定,严格限制对以下三种犯罪人适用死刑:

(1)犯罪的时候不满18周岁的人。这里"犯罪的时候"是指犯罪人实施犯罪行为的时候;"不满18周岁"是指犯罪人实施犯罪行为时的年龄,其年龄计算应当一律按公历的年月日计算实足年龄,即满了18周岁的第二天起,才被认为已满18周岁。

(2)审判的时候怀孕的妇女。"审判的时候怀孕的妇女"是指在法院审判的时候被告人是怀孕的妇女,不能为了要对被告人判处死刑而对怀孕的妇女进行人工流产,如果已经进行人工流产的,仍应视为审判时怀孕的妇女;"不适用死刑"是指既不能判处死刑立即执行,也不能判处死刑缓期两年执行。

(3)审判时已满75周岁的人。刑法第49条第2款规定:"审判的时候已满75周岁的人,不适用死刑,但以特别残忍手段致人死亡的除外。"

3) 在适用死刑的核准程序上进行了限制

根据刑法第 48 条的规定,死刑除依法由最高人民法院判决的以外,都应当报请最高人民法院核准。死刑缓期执行的,可以由高级人民法院判决或者核准。我国现行刑事诉讼法第 246 条也规定,死刑由最高人民法院核准。根据现行刑法、刑事诉讼法的规定,死刑核准权均由最高人民法院行使,高级人民法院可以判决或者核准死刑缓期执行。

4) 在适用死刑的执行制度上进行了限制

根据刑法第 48 条的规定,对于应当判处死刑的犯罪分子,如果不是必须立即执行的,可以判处死刑同时宣告缓期两年执行。刑法第 50 条规定:判处死刑缓期执行的,在死刑缓期执行期间,如果没有故意犯罪,2 年期满以后,减为无期徒刑;如果确有重大立功表现,2 年期满以后,减为 25 年有期徒刑;如果故意犯罪,情节恶劣的,报请最高人民法院核准后执行死刑;对于故意犯罪未执行死刑的,死刑缓期执行的期间重新计算,并报最高人民法院备案。这就是我国独创的死刑缓期执行制度,简称死缓制度,这一制度大大缩小了判处死刑立即执行的适用范围。

5) 规定了对死缓犯的限制减刑

刑法第 50 条第 2 款规定:"对被判处死刑缓期执行的累犯以及因故意杀人、强奸、抢劫、绑架、放火、爆炸、投放危险物质或者有组织的暴力性犯罪被判处死刑缓期执行的犯罪分子,人民法院根据犯罪情节等情况可以同时决定对其限制减刑。"

▶ (二) 附加刑

1. 罚金

罚金,是法院判处犯罪人向国家缴纳一定数额金钱的刑罚方法。

(1) 罚金只能由法院适用。罚金是我国刑罚方法中附加刑的一种,只能由法院依照我国刑法的规定在法定范围内适用。法院适用罚金刑主要有四种方式:一是选择罚金制,罚金刑和其他刑种并列,法院只能适用其中一种;二是单科罚金制,刑法只规定罚金刑,而没有规定其他刑种;三是并科罚金制,罚金刑与其他刑种并列,法院可以合并适用;四是复合罚金制,罚金刑中既有选择罚金,也有单科罚金和并科罚金,由法院最终决定如何适用。

(2) 罚金既适用于自然人也适用于单位。罚金的适用对象既包括自然人,也包括单位。我国刑法分则对很多犯罪的自然人都规定了罚金刑,对单位犯罪的也不例外。根据刑法第 31 条的规定,单位犯罪的,对单位判处罚金,并对其直接负责的主管人员和其他直接责任人员判处刑罚。刑法分则和其他法律另有规定的,依照规定。这表明我国刑法对单位犯罪适用的主要是罚金这种刑罚方法。

(3) 罚金的依据。刑法第 52 条规定,判处罚金,应当根据犯罪情节决定罚金数额。犯罪情节是指决定犯罪人主观恶性大小和社会危害程度的主客观因素,包括犯罪的目的、动机、手段、犯罪所得数额、销售金额等。我国刑法分则对于罚金数额的规定,主要有三种情况:一是无限额罚金制,刑法没有规定罚金的具体数额,完全由法官依据犯罪情节决定;二是限额罚金制,刑法规定了相对确定的数额,法官在该数额幅度之内依据犯罪情节决定判处的数额;三是倍比罚金制,根据违法所得或犯罪涉及的数额,以其一定的倍数或比例来确定罚金数额。

(4) 罚金的缴纳方式。刑法第 53 条规定,罚金在判决指定的期限内一次或者分期缴纳。期满不缴纳的,强制缴纳。对于不能全部缴纳罚金的,人民法院在任何时候发现被执行人有可以执行的财产,应当随时追缴。由于遭遇不能抗拒的灾祸等原因缴纳确实有困难的,经人民法院裁定,可以延期缴纳、酌情减少或者免除。

上述刑法第53条罚金的缴纳方式可以归纳为五种:①一次缴纳;②分期缴纳;③强制缴纳;④随时追缴;⑤减免缴纳。

2. 剥夺政治权利

剥夺政治权利,是指依照法律规定剥夺犯罪人一定期限参加国家管理和政治活动权利的刑罚方法。

(1)剥夺政治权利的适用对象。根据刑法第56条、57条的规定,剥夺政治权利附加适用的对象有三类:①对于危害国家安全的犯罪分子应当附加剥夺政治权利;②对于故意杀人、强奸、放火、爆炸、投毒、抢劫等严重破坏社会秩序的犯罪分子,可以附加剥夺政治权利;③对于被判处死刑、无期徒刑的犯罪分子,应当剥夺政治权利终身。

独立适用剥夺政治权利的,依照我国刑法分则的规定。

(2)剥夺政治权利的内容。根据刑法第54条的规定,剥夺政治权利是指剥夺下列权利:①选举权和被选举权;②言论、出版、集会、结社、游行、示威自由的权利;③担任国家机关职务的权利;④担任国有公司、企业、事业单位和人民团体领导职务的权利。

(3)剥夺政治权利的期限。根据刑法第55条、56条和57条的规定,剥夺政治权利的期限主要有以下四种情况:①单独判处剥夺政治权利或者判处有期徒刑、拘役而附加剥夺政治权利的,其期限为1年以上5年以下;②判处管制附加剥夺政治权利的,剥夺政治权利的期限与管制的期限相等,同时执行;③对于被判处死刑、无期徒刑的犯罪分子,剥夺政治权利终身;④在死刑缓期执行减为有期徒刑或者无期徒刑减为有期徒刑的时候,附加剥夺政治权利的期限改为3年以上10年以下。

(4)剥夺政治权利的执行。剥夺政治权利的执行情况主要有以下四种:①独立适用剥夺政治权利的,从判决执行之日起计算、执行;②判处管制附加剥夺政治权利的,剥夺政治权利的期限与管制的期限相等,同时执行;③判处有期徒刑、拘役附加剥夺政治权利的,死刑缓期执行减为有期徒刑或者无期徒刑减为有期徒刑附加剥夺政治权利的,附加剥夺政治权利的刑期从徒刑、拘役执行完毕之日或者假释之日起计算、执行,剥夺政治权利的效力当然适用于主刑执行期间;④判处死刑、无期徒刑剥夺政治权利终身的,从主刑执行之日起开始执行剥夺政治权利。

3. 没收财产

没收财产,是将犯罪人个人所有财产的一部分或者全部强制无偿地收归国有的一种刑罚方法。

根据刑法第59条、60条的规定,没收财产是没收犯罪分子个人所有财产的一部或者全部。没收全部财产的,应当对犯罪分子个人及其扶养的家属保留必需的生活费用。在判处没收财产的时候,不得没收属于犯罪分子家属所有或者应有的财产。没收财产以前犯罪分子所负的正当债务,需要以没收的财产偿还的,经债权人请求,应当偿还。

4. 驱逐出境

驱逐出境,是强迫犯罪的外国人离开中国国(边)境的一种刑罚方法。

根据刑法第35条的规定,对于犯罪的外国人,可以独立适用或者附加适用驱逐出境。

(三)非刑罚处理方法

1. 非刑罚处理方法的概念

非刑罚处理方法就是对犯罪分子所适用的刑罚之外的处理方法。具体而言,非刑罚处理方法,是对于被免除刑罚处罚的犯罪人所适用的刑罚以外的实体性处罚方法。

2. 非刑罚处理方法的种类

刑法第 37 条规定:"对于犯罪情节轻微不需要判处刑罚的,可以免予刑事处罚,但是可以根据案件的不同情况,予以训诫或者责令具结悔过、赔礼道歉、赔偿损失,或者由主管部门予以行政处罚或者行政处分。"本条所规定的非刑罚处理方法指的是教育或行政制裁措施,它包括以下六种:

(1)训诫。它是对犯罪人予以批评或者谴责,责令其改正的一种非刑罚处理方法。

(2)责令具结悔过。它是责令犯罪人用书面方式保证悔改的一种非刑罚处理方法。

(3)责令赔礼道歉。它是责令犯罪人向被害人承认错误、表示歉意的一种非刑罚处理方法。

(4)责令赔偿损失。它是根据犯罪行为对被害人造成的经济损失情况,责令犯罪人给予被害人一定经济赔偿的一种非刑罚处理方法。

(5)由主管部门予以行政处罚。这是指司法机关建议主管部门对犯罪人予以行政处罚,如罚款、行政拘留等。

(6)由主管部门予以行政处分。这是指司法机关建议主管部门对犯罪人予以行政处分,如记过、开除等。

以上刑法第 37 条规定的非刑罚处理方法的适用应具备三个条件:第一,行为人必须构成犯罪。第二,犯罪分子被免予刑事处罚。第三,根据案件的情况又需要给予恰当的处理,并不是对所有由于犯罪情节轻微而免予刑事处罚的犯罪人都应适用非刑罚处理方法。

▶ (四)从业禁止

1. 从业禁止的概念和性质

(1)从业禁止的概念。刑法修正案(九)第 1 条增设刑法第 37 条之一,规定了从业禁止。从业禁止,是指人民法院对于实施特定犯罪的人,依法禁止其在一定期限内从事相关职业以预防其再次犯罪的预防性措施。

(2)从业禁止的性质。从业禁止并非新的刑罚种类,而是刑罚执行完毕或假释之后的预防性措施,目的在于防止犯罪分子利用职业和职务之便再次进行犯罪。

2. 从业禁止的适用

(1)从业禁止的适用对象。根据刑法第 37 条之一第 1 款的规定,从业禁止应当适用于因利用职业便利实施犯罪,或者实施违背职业要求的特定义务的犯罪而被判处刑罚的人。具体而言,从业禁止的适用对象分为两种情况:一是因利用职业便利实施犯罪被判处刑罚的人;二是实施违背职业要求的特定义务的犯罪被判处刑罚的人。"利用职业便利实施犯罪",是指利用从事该职业所拥有的管理、经手,或所形成的权力、地位等便利条件实施犯罪;"实施违背职业要求的特定义务的犯罪",是指违背某些特定行业、领域有关特定义务的要求,违背职业道德、职业信誉所实施的犯罪。"判处刑罚",包括判处主刑和附加刑。这两类人所实施的犯罪与职业便利或职业要求的特定义务相关,适用从业禁止可预防其未来利用职业和职务之便再次犯罪,除此之外的实施其他犯罪被判处刑罚的人,不能适用从业禁止。虽构成犯罪,但依据刑法第 37 条规定免予刑事处罚的,不得适用从业禁止。

(2)从业禁止的适用程序。根据刑法第 37 条之一第 1 款的规定,人民法院可以根据犯罪情况和预防再犯罪的需要,对犯罪分子决定适用从业禁止。人民法院对于应利用职业便利实施犯罪,或者实施违背职业要求的特定义务的犯罪而被判处刑罚的人,并非一律适用从业禁止,而应根据犯罪情况和预防再犯罪的需要,具体决定是否适用。"根据犯罪情况和预防再犯罪的需要",是指根据犯罪性质、犯罪情节、社会危害程度、造成的社会影响、犯罪分子的主观恶性以及犯罪分子的人身危险性等内容进行综合判断。

(3)从业禁止的期限。根据刑法第37条之一第1款的规定,从业禁止的期限为3年至5年,起算时间为刑罚执行完毕或者假释之日。

(4)违反从业禁止的法律后果。根据刑法第37条之一第2款的规定,被禁止从事相关职业的人违反从业禁止的规定,由公安机关依法给予处罚;情节严重的,依照刑法第313条,即拒不执行判决罪的规定定罪处罚。

(5)从业禁止的适用例外。根据刑法第37条之一第3款的规定,对于其他法律、行政法规对犯罪分子所从事的相关职业另有禁止或者限制性规定的,从其规定,不再适用本条所规定的从业禁止。如《中华人民共和国公务员法》第24条、《中华人民共和国教师法》第14条、《中华人民共和国道路交通安全法》第101条等,我国有二十余部法律、行政法规中均规定有对受过刑事处罚人员的资格禁止或者限制,对该类人群不再适用刑法第37条之一的从业禁止。

根据2015年10月29日《最高人民法院关于〈中华人民共和国刑法修正案(九)〉时间效力问题的解释》第1条的规定,对于2015年10月31日以前因利用职业便利实施犯罪,或者实施违背职业要求的特定义务的犯罪的,不适用修正后刑法第37条之一第1款的规定。其他法律、行政法规另有规定的,从其规定。

四、刑罚裁量制度

(一)刑法裁量概述

1. 刑法裁量的概念和内容

刑法裁量,又称量刑,是指人民法院在认定行为人构成犯罪的基础上,依照刑事法律确定对犯罪人是否判处刑罚、判处何种刑罚以及判处多重刑罚,并决定所判刑罚是否立即执行的刑事审判活动。量刑的内容主要有以下几个方面:

(1)决定是否对犯罪人判处刑罚。量刑是以行为人有罪为基础,但有罪并不一定要判处刑罚。因为我国刑法规定有可以或者应当免除刑罚处罚的情节,所以量刑首先要解决的问题是决定是否对犯罪人判处刑罚。

(2)决定对犯罪人判处何种刑罚和多重的刑罚。在决定对犯罪人应判处刑罚处罚后,就要根据犯罪人行为的性质、情节等,决定对犯罪人应判处何种主刑及其轻重程度,以及是否判处附加刑及其轻重程度。

(3)决定对犯罪人所判处的刑罚是否立即执行。依照我国刑法的规定,对犯罪人所判处的刑罚在发生法律效力后绝大多数都应当立即交付执行。但由于我国刑法同时又规定了缓刑制度,在符合法定条件下,所判处的刑罚可以暂缓交付执行。所以对犯罪人所判处的刑罚是否立即执行也成为量刑的内容之一。

除上述量刑的典型内容外,在犯罪人一人犯数罪的情况下,还要根据我国刑法关于数罪并罚的规定,决定对犯罪人数罪所执行的刑罚。

2. 刑罚裁量的原则

刑罚裁量的原则(又称量刑原则),是指人民法院在对犯罪人进行量刑时所必须遵循的基本准则。刑法第61条规定:"对于犯罪分子决定刑罚的时候,应当根据犯罪的事实、犯罪的性质、情节和对于社会的危害程度,依照本法的有关规定判处。"据此,我国刑法中的量刑原则可以概括为以犯罪事实为根据,以刑事法律为准绳。

(1)以犯罪事实为根据。犯罪事实是指客观存在的构成犯罪的一切实际情况的总和。以犯罪事实为根据,就是指必须要查清犯罪的主客观方面等一系列要素,准确确定犯罪性质,全面掌握犯罪情节,综合判断犯罪的社会危害程度。

(2)以刑事法律为准绳。刑事法律是指包括刑法典在内的一切刑事法律规范。以刑事法律为准绳,就是指必须依照刑事法律的规定正确适用各种刑罚方法,必须依照刑事法律规定的量刑制度和量刑情节等裁量刑罚。

3. 刑罚裁量的情节

刑罚裁量情节,又称量刑情节,是指犯罪构成事实之外的、对犯罪的社会危害程度和犯罪人的人身危险性具有影响作用,人民法院在对犯罪人量刑时需要考虑的、据以决定量刑轻重或者免除刑罚处罚的各种事实情况。

以刑法有无就量刑情节及其功能做出明文规定为标准,量刑情节可分为法定量刑情节和酌定量刑情节。

(1)法定量刑情节。法定量刑情节,简称法定情节,是指刑法明文规定的在量刑时必须要予以考虑的各种事实情况。法定情节有从重、从轻、减轻和免除处罚四种。根据刑法第62条的规定:"犯罪分子具有本法规定的从重处罚、从轻处罚情节的,应当在法定刑的限度以内判处刑罚。"根据刑法第63条的规定:"犯罪分子具有本法规定的减轻处罚情节的,应当在法定刑以下判处刑罚;犯罪分子虽然不具有本法规定的减轻处罚情节,但是根据案件的特殊情况,经最高人民法院核准,也可以在法定刑以下判处刑罚。"根据刑法第37条的规定,免除处罚是对犯罪分子做有罪宣告,但免除其刑罚处罚。

(2)酌定量刑情节。酌定量刑情节,简称酌定情节,是指刑法没有明文规定的,人民法院从审判经验中总结出来的,在刑罚裁量过程中应酌情考虑的各种事实情况。根据我国的刑事司法实践经验,酌定情节主要包括犯罪的手段、犯罪的目的与动机、犯罪的时间、犯罪的地点、犯罪的对象、犯罪造成的危害结果、犯罪人的一贯表现、犯罪后的态度,等等。

➤ (二)累犯制度

1. 累犯的概念

所谓累犯,是因犯罪而受过一定的刑罚处罚,刑罚执行完毕或者赦免以后,在法定期限内又犯一定之罪的犯罪人。

累犯与再犯不同。一般意义上,所谓再犯,是指再次犯罪的人,也即两次或两次以上实施犯罪的人。就再犯而言,后犯之罪在实施的时间上并无限制,既可以是在前罪刑罚执行期间实施的,也可以是在刑满释放之后实施。累犯与再犯的相同之处主要表现为:都是两次或两次以上实施了犯罪行为。累犯与再犯的区别,主要表现为:①累犯前罪与后罪必须是故意的犯罪;而再犯前后罪没有此种限制。②累犯必须以前罪受过一定的刑罚和后罪应受一定的刑罚处罚为成立条件;而再犯,并不要求前后两罪必须被判处一定刑罚。③累犯所犯后罪,必须是在前罪刑罚执行完毕或赦免以后的法定期限内实施;而再犯的前后两罪之间并无时间方面的限制。

2. 累犯的构成条件

我国刑法规定的累犯,可分为一般累犯、特别累犯两类。其中,一般累犯,也称普通累犯,是指因犯罪受过一定的刑罚处罚,刑罚执行完毕或者赦免以后,在法定期限内又犯一定之罪的犯罪分子。特别累犯,是指曾犯一定之罪,刑罚执行完毕或者赦免以后,又再犯此一定之罪的犯罪分子。即除犯某种特定罪者外,犯其他罪不构成特别累犯。

1)**普通累犯的构成条件**

(1)必须年满18周岁,这是构成累犯的主体条件。

(2)前罪与后罪都是故意犯罪,此为构成累犯的主观条件。

(3)前罪被判处有期徒刑以上刑罚,后罪应当被判处有期徒刑以上刑罚,这是构成累犯的刑度条件。

(4)后罪发生在前罪的刑罚执行完毕或者赦免以后5年之内,这是构成累犯的时间条件。这里的"刑罚执行完毕",法律没有明文规定,一般认为是指主刑执行完毕,不包括附加刑在内。主刑执行完毕以后5年内又犯罪的,即使附加刑还未执行完毕,也可以构成累犯。

2)**特别累犯的构成条件**

(1)前罪和后罪必须均为危害国家安全罪、恐怖活动犯罪、黑社会性质的组织犯罪。

(2)前罪被判处的刑罚和后罪应判处的刑罚的种类及其轻重不受限制。即使前后两罪或者其中一罪判处管制、拘役甚至单处附加刑,也不影响特别累犯的构成。

(3)后罪可以发生在前罪刑罚执行完毕或者赦免后的任何时候,不受两罪相隔时间长短的限制。

3. 累犯的处罚

根据刑法第65条的规定,对累犯应当从重处罚。

对累犯裁量刑罚,确定其应当承担的刑事责任时,应注意把握以下几个方面的问题:

(1)对于累犯必须根据一定的标准从重处罚。即无论具备一般累犯的构成条件者,还是具备特别累犯的构成条件者,都必须对其在法定刑的限度以内,判处相对较重的刑罚,即适用较重的刑种或较长的刑期。

(2)对累犯"应当"从重处罚,而不是"可以"从重处罚。"可以"是选择性规范,即适用者可以选择从重,也可以不选择从重。"应当"从重则是命令性规范,法官没有灵活选择的余地。即凡是符合累犯条件而构成累犯的,审判人员就必须对犯罪人在法定刑的幅度内处以较重的刑罚,否则就有悖于罪刑相适应的刑法原则。

(3)对于累犯不适用缓刑,这是刑法第74条明确规定的;另外,对累犯不得假释,这是刑法第81条第2款规定的。因为缓刑和假释的适用,都要求以犯罪人不致再危害社会为条件,而累犯则属于屡教不改,具有较大人身危险性的人。对累犯适用缓刑和假释,不利于对累犯的教育、改造,起不到预防犯罪的刑罚目的,更不能保证社会的安全。

▶ **(三)自首制度**

1. 自首的概念及成立条件

自首,是指犯罪以后自动投案,如实供述自己罪行的行为,或者被采取强制措施的犯罪嫌疑人、被告人和正在服刑的罪犯,如实供述司法机关还未掌握的本人其他罪行的行为。

我国刑法设置的自首制度及其所确立的对自首犯从宽处罚的原则,对分化瓦解犯罪势力,迅速侦破刑事案件,感召犯罪分子主动投案,激励犯罪分子改过自新,减少社会不安定因素,及时打击和预防犯罪起着积极的作用。

根据刑法第67条规定,自首分为一般自首和特别自首两种。一般自首是指犯罪分子犯罪以后自动投案,如实供述自己罪行的行为。特别自首,亦称准自首,是指被采取强制措施的犯罪嫌疑人、被告人和正在服刑的罪犯,如实供述司法机关还未掌握的本人其他罪行的行为。

1)**一般自首的成立条件**

(1)自动投案。所谓自动投案,是指犯罪分子于犯罪之后,被动归案之前,自行投于有关机关或个人,承认自己实施了犯罪,并自愿置于所投机关或个人的控制之下,等候交代犯罪事实,并最终接受国家的审理和裁判的行为。

第一,自动投案须发生在尚未归案之前。所谓尚未归案,是对自动投案的时间限定。投案行为通常实行于犯罪分子犯罪之后,犯罪事实未被司法机关发觉以前;或者犯罪事实虽然已被司法机关发觉,但犯罪人尚未被查获以前;或者犯罪事实和犯罪分子均已被发觉,而司法机关尚未对犯罪分子进行讯问或者采取强制措施以前。

另外,犯罪分子的罪行尚未被司法机关发觉,仅因形迹可疑被有关组织查询、教育后,自动投案;或者犯罪分子因病、因伤或为了减轻犯罪后果,委托他人代为投案;或者先以信件、电报、电话投案;犯罪分子在犯罪后,在被通缉、追捕的过程中,自动投案;经查实犯罪分子确已准备去投案,或者正在去投案的途中,被公安机关逮捕的,也应视为自动投案。至于犯罪后被群众扭送归案的,或被公安机关逮捕归案的,或者在追捕过程中走投无路当场被捕的,或者经司法机关传讯、采用强制措施被动归案的,均不能认为是自动投案。

第二,自动投案必须是基于犯罪分子本人的自愿意志。也就是说,犯罪分子的归案,并不是由违背犯罪分子本意的原因所造成的。自动投案的动机是多种多样的,有的出于真诚悔罪,有的为了争取宽大处理,有的经亲友规劝而醒悟,有的慑于法律的威严,有的潜逃在外生活无着,等等。这些动机都不影响归案行为的自动性。至于司法实践中经常出现的送子女或亲友归案的情形,一般并非出于犯罪分子的主动,而是经家长、亲友规劝、陪同投案的。无论是公安机关通知犯罪分子的家长后,或者家长、监护人主动报案后,犯罪分子被送去归案的,只要犯罪人后来如实供述了自己的罪行,一般也应按自首处理。

第三,自行投于有关机关或个人。自动投案,通常是指向有关机关投案。这些机关首先是指对犯罪负有侦查、起诉、审判职能的公安机关、人民检察院和人民法院及其派出单位,如街道派出所、基层人民法庭等。其次是指公、检、法以外的其他国家机关以及犯罪人所属的国家机关、国有公司、企业、事业单位、人民团体的保卫部门或乡、村政府及其治保组织。犯罪人投案的机关,未必是对其犯罪具有刑事管辖权的机关或与自己有关的机关、单位、组织等。

犯罪分子犯罪后,也可以向某些个人投案。也就是说,犯罪分子于犯罪之后,投于肯定会把自己的犯罪事实告知司法机关及其他机关、单位的人,也应属于自动投案。这些"个人"主要是指非在执行职务之中的司法机关及其他国家机关、企业事业单位的国家工作人员。如果是向正在依法执行职务的国家工作人员投案,则属于向其所属的机关、单位投案。此外,接受投案的"个人"也可以指某些非国家工作人员,如村主任、治保主任等。

犯罪人投案于有关机关或个人,并不限于必须到有关机关去或者直接投向有关个人。犯罪分子因病、因伤委托他人代为投案,或者先以信件、电报、电话投案的,也应允许。

(2)如实供述自己的罪行。犯罪分子自动投案以后,只有如实供述自己的罪行,才能足以证明其具有真诚悔罪的表现。所以,能否如实供述自己的罪行是自首成立的一个重要条件。

第一,投案人所供述的必须是犯罪的事实,也即客观存在的犯罪的一切实际情况的总和。

第二,犯罪人自动投案之后交代的犯罪事实,指的是主要犯罪事实,而不是指犯罪的全部事实细节。所谓主要犯罪事实,也就是足以证明行为人的行为构成犯罪的基本事实。如果犯罪人在供述罪行的过程中推诿责任,保全自己,意图逃避制裁;大包大揽,庇护同伙,意图包揽罪责;歪曲罪质、隐瞒情节,企图蒙混过关;掩盖真相,避重就轻,试图减轻罪责等等,都不属于"如实供述自己的罪行",不能成立自首。当然,交代犯罪事实时,只要犯罪人对自己犯罪事实的认识和表述与客观存在的犯罪事实基本相一致就行,而并非要求完全一致。

第三,投案人所交代的必须是自己实施或支配他人实施并应由自己承担刑事责任的罪行。这些犯罪事实既可以是投案人单独实施的,也可以是投案人和他人共同实施的;既可以是一罪,也可以是数罪。如果交代的是自己耳闻目睹的他人罪行,那么属于检举揭发或立功,而不是自首。

此外,犯罪人供述自己罪行的方式是多种多样的,可以是口头的,也可以是书面的;可以是直接的,也可以是间接的。

另外,2011年《中华人民共和国刑法修正案(八)》新增加规定:"犯罪嫌疑人虽不具有前两款规定的自首情节,但是如实供述自己罪行的,可以从轻处罚;因其如实供述自己罪行,避免特别严重后果发生的,可以减轻处罚。"

2)特别自首的成立条件

根据刑法第67条第2款的规定,特别自首的成立条件包括以下几个方面。

(1)特别自首的主体必须是被采取强制措施的犯罪嫌疑人、被告人和正在服刑的罪犯。

(2)必须如实供述司法机关还未掌握的本人其他罪行。这有两方面的内容:一是所供述的必须是本人已经实施但司法机关还不知道、不了解或尚未掌握的犯罪事实;二是被采取强制措施的犯罪嫌疑人、被告人和正在服刑的罪犯所供述的罪行在犯罪性质或者罪名上与司法机关已经掌握的罪行不同。

2. 自首的认定

1)共同犯罪自首的认定

共同犯罪人自首时所应供述的自己罪行的范围,必须与其在共同犯罪中所起的作用和具体分工相适应。

(1)主犯应供述的罪行范围。主犯中的首要分子必须供述的罪行,应包括其组织、策划、指挥下的全部罪行;其他主犯必须供述的罪行,应包括其在首要分子的组织、策划、指挥的支配下,单独实施的共同犯罪的罪行以及与其他共同犯罪人共同实施的犯罪行为。

(2)从犯应供述的罪行。从犯中次要的实行犯必须供述的罪行,应包括犯罪分子自己实施的犯罪,以及与自己共同实施犯罪的主犯和胁从犯的犯罪行为;从犯中的帮助犯必须供述的罪行,包括自己实施的犯罪帮助行为,以及自己所帮助的实行犯的犯罪行为。

(3)胁从犯应供述的罪行范围。其包括自己在被胁迫下实施的犯罪,以及其所知道的胁迫自己犯罪的胁迫人所实施的罪行。

(4)教唆犯应供述的罪行范围。其包括自己的教唆行为,以及所了解的被教唆人产生犯罪意图之后实施的犯罪行为。

2)数罪自首的认定

正确认定数罪的自首,关键在于判断犯罪人是否如实地供述了所犯数罪并分别不同情况予以处理。

(1)就一般自首而言,对于犯罪人自动投案后如实地供述所犯全部数罪的,应认定为全案均成立自首。对于犯罪人自动投案后仅如实供述所犯全部数罪的一部分,而未供述其中所犯各罪的全部罪行的,应当分别予以处理:若行为人所犯数罪为异种数罪的,其所供述的犯罪成立自首,其未交代的犯罪则不成立自首,即其自首的效力仅及于如实供述之罪。若行为人的行为所犯数罪为同种数罪,则应根据犯罪人供述犯罪的程度,决定自首成立的范围。其中,行为人所供述的犯罪与未供述的犯罪在性质、情节、社会危害程度等方面大致相当的,只应认定所供述之罪成立自首,未供述之罪不成立自首,即自首的效力同样仅及于如实供述之罪。犯罪人确实由于主客观方面的原因,只如实供述了所犯数罪中的主要或基本罪行,应认定为全案成立自首,即自首的效力及于所犯全部罪行。

(2)就特别自首而言,被司法机关依法采取强制措施的犯罪嫌疑人、被告人,如实供述司法机关还未掌握的本人非同种罪行的;或者正在服刑的罪犯,如实供述判决宣告前发生、判决确定的罪行以外的司法机关还未掌握的同种罪行或者非同种罪行的,以自首论。

3. 自首与坦白的异同

所谓坦白,是指犯罪分子被动归案之后,自己如实交代所被指控的犯罪事实,并接受国家审查和裁判的行为。因此,自首和坦白均属于犯罪人犯罪后对自己所犯罪行的态度范畴。

自首与坦白存在相同之处:都以实施了犯罪行为为前提,都是在归案后如实供述自己的罪行,都是从宽处罚情节。一般自首与坦白的区别关键在于是否自动投案:一般自首是犯罪人自动投案后如实供述自己的罪行,坦白是被动归案后如实供述自己的罪行。特别自首与坦白的区别关键在于是否如实供述司法机关尚未掌握的本人其他罪行:如实供述司法机关尚未掌握的本人其他罪行的,是自首;如实供述司法机关已经掌握的本人其他罪行的,是坦白。坦白原为酌定从宽处罚情节,《中华人民共和国刑法修正案(八)》增设了第67条第3款,使坦白成为法定量刑情节。

4. 自首犯的处罚

刑法第67条第1款规定,对于自首的犯罪分子,可以从轻或者减轻处罚。其中,犯罪较轻的,可以免除处罚。

▶(四)坦白

1. 坦白的概念与构成条件

坦白,是指犯罪分子虽不具有自首情节,但是如实供述自己罪行的行为。根据我国刑法第67条第3款的规定:犯罪嫌疑人虽不具有前两款规定的自首情节,但是如实供述自己罪行的,可以从轻处罚;因如实供述自己罪行,避免特别严重后果发生的,可以减轻处罚。成立坦白应当符合以下构成条件。

1)**主体为犯罪嫌疑人**

刑法第67条第3款规定的坦白的主体是"犯罪嫌疑人",有别于该条第1款规定的一般自首的主体"犯罪分子"和该条第 2 款规定的特别自首的主体"被采取强制措施的犯罪嫌疑人、被告人和正在服刑的罪犯"。据此,理解坦白的主体,应当注意:①作为坦白主体的犯罪嫌疑人,是处于刑事诉讼的侦查和提起公诉(审查起诉)阶段的犯罪嫌疑人,不包括立案阶段的犯罪嫌疑人和审判阶段的被告人。②作为坦白主体的犯罪嫌疑人,包括被采取强制措施的犯罪嫌疑人,但不限于被采取强制措施的犯罪嫌疑人,即未被采取强制措施的犯罪嫌疑人,如经传唤受到讯问的犯罪嫌疑人,因正在实行犯罪或者在犯罪后即时被发觉而被公民扭送到案的犯罪嫌疑人,也可以成为坦白的主体。

2) 前提为不具有法定的自首情节

由于自首与坦白是主旨相同、彼此衔接、构成近似、处罚有别的刑罚裁量制度,在具体的司法判断中极易出现两者界限较难厘清,从而可能导致刑事责任确定失当、从宽处罚适用失衡的后果,所以刑法立法确定了自首优先规则(包括判断优先、适用优先),即针对同一犯罪事实在具备成立自首的条件下,排斥坦白的成立。其中的关键是厘定自首与坦白的界限。具体而言,坦白与一般自首的区别,前者是被动归案,后者为自动投案;坦白与特别自首的区别,前者为如实供述司法机关已经掌握的自己罪行即同种罪行,后者为如实供述司法机关还未掌握的本人其他罪行即不同种罪行。此外,前述主体所处的刑事诉讼阶段等情形,也是判断是否成立坦白需要考虑的因素。

3) 犯罪嫌疑人如实供述自己罪行

犯罪嫌疑人如实供述自己罪行,是指犯罪嫌疑人对司法机关指控的特定罪行做如实供述。其标准形式为:司法机关指控犯罪嫌疑人犯某罪(即构成特定罪名的特定犯罪事实),犯罪嫌疑人针对所指控的构成特定罪名的特定犯罪事实做如实供述。例如司法机关指控犯罪嫌疑人犯故意伤害罪(故意伤害甲某)或者犯盗窃罪(盗窃乙某人民币 1 万元),该犯罪嫌疑人如实供述故意伤害甲某或者盗窃乙某人民币 1 万元的犯罪事实。但是成立坦白的行为,并不仅限于对司法机关所指控的构成特定罪名的特定犯罪事实做如实供述,参照有关司法解释,成立坦白的行为还包括:①司法机关掌握部分犯罪事实,犯罪分子交代了同种其他犯罪事实的;司法机关仅掌握小部分犯罪事实,犯罪分子交代了大部分未被掌握的同种犯罪事实的。②司法机关掌握的证据不充分,犯罪分子如实交代有助于收集定案证据的,如实交代对于定案证据的收集有重要作用的。此外,我们认为,如实供述自己的罪行,是指犯罪嫌疑人到案后,如实交代自己的主要犯罪事实。犯有数罪的犯罪嫌疑人仅如实供述部分犯罪的,只对如实供述部分犯罪的行为,认定为坦白。共同犯罪案件的犯罪嫌疑人,除如实供述自己的罪行,还应当供述所了解的同案犯的情况和共同犯罪事实。犯罪嫌疑人如实供述自己罪行后又翻供的,不能认定为坦白,但在一审判决前又能如实供述的,应当认定为坦白。

总之,主体的特定性,前提的非主动性和非自愿性,如实供述的具体性和供述罪名的同质性,是成立坦白必须具备的条件。

2. 坦白的法律后果

我国刑法第 67 条第 3 款规定:"犯罪嫌疑人虽不具有前两款规定的自首情节,但是如实供述自己罪行的,可以从轻处罚;因其如实供述自己罪行,避免特别严重后果发生的,可以减轻处罚。"这是对坦白的犯罪分子可以从宽处罚的规定。这里的从宽,是"可以"从轻、减轻处罚,对如实供述了自己罪行,但犯罪情节确实恶劣的犯罪分子,也可以不从轻、减轻处罚。

根据2011年4月25日《最高人民法院关于〈中华人民共和国刑法修正案(八)〉时间效力问题的解释》第4条,2011年4月30日以前犯罪,虽不具有自首情节,但是如实供述自己罪行的,适用修正后刑法第67条第3款的规定。

▶(五)立功

1. 立功的概念

立功,是指犯罪分子揭发他人犯罪行为,经查证属实,或者提供重要线索,从而得以侦破其他案件等具有协助司法机关工作的属性,或者对国家、社会有利的行为。

2. 立功的种类及表现形式

依据刑法第68条的规定,我国刑法中的立功分为一般立功和重大立功两种。

1) 一般立功

根据1998年4月17日《最高人民法院关于处理自首和立功具体应用法律若干问题的解释》第5条和第6条的规定:犯罪分子检举、揭发他人犯罪行为,包括共同犯罪案件中的犯罪分子揭发同案犯共同犯罪以外的其他犯罪,经查证属实;提供侦破其他案件的重要线索,经查证属实;阻止他人犯罪活动;协助司法机关抓捕其他犯罪嫌疑人(包括同案犯),具有其他有利于国家和社会的突出表现的,应当认定为有立功表现。这是一般立功的表现形式。共同犯罪案件中的犯罪分子到案后,揭发同案犯共同犯罪事实的,可以酌情予以从轻处罚。

2) 重大立功

根据1998年4月17日《最高人民法院关于处理自首和立功具体应用法律若干问题的解释》第7条的规定:犯罪分子检举、揭发他人重大犯罪行为,经查证属实;提供侦破其他重大案件的重要线索,经查证属实;阻止他人重大犯罪活动;协助司法机关抓捕其他重大犯罪嫌疑人(包括同案犯);对国家和社会有其他重大贡献等表现的,应当认定为有重大立功表现。前述所称"重大犯罪""重大案件""重大犯罪嫌疑人"的标准,一般是指犯罪嫌疑人、被告人可能被判处无期徒刑以上刑罚或者案件在本省、自治区、直辖市或者全国范围内有较大影响等情形。

确定犯罪分子的行为是否构成立功,除立功表现形式外,还应特别注意的问题是,根据1997年9月25日《最高人民法院关于适用刑法时间效力规定若干问题的解释》第5条的规定,1997年9月30日以前犯罪的犯罪分子,有揭发他人犯罪行为,或者提供重要线索,从而得以侦破其他案件等立功表现的,适用刑法第68条的规定。

3. 立功的认定

立功的认定,需要注意以下问题。

1) 关于立功线索来源的具体认定

根据2010年12月22日《最高人民法院关于处理自首和立功若干具体问题的意见》,犯罪分子通过贿买、暴力、胁迫等非法手段,或者被羁押期间与律师、亲友会见过程中违反监管规定,获取他人犯罪线索并"检举揭发"的,不能认定为有立功表现。犯罪分子将本人以往查办犯罪职务活动中掌握的,或者从负有查办犯罪、监管职责的国家工作人员处获取的他人犯罪线索予以检举揭发的,不能认定为有立功表现。犯罪分子亲友为使犯罪分子"立功",向司法机关提供他人犯罪线索、协助抓捕犯罪嫌疑人的,不能认定为犯罪分子有立功表现。

2) 关于"协助抓捕其他犯罪嫌疑人"的具体认定

根据2010年12月22日《最高人民法院关于处理自首和立功若干具体问题的意见》,犯罪分子具有下列行为之一,使司法机关抓获其他犯罪嫌疑人的,属于1998年4月17日《最高人民法院关于处理自首和立功具体应用法律若干问题的解释》第5条规定的"协助司法机关抓捕其他犯罪嫌疑人":①按照司法机关的安排,以打电话、发信息等方式将其他犯罪嫌疑人(包括同案犯)约至指定地点的;②按照司法机关的安排,当场指认、辨认其他犯罪嫌疑人(包括同案犯)的;③带领侦查人员抓获其他犯罪嫌疑人(包括同案犯)的;④提供司法机关尚未掌握的其他案件犯罪嫌疑人的联络方式、藏匿地址的,等等。犯罪分子提供同案犯姓名、住址、体貌特征等基本情况,或者提供犯罪前、犯罪中掌握、使用的同案犯联络方式、藏匿地址,司法机关据此抓捕同案犯的,不能认定为协助司法机关抓捕同案犯。

4. 立功的法律后果

根据我国刑法第68条的规定,对于立功犯应分别依照不同情况予以从宽处罚:①犯罪分子有一般立功表现的,可以从轻或者减轻处罚。②犯罪分子有重大立功表现的,可以减轻或者免除处罚。

要注意的是,刑法修正案(八)删去第68条第2款"犯罪后自首又有重大立功表现的,应当减轻或者免除处罚"之规定,但根据2011年4月20日《最高人民法院关于〈中华人民共和国刑法修正案(八)〉时间效力问题的解释》第5条,2011年4月30日以前犯罪,犯罪后自首又有重大立功表现的,适用修正前刑法第68条第2款的规定,即应当减轻或者免除处罚。

▶(六)数罪并罚制度

1. 数罪并罚的概念

数罪并罚是指对犯两个以上罪行的犯人,就所犯各罪分别定罪量刑后,按一定原则判决宣告执行的刑罚。数罪,指一人犯几个罪。各国刑事立法规定构成数罪的时间界限有所不同:有的规定发生在判决宣告以前,有的规定在刑罚执行完毕以前。中国刑法规定,在判决宣告以前犯几个罪的是数罪,但判决宣告以后,刑罚尚未执行完毕以前又犯新罪的,也是数罪,应按数罪并罚的规定处罚。

2. 数罪并罚的原则

所谓数罪并罚的原则,是指对一人所犯数罪合并处罚应依据的规则。纵观古今中外的刑事立法例,各国所采用的数罪并罚原则,主要可归纳为如下四种:①并罚原则,亦称相加原则、累加原则或合并原则等,是指将一人所犯数罪分别宣告的各罪刑罚绝对相加、合并执行的合并处罚规则。②吸收原则,是指对一人所犯数罪采用重罪吸收轻罪或者重罪刑吸收轻罪刑的合并处罚规则。换言之,它是由一人所犯数罪中法定刑最重的罪吸收其他较轻的罪,或者由最重宣告刑吸收其他较轻的宣告刑,仅以最重罪的宣告刑或者已宣告的最重刑罚作为执行刑罚的合并处罚规则。③限制加重原则,亦称限制并科原则,是指以一人所犯数罪中应当判处或已判处的最重刑罚为基础,再在一定限度之内对其予以加重作为执行刑罚的合并处罚规则。④折中原则,亦称混合原则,是指对一人所犯数罪的合并处罚不单纯采用并科原则、吸收原则或限制加重原则,而是根据法定的刑罚性质及特点兼采并科原则、吸收原则或限制加重原则,以分别适用于不同刑种和宣告刑结构的合并处罚规则。换言之,它是指以上述一种原则为主、他种原则为辅,将其分别适用于不同刑种或刑罚结构的数罪合并处罚方法。鉴于上述三种原则各有得失、难以概全,目前除极少数国家单纯采用某一种原则外,世界上绝大多数国家采用折中的原则。这种综合兼采多种原则的做法,能够使上述各原则得以合理取舍、扬长避短、趋利除弊、互为补充、便于适用,综合发挥统一的最优化功能。

刑法第 69 条的规定,亦确立了以限制加重原则为主,以吸收原则和并科原则为补充的折中原则。刑法第 69 条规定:"判决宣告前一人犯数罪的,除判处死刑和无期徒刑的以外,应当在总和刑期以下、数刑中最高刑期以上,酌情决定执行的刑期,但是管制最高不能超过 3 年,拘役最高不能超过 1 年,有期徒刑总和刑期不满 35 年的,最高不能超过 20 年,总和刑期在 35 年以上的,最高不能超过 25 年。"

我国刑法采用的数罪并罚原则,全面兼采各种数罪并罚原则,包括吸收原则、限制加重原则、并科原则,且所采用的各种原则均无普遍适用效力,每一原则仅适用于特定的刑种。即依据刑法典的规定,吸收原则只适用于死刑和无期徒刑;限制加重原则只适用于有期徒刑、拘役和管制三种有期自由刑;并科原则只适用于附加刑。但其中,限制加重原则居于主导地位,吸收原则和并科原则处于辅助或次要地位。我国数罪并罚原则的这一特点,是由我国刑罚体系的特点和各个刑种的实际适用状况或程度所决定的。

根据刑法第 69 条规定,折中原则中所包含的吸收原则、限制加重原则和并科原则的具体适用范围及基本适用规则如下:

(1)判决宣告的数个主刑中有数个死刑或最重刑为死刑的,采用吸收原则,仅应决定执行一个死刑,而不得决定执行二个以上的死刑或其他主刑。

(2)判决宣告的数个主刑中有数个无期徒刑或最重刑为无期徒刑的,采用吸收原则,只应决定执行一个无期徒刑,而不得决定执行两个以上的无期徒刑,或者将两个以上的无期徒刑合并升格执行死刑,或者决定执行其他主刑。

(3)判决宣告的数个主刑为同种有期自由刑即有期徒刑、拘役、管制的,采取限制加重原则合并处罚。根据刑法第 69 条规定,具体的限制加重规则为以下四种:

①判决宣告的数个主刑均为有期徒刑的,应当在总和刑期以下,数刑中最高刑期以上,酌情决定执行的刑期;有期徒刑总和刑期不满 35 年的,最高不能超过 20 年,总和刑期在 35 年以上的,最高不能超过 25 年。

②判决宣告的数个主刑均为拘役的,应当在总和刑期以下,数刑中最高刑期以上,酌情决定执行的刑期;但是最高不能超过 1 年。

③判决宣告的数个主刑均为管制的,应当在总和刑期以下,数刑中最高刑期以上,酌情决定执行的刑期;但是最高不能超过 3 年。

④数罪中有判处附加刑的,附加刑仍须执行,其中附加刑种类相同的,合并执行,种类不同的,分别执行。

(4)判决宣告的数个主刑为异种有期自由刑,即判处有期徒刑、拘役、管制中两种以上不同有期自由刑的,采取吸收原则或并科原则。具体而言,数罪中有判处有期徒刑和拘役的,采用吸收原则,执行有期徒刑;数罪中有判处有期徒刑和管制,或者拘役和管制的,有期徒刑、拘役执行完毕后,管制仍须执行,即采取并科原则。

3. 适用数罪并罚的几种情况

根据刑法第 69 条、第 70 条、第 71 条的规定,不同法律条件下适用数罪并罚原则的具体规则分为以下三种:

(1)判决宣告以前一人犯数罪的合并处罚规则。刑法第 69 条规定表明,我国刑法规定的数罪并罚原则及由此而决定的基本适用规则,是以判决宣告以前一人犯数罪的情形为标准确立的。因此,就基本内容而言,判决宣告以前一人犯数罪的合并处罚规则,与前述我国刑法中数罪并罚原则的基本适用规则完全一致,故不再赘述。

(2)刑罚执行期间发现漏罪的合并处罚规则。刑法第70条规定:"判决宣告以后,刑法执行完毕以前,发现被判刑的犯罪分子在判决宣告以前还有其他罪没有判决的,应当对新发现的罪作出判决,把前后两个判决所判处的刑罚,依照本法第69条的规定,决定执行的刑罚。已经执行的刑期,应当计算在新判决决定的刑期以内。"根据该条规定,对刑罚执行期间发现漏罪的合并处罚规则,依特点可概括为"先并后减"。

(3)刑罚执行期间又犯新罪的合并处罚规则。刑法第71条规定:"判决宣告以后,刑罚执行完毕以前,被判刑的犯罪分子又犯罪的,应当对新犯的罪作出判决,把前罪没有执行的刑罚和后罪所判处的刑罚,依照本法第69条的规定,决定执行的刑罚。"根据该条规定,对刑法执行期间又犯新罪的合并处罚规则,依特点可概括为"先减后并"。

▶(七)缓刑制度

1.缓刑的概念和种类

缓刑,是对所判刑罚附条件不执行的一种刑罚制度。我国刑法除规定了一般缓刑制度外,还规定了特殊缓刑即战时缓刑制度。

一般缓刑,是指人民法院对于被判处拘役、3年以下有期徒刑的犯罪分子,根据其犯罪情节和悔罪表现,认为暂缓执行原判刑罚,确实不致再危害社会的,规定一定的考验期,暂缓其刑罚的执行,若犯罪分子在考验期内没有发生法定撤销缓刑的情形,原判刑罚就不再执行的制度。缓刑不是刑种,而是刑罚具体运用的一种制度,是刑罚裁量制度的基本内容之一。判处刑罚是宣告缓刑的先决条件。脱离原判刑罚,缓刑便成了无本之木、无源之水,难以独立存在。易言之,若犯罪人未被判处拘役、有期徒刑,就不能判处缓刑。据此,缓刑的基本特征可概括为:判处刑罚,同时宣告暂缓执行,但又在一定时期内保持执行所判刑罚的可能性。

我国刑法除规定了一般缓刑制度外,还规定了特殊缓刑制度,即战时缓刑制度。刑法第449条规定的战时缓刑制度,是对我国刑法中一般缓刑制度的重要补充,它与一般缓刑制度共同构成了我国刑法中缓刑制度的整体。根据该条规定,我国刑法中的战时缓刑,是指在战时对于被判处3年以下有期徒刑没有现实危险的犯罪军人,暂缓其刑罚执行,允许其戴罪立功,确有立功表现时,可以撤销原判刑罚,不以犯罪论处的制度。战时缓刑与一般缓刑的适用条件、适用方法和法律后果均有所不同。

2.缓刑的适用条件

1)一般缓刑的适用条件

根据刑法第72条、第74条的规定,适用一般缓刑必须具备下列条件:

(1)犯罪分子被判处拘役或者3年以下有期徒刑的刑罚。缓刑的附条件不执行原判刑罚的特点,决定了缓刑的适用对象只能是罪行较轻的犯罪分子。而罪行的轻重是与犯罪人被判处的刑罚轻重相适应的。我国刑法典之所以将缓刑的适用对象规定为被判处拘役或3年以下有期徒刑的犯罪分子,就是因为这些犯罪分子的罪行较轻,社会危害性较小。

(2)同时具备如下条件:其一,犯罪情节较轻;其二,有悔罪表现;其三,没有再犯的风险;其四,宣告缓刑对所居住社区没有重大不良影响。

(3)犯罪分子不是累犯和犯罪集团的首要分子。累犯屡教不改、主观恶性较深,有再犯之虞,适用缓刑难以防止其再犯新罪。所以,即使累犯被判处拘役或3年以下有期徒刑,也不能适用缓刑。犯罪集团的首要分子具备较强的犯罪能力,主观恶性较强,适用缓刑将难以防范其重新犯罪,不适用缓刑。

2)战时缓刑的适用条件

根据刑法第449条的规定,适用战时缓刑应当遵守以下条件:

(1)适用的时间必须是在战时。所谓战时,依据刑法第451条的规定,是指国家宣布进入战争状态、部队受领作战任务或者遭敌突然袭击时;部队执行戒严任务或者处置突发性暴力事件时,以战时论。

(2)适用的对象只能是被判处3年以下有期徒刑的犯罪军人。

(3)适用战时缓刑的基本根据,是在战争条件下宣告缓刑没有现实危险。这是战时缓刑最关键的适用条件。

3. 缓刑的考验期限

缓刑考验期限,是指对被宣告缓刑的犯罪分子进行考察的一定期间。法院在宣告缓刑的同时,应当确定适当的考验期限。

刑法第73条规定:"拘役的缓刑考验期限为原判刑期以上一年以下,但是不能少于二个月。有期徒刑的缓刑考验期限为原判刑期以上五年以下,但是不能少于一年。"根据这一规定,在确定考验期限时应注意以下几点:

(1)缓刑考验期限的长短应以原判刑罚的长短为前提。可以等于或适当长于原判刑期,但以不超过原判刑期一倍为宜,也不能短于原判刑期。过长或过短都不能充分发挥缓刑的作用。

(2)在确定具体的缓刑考验期限时,应注意原则性与灵活性相结合,根据犯罪情节和犯罪分子个人的具体情况,在法律规定的范围内决定适当的考验期限。根据刑法第73条第3款的规定,缓刑的考验期限,从判决确定之日起计算。所谓"判决确定之日",即判决发生法律效力之日。判决以前先行羁押的日期,不能折抵缓刑考验期。

4. 缓刑考验期限内的考察

缓刑考验期限内的考察,主要涉及以下内容:

1)被宣告缓刑者应当遵守的行为规范

根据刑法第75条的规定,被宣告缓刑的犯罪分子应当遵守下列规定:①遵守法律、行政法规,服从监督;②按照考察机关的规定报告自己的活动情况;③遵守考察机关关于会客的规定;④离开所居住的市、县或者迁居,应当报经考察机关批准。

2)缓刑的考察机关

刑法第76条规定:"被宣告缓刑的犯罪分子,在缓刑考验期限内,依法实行社区矫正,如果没有本法第77条规定的情形,缓刑考验期满,原判刑罚就不再执行,并公开予以宣告。"这条规定彻底改变了由原来的公安机关考察,所在单位或者基层组织予以配合的缓刑考察模式,确立了缓刑考验的社区矫正模式。

3)缓刑考察的内容

根据刑法第76条的规定,缓刑考察的内容,就是考察被宣告缓刑的犯罪分子,在缓刑考验期限内,是否具有刑法第77条规定的情形,即是否再犯新罪或者发现漏罪,以及是否有违反法律、行政法规或者国务院有关部门有关缓刑的监督管理规定,且情节严重的行为。若没有发生刑法第77条规定的情形,缓刑考验期满,原判的刑罚就不再执行,并公开予以宣告。

4）缓刑的法律后果

根据刑法第76条、第77条的规定，一般缓刑的法律后果有以下三种：

(1)被宣告缓刑的犯罪分子，在缓刑考验期限内，没有刑法第77条规定的情形，缓刑考验期满，原判的刑罚就不再执行，并公开予以宣告。

(2)被宣告缓刑的犯罪分子，在缓刑考验期限内犯新罪或者发现判决宣告以前还有其他罪没有判决的，应当撤销缓刑，对新犯的罪或者新发现的罪作出判决，把前罪和后罪所判处的刑罚，依照刑法第69条的规定，决定执行的刑罚。新犯之罪和漏判之罪，不受犯罪性质、种类、轻重以及应当判处的刑种、刑期的限制。

(3)被宣告缓刑的犯罪分子，在缓刑考验期限内，违反法律、行政法规或者国务院公安部门有关缓刑的监督管理规定，情节严重的，应当撤销缓刑，执行原判刑罚。

此外，根据刑法第72条第2款的规定，缓刑的效力不及于附加刑，即被宣告缓刑的犯罪分子，如果被判处附加刑，附加刑仍须执行。因而，无论缓刑是否撤销，所判处的附加刑均须执行。

5. 缓刑的特殊执行方式

2011年《中华人民共和国刑法修正案（八）》对缓刑规定了新的执行方式，规定："宣告缓刑，可以根据犯罪情况，同时禁止犯罪分子在缓刑考验期内从事特定活动，进入特定区域、场所、接触特定的人。"

五、刑罚执行制度

(一)刑罚执行的概念和特征

刑罚执行，是指法定的司法机关将人民法院已经发生法律效力的判决，根据判决所确定的刑罚而将其付诸实施的刑事司法活动。

刑罚执行具有以下特征：

1. 刑罚执行的终局性

刑罚执行是刑法的制定与法院量刑做出刑事判决的自然延伸，处于从属于上述活动的地位，它必须受制于刑罚的制定，尤其是量刑及其刑事判决的结果，所以刑罚执行是国家刑事司法活动的最后一个阶段，是一种具有终局性特征的刑事司法活动。

2. 刑罚执行主体的专门性

根据刑法以及刑事诉讼法的相关规定，被判处死刑缓期2年执行、无期徒刑、有期徒刑的罪犯，在监狱内执行刑罚。对于被判处管制拘役、剥夺政治权利的罪犯，由公安机关执行。没收财产的判决，无论附加适用或者独立适用，都由人民法院执行；在必要的时候，可以会同公安机关执行。这些都说明，只有司法机关才是刑罚执行的主体，其他任何机关、团体和个人都无权执行刑罚。

3. 刑罚执行内容的特定性

刑事审判是针对具体的犯罪人而启动的，并通过审判活动而对犯罪人在认定其有罪的基础上，再裁定应当判处何种刑罚进行处罚。但是作为刑事审判结果的宣告刑的法律效力还有待于通过刑罚执行活动才得以实现。所以，刑罚执行的主要内容是将人民法院刑事判决所确定的刑罚付诸实施,这就是刑罚执行不同于其他刑事司法活动的主要特点。

刑罚执行的前提是必须存在已经发生法律效力的法院判决,即只有在判决和裁定发生法律效力之后,有关机关才能对犯罪人执行刑罚。判决或裁定尚未发生法律效力,谈不上执行刑罚的问题。根据刑事诉讼法第208条的规定,下列判决和裁定是发生法律效力的判决和裁定:①已过法定期限没有上诉、抗诉的判决和裁定;②终审的判决和裁定;③最高人民法院核准的死刑判决和高级人民法院核准的死刑缓期2年执行的判决。

▶(二)刑罚执行的原则

刑罚执行的原则,是指在刑罚执行过程中必须遵循的基本准则。它是从刑罚的功能和目的中派生出来的,并受国家刑事立法与司法等基本政策的制约。《中华人民共和国监狱法》第3条明确规定:"监狱对罪犯实行惩罚和改造相结合、教育和劳动相结合的原则,将罪犯改造成为守法公民。"据此,刑罚执行包括以下几个原则。

1. 教育性原则

刑罚执行的教育性原则,是指从教育改造罪犯的目的出发,采用潜移默化或者善意劝导的方式,而不是单纯以强制压服的方法,使犯罪人的思想和行为逐渐良性化。刑罚执行的内容是将刑罚付诸实施,把惩罚落实在罪犯身上,使之感受到由于犯罪所得到的否定的法律评价。但是惩罚本身不是目的而是为了教育。为了将罪犯改造成新人,在行刑中,教育与劳动是改造罪犯的两个基本手段,二者互为补充,相辅相成,但是应以教育为主,劳动为辅。因此,"改造第一,生产第二"是劳动改造罪犯活动的基本方针。当然,刑罚执行中实行的教育改造,也不能脱离惩罚而存在,而是在强制下的教育改造。

2. 个别化原则

刑罚执行的个别化原则,是指在刑罚执行过程中,应当根据犯罪人的人身危险性、再犯可能性的大小,以及个人生活的需要等情况,给予不同的处遇和采取不同的教育改造方式的制度。因为刑罚的执行,必须依犯罪人的年龄、性别、性格特点、生理特点、犯罪性质、罪行严重程度、人身危险性等情况,因人施教,给予不同处遇和采用不同的改造方法,才能取得教育改造的效果。

刑罚执行的个别化,是刑罚处罚个别化在行刑司法领域中的体现,它一直贯穿于我国的刑罚执行实践中,是我国对罪犯进行教育改造的基本原则之一。

3. 人道性原则

刑罚执行的人道性原则作为刑罚执行原则之一,是伴随着资产阶级人道主义思想的兴起而出现的。所谓人道性原则,是指在刑罚执行过程中,要把罪犯当作人看待,尊重罪犯人格尊严,不体罚虐待罪犯,应保证罪犯所享有的各种法定权利,切实关心罪犯的生活并给予相应的物质保证。罪犯虽然是刑罚执行的对象,但也是人,因而享有人的基本权利。刑罚执行机构应当尊重罪犯的人格,着重教育、感化罪犯,促使其重新做人,禁止使用残酷的、不人道的刑罚方法。

4. 社会化原则

刑罚执行的社会化原则,是指在刑罚执行的过程中,要调动监狱外的一切社会积极因素,合力救助、教育改造犯罪分子并保证和巩固刑罚执行的效果,确保行刑目的的实现。

在刑罚执行中应当认真贯彻"三个延伸"的刑事政策,以保证行刑社会化原则的实现。即在改造工作的时间上,以服刑期间为中心向前延伸,在揭露、证实违法犯罪的过程中,动员社会各方力量对罪犯进行教育和帮助;在改造工作的空间上,以执行场所为中心向外延伸,改变封闭的教育改造方式,缩小受刑人与社会的隔绝,实行开放、半开放的执行方式;在刑罚执行完毕后,还应以此为中心向后延伸,搞好受刑人出狱后的安置和继续帮教工作。

在我国,目前刑罚执行的社会化实践可以分为两个方面:一是监狱内执行的社会化,二是监狱外执行的社会化。其中,监狱内执行刑罚的社会化实践,主要是通过建立监狱内部与社会各方面之间的联系来达到改造罪犯成为新人的目的。而监狱外执行刑罚则是指在一定条件下将罪犯放到监狱之外执行刑罚的制度。一般来说,监狱外执行刑罚是刑罚执行的社会化原则最明显和最集中的体现。

▶(三)减刑制度

1. 减刑的概念

减刑,是指对于被判处管制、拘役、有期徒刑和无期徒刑的犯罪分子,在刑罚执行期间,由于确有悔改或者立功表现,因而将其原判刑罚予以适当减轻的一种刑罚执行制度。

在我国刑法中确立和贯彻减刑制度是有重大意义的。这个制度体现了我国惩办与宽大相结合、惩罚与教育相结合的刑事政策。在我国,一切危害国家和人民利益的犯罪行为都要受到刑罚的制裁。但是,犯罪人经过服刑改造,确有悔改或立功表现的,都可以得到减刑的宽大处理。这对于巩固改造成果,进一步加速犯罪分子的改造,实现刑罚目的有积极的作用。

2. 减刑的适用条件

根据刑法第78条的规定,减刑分为可以减刑、应当减刑两种。可以减刑与应当减刑的对象条件和限度条件相同,只是实质条件有所区别。对于犯罪分子适用减刑,必须符合下列条件。

1)对象条件

减刑只适用于被判处管制、拘役、有期徒刑、无期徒刑的犯罪分子。只要是被判处上述四种刑罚之一的犯罪分子,无论其犯罪行为是故意还是过失,是重罪还是轻罪,是危害国家安全罪还是其他刑事犯罪,如果具备了法定的减刑条件都可以减刑。

2)实质条件

减刑的实质条件,因减刑的种类不同而有所区别。

"可以"减刑的实质条件,是犯罪分子在刑罚执行期间认真遵守监规,接受教育和改造,确有悔改表现或者有立功表现。根据2011年11月21日《最高人民法院关于办理减刑、假释案件具体应用法律若干问题的规定》第2条规定,犯罪分子同时具备以下四个方面情形的,应当认为是确有悔改表现:①认罪悔罪;②认真遵守法律法规及监规,接受教育改造;③积极参加思想、文化、职业技术教育;④积极参加劳动,努力完成劳动任务。该司法解释第3条规定,具有下列情形之一的,应当认定为有"立功表现":①阻止他人实施犯罪活动的;②检举、揭发监狱内外犯罪活动,或者提供重要的破案线索,经查证属实的;③协助司法机关抓捕其他犯罪嫌疑人(包括同案犯)的;④在生产、科研中进行技术革新,成绩突出的;⑤在抢险救灾或者排除重大事故中表现突出的;⑥对国家和社会有其他贡献的。

"应当"减刑的实质条件,是犯罪分子在刑罚执行期间有重大立功表现。上述该司法解释第4条规定,具有下列情形之一的,应当认定为有"重大立功表现":①阻止他人实施重大犯罪活动的;②检举监狱内外重大犯罪活动,经查证属实的;③协助司法机关抓捕其他重大犯罪嫌疑人(包括同案犯)的;④有发明创造或者重大技术革新的;⑤在日常生产、生活中舍己救人的;⑥在抗御自然灾害或者排除重大事故中,有特别突出表现的;⑦对国家和社会有其他重大贡献的。

3) 限度条件

根据刑法第78条的规定,减刑的限度为:减刑以后实际执行的刑期,判处管制、拘役、有期徒刑的,不能少于原判刑期的二分之一;判处无期徒刑的,不能少于13年;人民法院依照刑法第50条第2款规定限制减刑的死刑缓期执行的犯罪分子,缓期执行期满后依法减为无期徒刑的,不能少于25年,缓期执行期满后依法减为25年有期徒刑的,不能少于20年。所谓实际执行的刑期,是指判决执行后犯罪分子实际服刑的时间。如果判决前先行羁押的,羁押期限应当计入实际执行的刑期之内。

3. 减刑的程序

根据刑法第79条的规定,对于犯罪分子的减刑,由执行机关向中级以上人民法院提出减刑建议书。人民法院应当组成合议庭进行审理,对确有悔改或者立功事实的,裁定予以减刑。非经法定程序不得减刑。

▶ (四)假释制度

1. 假释的概念

假释,是对被判处有期徒刑、无期徒刑的犯罪分子,在执行一定刑期之后,因其认真遵守监规,接受教育和改造,确有悔改表现,不致再危害社会,而附条件地将其予以提前释放的制度。

假释是我国刑法中一项重要的刑罚执行制度,正确地适用假释,把那些经过一定服刑期间确有悔改表现、没有必要继续关押改造的罪犯放到社会上进行改造,可以有效地鼓励犯罪分子服从教育和改造,使之早日复归社会,有利于化消极因素为积极因素。

2. 假释的适用条件

根据刑法第81条的规定,适用假释必须遵守下列条件:

1) 对象条件

假释只适用于被判处有期徒刑或无期徒刑的犯罪分子,但对累犯以及因杀人、爆炸、抢劫、强奸、绑架等暴力性犯罪被判处10年以上有期徒刑、无期徒刑的犯罪分子除外。

2) 实质条件

犯罪分子认真遵守监规,接受教育改造,确有悔改表现,没有再犯罪的危险,这是适用假释的实质条件或者关键条件。

"没有再犯罪的危险",除符合刑法第81条规定的情形外,还应根据犯罪的具体情节、原判刑罚情况,在刑罚执行中的一贯表现,罪犯的年龄、身体状况、性格特征,假释后生活来源以及监管条件等因素综合考虑。

3) 时间条件

假释只适用于已经执行一部分刑罚的犯罪分子。被判处有期徒刑或者无期徒刑的罪犯,还必须执行一部分刑罚,才能适用假释。这是因为,只有执行一定期间的刑罚,才能比较准确地判断犯罪分子是否认真遵守监规,接受改造,确有悔改表现,不致再危害社会,以保证假释的效果;也才能保持人民法院判决的稳定性和法律的严肃性。

根据刑法第81条的规定,被判处无期徒刑的犯罪分子,实际执行13年以上,才可以适用假释。对判处有期徒刑的罪犯适用假释,执行原判刑期二分之一以上的起始时间,应从羁押之日起计算。

3. 假释的考验

(1)假释犯的监督机关。根据刑法第85条的规定,被假释的犯罪分子,在假释考验期内,依法实行社区矫正。

(2)假释犯的考验期限。被判处有期徒刑的犯罪分子,其假释的考验期为原判刑罚没有执行完毕的刑期,即在宣告假释时原判刑罚的剩余时期。被判处无期徒刑的犯罪分子,其假释的考验期限为10年。

根据刑法第83条第2款的规定,假释考验期限,从假释之日起计算。

(3)假释犯应遵守的规定。根据刑法第84条的规定,被宣告假释的犯罪分子,应当遵守下列规定:①遵守法律、行政法规,服从监督;②按照监督机关的规定报告自己的活动情况;③遵守监督机关关于会客的规定;④离开所居住的市、县或者迁居,应当报经监督机关批准。

(4)假释的考察内容。根据刑法第85条的规定,对于被假释的犯罪分子的考察,主要是考察其在假释考验期限内是否具有刑法第86条规定的情形,即是否再犯新罪或者发现漏罪,以及是否违反法律、行政法规或者国务院公安部门有关假释的监督管理规定。如果没有刑法第86条规定的情形,假释考验期满,就认为原判刑罚已经执行完毕,并公开予以宣告。如果有刑法第86条规定的情形,则撤销假释,依照数罪并罚的规定实行数罪并罚,或者收监执行未执行完结的刑罚。

4. 假释的程序

根据刑法第82条、第79条的规定,对于犯罪分子的假释,应当遵守下列程序:

(1)由执行机关向中级以上人民法院提出假释建议。

(2)中级以上人民法院收到假释建议书后,应当组成合议庭对假释案件进行审理,要重点审查罪犯是否确有悔改或者立功表现。对符合法定假释条件的,裁定予以假释。

 案例分析

【教学案例】

被告人赵某,因犯盗窃罪于2000年7月10日被法院判处有期徒刑6个月,缓刑1年。缓刑期满后,赵某于2002年6月7日至9日受冷某的雇佣,伙同屈某、陈某共同伤害与冷某有矛盾的唐某。几人为达到伤害唐某的目的,进行了共谋和具体的分工。2002年6月10日晚9时许,被告人赵某与冷某到现场督阵,屈某和陈某实施作案。当唐某驾驶摩托车带妻子叶某路过时,屈某和陈某持刀上前往唐某、叶某夫妇身上一阵乱砍后逃离现场。作案后,冷某拿出1000元人民币作为"报酬"交给赵某、屈某、陈某。被害人唐某、叶某的伤势经法医鉴定均系轻伤。

分析步骤:

步骤1:一般累犯的构成条件是:①前罪与后罪都是故意犯罪;②前罪被判处有期徒刑以上刑罚,后罪应当被判处有期徒刑以上刑罚;③后罪发生在前罪的刑罚执行完毕或者赦免以后5年之内。

步骤2:本案被告符合累犯构成要件的前两项已无疑问,关键是是否符合第三个构成要件。即后罪发生在前罪刑罚执行完毕或赦免后5年之内。

步骤3:有期徒刑缓刑期满是否属刑罚执行完毕。根据刑法规定,缓刑是在一定考验期限内,暂缓执行原判刑罚的制度。如果犯罪分子在缓刑考验期内没有再犯新罪,实际上并没有执行过原判的有期徒刑刑罚(1989年,《最高人民法院研究室关于缓刑考验期满三年内又犯应判处有期徒刑以上刑罚之罪是否构成累犯问题的电话答复》),而不是刑罚已经执行完毕,因此被判处有期徒刑宣告缓刑的犯罪分子,如果在缓刑考验期满后又犯罪,不符合累犯构成条件。

步骤4:本案被告赵某不构成累犯。

【训练案例1】

被告人李某,1991年9月因抢劫罪、盗窃罪被判处有期徒刑4年。1998年9月因犯盗窃罪又被判处有期徒刑6年,2001年5月16日刑满释放。2001年11月23日凌晨3时许,李某与同伙张某、陈某、董某在某市轮胎经销部盗窃轮胎12套,总价值6820元。销赃后李某分得赃款400元。当月27日李某投案自首,并被取保候审。后办案机关通知不到其人,就连保证人也不知其下落。2004年8月25日,李某再次被逮捕,随被检察机关提起公诉。在审理过程中,被告人李某辩称:自己是投案自首,应从轻处罚。

本案被告李某是否成立自首?

分析提示:

关于自首的刑法规定是什么?李某投案自首后又逃跑的行为是否影响自首的成立?这种行为的定性相关法律中是否有规定?

【训练案例2】

罪犯徐某因犯寻衅滋事罪,于2003年11月21日被法院判处有期徒刑1年,宣告缓刑2年。在缓刑考验期限内,徐某伙同他人无故殴打学生傅某,致傅某轻微伤。执行机关市公安局于2004年4月3日决定对徐某行政拘留15日,并于当日开始执行该行政拘留决定。4月14日市公安局向法院书面建议撤销对徐某的缓刑,收监执行。

对徐某收监执行的刑期应如何确定?

分析提示:

对徐某是否应当撤销缓刑、收监执行?刑法关于收监执行的规定如何?徐某收监之前被行政拘留的期间能否折抵刑期?为什么?

【训练案例3】

赵某于1995年以抢劫罪被法院判处有期徒刑8年,刑期自1995年9月2日起至2003年9月1日止。2002年10月14日,法院根据刑罚执行机关的建议对赵某予以假释,假释考验期从假释之日起至2003年9月1日止。在假释考验期内,赵某因吸毒触犯了《全国人民代表大会常务委员会关于禁毒的决定》的有关规定,公安机关于2003年2月10日对其处以行政拘留10日的处罚,并于2月13日向做出假释的法院提出撤销假释的建议书。2月20日,法院对赵某作出撤销假释决定。

本案撤销假释后刑期如何计算?

分析提示:

刑法关于假释的规定如何?"假释考验期"是否属于"刑罚执行期"?赵某在被法院撤销假释前被公安机关行政拘留的期间应否在"未执行完毕的刑罚"中予以折抵?

【相关法律法规】

刑法第 32 至第 84 条;

《最高人民法院关于处理自首和立功具体应用法律若干问题的解释》(1998 年 5 月 9 日法释〔1998〕8 号);

《最高人民法院 最高人民检察院关于办理职务犯罪案件认定自首、立功等量刑情节若干问题的意见》;

《最高人民法院关于办理减刑、假释案件具体应用法律若干问题的规定》(最高人民法院 1997 年 10 月 28 日最高人民法院审判委员会第 940 次会议通过,自 1997 年 11 月 8 日起施行,法释〔1997〕6 号);

《最高人民法院关于对怀孕妇女在羁押期间自然流产审判时是否可以适用死刑问题的批复》(1998 年 8 月 4 日最高人民法院审判委员会第 1010 次会议通过,自 1998 年 8 月 13 日起施行);

《最高人民法院关于适用财产刑若干问题的规定》(摘录)(2000 年 11 月 15 日由最高人民法院审判委员会第 1139 次会议通过现予公布,自 2000 年 12 月 19 日起施行);

《最高人民法院关于撤销缓刑时罪犯在宣告缓刑前羁押的时间能否折抵刑期问题的批复》(2002 年 4 月 8 日最高人民法院审判委员会第 1220 次会议通过,法释〔2002〕11 号);

《最高人民法院关于办理减刑、假释案件具体应用法律若干问题的规定》(2011 年 11 月 21 日最高人民法院审判委员会第 1532 次会议通过)。

六、刑罚消灭制度

(一)刑罚消灭概述

1. 刑罚消灭的概念

刑罚消灭,是指由于某种法定原因或者事实原因,致使国家对犯罪人的刑罚权的某项内容归于消灭。就国家而言,刑罚消灭意味着追诉权、量刑权或者行刑权的消灭;就犯罪分子而言,刑罚消灭预示着刑事责任的终结。我国刑法所规定的刑罚消灭制度内容较为分散。其中,因刑罚执行完毕而导致的刑罚消灭,主要属于监狱学研究的问题;犯罪人死亡而导致的刑罚消灭,一般属于刑事诉讼法研究的范围;至于因缓刑和假释考验期满而导致的刑罚消灭,尽管属于刑法学研究的范围,但因为分别与缓刑制度和假释制度联系紧密,故而通常为缓刑制度和假释制度所包容。所以,本章刑罚消灭所涉及的内容,只是我国刑罚消灭制度中的一部分,即时效和赦免制度。

2. 刑罚消灭的特征

刑罚消灭具有如下特征。

(1)刑罚消灭以行为人的行为构成犯罪为前提。无犯罪即无刑罚,无刑罚也就不存在刑罚的消灭。

(2)刑罚消灭的实质是国家对犯罪人行使刑罚权的某一项内容之消灭。刑罚权包括制刑权、求刑权、量刑权与行刑权四个方面。刑罚消灭,是指求刑权、量刑权和行刑权的消灭,而不包括制刑权的消灭。

(3)刑罚消灭的前提是出现某种法定原因或事实原因。具体而言,我国刑罚消灭的原因有：①刑罚执行完毕，②缓刑考验期满，③假释考验期满，④犯罪人死亡，⑤超过时效期限，⑥赦免。

▶(二)时效

1. 时效的概念

时效，是指刑事法律所规定的国家对犯罪人行使刑罚请求权或刑罚执行权的有效期限。据此，刑法中的时效可以分为追诉时效和行刑时效两种。追诉时效，是指刑事法律所规定的，对犯罪人追究刑事责任的有效期限。行刑时效，则是指刑事法律所规定的，对判处刑罚的犯罪人执行刑罚的有效期限。我国刑法中所规定的时效，仅指追诉时效，而不包括行刑时效。我国刑法设立时效制度，不仅有利于实现刑罚的目的，而且有利于司法机关集中打击现行犯罪，有利于社会的安定团结。所以，时效制度不仅不会放纵犯罪，而且可以更为有效地惩罚犯罪；不仅不会削弱法律的严肃性，而且能够增强法律的严肃性。事实上，它是从国家利益和人民利益出发，强化与犯罪作斗争的有效法律武器。

2. 追诉时效

1) 追诉时效期限的计算方法

我国刑法第87条规定："犯罪经过下列期限不再追诉：(一)法定最高刑为不满五年有期徒刑的，经过五年；(二)法定最高刑为五年以上不满十年有期徒刑的，经过十年；(三)法定最高刑为十年以上有期徒刑的，经过十五年；(四)法定最高刑为无期徒刑、死刑的，经过二十年。如果二十年后认为必须追诉的，须报请最高人民检察院核准。"这一规定基于追诉时效期限的长短与犯罪的社会危害性相一致之精神，以法定最高刑为标准，确定了四个不同档次的追诉时效期限。

具体而言，应分别按以下三种情况，具体计算追诉期限：

(1)如果所犯之罪的法定刑，分别规定有几条或几款时，即按其罪行应当适用的具体条或款的法定最高刑计算。

(2)如果是同一条文中，有几个量刑幅度时，即按其罪行应当适用的具体量刑幅度的法定最高刑计算。

(3)如果只有单一的量刑幅度时，即按此条的法定最高刑计算。

2) 对去台人员所犯之罪是否追诉应分情况办理

根据1988年3月14日《最高人民法院 最高人民检察院关于不再追诉去台人员在中华人民共和国成立前的犯罪行为的公告》和1989年9月7日《最高人民法院 最高人民检察院关于不再追诉去台人员在中华人民共和国成立后当地人民政权建立前的犯罪行为的公告》，对去台人员过去所犯之罪是否追诉，应分别按照以下不同情况办理：

(1)对去台人员在中华人民共和国成立前，或者在中华人民共和国成立后、犯罪地地方人民政权建立前所犯罪行，不再追诉。

(2)去台人员在中华人民共和国成立后、犯罪地地方人民政权建立前犯有罪行，并连续或继续到当地人民政权建立后的，追诉期从犯罪行为终了之日起计算。凡符合刑法第87条规定的，不再追诉。其中法定最高刑为无期徒刑、死刑的，经过20年，也不再追诉。如果认为必须追诉的，须报请最高人民检察院核准。

(3)对于去我国台湾以外其他地区和国家的人员在中华人民共和国成立前，或者在中华人民共和国成立后、犯罪地地方人民政权建立前所犯的罪行，分别按照上述两项的规定办理。已过追诉期限的案件,不再追究犯罪分子的刑事责任,但是,对其非法所得或者因犯罪造成的经济损失,仍应按照刑法第64条和第37条规定的精神处理。

3. 追诉期限的起算

关于追诉期限的起算,我国刑法第89条第1款规定:"追诉期限从犯罪之日起计算;犯罪行为有连续或者继续状态的,从犯罪行为终了之日起计算。"所谓"犯罪之日",应理解为犯罪成立之日。所谓"犯罪行为有连续或者继续状态的",是指连续犯和继续犯,其追诉期限从犯罪行为终了之日起计算。

关于追诉时效,还需要关注的便是追诉时效的中断与延长的问题。所谓追诉时效中断,是指在追诉时效进行期间,因发生法律规定的事由,而使已经经过的时效期限归于无效,法律规定的事由一旦消失,时效重新开始计算的制度。我国刑法第89条第2款规定:"在追诉期限以内又犯罪的,前罪追诉的期限从犯后罪之日起计算。"这一规定表明,在我国,追诉时效的中断以犯罪人在追诉期间内又犯罪为条件,至于又犯之罪性质如何,应何种刑罚处罚,则在所不问。所谓追诉时效延长,也称为追诉时效停止,是指由于发生了法律规定的事由,致使追诉时效暂时停止进行,或者因法定事由而使得对犯罪分子的追诉不受追诉期限限制的制度。根据我国刑法第88条之规定,导致追诉时效延长的法定事由有两种:一是在人民检察院、公安机关、国家安全机关立案侦查或者在人民法院受理案件以后,逃避侦查或者审判的,不受追诉期限的限制;二是被害人在追诉期限内提出控告,人民法院、人民检察院、公安机关应当立案而不予立案的,不受追诉期限的限制。

▶(三)赦免

1. 赦免的概念

赦免,是指国家元首或者国家最高权力机关免除或者减轻犯罪人的罪责或刑罚的一种法律制度。赦免包括大赦和特赦。

所谓大赦,通常是指国家元首或者国家最高权力机关,对某一时期内犯有一定罪行的不特定犯罪人,一概予以赦免的制度。

所谓特赦,是指国家元首或者国家最高权力机关对已受罪行宣告的特定犯罪人,免除其全部或者部分刑罚的制度。依照我国现行宪法第67条和第80条之规定,特赦令由中华人民共和国主席根据全国人大常委会的决定颁布实施。从司法实践来看,一般是由中共中央或国务院提出特赦建议,经全国人大常委会审议决定,中华人民共和国主席颁布,最后责成最高人民法院及其所属高级人民法院具体执行。我国新旧刑法典所指的赦免,都是指特赦减免。

一般而言,大赦与特赦的主要区别是:

(1)大赦是赦免一定种类或不特定种类的罪,其对象是不特定的犯罪人;特赦是赦免特定的犯罪人。

(2)大赦既可实行于法院判决之后,也可实行于法院判决之前;特赦只能实行于法院判决之后。

(3)大赦既可赦其罪,又可赦其刑;特赦只能赦其刑。

(4)大赦后再犯罪不构成累犯;特赦后再犯罪的,如果符合累犯条件,则构成累犯。

2. 我国的特赦制度

我国1954年宪法曾同时规定大赦和特赦,但在实践中并未使用过大赦。1978年宪法和

1982年宪法则都只规定特赦,而不再规定大赦。因此,刑法第65条、第66条所说的赦免,都是指特赦减免。根据现行宪法第67条、第80条的规定,特赦由全国人民代表大会常务委员会决定,由国家主席发布特赦令。从司法实践来看,自1959年至2015年,我国先后实行了8次特赦。对这8次特赦的特点可以概括如下:

(1)特赦的对象具有特定性。1975年以前的7次特赦,除1959年第一次特赦适用的对象包括战争罪犯、反革命罪犯和普通刑事罪犯外,其余6次都是对战争罪犯实行的。2015年为纪念中国人民抗日战争暨世界反法西斯战争胜利70周年所进行的特赦对象较为宽泛,具体包括:①参加过中国人民抗日战争、中国人民解放战争的;②中华人民共和国成立以后,参加过保卫国家主权、安全和领土完整对外作战的,但犯贪污贿赂犯罪,故意杀人、强奸、抢劫、绑架、放火、爆炸、投放危险物质或者有组织的暴力性犯罪,黑社会性质的组织犯罪,危害国家安全犯罪,恐怖活动犯罪的,有组织犯罪的主犯以及累犯除外;③年满75周岁、身体严重残疾且生活不能自理的;④犯罪的时候不满18周岁,被判处3年以下或者剩余刑期在1年以下的,但犯故意杀人、强奸等严重暴力性犯罪,恐怖活动犯罪,贩卖毒品犯罪的除外。

(2)特赦的适用有其前提条件。即犯罪分子在服刑过程中有确已改恶从善的表现或者释放后不具有现实社会危险性。

(3)特赦根据犯罪分子的罪行轻重和悔改表现而予以区别对待。对于决定特赦的犯罪分子,应根据其罪行轻重和悔改表现,或者免除其刑罚尚未执行的部分,予以释放,或者减轻其原判的刑罚,而不是免除其全部刑罚。

(4)特赦的适用应遵循特定的程序。它是由全国人大常委会决定,由中华人民共和国主席发布特赦令,再由最高人民法院和高级人民法院予以执行,而不是由犯罪分子本人及其家属或者其他公民提出申请而实行。

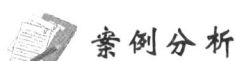

案例分析

【训练案例1】

王某,男,32岁,原系某市钢厂的业务员。1997年年初王某和李某一起赌博,李某共计欠王某赌债1万元。王某数次向李某索要,李某总是借故不还。王某见状,就产生了将李某劫持强行索债的念头。1997年11月2日,王某将李某劫持到某市郊外废弃的厂房里,向李某索要1万元的赌债。李某开始并不答应,说:"要钱没有,要命一条。"王某便将李某一直关押在厂房里,直到1997年12月10日李某答应还钱为止。2002年11月30日因为李某举报,案发。

问题:

(1)王某构成什么罪?

(2)王某的该行为是否超过追诉时效?

分析要点提示:

(1)2000年6月30日《最高人民法院关于对为索取法律不保护的债务非法拘禁他人行为如何定罪问题的解释》的规定,行为人为索取高利贷、赌债等法律不予保护的债务,非法扣押、拘禁他人的,依照刑法第238条的规定定罪处罚。所以,王某的行为构成非法拘禁罪而不构成绑架罪。

(2)根据刑法第89条第1款的规定,追诉期限从犯罪之日起计算;犯罪行为有连续或者继续状态的,从犯罪行为终了之日起计算。王某的行为构成非法拘禁罪,根据其犯罪情节,适用非法拘禁罪的第一个量刑幅度,其追诉时效的期限是5年。但是该罪是继续犯,犯罪行为具有继续状态,所以王某非法拘禁行为追诉时效的起算点是从1997年12月10日起计算。因此,到2002年11月30日王某非法拘禁行为并没有超过追诉时效。

【训练案例2】

赵某,男,1971年2月出生,无业。1999年7月,赵某因为故意伤害他人,人民法院以故意伤害罪判处赵某有期徒刑2年。2000年4月,赵某在服刑监狱教育座谈会上主动向管教人员交代其还有两次前科:一是于1985年3月在河南老家曾抢劫他人财物(依法应处3年以上10年以下有期徒刑);二是于1994年2月曾与国内"蛇头"相互勾结将1名中国妇女拐卖到日本(依法应处10年以上有期徒刑或者无期徒刑)。

问题:

赵某主动交代的两个犯罪行为是否超过追诉时效?

分析要点提示:

(1)根据我国刑法的规定,我国刑法中的"不满"不包本数,因而对于赵某抢劫他人财物而依法应当判处3年以上10年以下有期徒刑行为而言,其追诉时效的期限是15年而不是10年。同时,根据我国刑法第89条第2款的规定,在追诉期限以内又犯罪的,前罪追诉的期限从犯后罪之日起计算。所以,赵某抢劫行为的追诉时效在1994年2月和1999年7月中断两次,即从1999年7月重新计算赵某抢劫行为的追诉时效,期限是15年,所以赵某抢劫行为没有超过追诉时效。

(2)根据我国刑法的规定,法定最高刑是无期徒刑的,追诉时效是20年,所以赵某拐卖妇女行为的追诉时效是20年。由于赵某在追诉时效的期限内又犯新罪,追诉时效应当重新计算,所以赵某拐卖妇女行为的追诉时效应当从1999年7月重新计算,期限为20年。因此,赵某拐卖妇女的行为也没有超过追诉时效。

学习单元四 刑法分则概述

【学习目标与要求】

熟知刑法分则的基本内容,了解分则与总则的关系,能准确表述刑法分则的体系和法条结构;熟知罪状、罪名与法定刑的概念

【学习重点与提示】

刑法分则的体系,刑法分则的特点

 基本知识概述

一、刑法分则的基本内容及其与刑法总则的关系

(一)刑法分则的基本内容

刑法分则是关于各种具体犯罪及其刑罚的规定。对于刑法分则的具体罪名,刑法逐一做了规定,其基本内容包括两个方面:一是犯罪的具体特征,即每一个具体罪名除总则规定的共同性要件以外的各该犯罪的特定要件;二是法定刑,即对每一个具体罪名应适用的刑罚种类和量刑幅度,包括主刑和附加刑。这些规定为定罪处刑提供了具体的标准和依据。

(二)刑法分则与刑法总则的关系

我国刑法分为总则和分则两编,另加附则。刑法总则主要规定刑法的任务、基本原则、适用范围以及犯罪、刑事责任和刑罚的一般原理、原则;刑法分则主要规定各种具体犯罪的罪状和法定刑。刑法总则以刑法分则为依托,同时又指导和制约着刑法分则的适用,如果脱离总则的一般原理、原则,则分则会成为无源之水,难以科学地规定和区分各种不同的犯罪及其处罚;而刑法分则则是刑法总则的具体化,是总则所规定的原理、原则的具体适用,如果没有科学的分则的规定,则总则规定的原理、原则也难以实现。刑法总则和刑法分则密切联系、相辅相成,共同构成刑法的完整体系。

二、刑法分则的体系和法条结构

(一)刑法分则的体系

刑法分则的体系,是指刑法分则对各种犯罪进行科学的分类,并按照一定的次序排列而形成的有机统一体。刑法分则所规定的具体犯罪种类繁多,因此需要按一定的标准将具体犯罪分为若干类并对各类罪进行恰当排列,同时对每一类犯罪中的各种犯罪进行排列,于是形成了

刑法分则体系。可见，刑法分则体系以犯罪分类为基础。

我国刑法分则分为十章，具体包括：危害国家安全罪，危害公共安全罪，破坏社会主义市场经济秩序罪，侵犯公民人身权利、民主权利罪，侵犯财产罪，妨害社会管理秩序罪，危害国防利益罪，贪污贿赂罪，渎职罪，军人违反职责罪。

我国刑法分则体系具有以下特点。

1. 以犯罪的同类客体为标准对犯罪进行分类

不同的犯罪所侵犯的合法权益不同，因而其社会危害性也不同。根据犯罪的同类客体对犯罪进行分类，有利于把握各类犯罪的性质、特征与社会危害程度，有利于贯彻区别对待的政策，有利于司法机关正确定罪量刑。

犯罪的同类客体，是指某一类犯罪所共同侵犯的我国某一方面的社会关系。同类客体揭示出同一类犯罪在客体方面的共同本质，并在相当程度上反映出各类犯罪不同的危害程度。我国刑法分则所规定的十类犯罪，正是根据同类客体划分的结果。例如：放火罪、爆炸罪、破坏交通工具罪、破坏交通设施罪等具体犯罪，共同侵犯的是社会的公共安全，因而将它们归为危害公共安全罪。故意杀人罪、故意伤害罪、过失致人重伤罪、强奸罪、非法拘禁罪等具体犯罪，共同侵犯的是公民人身权利、民主权利方面的社会关系，因而将它们归为侵犯公民人身权利、民主权利罪。我国刑法分则根据同类客体对犯罪进行分类，是正确的犯罪分类法，为构建科学的刑法分则体系奠定了良好的基础。

2. 以犯罪的危害程度为标准对各类犯罪进行排列

有了正确的犯罪分类法，并不意味着必然建立起科学的刑法分则体系。只有对犯罪进行正确分类，并恰当地排列各类犯罪的次序，才能建立起科学的刑法分则体系。我国刑法分则根据犯罪的危害程度对各类犯罪进行排列，使之与正确的犯罪分类法相结合，从而真正地构筑科学的分则体系。

我国刑法分则以各类犯罪的同类客体的重要性程度为依据，按照由重到轻的顺序进行排列。刑法分则规定的十类犯罪就是按照社会危害程度的大小进行排列的。危害国家安全罪的同类客体是国家安全，而国家安全是我国的根本利益，是最重要的社会关系，因此这类犯罪的社会危害性最大，故将危害国家安全罪列在分则各章之首。危害公共安全罪侵犯的是社会的公共安全，其社会危害程度仅次于危害国家安全罪。分则第三章至第十章的排列，基本上也是遵循上述原则。当然，不同种类犯罪的先后排列顺序所表明的社会危害程度的大小是从总体上把握的，并非意味着前序各罪的社会危害性均大于后序各罪的社会危害性。如危害公共安全罪中的过失犯罪，就显然轻于侵犯公民人身权利、民主权利罪中的故意杀人、强奸、绑架等犯罪。

3. 各类具体犯罪也大体上是根据社会危害程度的大小进行排列的

刑法分则中的每一类犯罪都包括数目不等的具体犯罪，各类具体犯罪的排列基本上也是按照各自社会危害性的大小，由重到轻依次编排的。例如，在危害公共安全这一类犯罪中，放火、决水、爆炸等犯罪，均属于故意以危险方法危害公共安全的犯罪，其社会危害性最大，因此，将它们排在该类犯罪的最前面。而工程重大安全事故罪、教育设施重大安全事故罪、消防责任事故罪等犯罪，属于过失危害公共安全的犯罪，社会危害性相对较小，因而将它们排在该类犯罪的最后面。

分则中各类犯罪中每一种具体犯罪,并非都是绝对按照社会危害性的大小由重到轻进行排列的,有的犯罪的排列,照顾到犯罪性质和罪名之间的逻辑关系。例如,故意杀人罪排在侵犯公民人身权利、民主权利罪之首,紧接其后的是过失致人死亡罪,而社会危害性显然大于过失致人死亡罪的强奸罪、绑架罪等却排在后面。这种排列是因为故意杀人罪和过失致人死亡罪都是侵犯公民生命权利的犯罪,将他们排在一起既能照顾到犯罪的性质,也符合法条逻辑。

(二)刑法分则的法条结构

刑法分则条文的结构模式基本上是相同的。绝大多数分则条文都是由罪状和法定刑部分组成,罪状构成法条的前一部分内容,用来描述犯罪的基本特征;法定刑构成法条的后一部分内容,用来规定该犯罪的具体量刑幅度,即法定刑。例如,刑法第102条规定:"勾结外国,危害中华人民共和国的主权、领土完整和安全的,处无期徒刑或者十年以上有期徒刑。"这一条文中,"勾结外国,危害中华人民共和国的主权、领土完整和安全的"为罪状,"处无期徒刑或者十年以上有期徒刑"为法定刑。也有少数分则条文只规定了罪状或者只规定法定刑,例如,刑法第382条专门规定了贪污罪的罪状,而刑法第383条则主要规定了贪污罪的法定刑。这样处理的理由是由于这类犯罪的罪状和法定刑的设置较为复杂,需要花较多的文字予以表述,因而不便将罪状和法定刑规定在同一条文之中。

三、罪状、罪名、法定刑

(一)罪状

罪状,是指刑法分则条文对某种犯罪的基本构成特征的描述。在刑法理论上,通常根据分则条文对罪状的描述方式的不同,将罪状分为四种:即简单罪状、叙明罪状、引证罪状和空白罪状。

1. 简单罪状

简单罪状,即条文只简单地规定罪名或者简单描述具体犯罪的基本构成特征。例如,刑法第234条规定:"故意伤害他人身体的,处三年以下有期徒刑、拘役或者管制。犯前款罪,致人重伤的,处三年以上十年以下有期徒刑;致人死亡或者以特别残忍手段致人重伤造成严重残疾的,处十年以上有期徒刑、无期徒刑或者死刑。本法另有规定的,依照规定。"此条只简单地描述了故意伤害罪的主观方面和客观方面的特征,属于简单罪状。在我国刑法中,简单罪状占有一定的比例。刑法中之所以采取简单罪状的方式,是因为这些犯罪的特征易于被人理解和把握,因而无须在法律上做具体的描述。简单罪状虽然缺乏对犯罪构成特征的具体描述,但条文简练概括,避免烦琐。

2. 叙明罪状

叙明罪状,即在条文中较为具体地描述犯罪构成的特征。叙明罪状对犯罪构成特征的描述往往侧重于犯罪构成的某一方面。刑法第130条规定:"非法携带枪支、弹药、管制刀具或者爆炸性、易燃性、放射性、毒害性、腐蚀性物品,进入公共场所或者公共交通工具,危及公共安全,情节严重的……"侧重描述犯罪构成的行为、犯罪对象及地点等客观特征。再如刑法第360条规定:"明知自己患有梅毒、淋病等严重性病卖淫、嫖娼的……"刑法第363条规定:"以牟利为目的,制作、复制、出版、贩卖、传播淫秽物品的……"这些条文均侧重描述犯罪的主观特征和客观表现。还有的条文采用叙明罪状描述了犯罪的主体特征、主观方面和客观行为等,刑法第305条规定:"在刑事诉讼中,证人、鉴定人、记录人、翻译人对与案件有重要关系的情节,故意作虚假证明、鉴定、记录、翻译,意图陷害他人或者隐匿罪证的……"叙明罪状对犯罪的特征有详细的描述,易于理解和掌握,便于司法实践正确定罪,因此为多数刑法条文所采用。

3. 引证罪状

引证罪状,即引用刑法其他条款来说明和确定某一犯罪的构成特征。例如,刑法第119条第1款规定的是故意破坏交通工具、交通设施、电力设备、燃气设备、易燃易爆设备造成严重后果的犯罪行为,第2款以"过失犯前款罪的……"规定了过失损坏交通工具罪、过失损坏交通设备罪、过失损坏电力设备罪、过失损坏易燃易爆设备罪,但对其主观方面以外的其他构成特征须参照第1款的规定。引证罪状可以避免条款之间的文字重复,便于实现立法简明。

4. 空白罪状

空白罪状,即在条文中指明必须将其他法律、法规的规定作为确定某一犯罪构成特征的参照的罪状表述方式。例如,刑法第340条规定:"违反保护水产资源法规,在禁渔区、禁渔期或者使用禁用的工具、方法捕捞水产品,情节严重的……"即为空白罪状。要了解非法捕捞水产品罪的构成特征,就需要参考保护水产资源法规的具体规定。空白罪状适用于同违反其他法律、法规有关,但在刑法条文中难以对其特征做出具体描述的犯罪。"其他法律、法规"通常是经济、行政法律、法规。例如,刑法第128条非法持有、私藏枪支、弹药罪中关于"枪支管理规定",第225条非法经营罪中关于"专营、专卖物品或者其他限制买卖的物品的"规定、"经营许可证"管理规定,第330条妨害传染病防治罪中关于"传染病防治法的规定",等等。空白罪状是为了避免刑法同作为其前置法的行政、经济法律、法规的重复而采用的一种罪状表述方式,对于此类罪状的适用必须参照相关经济、行政法律、法规的规定。

值得注意的是,在某些刑法条文中,基于罪状表述的需要同时采用了多种表述形式,例如,刑法第225条规定:"违反国家规定,有下列非法经营行为之一,扰乱市场秩序,情节严重的,处五年以下有期徒刑或者拘役,并处或者单处违法所得一倍以上五倍以下罚金;情节特别严重的,处五年以上有期徒刑,并处违法所得一倍以上五倍以下罚金或者没收财产:(一)未经许可经营法律、行政法规规定的专营、专卖物品或者其他限制买卖的物品的;(二)买卖进出口许可证、进出口原产地证明以及其他法律、行政法规规定的经营许可证或者批准文件的;(三)未经国家有关主管部门批准非法经营证券、期货、保险业务的,或者非法从事资金支付结算业务的;(四)其他严重扰乱市场秩序的非法经营行为。"该罪状对非法经营罪的主要行为方式既采用了叙明罪状的表述方式,而对于那些属"专营、专卖物品"则又采用了空白罪状的形式,此种罪状表述方式被称为混合罪状。

▶ (二)罪名

1. 罪名的概念

罪名,即犯罪的名称,是对犯罪本质特征或主要特征的高度概括。罪名有广义和狭义之分,广义的罪名包括类罪名、次类罪名和具体罪名,狭义的罪名仅指具体罪名。

2. 罪名的分类

根据不同的标准,可以将罪名分为不同的种类,具体有以下几种分类方式。

1) 根据罪名的范围大小分类

根据范围的大小,罪名可以划分为类罪名、次类罪名和具体罪名。

(1) 类罪名,是指某一类犯罪的名称。在我国刑法中,类罪名是以犯罪的同类客体为标准进行概括的,共有10个类罪名。类罪名之下,包括具有该类性质的所有具体罪名。因此,理解类罪名有助于理解该类具体犯罪的性质。在刑法分则中,类罪名是章的标题,没有具体的罪状与定刑。理解类罪名,有助于理解该类具体犯罪的构成要件。由于现实中的犯罪都是具体的,故类罪名不能成为定罪得以引用的根据,不能根据类罪名定罪。

(2) 次类罪名,是指在刑法分则中章以下节的犯罪名称。在刑法分则中并不是每一章都设有节,仅只在第三章破坏社会主义市场经济秩序罪与第六章妨害社会管理秩序罪中设有节,而各节罪名(如生产、销售伪劣商品罪,走私罪,妨害司法罪,危害公共卫生罪)属于次类罪名。

(3) 具体罪名,又称种罪名,是指各种犯罪的名称。具体罪名是对刑法分则条文具体内容的概况体现,如强奸罪、抢劫罪、盗窃罪等。

2) 根据刑法分则条文中所规定的内容分类

根据刑法分则条文中所规定的内容,罪名可以划分为单一罪名和选择罪名。

(1) 单一罪名,是指所包含的犯罪构成的具体内容单一,只能反映一个犯罪行为,不能拆开使用的罪名。例如,故意杀人罪、非法捕捞水产品罪等,它们所表示的是具体犯罪行为,不可能对它们进行分解。行为触犯一个单一罪名的,没有疑问地构成一罪。我国刑法分则中的大部分罪名是单一罪名。

(2) 选择罪名,是指所包含的犯罪构成的具体内容复杂,反映多种犯罪行为,既可概括使用,也可分解拆开使用的罪名。例如,拐卖妇女、儿童罪是一个罪名,但它包括了拐卖妇女的行为与拐卖儿童的行为,于是可以分解为两个罪名。行为人只拐卖妇女时,定拐卖妇女罪;当行为人只拐卖儿童时,定拐卖儿童罪;当行为人既拐卖妇女又拐卖儿童时,定拐卖妇女、儿童罪,不实行数罪并罚。选择罪名具体包括三种情形:第一,行为对象的选择,如上述例子;第二,行为方式的选择,如刑法第347条规定的走私、贩卖、运输、制造毒品罪;第三,既有行为对象又有行为方式的选择,如刑法第127条的盗窃、抢夺枪支、弹药、爆炸物、危险物质罪。选择罪名的特点是可以包括许多具体犯罪,又避免具体罪名繁杂。

另外,还可以根据罪名在不同领域的适用效力分为立法罪名、司法罪名和学理罪名等。

▶ (三)法定刑

法定刑,是指刑法分则条文对具体犯罪所确定的适用刑罚的种类和刑罚幅度。刑罚类通常称为刑种,刑罚幅度通常称为刑度。刑法总则规定了管制、拘役、有期徒刑、无期徒刑、死刑五种主刑和罚金、剥夺政治权利、没收财产、驱逐出境四种附加刑。

刑法分则中的法定刑是依据刑法总则的规定,根据具体犯罪的社会危害性而确定的刑种和刑度,表明了犯罪与刑罚质的因果性联系和量的相适应关系。具体犯罪法定刑的量定,是以该犯罪的社会危害性可能达到的最高程度和最低程度为依据。如果立法者认为某种犯罪的社会危害性较大,就会规定较重的法定刑;如果立法者认为某种犯罪的社会危害性较小,就会规定较轻的法定刑。例如,故意杀人罪的社会危害性大,所以刑法规定其法定刑的刑种是有期徒刑、无期徒刑和死刑,刑罚幅度是死刑、无期徒刑或者10年以上有期徒刑,即使情节较轻,也要处3年以上10年以下有期徒刑。相反,拐骗儿童罪的社会危害性相对较小,所以刑法规定其法定刑的刑种是有期徒刑和拘役,刑罚幅度是5年以下有期徒刑或者拘役。除了具备法定的减轻情节外，对于犯罪人判处刑罚时，必须在法定刑的范围内选择与犯罪相适应的刑种和刑度。

法定刑不同于宣告刑。法定刑是立法机关针对具体犯罪的性质和危害程度所确定的量刑标准，它着眼于该罪的共性；宣告刑是法定刑的实际运用，是审判机关对具体犯罪案件中的犯罪分子依法判处并宣告的应当实际执行的刑罚，它着眼于具体犯罪案件及犯罪分子的特殊性。

法定刑也不同于执行刑。执行刑是犯罪分子实际被执行的刑罚，执行刑的基本依据是宣告刑，在刑期上，既可能与宣告刑相等也可能因减刑而低于、少于宣告刑。执行刑与法定刑的区别表现在：法定刑是刑法规定的刑种与刑度，执行刑是犯罪分子实际执行的刑罚。

根据立法实践，在刑法理论上通常根据法定刑的刑种、刑度是否确定为标准，将法定刑分为三种形式，即绝对确定的法定刑、绝对不确定的法定刑和相对确定的法定刑。

1. 绝对确定的法定刑

绝对确定的法定刑，是指在条文中对某种犯罪或某种犯罪的某种情形只规定单一、固定、无量刑幅度的刑种和刑度的法定刑。例如，根据刑法第240条的规定："拐卖妇女、儿童的，处五年以上十年以下有期徒刑，并处罚金；有下列情形之一的，处十年以上有期徒刑或者无期徒刑，并处罚金或者没收财产；情节特别严重的，处死刑，并处没收财产……"在本条中，"情节特别严重的，处死刑，并处没收财产"的规定，绝对排除了法官自由裁量权的范围。对此种行为只能选择并适用死刑，因而属于绝对确定的法定刑。绝对确定的法定刑的特点是无任何自由裁量的余地，防止罪刑擅断，便于操作。但对于同一种犯罪，不考虑其具体情况而对犯罪人一律科以完全相同的刑罚，有失公正，不利于达到良好的刑罚效果。

2. 绝对不确定的法定刑

绝对不确定的法定刑，是指在条文中对某种犯罪不规定具体的刑种和刑度，只规定对该种罪处以刑罚，至于具体如何处罚完全由法官掌握。例如，条文对具体犯罪只规定"依法制裁""依法追究刑事责任""依法严惩"，至于如何具体处罚，则完全由法官决定。绝对不确定的法定刑在新中国成立初期法制不完善的时候曾出现过，但由于其没有规定具体的刑种和刑度，使得法官的裁量权过大，难以保障公正适用刑罚，违反罪刑法定原则和罪责刑相适应原则，所以我国现行刑法分则中没有绝对不定期刑。需要指出的是，在我国行政法律、经济法律中的"法律责任"条款往往规定有"依法追究刑事责任"。例如，商标法第67条第1款规定："未经商标注册人许可，在同一种商品上使用与其注册商标相同的商标，构成犯罪的，除赔偿被侵权人的损失外，依法追究刑事责任。"但这并不是绝对不确定的法定刑。因为"依法追究刑事责任"，实际上是依照刑法来追究刑事责任，刑法对上述条款中的行为已规定了相应的法定刑，上述条款只是重申刑法的有关规定，而不是一种法定刑。

3. 相对确定的法定刑

相对确定的法定刑，是指条文对某种犯罪规定了相对具体的刑种和刑度。相对确定的法定刑在立法上有确定的刑种和刑度，在司法上又有具体裁量的余地，克服了前两种法定刑的弊端，便于法官在保证司法统一的基础上，根据具体案情和犯罪人的具体情况，在法定刑的幅度内选择适当的刑种和刑期，有利于刑罚目的的实现，因此这种法定刑被世界各国刑法普遍采用。

我国现行刑法分则中没有绝对不确定的法定刑，但存在着少量的绝对确定的法定刑。当然我国刑法分则中的绝对确定的法定刑均是相对于特定犯罪的具体情形而言的,而不是对某种犯罪的所有情况都适用的。我国刑法分则条文中的法定刑绝大多数为相对确定的法定刑,其表现方式有以下几种:

(1)分则条文仅规定法定刑的最高限度,其最低限度决定于刑法总则对该刑种下限的规定。例如,刑法第315条规定的破坏监管秩序罪的法定刑是3年以下有期徒刑。结合刑法总则第45条关于有期徒刑的最低期限为6个月的规定,该罪的法定刑实为6个月以上3年以下有期徒刑。

(2)分则条文仅规定法定刑的最低限度,其最高限度则取决于刑法总则的规定。例如,刑法第404条规定的徇私舞弊不征、少征税款罪的法定刑是5年以上有期徒刑。结合刑法总则第45条关于有期徒刑的最高期限为15年的规定,该罪的法定刑实为5年以上15年以下有期徒刑。

(3)分则条文同时规定法定刑的最高限度与最低限度,例如,刑法第236条第1款对强奸罪规定的法定刑是"三年以上十年以下有期徒刑"。

(4)分则条文规定两种以上的主刑或者规定两种以上主刑并规定附加刑。例如,刑法第234条第1款规定:"故意伤害他人身体的,处三年以下有期徒刑、拘役或者管制。"这里规定了三种主刑,对其中的有期徒刑又规定了上限。法院可以根据案件的具体情况,在三种主刑中选择一种,然后再按照有关规定确定具体刑期。又如,刑法第309条规定的扰乱法庭秩序罪的法定刑为"三年以下有期徒刑、拘役、管制或者罚金"。该条规定了三种主刑和一种附加刑,法院可以根据案件情节选择其中一种主刑或者附加刑。

(5)分则条文规定援引性的法定刑。例如,刑法第125条第1款规定了非法制造、买卖、运输、邮寄、储存枪支、弹药、爆炸物罪及其法定刑;该条第2款规定:"非法制造、买卖、运输、储存毒害性、放射性、传染病病原体等物质,危害公共安全的,依照前款的规定处罚。"

学习单元五
放火罪

【学习目标与要求】

熟知放火罪的犯罪构成要件,了解本罪与故意杀人罪、故意伤害罪的界限,能准确理解本罪既遂形态与未遂形态的界限

【学习重点与提示】

放火罪的犯罪形态认定

基本知识概述

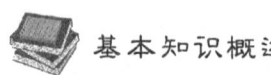一、放火罪的特征分析

放火罪,是指故意放火焚烧公私财物、危害公共安全的行为。

本罪的构成要件包括:

(1)本罪的客体是公共安全,即不特定多数人的生命、健康或者重大公私财产的安全。犯罪对象通常是他人财物,但并不仅限于此,有时也包括属于行为人本人的财物。对于放火焚烧自己的财物是否构成本罪应做具体分析。如果放火行为不足以危害公共安全的,不构成本罪。例如,行为人的家是独门独院,距他人的房屋等财物较远,行为人因为与家人闹矛盾,一气之下放火烧毁了自家的房屋,不能定本罪;如果放火行为足以危害公共安全的,应以本罪论处。

(2)本罪的客观方面表现为行为人实施了放火焚烧公私财物、危害公共安全的行为。所谓放火,是指故意使用引火物或其他方法使财物燃烧的行为。放火的方式,既可以是作为,例如,利用各种引火物直接把焚烧对象点燃的行为;也可以是不作为,例如,负有防火义务的油库安全员,发现油库有着火的危险,能够采取措施防止而不防止,导致火灾发生的行为。由于放火的社会危害性很大,所以只要实施了放火行为,使公共安全处于危险状态,即使没有造成实际的损害结果,也构成本罪。放火行为如果没有危害公共安全的故意,又不足以使公共安全处于危险状态,则不应以本罪论。

(3)本罪的主体是一般主体,根据刑法第17条第2款的规定,已满14周岁不满16周岁的人犯本罪应当负刑事责任。

(4)本罪的主观方面是故意,包括直接故意和间接故意,只要明知自己的行为会引起公私财物的燃烧,造成火灾,危及公共安全,并且希望或者放任这种结果发生,即为放火的故意。至于动机如何不影响本罪的构成。

二、放火罪的认定

(一)放火罪与故意杀人罪、故意伤害罪的界限

应当区分几种情况:①以放火的手段杀害(烧死)特定个人的行为,即为了杀人而使用放火方法,危害或者足以危害到公共安全的,以本罪论处。②为了杀人而使用放火的方法,指向特定的对象,没有也不可能危害到公共安全的,应当以故意杀人罪或者故意伤害罪论处。例如,针对单独居住的某个人的房屋放火等。③杀人以后,使用放火方法毁尸灭迹的,应当实行数罪并罚。

(二)放火罪与故意毁坏财物罪的界限

放火焚烧财物,危害或者足以危害公共安全的,以本罪论处;放火焚烧财物没有危害到公共安全,可能构成故意毁坏财物罪。

(三)放火罪既遂与未遂的界限

对于本罪的既遂与未遂问题,刑法学界有不同的观点。有的认为,烧毁了财物的是既遂,否则是未遂;有的认为,本罪是危险犯罪,只要实施了放火行为,就构成本罪既遂,如拿着引火物点燃目的物的行为,就是既遂;还有的认为,在实践中,放火的目的一般是要把目的物烧毁,根据刑法的规定,只要行为人实施了放火行为,已将目的物点燃并开始独立燃烧,足以危害公共安全,即使及时将火扑灭,未达到烧毁的目的,也构成本罪既遂。但是,如果放火行为没有实施完毕,例如,正要点火即被抓获,应以放火未遂论处。

根据刑法通说观点,认定某一犯罪行为是否既遂,应看行为是否已经完全齐备了刑法分则对该罪规定的构成要件。要件齐备的,即使没有达到行为人预期的犯罪目的,也应认为是既遂。对于本罪来说,只要行为人已将放火行为实施完毕,即行为人已经将目的物点着并开始独立燃烧,就已经齐备了刑法第114条对本罪规定的全部构成要件而构成既遂。

三、放火罪的处罚

刑法第114条与第115条第1款对放火罪规定了两个层次的法定刑:犯放火罪尚未造成严重后果的,适用第114条,处3年以上10年以下有期徒刑;犯放火罪致人重伤、死亡或者使公私财产遭受重大损失的,适用第115条第1款,处10年以上有期徒刑、无期徒刑或者死刑。"尚未造成严重后果"是指尚未造成严重的实害后果,包括两种情况:一是放火行为没有造成任何实害后果;二是放火行为造成了一定的实害后果,但并不严重。只有当放火行为造成他人重伤、死亡或者使公私财产遭受重大损失时,才能根据刑法第115条第1款的法定刑处罚。

案例分析

【训练案例】

邢某于2008年4月4日21时许,在其工作的本市××区××村3号福某记饭店内,因倒垃圾问题与饭店经理陈某(男,44岁)发生争执。后陈某将邢某头部打伤,经鉴定为轻微伤。

被告人邢某被打后,从厨房拿一把菜刀追砍陈某,陈某躲进饭店的1号包间内。邢某用菜刀将包间房门的玻璃砍碎,见陈某不出来,便把饭店大厅离1号包间最近的28号餐桌下的煤气管道阀门打开,并用打火机点燃,意图烧陈某。煤气着火后将1把椅子和隔板烧坏。后饭店员工及时将火扑灭。被点燃的煤气管道连接4个大型煤气罐,如不及时扑灭极易引起爆炸,威胁到饭店及饭店周围商店的安全。经鉴定,福某记饭店所遭受的经济损失为人民币410元。被告人邢某被民警当场抓获。在本案审理期间,福某记饭店经理表示不再要求被告人邢某赔偿饭店所遭受的经济损失。

分析提示:

(1)邢某为报复他人在饭店内将连接4个大型煤气罐的煤气管道点燃,威胁到饭店周围不特定多数人的生命及财产安全,其行为已构成放火罪,应予惩处。

(2)燃烧财物时,不管财物是他人所有还是自己所有,只要足以危害公共安全,就属于放火。燃烧他人财物不足以危害公共安全的,只能构成故意毁坏财物罪;燃烧自己财物不足以危害公共安全的,不构成犯罪。

【相关法律法规】

刑法第114条,第115条第1款。

学习单元六 交通肇事罪

【学习目标与要求】

熟知交通肇事罪的犯罪标准、处罚幅度,明确交通肇事罪的罪与非罪、此罪与彼罪的界限;能准确运用刑法和司法解释,根据具体交通肇事案例,做出符合案件事实和法律规范的分析

【学习重点与提示】

交通肇事行为认定,逃逸的认定

 基本知识概述

在现实生活中,交通肇事不仅是最常见的刑事案件之一,而且是过失犯罪的典型,有"过失之王"的"美称"。交通肇事罪在过失犯罪中的地位十分重要,相对于过失致人死亡罪(刑法第233条),它是特殊条款所规定的罪名(这里也涉及普通过失和业务过失的问题);但相对于重大飞行事故罪、铁路运营安全事故罪(刑法第131条、第132条)而言,则交通肇事罪又成为一般条款所规定的罪名。对交通肇事罪的掌握,一定要注意2000年11月10日颁布的《最高人民法院关于审理交通肇事刑事案件具体应用法律若干问题的解释》(法释〔2000〕33号,以下简称《交通肇事案件解释》)的内容。

一、交通肇事罪的特征分析

交通肇事罪是指违反交通运输管理法规,因而发生重大事故,致人重伤、死亡或者使公私财产遭受重大损失的行为。

结合司法解释,交通肇事罪的构成要件问题应从以下几个方面着手分析。

▶(一)交通肇事行为

1. 交通肇事罪存在的时空范围

交通肇事罪存在的时空范围主要是在交通运输活动中,同时该"交通运输活动"也有一定程度的限制,具体可以从以下方面理解。

(1)交通肇事罪只能发生在公共交通管理范围之内,在公共交通管理范围之外,如在某些厂矿、学校、单位内部开车肇事的一般不以交通肇事罪论处。厂矿内部、学校内部或者是机关大院里面,不属于公共交通管理范围,在这些地方的交通肇事一般以生产责任事故罪、劳动安全责任事故罪、过失致人死亡罪论处。

(2)交通肇事罪不仅仅是可以发生在陆地上,也可以发生在水域即内河或者是海上。除了

驾驶机动车辆可以构成该罪外,在内河或者海上违规驾驶、操作轮船,发生严重碰撞事故,也可以构成本罪。但是发生在航空或者是铁路上的交通肇事行为,则构成刑法第131条、第132条的重大飞行事故罪①、铁路运营安全事故罪②。

(3)交通肇事罪必须发生在交通运输活动中。如果与交通运输活动没有联系,如在停车场上练习驾车,或者出于玩耍或好奇的目的,发动汽车,不慎将旁边的人轧死,可能构成过失致人死亡罪,而不能定交通肇事罪。

2. 交通肇事罪的客观后果

"违反交通运输管理法规,因而发生重大事故"是交通肇事罪构成要件的客观方面,要求行为人一方面确实违反了交通管理法规,另一方面是因为违反交通管理法规并且顺其自然地造成严重后果的,才可以构成犯罪。

交通肇事的责任③认定分为五个等级,从交通运输人员如司机这个角度来讲,主要有完全责任、主要责任、同等责任、次要责任和无责任。不同的等级所对应的构成犯罪所要求的后果也不一样。因为是否构成交通肇事罪,很大程度上取决于对行为人责任的认定。

如何认定肇事司机的违规程度与所造成的严重后果之间的关系,应参照《交通肇事案件解释》第2条的规定来认定,具体可以通过表6-1来理解。

表6-1 交通肇事罪责任体系表

责任体系	构成犯罪的后果条件	特殊情形下构成犯罪的条件
完全责任与主要责任	死亡1人以上或重伤3人以上,或者造成公私财产直接损失30万元以上并无力赔偿的	重伤1人以上并有以下情形之一的: 酒后、吸毒后驾车; 无驾驶资格; 明知车况不良; 明知无牌证、报废车辆; 严重超载; 肇事后逃逸的
同等责任	死亡3人以上	
次要责任或者无责任	不存在交通肇事罪问题,但在次要责任的前提下存在民事赔偿责任问题	

▶(二)交通肇事罪的主体特征

本罪的主体是一般主体,交通运输人员或者非交通运输人员都可构成此罪,在司法实践中主要是从事交通运输活动的人员。根据上述司法实践,在偷开机动车辆过程中因过失撞死、撞伤他人或者撞坏车辆的,成立交通肇事罪④。根据《交通肇事案件解释》第7条规定,如果是单位的领导、车辆的承包人等司机的上级主管人员,指使、强令司机违章驾驶、强行超车,结果造

---

① 重大飞行事故罪:是指航空人员违反规章制度,致使发生重大飞行事故,造成严重后果的行为。
② 铁路运营安全事故罪:是指铁路职工违反规章制度,致使发生铁路运营安全事故,造成严重后果的行为。
③ 交通事故中交通行政管理上的责任与刑法上的责任并不完全等同,应注意区分。分析交通肇事案件还须以刑法所规定的交通肇事罪的构成要件为依据。
④ 1998年3月17日实施的《最高人民法院关于审理盗窃案件具体应用法律若干问题的解释》第12条。

成严重后果的,单位主管领导或者承包人虽没有直接驾驶机动车辆,也能构成本罪主体。

关于交通肇事罪主体问题,还要注意《交通肇事案件解释》第 5 条第 2 款的规定:"交通肇事后,单位主管人员、机动车辆所有人、承包人或者乘车人指使肇事人逃逸,致使被害人因得不到救助而死亡的,以交通肇事罪的共犯论处。"

▶(三)犯罪主观方面是出于过失

《交通肇事案件解释》第 5 条第 2 款规定,单位主管人员、机动车辆所有人、承包人或者乘车人指使肇事人逃逸,致使被害人因得不到救助而死亡的,那么单位主管人员、机动车辆所有人、承包人或者乘车人和交通事故肇事人共同成立犯罪。根据刑法理论,共同犯罪是二人以上的共同故意犯罪,而交通肇事罪是典型的过失犯罪,从理论上说,过失犯罪不存在共犯问题,但该司法解释的规定是个例外。

二、交通肇事罪的认定

▶(一)对于驾驶非机动车辆交通肇事的认定

对于驾驶非机动车辆,如马车、农用拖拉机、自行车、三轮车等在公路或者城市道路上违章肇事,造成严重后果的,可否按照交通肇事罪论处?一般认为,构成交通肇事罪必须从具有危害(交通)公共安全①的本质属性这一点来把握。驾驶非机动车辆一般情况下由于其本身性能所限是不足以危害公共安全的,但并不是绝对不可能的,如当非机动车辆被用来从事交通运输活动及非机动车辆的用途被纳入与机动车辆用途相同的情况下,或者非机动车辆的驾驶与正在进行的有关交通运输活动直接关联的情况下,行为人驾驶非机动车辆,违章肇事,危害交通运输安全,导致法定的危害结果发生的,也应以交通肇事罪论处。反之,如果驾驶非机动车辆与交通运输活动无关,因为行为人过失而导致他人伤亡的,可以以过失致人死亡罪等论处。

▶(二)交通肇事罪与非罪的界限

正确区分交通肇事罪与非罪的标准有:①行为人虽然违反交通运输管理法规,但并没有造成重大交通事故的,不能认定为交通肇事罪。②行为虽然造成了严重后果,但是行为人主观上没有过失,而是由于不可抗拒或者不能预见的原因所引起的,不能认定为交通肇事罪。③虽然发生了交通事故,如果行为人对事故不应负全部责任或主要责任,则不能认定为交通肇事罪。

交通肇事罪与非罪的区别关键是危害结果和肇事者应当承担的事故责任。首先,交通肇事发生重大事故,造成死亡 1 人或者重伤 3 人以上的,或者造成公私财产直接损失的数额在 30 万元至 60 万元以上②的,才构成本罪。如果造成的危害后果不严重,则应按一般交通事故由公安交通管理部门处理。其次,并不是所有的重大交通事故的肇事者都构成犯罪。根据司法解释,只有对重大交通事故负全部责任或主要责任的肇事者,才构成本罪,依法追究刑事责任;而对付同等责任和次要责任的肇事者,则不能以本罪论处,而应追究相应的行政责任和民事责任。

---

① 公共安全是指不特定多数人的生命、健康和重大公私财产安全及公共生活安全。其本质特征表现为不特定性,对公共安全造成的侵害往往在事先无法确定,也无法预料和控制。
② 《交通肇事案件解释》第 9 条规定:"各省、自治区、直辖市高级人民法院可以根据本地实际情况,在 30 万元至 60 万元、60 万元至 100 万元的幅度内,确定本地区执行本解释第二条第一款第(三)项、第四条第(三)项的起点数额标准,并报最高人民法院备案。"

(三)交通肇事罪与过失致人死亡罪、过失致人重伤罪的界限

交通肇事罪往往发生致人重伤、死亡的结果,与过失致人死亡罪、过失致人重伤罪结果相同,在主观上也都是出于过失。它们的主要区别在于侵害的客体和发生的场合不同。本罪侵害的客体是交通运输安全,而过失致人死亡罪、过失致人重伤罪侵害的客体是他人的生命权或者健康权利。交通肇事罪导致的人员伤亡是在交通运输过程中,而过失致人死亡罪、过失致人重伤罪则发生在日常生活中。

(四)交通肇事罪与以驾车撞人的方法实施故意杀人罪、故意伤害罪及以危险方法危害公共安全罪的界限

交通肇事罪只能以过失构成,行为人并不希望或放任伤亡结果的发生;而故意杀人罪、故意伤害罪及以危险方法危害公共安全罪,在主观上都希望或放任伤亡结果的发生。如果行为人利用交通工具杀伤特定的人,侵害他人的生命、健康,而不足以危害公共安全的,应以故意杀人罪或故意伤害罪论处;如果行为人驾驶交通工具,不顾他人危险,横冲直撞,造成或可能造成多人重伤、死亡或者公私财产遭受重大损失的,应按以危险方法危害公共安全罪处罚。

(五)关于交通肇事后逃逸的问题

交通肇事后为了逃避法律追究而逃逸的如何处理?刑法第133条规定,交通肇事后,因逃逸致人死亡的,处7年以上有期徒刑。这是一般情形,即将逃逸致人死亡作为交通肇事罪的结果加重犯处理。

根据刑法基本理论以及《交通肇事案件解释》第5条、第6条关于交通肇事后逃逸的处理的规定,交通肇事后逃逸是指行为人明知自己的行为造成了重大交通事故,为逃避法律追究,逃离事故现场的行为,这是情节特别恶劣的首要标志。一般情况下,交通肇事后逃逸的,应在3年以上7年以下有期徒刑的幅度内处罚(情节加重犯)。对于交通肇事后因逃逸而致人死亡的,应在7年以上有期徒刑的幅度内处罚(结果加重犯)。但鉴于交通肇事后逃逸过程中行为人逃逸行为的复杂性,对此问题还是应当结合主客观相统一的定罪原则以及不作为犯罪理论来准确把握,应当注意区分交通肇事后逃逸致人死亡的不同情形:

(1)刑法第133条所规定的"因逃逸致人死亡"是指在出现交通事故后,肇事者不及时抢救被害人,而是逃离现场、一走了之,致使被害人因抢救不及时而死亡,即可称谓"消极地逃逸",这种情况下以交通肇事罪一罪论处,致人死亡的情形应当作为本罪的加重处罚情节。

(2)如果肇事者在肇事后逃逸之际又采取了积极的手段或措施,正是由于这些积极的手段、措施而直接导致被害人死亡的,则该"积极逃逸"行为本身又可能构成故意杀人罪等新的罪名,如:将被害人带至荒郊野外、人迹罕至处抛弃;将被害人推至路坑下、排水沟内;倒车再将被害人轧一下,导致被害人死亡然后逃逸的;为了逃跑而不顾周边围观群众的拦截而横冲直撞结果又撞死撞伤数人的。前三种"积极逃逸"情形本身可能构成故意杀人罪,第四种"积极逃逸"本身又对公共安全造成危害,构成以危险方法危害公共安全罪。故在"积极逃逸"的情形下有可能构成数罪,如交通肇事罪与故意杀人罪或者危害公共安全罪,实行并罚。

三、交通肇事罪的处罚

刑法第133条对交通肇事罪规定了三个档次的法定刑:情节一般的,处3年以下有期徒刑

或者拘役;交通运输肇事后逃逸或者有其他恶劣情节的,处3年以上7年以下有期徒刑;因逃逸致人死亡的,处7年以上有期徒刑。

四、相关联的罪名:危险驾驶罪

(一)危险驾驶罪的概念和特征

危险驾驶罪,是指在道路上驾驶机动车追逐竞驶,情节恶劣的;醉酒驾驶机动车的;从事校车业务或者旅客运输,严重超载、严重超速行驶的;或者违反危险化学品安全管理规定运输危险化学品,危及公共安全的行为。

本罪是刑法修正案(八)新增的罪名,刑法修正案(九)对其进行了修改,其构成特征是:

(1)本罪的客体是交通运输安全。

(2)本罪的客观方面表现为在道路上驾驶机动车的下列四类情形:一是追逐竞驶,情节恶劣的行为;二是醉酒驾驶机动车的行为;三是从事校车业务或者旅客运输,严重超过额定乘员载客,或者严重超过规定时速行驶的行为;四是违反危险化学品安全管理规定运输危险化学品,危及公共安全的行为。根据道路交通安全法第119条的规定,这里的"道路"是指公路、城市道路和虽在单位管辖范围但允许社会机动车通行的地方,包括广场、公共停车场等用于公众通行的场所。"机动车"是指以动力装置驱动或者牵引,上道路行驶的供人员乘用或者用于运送物品以及工程专项作业的轮式车辆。

(3)本罪的主体为一般主体。具体而言,追逐竞驶、醉酒驾驶的,主体为道路上所行驶的机动车的驾驶人;从事校车、客运业务,严重超速、超载的,违规运输危险化学品的,主体为机动车的驾驶人,以及对前述行为负有直接责任的机动车所有人、管理人。

(4)本罪的主观方面为故意。

(二)危险驾驶罪的认定

1."驾驶机动车追逐竞驶"的认定

"追逐竞驶",俗称"飙车",是指在道路上,以同行的其他车辆为竞争目标,追逐行驶(可以包括以不知者为其"追逐竞驶"的目标)的行为,如在道路上进行的"竞速赛""计时赛"等。这种追逐竞驶可能是超过限定时速的,也可能是未超过限定时速的。根据刑法第133条之一第1款的规定,在道路上驾驶机动车追逐竞驶,情节恶劣的才构成犯罪。判断行为是否"情节恶劣",应该从追逐竞驶的时间、场地,追逐竞驶对交通运输安全造成的威胁程度、危害后果以及社会影响等方面进行综合的认定。

2."醉酒驾驶机动车"的认定

对于实践中出现的酒后驾驶机动车的问题,应该注意区分饮酒驾车和醉酒驾车。根据2011年7月1日国家质量监督检验检疫总局《车辆驾驶人员血液、呼气酒精含量阈值与检验》(GB 19522—2010)的规定,100毫升血液中酒精含量达到20~80毫克(含20毫克)的驾驶员即为酒后驾车,80毫克以上(含80毫克)则认定为醉酒驾车。行政执法和刑事司法实践应该根据该国家标准来认定饮酒和醉酒驾驶机动车的行为。根据2013年12月18日《最高人民法院 最高人民检察院 公安部关于办理醉酒驾驶机动车刑事案件适用法律若干问题的意见》(以下简称《醉酒驾驶案件意见》)的规定,在道路上驾驶机动车,血液酒精含量达到80毫克/100毫升以上的,属于醉酒驾驶机动车,依照刑法第133条之一第1款的规定,以危险驾驶罪定罪处罚。要注意的是,刑法第133条之一第1款对醉酒驾车行为构成犯罪的规定没有设置"情节恶劣"要件。

3."从事校车业务或者旅客运输,严重超过额定乘员载客,或者严重超过规定时速行驶"的认定

"校车"是指依照国家规定取得使用许可,用于接送义务教育的学生上下学的7座以上的载客汽车。从事旅客运输的机动车,包括需要具备营运资格的公路客运、公交客运、出租客运、旅游客运以及其他从事旅客运输的微型面包车等非营运客车。从事校车业务或者旅客运输,需取得资格或者具备一定资质,但未取得许可或者不具备相关资质,并不影响本罪的认定。

4."违反危险化学品安全管理规定运输危险化学品,危及公共安全"的认定

这里的"违反危险化学品安全管理规定"是指违反与运输危险品有关的安全管理规定,不包括生产、储存、使用、经营等其他方面的安全管理规定。是否危及公共安全,应当结合运输危险化学品的性质、品种及数量,运输的时间、路线,违反安全管理规定的具体内容及严重程度,可能造成的损害后果等因素综合判断。

5. 本罪的罪数问题

1)一罪论处的情形

刑法第133条之一第3款规定:"有前两款行为,同时构成其他犯罪的,依照处罚较重的规定定罪处罚。"这里主要涉及本罪与以危险方法危害公共安全罪、交通肇事罪的关系问题。

(1)如果行为人在道路上危险驾驶机动车,故意危害公共安全,尚未造成严重后果,符合刑法第114条规定的,处3年以上10年以下有期徒刑。致人重伤、死亡或者使公私财产遭受重大损失,符合刑法第115条第1款规定的,处10年以上有期徒刑、无期徒刑或者死刑。危险驾驶罪与以危险方法危害公共安全罪的主要区别在于:在客观方面,危险驾驶罪是危害公共安全的抽象危险犯(行为犯),其危险程度较低,不以发生严重后果为构成要件;而以危险方法危害公共安全罪是危害公共安全的具体危险犯(结果犯),其危险程度较高。在主观方面,危险驾驶罪的犯罪故意以危险驾驶行为及其抽象危险为内容;而以危险方法危害公共安全罪的犯罪故意以危害公共安全的具体危险为内容,行为人是积极追求,或者消极放任严重后果的发生。要特别注意的是,以危险方法危害公共安全罪的法定最高刑为死刑,入罪判断应该从严把握。对确实构成以危险方法危害公共安全罪的行为,在量刑时也要坚持罪责刑相适应的原则,做到罚当其罪。

(2)如果行为人在道路上危险驾驶机动车,过失造成重大事故,致人重伤、死亡或者使公私财产遭受重大损失,符合刑法第133条规定的,应该以交通肇事罪定罪处罚。危险驾驶罪与交通肇事罪的主要区别在于:在客观方面,危险驾驶罪是行为犯,不以发生严重后果为构成要件;而交通肇事罪是结果犯,行为构成犯罪以实际发生了构成要件的危害结果为必要条件。在主观方面,危险驾驶罪是故意犯;而交通肇事罪是过失犯,包括疏忽大意的过失和过于自信的过失,但行为人对违反交通运输法规的行为仍然可以是明知故犯,有意为之。在司法实践中,对于构成交通肇事罪的行为,其危险驾驶的事实应该作为量刑情节予以考虑。

2)数罪论处的情形

根据《醉酒驾驶案件意见》的规定,醉酒驾驶机动车,以暴力、威胁方法阻碍公安机关依法检查,又构成妨害公务罪等其他犯罪的,依照数罪并罚的规定处罚。

(三)危险驾驶罪的处罚

根据刑法第133条之一的规定,犯危险驾驶罪的,处拘役,并处罚金。同时构成其他犯罪的,依照处罚较重的规定定罪处罚。

根据《醉酒驾驶案件意见》的规定,醉酒驾驶机动车,具有下列情形之一的,依照刑法第133条之一第1款的规定,从重处罚:①造成交通事故且负事故全部或者主要责任,或者造成交通事故后逃逸,尚未构成其他犯罪的;②血液酒精含量达到200毫克/100毫升以上的;③在高速公路、城市快速路上驾驶的;④驾驶载有乘客的营运机动车的;⑤有严重超员、超载或者超速驾驶,无驾驶资格驾驶机动车,使用伪造或者变造的机动车牌证等严重违反道路交通安全法的行为的;⑥逃避公安机关依法检查,或者拒绝、阻碍公安机关依法检查尚未构成其他犯罪的;⑦曾因酒后驾驶机动车受过行政处罚或者刑事追究的;⑧其他可以从重处罚的情形。对醉酒驾驶机动车的被告人判处罚金,应当根据被告人的醉酒程度、是否造成实际损害、认罪悔罪态度等情况,确定与主刑相适应的罚金数额。

案例分析

【教学案例】

2009年6月7日8时许,董某驾驶重型自卸货车,在某市路口右转弯进入江北大道西侧非机动车道时,因疏于观察,右后轮将在非机动车右侧路边骑自行车的9岁男孩刮倒并碾压。董某随即电话报警,并呼叫救护车将被害人送至医院抢救,但男孩终因伤势严重抢救无效死亡。交警大队认定:董某负事故全部责任,被害人无责任。案发后,董某已赔偿被害人家属人民币10万元。

分析步骤:

步骤1:被告人董某驾驶车况不符合安全技术标准的机动车在非机动车道内行驶,疏于观察,造成1人死亡,且负事故的全部责任,已构成交通肇事罪。

步骤2:被告人董某因交通肇事致1人死亡,处3年以下有期徒刑或者拘役。

步骤3:被告人董某在犯罪后自动投案,如实供述自己的罪行,系自首,可以从轻处罚①。被告人董某的家属积极和被害人亲属协商赔偿事宜,又另行补偿被害人亲属人民币4万元,取得了被害人亲属的谅解,符合适用缓刑的条件。

【相关法律法规】

刑法第133条、第67条第1款、第72条;

《最高人民法院关于审理交通肇事刑事案件具体应用法律若干问题的解释》。

【训练案例1】

2009年8月16日晚,被告人戴某与朋友在浙江省某县歌厅唱歌,并喝了啤酒。随后被告

---

① 按照刑法的规定,主动投案,如实交代自己的主要犯罪事实的行为,应属于自首。但关于交通事故发生后,肇事者主动打电话报警的行为是不是自首,各地规定不一。在浙江省,该行为不属于自首。根据《浙江省高级人民法院关于审理交通肇事刑事案件的若干意见》(浙高法〔2009〕282号)第2条第1款规定:"交通肇事后报警并保护事故现场,是道路交通安全法规定的被告人交通肇事后必须履行的义务。人民法院依法不应将交通肇事后报警并在肇事现场等候处理的行为重复评价为自动投案,从而认定被告人自首。"

人戴某驾驶宝马轿车于22时25分途经该县某乡村路段时,因车辆交会与前方横过道路的行人席某及抱在怀中的儿子王某发生相撞,造成席某、王某二人受重伤。在送往县人民医院途中,席某死亡;王某经送市人民医院抢救无效,于2009年8月18日死亡。经县公安局交警大队调查取证,被告人戴某应负此次事故的主要责任。

案发后,被告人戴某弃车逃离现场;后于2009年8月17日2时许向县公安局交警大队投案,并如实供述了主要犯罪事实。投案时,经检测酒精含量为0.72mg/ml。2009年8月25日,县公安局交警大队召开责任公开认定会,认定被告人戴某构成逃逸。2009年9月1日,双方在县公安局交警大队达成了调解书,由被告方赔偿了被害方经济损失人民币75.1万元。

分析步骤:

步骤1:定罪

被告人戴某酒后驾车发生交通事故后,逃离现场以逃避法律追究,应当认定交通运输肇事后逃逸的行为。

步骤2:量刑

被告人戴某发生交通事故致死亡二人,且负事故的主要责任,属"有其他特别恶劣情节",应处以3年以上7年以下有期徒刑。

被告人戴某主动投案后,如实供述了主要犯罪事实,应认定自首,可以从轻处罚①。事故发生后,被告人曾参与抢救伤者,并且到案后认罪态度较好,赔偿了被害人方的经济损失,并取得了被害人家属的谅解,酌情可以从轻处罚。

【训练案例2】

被告人李某,男,32岁,某单位汽车司机②。

被告人李某于2002年8月17日上午11时,同装卸工刘某、王某等三人驾驶解放牌大卡车由某乡向市里送货(该货车核准载重8吨,该批货物约重13吨)。车超速行驶,当开到某乡政府前的十字路口时,将前方同方向骑车的季某连人带车撞出20多米,造成季某重伤(后因抢救不及时,在被他人送往医院的途中死亡)。李某见撞人后,为了逃避罪责,非但不停车抢救被害人,保护肇事现场,听候处理,反而继续加速行驶逃跑。一出租车司机看到此情景后,驾车追赶,并示意其立即停车,但李某对此根本不予理会。当跑出大约3公里到市郊一农贸市场附近时,路上的人很多。李某为摆脱该出租车,只顾逃跑,看到人多也不采取减速等措施,又把路边一骑车带着小孩的母女俩撞出12米多,小孩当即死亡,妇女撞成重伤,同时还撞伤在路边赶集的两位老人(重伤)。公安机关接群众报案后,在某路口设置路障堵截,示意李某减速停车,李某驶近并看到这一情况后,仍拒不接受公安人员的停车指令,驾车虽未直接冲向机动车道的路障与交警,但紧打方向盘强行从北侧非机动车道穿越,径直撞向站在路上执行堵截任务的交警毛某,将其撞出30多米。毛某当场死亡。后李某被公安人员抓获。

分析步骤:

步骤1:定罪

(1)被告人李某"超速""超载""事故后逃逸""客观上造成致一人重伤,负事故全部责任的

---

① 《浙江省高级人民法院关于审理交通肇事刑事案件的若干意见》(浙高法〔2009〕282号)第2条第2款规定:"交通肇事逃逸后向有关机关投案,并如实供述犯罪事实的,可以认定自首,依法在三年以上七年以下有期徒刑的幅度内从轻处罚,一般不予减轻处罚。对于有致死亡一人或者重伤三人以上情节的,不适用缓刑。"

② 袁登明.国家司法考试专题讲座:刑法50讲[M].北京:人民法院出版社,2004:158-159.

后果",该行为已符合刑法及《交通肇事案件解释》的规定,李某构成交通肇事(逃逸)罪。李某在事故发生后逃逸的行为属于加重情节。

(2)被告人李某在交通肇事后继续高速驾车"看到人多也不采取减速等措施,又把路边一骑车带着小孩的母女俩撞出12米多,小孩当即死亡,妇女撞成重伤,同时还撞伤在路边赶集的两位老人(重伤)"的行为,说明李某对持续发生的危害持放任态度,具有危害公共安全的主观故意,属于应以危险方法危害公共安全罪论处。

(3)李某未直接冲向机动车道的路障与交警,表明其行为并没有直接针对公安安全;而且其紧打方向盘强行从北侧非机动车道穿越、最终撞向站在路边执行堵截任务的交警毛某,表明其行为针对的是具体、明确的个人,毛某死亡对于李某而言属于间接故意,应构成故意杀人罪。

综上被告人李某应以交通肇事罪、以危险方法危害公共安全罪及故意杀人罪三罪数罪并罚。

步骤2:量刑

根据刑法第69条、第133条、第114条、第232条,《最高人民法院关于审理交通肇事刑事案件具体应用法律若干问题的解释》量刑。

【相关法律法规】

刑法第133条;

《最高人民法院关于审理交通肇事刑事案件具体应用法律若干问题的解释》(最高人民法院2000年11月10日通过,法释〔2000〕33号);

《最高人民法院关于印发醉酒驾车犯罪法律适用问题指导意见及相关案例的通知》(法发〔2009〕47号);

《浙江省高级人民法院关于审理交通肇事刑事案件的若干意见》(浙高法〔2009〕282号)。

学习单元七
生产、销售伪劣产品罪

【学习目的与要求】

熟知生产、销售伪劣产品罪的犯罪标准、处罚幅度,会分析和处理生产、销售伪劣产品罪的罪与非罪、此罪与彼罪的界限

【学习重点与提示】

生产、销售伪劣产品罪的认定,生产、销售伪劣产品罪与诈骗罪的区别,生产、销售伪劣产品罪的犯罪数额确定

 基本知识概述

一、生产、销售伪劣产品罪的特征分析

生产、销售伪劣产品罪,是指生产者、销售者在产品中掺杂、掺假、以假充真、以次充好或者以不合格产品冒充合格产品,销售金额在5万元以上的行为。

本罪的构成特征如下:

(1)本罪所侵害的客体是国家的产品质量监督管理制度和市场管理制度,同时也侵犯了广大消费者的合法权益,犯罪对象是伪劣产品,即:不符合保障人体健康、人身财产安全的国家标准、行业标准、企业标准等的产品;掺杂、掺假、以假充真、以次充好的产品;不合格的产品;失效、变质的产品;等等。

(2)本罪在客观方面表现为违反国家产品质量监督管理法规,故意在产品中掺杂、掺假,以假充真,以次充好或者以不合格冒充合格产品,销售金额在5万元以上的行为。行为表现为四种情况:①掺杂、掺假,即在生产、销售的产品中掺入与原产品并不同类的杂物,或者掺入其他不符合原产品质量的假产品。如在芝麻中掺砂子,在磷肥中掺入颜色相同的泥土等。②以假充真,即生产者、销售者将伪造的产品冒充真正的产品,主要表现为生产、销售的产品名称与实际名称不符,或者原材料名称、产品所含成分与产品的实际名称、成分不符。如将党参冒充人参,将猪皮鞋冒充牛皮鞋等。③以次充好,即以质量次的产品冒充质量好的产品。主要表现为:将次品冒充正品,将等次低的产品冒充等次高的产品,将旧产品冒充新产品,将淘汰产品冒充未淘汰产品,将没有获得某种荣誉称号的产品冒充获得了某种荣誉称号的产品,等等。④以不合格产品冒充合格产品,主要表现为:将没有达到国家标准、行业标准的产品冒充达到国家标准、行业标准的产品,将超过使用期限的产品冒充没有超过使用期限的产品,等等。只要实施上述其中一种行为便可能构成生产、销售伪劣产品罪,同时实施多种行为的,也只以一罪论处。

生产、销售伪劣产品构成犯罪的,要求销售数额在5万元以上。不管是个体生产、销售者,还是单位生产、销售者,都必须达到这个数额,否则不以本罪论处。销售金额反映了行为人生产、销售伪劣产品的规模、行为持续时间、危害范围以及行为人的主观恶性。即销售金额与上述情节的严重程度都是成正比关系的,销售金额大,反映出行为人生产、销售伪劣产品的规模大、行为持续时间长、危害范围广、行为人的主观恶性严重,反之亦然。而且,这种规定的可操作性强,便于司法机关准确认定和处罚犯罪。

另外,根据刑法第149条规定,生产、销售假药,劣药,不符合卫生标准的食品,掺有有毒、有害的非食品原料的食品,不合标准的医疗器械、医用卫生材料,不合标准的电器、压力容器、易燃易爆产品,假农药、假兽药、假化肥、假种子,不符合卫生标准的化妆品,不构成刑法分则第三章第一节所定其余各罪,但销售金额在5万元以上的,应定为本罪予以处罚。同时,如果该行为同时构成本罪和本节其余之罪的,应依处罚较重的规定定罪处罚。

(3)本罪的主体是生产者、销售者。实践中,一切达到刑事责任年龄、具有刑事责任能力的自然人只要实施了生产、销售伪劣商品的行为均能构成该罪。根据刑法第150条的规定,单位也可以成为本罪的主体。

(4)本罪在主观方面表现为直接故意,即故意以"假、劣"冒充"真、好"。本罪多以营利和获取非法利润为目的,但本条并未规定以营利为目的是构成本罪的主观方面必须具备的要件。过失不构成本罪。

二、生产、销售伪劣产品罪的处罚

根据刑法第140条、第150条的规定,犯生产、销售假冒伪劣产品罪,依其销售金额定其刑事责任:①销售金额5万元以上不满20万元的,处2年以下有期徒刑或者拘役,并处或者单处销售金额50%以上2倍以下罚金;②销售金额20万元以上不满50万元的,处2年以上7年以下有期徒刑,并处销售金额50%以上2倍以下罚金;③销售金额50万元以上不满200万元的,处7年以上有期徒刑,并处销售金额50%以上2倍以下罚金;④销售金额200万元以上的,处15年有期徒刑或者无期徒刑,并处销售金额50%以上2倍以下罚金或者没收财产。

根据刑法第150条之规定,单位犯本罪,对单位判处罚金,并对其直接负责的主管人员和其他直接责任人员,依照上述规定处罚。国家机关工作人员参与生产、销售伪劣商品犯罪的,从重处罚。

三、生产、销售伪劣产品罪的认定

▶(一)生产、销售伪劣产品罪与非罪的认定

按照本条规定,生产、销售伪劣产品的行为,必须是销售金额在5万元以上的,才能构成犯罪。因此,本罪在犯罪形态上属结果犯。销售金额不满5万元的,则属一般违法行为,可由有关工商行政部门给予行政处罚。

▶(二)生产和销售伪劣产品行为是否并罚

本罪是选择性罪名,生产与销售伪劣产品行为是选择性要件,行为人只要实施了生产或销

售中的任何一个行为,就适用本条的规定,构成生产伪劣产品罪或销售伪劣产品罪。如果行为人既实施了生产伪劣产品的行为,又实施了销售伪劣产品的行为,是否数罪并罚则要根据不同情况做不同分析。①如果行为人既生产了伪劣产品,又销售了自己生产的伪劣产品,则销售行为是生产行为的延续,对这两种行为不能数罪并罚,而仍按生产、销售伪劣产品罪一罪处罚。②如果行为人生产了伪劣产品,又销售了他人生产的伪劣产品,且销售金额都在5万元以上,则应按生产伪劣产品罪和销售伪劣产品罪两罪并罚。

▶(三)生产、销售伪劣产品罪与生产、销售特定伪劣产品罪的关系

刑法第140条规定的生产、销售伪劣产品罪与第141~148条规定的生产、销售假药等特定伪劣产品罪之间的关系,实际上属于法条竞合的关系,第140条是一般性条款,生产、销售伪劣产品罪相对而言属于普通罪名;而第141~148条是特殊条款,所规定的生产、销售假药等罪名相对而言就属于特殊罪名。但该种法条竞合的关系处理原则不是"特殊条款优先",而是"重法优先"原则,这是第149条第2款所规定的。

一定要注意刑法第149条的两个条款,可谓是对第140~148条的一个总则性的规定:

(1)生产、销售本节第141~148条所列产品,不构成各该条规定的犯罪,但是销售金额在5万元以上的,依照第140条的生产、销售伪劣产品罪的规定定罪处罚。如生产、销售劣药,尚没有对人体造成严重危害的,虽然不构成生产、销售劣药罪,但如果销售金额达到了5万元,则应以生产、销售伪劣产品罪定罪量刑。

(2)生产、销售本节第141~148条所列产品,构成各该条规定的犯罪,同时又构成第140条规定之罪的,依照处罚较重的规定定罪处罚。

▶(四)生产、销售伪劣产品罪与诈骗罪的区别界定

生产、销售伪劣产品犯罪一般表现为在产品中掺杂使假、以假充真、以次充好或者以不合格产品冒充合格产品等欺骗手段;而诈骗罪常常亦以冒充销售产品的工商活动来实现。两者往往极易混淆。两者有着本质的不同:①所侵犯的客体不同。本罪所侵犯的是市场管理的正常活动及消费者的合法权益,包括其人身健康及财产安全等权利;而诈骗罪则是对财产的所有权造成侵害。②犯罪目的不同。本罪一般表现为以获取非法利润为目的,但也可以是出于其他非法目的,如为了不正当竞争,通过生产、销售伪劣产品冒充为他人生产的产品,毁坏他人名誉,以使自己处于有利的地位等;而后者则只能出于非法占有的目的。③客观行为的表现方式不同。诈骗罪是完全采取虚构事实、隐瞒真相的方法,使受害人产生错觉,信以为真,从而自愿地"交出财物",而本罪则是在经济活动中,违反工商管理等市场管理法规,在生产、销售等工商活动中使用偷工减料、掺杂使假,以次充好,以假充真,以不合格产品冒充合格产品等带有欺诈性质的手段进行非法的经营活动。

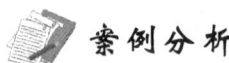

【教学案例】

被告人林某、徐某、孙某受雇于刘某、方某(均另案处理),为其运输假烟,并代为收取货款。期间,被告人林某、徐某先后运输并将销售金额为124 800元的假烟销售款汇入刘某、方某的账户。被告人孙某参与的销售金额为20 000元。2006年3月19日,被告人徐某、孙某经被告

人林某安排,欲经某市前往上海等地交货。途中被公安机关和烟草部门查获,当场缴获23 600条假烟。经价格认定,上述查扣的假烟总计价值人民币为1 890 050元。2006年10月25日,某市人民检察院以被告人林某、徐某、孙某犯销售伪劣产品罪,向某市中级人民法院提起公诉。

本案应当如何定性处罚?

分析步骤:

步骤1:本案中,被告构成生产、销售伪劣产品罪。被告人林某、徐某已经销售的金额为124 800元,被告人孙某已经销售的金额为20 000元,三被告人尚未销售的金额为1 890 050元。比较已销售金额与未销售金额的量刑档次,根据重刑吸收轻刑原则,对于三被告人均应按照尚未销售的1 890 050元来选择量刑档次,即在"七年以上有期徒刑,并处销售金额百分之五十以上二倍以下罚金"这一档次适用刑罚。

步骤2:因本案被告其尚未销售,因而全案应当认定为犯罪未遂,加之三被告人均为共同犯罪的从犯,因此对三被告人可以在7年有期徒刑以下适用刑罚。

【训练案例1】

2008年年底,被告人余某与尚未归案、被称作小胡的人合伙贩卖假冒伪劣卷烟。2009年2月份以来,余某将假冒中华、红双喜等卷烟250条以共计人民币6000元的价格卖给宋某,将假冒芙蓉王卷烟100条以共计人民币800元的价格卖给蔡某,将假冒红双喜卷烟100条以共计人民币2000元的价格卖给王某。2009年3月14日,某市烟草专卖局执法人员从余某管理的多处仓库共查获中华、红双喜等假冒伪劣卷烟21 498条,价值共计人民币4 612 025元。

本案应当如何定性处罚?

分析提示:

(1)本案中,尽管销售金额仅为8800元,但是尚未销售的货值金额达461万余元,远远超过了15万元的数额要求,被告人余某的行为已构成销售伪劣产品罪。

(2)伪劣产品既有已经销售的,又有尚未销售的,应当根据销售金额和未销售货值金额是否分别达到起刑点数额标准来认定既未遂,并根据重刑吸收轻刑原则选择量刑档次,在处罚较重的法定刑幅度内酌情从重处罚。

(3)被告人余某为了非法牟利,伙同他人销售伪劣卷烟,其行为已构成销售伪劣产品罪。余某的犯罪行为同时触犯了销售伪劣产品罪、非法经营罪和销售假冒注册商标的商品罪,应择一重罪,以销售伪劣产品罪定罪量刑。因余某涉案的部分伪劣卷烟尚未销售即被查获,有犯罪未遂情节,依法可以比照既遂犯减轻处罚。

【训练案例2】

2010年2月至2011年3月间,王某从废品回收站购买大量高档白酒的空酒瓶、包装盒、包装袋等材料,然后将低档次白酒灌装到空酒瓶中并包装成高档白酒对外销售,至案发前,王某的销售金额为人民币7万余元,违法所得数额为人民币4.17万元。

分析提示:

王某的行为构成生产、销售伪劣产品罪与假冒注册商标罪的想象竞合,应从一重处罚。理由如下:

(1)王某的行为构成生产、销售伪劣产品罪。生产、销售伪劣产品罪是指生产者、销售者在产品中掺杂、掺假,以假充真,以次充好,或者以不合格产品冒充合格产品,销售金额在5万元以上的行为。"以次充好"又包括以低等级、低档次的产品冒充高等级、高档次产品等情形,本案中王某利用回收的包装灌装低档酒冒充高档酒对外进行销售的行为,属于典型的"以次充好"行为,构成生产、销售伪劣产品罪。

(2)王某的行为同时也构成假冒注册商标罪。首先,回收的酒瓶、包装盒等包装材料属于注册商标标识。商标标识是指带有商标但独立于被标志商品的物品。王某购买的回收空酒瓶、包装盒上均含有相应品牌白酒注册商标的图样,且独立于白酒本身,因此属于注册商标标识,如果将这些标识与白酒附着并使之重新进入流通领域,则会诱使消费者做出错误判断。其次,王某在同一种商品上使用与他人注册商标相同的商标,并未获得注册商标权利人的许可。虽然回收包装是由权利人生产使用的,与正品的包装一样,但是按照规定包装的使用权仅限于权利人本人及其授权许可的人,其他人使用都属于未经授权。当产品消耗后,包装应被回收或销毁,王某直接将回收包装附着于产品上的使用行为,显然未经过权利人许可。此外,回收包装属于"与被假冒的注册商标完全相同"的情形,可以认定为相同商标,行为人超越授权擅自制造注册商标标识的行为应被认定为非法制造注册商标标识,因为超出授权部分所印制的标识与被假冒的标识是完全相同的,因此本案中的回收包装可以认定为与相应被假冒品牌白酒注册商标属于相同的商标。

(3)王某的行为构成生产、销售伪劣产品罪与假冒注册商标罪的想象竞合,应以假冒注册商标罪定罪处罚。根据司法解释关于两罪的量刑标准,假冒注册商标罪处罚更重,因此本案应按假冒注册商标罪处罚。

【相关法律法规】

刑法第140条、第149条、第150条;

1995年7月5日《最高人民法院关于审理生产、销售伪劣产品刑事案件如何认定"违法所得数额"的批复》(法复〔1995〕3号);

2001年4月5日《最高人民法院 最高人民检察院关于办理生产、销售伪劣商品刑事案件具体应用法律若干问题的解释》(法释〔2001〕10号)。

学习单元八
走私普通货物、物品罪

【学习目标与要求】

熟知走私普通货物、物品罪的概念与犯罪构成,明确走私普通货物、物品罪的罪与非罪的界限,能准确运用刑法和司法解释,判断具体走私案件中行为的定性并做出相关法律分析

【学习重点与提示】

走私普通货物、物品罪犯罪对象的辨析、犯罪既遂的认定

基本知识概述

一、走私普通货物、物品罪的特征分析

走私普通货物、物品罪,是指违反海关法规,走私刑法第151条、第152条和第347条规定以外的货物、物品,偷逃应缴税额较大,或者1年内曾因走私被给予2次行政处罚后又走私的行为。

本罪的构成要件如下:

(1)本罪的客体是国家对外贸易管制中关于普通货物、物品进出口的监管制度和征收关税制度。根据海关法的规定,进出口货物应当接受海关监管,进出境物品应当以自用、合理数量为限,并接受海关监管;准许进出口的货物、进出境的物品,除另有规定外,由海关依照进出口税则征收关税。因此本罪直接侵犯了国家对普通货物、物品进出口的监管制度和征收关税制度。犯罪对象是普通货物、物品,即除下面以外的一切货物与物品:武器,弹药,核材料,伪造的货币,国家禁止出口的文物、黄金、白银和其他贵重金属,国家禁止进出口的珍贵动物及其制品,珍稀植物及其制品,淫秽物品,毒品,固体废物。

其一,国家禁止进出口的货物、物品,主要有:对国家政治、经济、文化、道德有害或内容涉及国家秘密的印刷品、手稿、图片、胶卷、音像制品、软件等物品;烈性毒药、带有危险性病菌、害虫以及其他有害生物的动植物及其制品;有碍人畜健康,来自疫区或者其他能传播疾病的仪器、药品等;按规定允许携带除外的人民币;濒危和珍贵植物(含标本)及种子和繁殖材料;侵犯知识产权的货物、物品;国家禁止进出口的一般性动物及其产品;等等。

其二,国家限制进出口的货物、物品,即国家对其进出口实行配额或者许可证管理的货物、物品,如烟、酒、汽车、摩托车、电视机、电冰箱、计算器、个人电脑、外币及有价证券、通信保密机、无线电收发报机、贵重中药材及其成药等。

其三,国家不禁止、不限制进出口但应缴纳关税的货物、物品,如服装、精矿、海蜇、淡水鱼、虾、土特产品等出口物品;陶瓷、塑料、化妆品、玻璃制品、造纸原料等进口物品。

(2)本罪的客观方面表现为违反海关法规,走私刑法第151条、第152条和第347条规定以外的货物、物品,偷逃应缴税额较大,或者1年内曾因走私被给予2次行政处罚后又走私的行为。根据《最高人民法院 最高人民检察院关于办理走私刑事案件适用法律若干问题的解释》(以下简称《走私案件解释》)第16条、第17条和第18条的规定,这里的"应缴税额",包括进出口货物、物品应当缴纳的进出口关税和进口环节海关代征税的税额。"偷逃应缴税额较大",是指走私普通货物、物品,偷逃应缴税额在10万元以上不满50万元的。"1年内曾因走私被给予2次行政处罚后又走私"中的"1年内",以因走私第1次受到行政处罚的生效之日与"又走私"行为实施之日的时间间隔计算确定;"被给予2次行政处罚"的走私行为,包括走私普通货物、物品以及其他货物、物品;"又走私"行为仅指走私普通货物、物品。

此外,根据刑法第154条的规定,下列走私行为,根据本节(刑法分则第三章第二节)规定构成犯罪的,也以本罪论处:①未经海关许可并且未补缴应缴税额,擅自将批准进口的来料加工、来件装配、补偿贸易的原材料、零件、制成品、设备等保税货物,在境内销售牟利的;②未经海关许可并且未补缴应缴税额,擅自将特定减税、免税进口的货物、物品,在境内销售牟利的。这里的"保税货物",是指经海关批准,未办理纳税手续进境,在境内储存、加工、装配后应予复运出境的货物,包括通过加工贸易、补偿贸易等方式进口的货物,以及在保税仓库、保税工厂、保税区或者免税商店内等储存、加工、寄售的货物。

(3)本罪的主体是一般主体,单位也可以成为本罪的主体。

(4)本罪的主观方面是故意,过失不构成本罪。在实践中,行为人一般都具有牟取非法利润或其他非法利益的目的,但刑法无此规定,因而构成本罪,不要求行为人主观方面必须具有牟利的目的。根据立案标准以及2002年7月8日《最高人民法院、最高人民检察院、海关总署关于办理走私刑事案件适用法律若干问题的意见》,具有下列情形之一的,可以认定或者推定行为人具有走私故意:①逃避海关监管,运输、携带、邮寄国家禁止进出境的货物、物品的;②用特制的设备或者运输工具走私货物、物品的;③未经海关同意,在非设关的码头、海(河)岸、陆路边境等地点,运输(驳载)、收购或者贩卖非法进出境货物、物品的;④提供虚假的合同、发票、证明等商业单证委托他人办理通关手续的;⑤以明显低于货物正常进(出)口的应缴税额委托他人代理进(出)口业务的;⑥曾因同一种走私行为受过刑事处罚或者行政处罚的;⑦其他有证据证明的情形。行为人误以为是普通货物、物品而走私,但客观上走私了其他禁止进出口的货物、物品的,属于抽象的事实认识错误,只能认定为走私普通货物、物品罪。

二、走私普通货物、物品罪的认定

(一)罪与非罪的界限

首先,要看行为人主观方面是否出于故意。例如,故意将普通货物、物品非法运输、携带、邮寄进出国(边)境,偷逃应缴税额较大的,构成本罪;过失实施上述行为的,不构成本罪。其次,应把握偷逃应缴税额的数额。偷逃应缴税额较大(10万元以上不满50万元的),构成本罪,否则不构成本罪,而只是一般违法行为。再次,要看是否1年内曾因走私被给予2次行政处罚后又走私。偷逃应缴税额未达较大,但1年内曾因走私被给予2次行政处罚后又走私的,也构成本罪。

(二)共同犯罪的认定

刑法第156条规定:"与走私罪犯通谋,为其提供贷款、资金、账号、发票、证明,或者为其提供运输、保管、邮寄或者其他方便的,以走私罪的共犯论处。"这里的"与走私罪犯通谋",是指行为人事前与走私罪犯就走私活动与分工等进行谋议。提供"其他方便",是指刑法所列举的帮助形式以外的其他帮助,如为走私罪犯传递重要信息等。"以走私罪的共犯论处",即依行为人在走私共同犯罪中的地位和作用,按照走私罪犯实施的走私犯罪的具体性质和相应的法定刑定罪和处罚。

(三)数罪并罚

在走私的货物、物品中藏匿刑法第151条、第152条、第347条、第350条规定的货物、物品(以明知为前提),构成犯罪的,以实际走私的货物、物品定罪处罚(不明知实际走私的货物、物品的,按抽象的事实认识错误处理);构成数罪的,实行数罪并罚。在一次走私活动中,既走私普通货物、物品,又走私武器、弹药等物品的,应当认定行为人实施了数行为(不属于想象竞合犯),实行数罪并罚。

刑法第157条第2款规定:"以暴力、威胁方法抗拒缉私的,以走私罪和本法第二百七十七条规定的阻碍国家机关工作人员依法执行职务罪,依照数罪并罚的规定处罚。"需要注意的是:走私行为必须已经构成犯罪,又以暴力、威胁方法抗拒缉私,才能数罪并罚。如果走私行为尚不构成犯罪,以暴力、威胁方法抗拒缉私,依照刑法第277条规定的妨害公务罪论处。

(四)既遂形态

根据《走私案件解释》的规定,实施走私犯罪,具有下列情形之一的,应当认定为犯罪既遂:①在海关监管现场被查获的;②以虚假申报方式走私,申报行为实施完毕的;③以保税货物或者特定减税、免税进口的货物、物品为对象走私,在境内销售的,或者申请核销行为实施完毕的。

三、走私普通货物、物品罪的处罚

根据刑法第153条的规定,走私货物、物品偷逃应缴税额较大或者1年内曾因走私被给予二次行政处罚后又走私的,处3年以下有期徒刑或者拘役,并处偷逃应缴税额一倍以上五倍以下罚金;走私货物、物品偷逃应缴税额巨大或者有其他严重情节的,处3年以上10年以下有期徒刑,并处偷逃应缴税额一倍以上五倍以下罚金;走私货物、物品偷逃应缴税额特别巨大或者有其他特别严重情节的,处10年以上有期徒刑或者无期徒刑,并处偷逃应缴税额一倍以上五倍以下罚金或者没收财产。

根据《走私案件解释》的规定,偷逃应缴税额在10万元以上不满50万元的,应当认定为"偷逃应缴税额较大";偷逃应缴税额在50万元以上不满250万元的,应当认定为"偷逃应缴税额巨大";偷逃应缴税额在250万元以上的,应当认定为"偷逃应缴税额特别巨大"。走私普通货物、物品,具有下列情形之一,偷逃应缴税额在30万元以上不满50万元的,应当认定为"其他严重情节",偷逃应缴税额在150万元以上不满250万元的,应当认定为"其他特别严重情节":①犯罪集团的首要分子;②使用特种车辆从事走私活动的;③为实施走私犯罪,向国家机关工作人员行贿的;④教唆、利用未成年人、孕妇等特殊人群走私的;⑤聚众阻挠缉私的。

单位犯本罪的,对单位判处罚金并对其直接负责的主管人员和其他直接责任人员,处3年以下有期徒刑或者拘役;情节严重的,处3年以上10年以下有期徒刑;情节特别严重的,处10年以上有期徒刑。对多次走私未经处理的,按照累计走私货物、物品的偷逃应缴税额处罚。所谓对多次走私未经处理的,是指对多次走私未经行政处罚的。

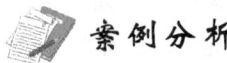 案例分析

【训练案例1】

2011年9月至2013年4月,开元公司①委托被告人李某某从沙特进口羊皮,约定给李某某每张羊皮提成1到1.5元,每柜支付李某某8万元的清关费等相关费用,由李某某负责进口事宜。后李某某以现代公司的名义伙同马某采用制作虚假发票、进口合同等手段,以低报价格的方式在郑州海关驻铁路东站办事处申报进口,共为开元公司从沙特走私进口羊皮22票,共计1 271 100张,货值人民币77 564 431.82元,涉嫌偷逃税额人民币19 313 661.53元。2015年3月11日,李某某被郑州海关缉私局抓获。李某某不是开元公司员工,开元公司委托李某某办理进口羊皮业务,开元公司向李某某支付货款,再由李某某向外商支付;李某某以个人名义委托现代公司进口羊皮业务;李某某在进口羊皮过程中获取了个人利益。

分析提示:

根据《中华人民共和国刑法》第153条的规定,走私普通货物、物品罪是指违反海关法规,逃避海关监管,非法运输、携带、邮寄国家禁止进出口的武器、弹药、核材料、假币、珍贵动物及制品、珍稀植物及制品、淫秽物品、毒品以及国家进出口的文物经营及其他贵重金属以外的货物、物品进出境,偷逃应缴税额10万元以上或1年内曾因走私被给予两次行政处罚后又走私的行为。

本案中,李某某、开元公司逃避海关监管,走私羊皮,偷逃关税19 313 661.53元,两者共同犯罪,其行为已构成走私普通货物罪。而根据李某某的实际犯罪行为,其在该走私案中系从犯。根据《中华人民共和国刑法》第27条规定:在共同犯罪中起次要或者辅助作用的,是从犯。对于从犯,应当从轻、减轻处罚或者免除处罚。

【训练案例2】

中某公司原总经理陈某某等人为给单位牟取暴利,利用其单位可销售保税油的便利条件,勾结海关有关工作人员,假以供船的名义,凭伪造的保税油供油凭证提取保税油,把本应给国际航线的船舶免税供应的保税油非法在国内销售,从1997年1月至1998年9月搞假核销保税油共312船次,11.9万吨,总价额人民币14 450万元,偷逃税款人民币4 905.49万元,非法获利人民币1000多万元。

分析提示:

根据《最高人民法院、最高人民检察院、海关总署关于办理走私刑事案件适用法律若干问题的意见》的规定,具备下列特征的,可以认定为单位走私犯罪:①以单位的名义实施走私犯罪,即由单位集体研究决定,或者由单位的负责人或者被授权的其他人员决定、同意;②为单位谋取不正当利益或者违法所得大部分归单位所有。

本案中,中某公司原总经理陈某某等人作为单位的决策机构作出走私货物的决定,走私非

---

① 案例中的单位名称均为虚拟名称。

法所得也作为单位的利益,应当认定中某公司的行为构成走私普通货物罪;而被告人陈某某作为该公司的法人代表,对公司走私成品油及偷逃税额的行为负有直接责任,其行为也构成走私普通货物罪。

【相关法律法规】

刑法第 153 条;

2002 年 7 月 8 日《最高人民法院、最高人民检察院、海关总署关于办理走私刑事案件适用法律若干问题的意见》(法〔2002〕139 号)。

学习单元九 故意杀人罪

【学习目的与要求】

熟知故意杀人罪的犯罪标准、处罚幅度,会分析和处理故意杀人罪的罪与非罪、此罪与彼罪的界限

【学习重点与提示】

故意杀人罪的认定,故意杀人罪与故意伤害罪、过失致人死亡罪的区别,转化型故意杀人罪的认定

 基本知识概述

一、故意杀人罪的特征、认定和处罚

故意杀人罪,是指故意非法剥夺他人生命的行为。

(一)故意杀人罪的特征分析

1. 本罪侵犯的客体是他人的生命权利

这是故意杀人罪区别于其他侵犯人身权利罪的最本质特征,也是本罪成为最严重的侵犯公民人身权利的根据所在。公民的生命权利是公民行使其他一切权利的客观基础和前提。在我国,任何公民的生命都平等地受法律保护,凡是有生命之他人,不问其年龄、性别、种族、职业、地位及生理、心理状态如何,均受刑法保护。换言之,故意杀人罪的成立只要求侵害的对象是有生命的人,不管这个人的生命价值、生命能力如何,与行为人的关系如何,即使是刚出生、无法存活的婴儿,是生命垂危即刻可能死亡的病人或老人,是残缺、痴呆者或精神病患者,是待处决的死囚,或是行为人的儿女、亲属友好或仇敌等,只要是非法地杀害,就构成故意杀人罪。

故意杀人罪以侵犯人的生命权利为客体要件,因而只有有生命的人,才能成为故意杀人罪的对象。尚未出生的胎儿和人死后的尸体,都不是故意杀人罪的对象。不过,如果行为人出于杀人的故意,误把尸体或其他无生命物体、动物当作有生命的人加以"杀害",如果具有导致活人死亡的可能性,应按故意杀人罪未遂犯处理,就犯罪停止形态而言,属于对象不能的未遂犯,在主观方面则属于对象上的认识错误。

2. 本罪在客观方面表现为非法剥夺他人生命的行为

首先,行为人必须具有剥夺他人生命的行为,其特点是直接或者间接作用于人的肌体,使人的生命在自然死亡时期之前终结。剥夺他人生命的行为,在具体表现形式上多种多样,有徒手采用拳打脚踢实施的,也有利用工具、动物或者无责任能力或无过错的人实施的;有的是行为人亲手实施各种剥夺他人生命的行为,有的则是行为人诱骗、诱发、威逼或帮助他人自杀。

故意杀人的手段未必都是暴力的,如故意制造恐怖状态将他人恐吓而死的,也可以构成故意杀人罪。从危害行为的基本形式角度来说,故意杀人罪的行为一般表现为作为,但也有以不作为形式实施的。常见的是积极作为的方式,如刀砍、枪击、下毒等,但本罪也可能以不作为的方式构成,如妇女故意不给自己的亲生残疾婴儿喂奶,而将其活活饿死;负有营救落水儿童职责的保育员,有能力救助落水儿童而坐视不救,致使儿童死亡等情形,均构成不作为的故意杀人罪。

其次,剥夺他人生命的行为必须是非法的。这是区分合法行为与故意杀人罪的关键所在。例如,执行死刑命令将死刑罪犯枪决,为了保护国家、社会的利益,或者本人或他人的人身、财产或者其他权益而实施正当防卫将不法侵害人杀死等行为,虽然在客观上都是剥夺他人生命的行为,但是法律赋予这些行为合法性,不具有非法的特征,不可能构成故意杀人罪。

最后,直接故意杀人罪的既遂和间接故意杀人罪,以被害人死亡为要件。但是,只有查明行为人的危害行为与被害人死亡的结果之间具有因果关系,才能断定行为人负直接故意杀人罪既遂或间接故意杀人罪罪责具有客观基础。

3. 本罪的主体为一般主体

根据刑法第17条第2款的规定,已满14周岁不满16周岁的人亦可构成本罪。

4. 本罪在主观方面要求行为人具有非法剥夺他人生命的故意,包括直接故意和间接故意

剥夺他人生命的直接故意,是指行为人明知自己的行为会发生致他人死亡的结果,并且希望这种结果发生的心理态度。剥夺他人生命的间接故意,是指行为人明知自己的行为会发生致他人死亡的结果,并且放任这种结果发生的心理态度。

▶(二)特殊情形的故意杀人罪认定

1. 关于安乐死的问题

安乐死是否属于正当化事由,这是一个在故意杀人罪的认定中首先需要研究的问题。安乐死是指病人患有痛苦难以忍受、无法治愈的疾病,并且濒临死亡,为减轻其死亡前的痛苦,基于病人本人或其近亲属的请求或者同意,采取适当方法,使其无痛苦地死亡的行为。由于在安乐死的情况下,病人虽然濒临死亡但毕竟没有死亡,通过安乐死致其死亡。显然,安乐死在本质上是一种故意杀人行为。

当然,安乐死杀人与一般杀人在性质上有所不同,安乐死杀人主观上是为减轻病人临死前的痛苦,客观上是经病人本人或其近亲属的请求或者同意,而一般杀人不具有上述特征。安乐死是否构成故意杀人罪,关键在于法律是否允许安乐死,即安乐死是否合法化。目前世界上要求安乐死合法化的呼声越来越高,但只有荷兰真正实现了安乐死的合法化。我国目前对消极安乐死,即为病人无痛苦地提早死亡,经病人本人请求或者近亲属同意,采取放弃治疗、撤除维持生命的医疗器械或者其他方法致人死亡的行为,并不作为故意杀人罪处理。

而对于积极安乐死,即为使病人无痛苦地提早死亡,经病人本人请求或者近亲属同意,采取注射针剂、服用药物或者其他方法致人死亡的行为,一般仍作为故意杀人罪处理。只是考虑到安乐死的可宽恕性,可以在量刑时予以宽大处理。

2. 关于自杀相关行为的问题

自杀是基于本人意愿而结束生命,因而自杀与杀人在性质上截然不同,杀人是他杀。但在认定故意杀人罪的时候,如何区分故意杀人罪与自杀相关行为的界限,是一个值得研究的问题。

(1)关于教唆自杀问题。教唆自杀是指故意采用引诱、怂恿、欺骗等方法,使他人产生自杀意图并进而实行自杀的行为。在教唆自杀的情况下,他人本无自杀之心,是在教唆人的唆使之下产生自杀意图并进而实行了自杀行为。显然,教唆者主观上有使他人死亡的意图,客观上有教唆他人自杀的行为,因此应定故意杀人罪。

(2)关于帮助自杀问题。帮助自杀,是指在他人已有自杀意图的情况下,帮助他人实现自杀意图的行为。这里的帮助他人实现自杀意图,存在以下两种情形:

一是为他人自杀提供便利条件,例如提供针剂、药物或者其他自杀工具,而自杀行为是他人本人实行的。在这种情况下,尽管帮助行为与自杀之间具有因果关系,但一般以不追究刑事责任为宜。

二是基于自杀者的要求,对自杀者实施了杀人行为,使其实现自杀。这是一种受托杀人,尽管对自杀者来说这是一种自杀,但对于帮助者来说这是一种杀人。在这种情况下,即使有自杀者的承诺,也不能成为杀人者免责的事由。对此仍应按照故意杀人罪处理。

(3)关于相约自杀问题。相约自杀是指二人以上相互约定自愿共同自杀的行为。如果相约自杀者在自杀中均已死亡,当然不存在刑事责任问题。如果相约自杀者各自自杀,他人已死,其中一人自杀未遂。对自杀未遂者也不能追究刑事责任。如果相约自杀,由一人将他人杀死,本人却因反悔而未自杀或自杀未遂,对自杀未遂者应以故意杀人罪追究刑事责任。

(4)关于致人自杀问题。致人自杀是指由于某种原因引起他人自杀的行为。例如暴力干涉婚姻自由、强奸、虐待或者争吵、轻微殴打等引起被害人自杀。在这种情况下,不应认定为故意杀人罪。如果引起他人自杀的行为构成犯罪的,可以按照有关犯罪处理,并将自杀作为致人死亡的情形在量刑时予以考虑。如果引起他人自杀的行为不构成犯罪的,不应追究刑事责任。

(5)关于逼迫自杀问题。逼迫自杀是指利用权势或者经济、亲属关系上的优势,故意迫使他人自杀的行为。这种情况下,自杀并非死者所愿,因此名为自杀实则杀人,这是一种借被害人之手杀被害人的情形,应以故意杀人罪处理。在认定这种逼迫自杀行为的时候,要查明逼迫的程度及其与自杀之间的因果关系,并且还要查明逼迫者主观上的杀人故意。

▶(三)故意杀人罪的处罚

根据刑法第232条的规定,犯本罪的,处死刑、无期徒刑或者10年以上有期徒刑;情节较轻的,处3年以上10年以下有期徒刑。

二、故意杀人罪与故意伤害罪的甄别界定

▶(一)故意伤害罪的特征分析

故意伤害罪,是指故意非法伤害他人身体的行为。本罪具有如下构成特征。

1. 故意伤害罪的客体

故意伤害罪侵犯的客体是他人的健康权,即致使他人的生理健康遭受实质的损害,其具体表现为两个方面:一是破坏他人身体组织的完整性,如砍掉手指、刺破肝脏等;二是虽然不破坏身体组织的完整性,但使身体某一器官机能受到损害或者丧失,如视力、听力降低或者丧失,精神错乱,等等。

对于行为是否构成故意伤害罪,首先应牢牢抓住所侵犯的是否为他人的健康权。例如:强

行剔除他人毛发的行为是否构成故意伤害罪？我国刑法理论一般认为，强行剔除他人毛发不能视为伤害，虽然毛发是身体的组成部分，强制剔除他人的毛发可能对他人的心理、精神产生一定的影响，尤其是对于特殊职业人士如歌手、时装模特等，可能影响更大，但这不是对身体器官机能健康的损害，可以构成其他的罪，如侮辱罪，而不能以故意伤害罪论。

另外，损害他人健康是否包括"精神损害"，理论上也有不同认识。一般认为，精神损害应分为思想心理范畴的精神伤害与生理范畴的神经伤害，并应将二者区别开。前者不能作为故意伤害罪的客体（但可以作为侮辱罪的客体），而生理范畴的神经伤害则另当别论，因为人体的神经与人体各器官的机能活动是密不可分的物质，神经受到伤害会直接引起身体的病态，如果行为人采取长期精神刺激的方法，故意使他人造成精神错乱，成为精神病患者，对行为人的这种行为当然可以以故意伤害罪论处。

2. 伤害结果与故意伤害罪

在法律意义上，伤害行为可能造成的伤害结果有四种（具有等级性的四种）：轻微伤、轻伤、重伤、死亡。其中，轻微伤一般而言仅仅是民事上的侵权行为而不作为犯罪论（除非是直接伤害的罪过下，有故意伤害罪未遂、预备、中止的可能），只有后三者才属于刑法上的故意伤害罪，但已满14周岁不满16周岁者只对重伤、死亡负刑事责任。当然，什么样的后果是重伤抑或轻伤，除了参照刑法第95条规定外，还要根据最高人民法院、最高人民检察院、公安部、国家安全部、司法部联合发布的《人体损伤程度鉴定标准》来确定。

3. 几种特殊行为方式的认定

司法实践中可能涉及以下几种与故意伤害相关的行为，能否作为故意伤害罪论，需要具体分析：

1）**以故意传染性病或者其他疾病的方法伤害他人的行为的定性**

（1）如果行为人主观上有伤害他人的故意，即对于自己行为所造成的后果主观上有所认识；客观上，该行为针对特定对象而实施，该传染性病或其他疾病尚不具有高传播率，而且能够治愈或在一定时间内不至于死亡，那么符合上述条件的，这种传染疾病的行为就构成故意伤害罪。

（2）如果行为人故意传播的是鼠疫、天花、霍乱、"非典"等具有高传播率特征的疾病，行为的对象是不特定多数人的，则可以构成以危险方法危害公共安全罪。

（3）如果行为人对特定的人故意传播的是艾滋病、埃博拉病毒等以及其他目前人类尚难以治愈的疾病，行为人明知故犯，显然是要置他人于死地，则应以故意杀人罪论处。

2）**利用恐吓、精神刺激的方法故意伤害他人身体健康的行为的定性**

利用各种比较特殊的方法，如恐吓或强烈的精神刺激所造成的伤害，可能达到比一般的暴力伤害更为严重的后果，尤其是对少年儿童、妇女、老人及精神状况不佳的人，如在睡觉的被窝里放蛇、故意打恐吓电话，并造成被害人精神失常乃至死亡的情形，如果经鉴定认为属于上述的"生理范畴的神经伤害"而非仅仅的思想心理范畴的精神伤害的，也可以认定为故意伤害罪。

3）**盗取他人体内活体器官或人体血液的行为的定性**

行为人利用医学技术，以非法占有为目的，采取秘密的方法抽取他人身体内的血液或者摘取他人身体上的器官，造成损害后果的，也构成故意伤害罪。因为体内器官或血液都属于人体的重要组成部分，是人体健康和存活的条件。当然，从某种意义上讲，人体内活体器官或血液也具有经济价值，行为人的非法占有行为也触犯盗窃罪，但属于一行为触犯数罪名的想象竞合犯，而故意伤害罪相对于盗窃罪，是重罪。

(二)故意伤害罪的处罚

根据刑法第234条的规定,犯本罪的,处3年以下有期徒刑、拘役或管制;致人重伤的,处3年以上10年以下有期徒刑;致人死亡或者以特别残忍手段致人重伤造成严重残废的,处10年以上有期徒刑、无期徒刑或者死刑。

(三)故意伤害罪与故意杀人罪的界限

两者的根本区别在于故意内容的不同:明知自己的行为会引起他人死亡的结果并且希望或者放任这种结果发生的,具有杀人的故意;明知自己的行为会引起他人身体健康受到伤害的结果并且希望或者放任这种结果发生的,具有伤害的故意,即使造成侵害人死亡的结果,也只能认定故意伤害(致人死亡)罪。在具体案件中,应当对侵害行为的起因、被告人与被害人平时的关系、使用的工具及打击的部位、侵害行为的实施方法等各方面因素进行考察,以准确查明行为人的主观心态。

例如:2003年10月的一天晚上,李某酒后驾驶一辆货车在某县由北向南行驶,途中在超越其同方向行驶的一辆公交车后,又向右打方向盘,当两辆车行至一十字路口遇红灯停车时,公交车司机王某下到李某的汽车驾驶室左侧,抓住车门欲与李某论理,李某见状即发动汽车,王某便扑上已经启动的汽车左侧门外,李某不顾王某的安全,闯红灯加大油门向前急驶出200多米时,从右超越同方向行驶的一辆货车,致使王某被该车车厢伸出的钢筋挂下来,仰面倒在公路上,李某便驾车逃逸。后王某被他人送往医院抢救,因伤势过重,于次日8时死亡。经法医鉴定,王某系头部受到强大外力的撞击致颅脑损伤而死亡。本案中李某构成故意伤害罪还是故意杀人罪,判别的主要标准在于行为人的主观故意,是希望或放任死亡的结果发生,还是伤害的结果发生?王某扒在李某车外,李某是明知的,其不顾王的安危闯红灯加大油门疾驶和违章从右边超同方向行驶的货车,是故意进行的。虽然李某对其行为究竟造成王某伤害的结果还是死亡的结果不能明确预见,但李某对王某可能死亡的结果应该是有预见的。因此,对李某的行为应定性为故意杀人罪,属于放任型的间接故意杀人。

三、故意杀人罪与过失致人死亡罪的甄别界定

(一)过失致人死亡罪的特征分析

过失致人死亡罪,是指行为人因疏忽大意没有预见到或者已经预见到而轻信能够避免造成的他人死亡、剥夺他人生命权的行为。本罪的特征表现在:

(1)本罪侵犯的客体是他人的生命权。

(2)本罪在犯罪客观方面的表现是:①行为人具有致人死亡的行为;②客观上必须发生了致人死亡的结果;③行为人的过失行为与被害人死亡结果之间有因果关系。

(3)本罪在犯罪主观上的表现为过失。

(二)过失致人死亡罪与故意杀人罪的界限

过失致人死亡罪与故意杀人罪在客观上都造成了他人死亡的结果,两者的根本区分在于主观心理状态:过失致人死亡罪是由于过失行为致使他人死亡,故意杀人罪是由于故意行为致使他人死亡。这里过失致人死亡与故意杀人的区分,关键在于对他人死亡结果是希望或者放任,还是疏忽大意或者过于自信。

例如:2006年9月2日晚,被告人梁某用石块将张某出租给某村小学做临时教室的房屋瓦面掷烂时,碰巧被张某见到,张某当即到梁某家中论理,未果。第二天上午7时许,张某手持木棍再次到被告人梁某家中论理时,被告人梁某为避免与张某发生正面冲突而跑上家中的二楼阳台,并用弃置的自制红砖头投掷张某,想将其赶走。但其中一块砖头正好击中前来劝阻而与张某纠缠在一起的自己父亲的头部,致使其父经抢救无效死亡。本案中,被告人梁某在用砖头投掷他人时,对自己的行为可能造成被害人死亡的结果,他是已经预见的,但却轻信能够避免这种结果的发生。由于被告人已预见到自己的行为可能发生他人死亡的结果,进而产生了避免这种结果发生的责任,但他还是用砖头投掷他人,从而造成被害人死亡结果的发生(被害人经抢救无效死亡)。被告人在本案中没有尽到自己应尽的责任,因此,被告人应对自己因主观上的过于自信所造成的危害结果负刑事责任,构成过失致人死亡罪,而不是意外事件或间接故意杀人。

(三)过失致人死亡行为向故意杀人行为转化的问题

行为人的过失行为,已经造成了被害人死亡的结果,其自己只认为被害人受了重伤并因怕被害人事后揭露其罪行,而故意实施杀害已经死亡的被害人的行为。在这种情况下,行为人的对象认识错误,不影响其后面实施的故意杀人罪的构成,应对其以故意杀人罪定罪处罚。

四、转化形态的故意杀人罪、故意伤害罪

转化形态的故意杀人罪、故意伤害罪,是指他种犯罪转化为故意杀人罪、故意伤害罪的情形。我国现行刑法中明文规定转化成故意杀人罪、故意伤害罪的情形主要有以下几种:刑法第238条第2款规定的非法拘禁罪,第247条规定的刑讯逼供罪、暴力取证罪,第248条第1款规定的虐待被监管人罪,第292条第2款规定的聚众斗殴罪。

(一)非法拘禁罪的转化

刑法第238条第2款规定,使用暴力致人伤残、死亡的,依照本法第234条、232条的规定定罪处罚,这是非法拘禁转化为故意杀人罪、故意伤害罪的规定。据此规定,对非法拘禁中故意使用暴力致人伤残的,非法拘禁罪转化为故意伤害罪,对行为人应依照刑法第234条即故意伤害罪定罪;故意使用暴力致人死亡的,非法拘禁转化为故意杀人罪,应依照刑法第232条即故意杀人罪定罪。

(二)刑讯逼供罪或者暴力取证罪的转化

刑法第247条后段规定,司法工作人员对犯罪嫌疑人、被告人实行刑讯逼供或者使用暴力逼取证人证言,致人伤残、死亡的,依照本法第234条、第232条的规定定罪从重处罚。据此,行为人刑讯逼供或者暴力取证故意致人伤残的,刑讯逼供罪或者暴力取证罪转化为故意伤害罪,对行为人以故意伤害罪一罪定罪从重处罚;故意致人死的,刑讯逼供罪或者暴力取证罪转化为故意杀人罪,对行为人以故意杀人罪定罪从重处罚。

(三)虐待被监管人罪的转化

刑法第248条第1款后段规定,监狱、拘留所、看守所等监管机构的监管人员对被监管人进行殴打或者体罚虐待,致人伤残、死亡的,依照本法第234条、第232条的规定定罪从重处罚。据此,行为人殴打、体罚虐待被监管人故意致其伤残的,虐待被监管人罪转化为故意伤

罪,对行为人以故意伤害罪一罪定罪处罚;故意致人死亡的,虐待被监管人罪转化为故意杀人罪,对行为人以故意杀人罪一罪定罪处罚。

▶(四)聚众斗殴罪的转化

刑法第292条第2款规定,聚众斗殴,致人重伤、死亡的,依照本法第234条、第232条的规定定罪处罚。据此,聚众斗殴的行为人故意致人重伤的,聚众斗殴罪转化为故意伤害罪,对行为人以故意伤害罪一罪定罪处罚;故意致人死亡的,聚众斗殴罪转化为故意杀人罪,对行为人以故意杀人罪一罪定罪处罚。

案例分析

【教学案例】

石某,男,35岁,工人。石某经常虐待妻子。一日,石某的妻子因不堪石某的毒打,在石某走后服毒自杀。邻居发现石某的妻子在床上挣扎,便把石某找回来,要他赶快将妻子送医院抢救。石某既不抢救,也不让邻居抢救,还恶狠狠地说:"我就要看着她死。"最后,邻居们强行将石某的妻子送往医院,但由于时间拖延太久,石某的妻子经抢救无效死亡。

分析步骤:

步骤1:石某的行为表现为不作为犯罪。不作为犯罪,是指行为人有能力履行某种义务以阻止某种危害结果的发生,而不予以履行的行为。本案石某与其妻之间具有法定的扶养义务,在其妻生命垂危时,石某有义务积极予以救助。而石某非但不予救助,而且还不让邻居救助,最终导致其妻死亡,其行为属于不作为犯罪。

步骤2:石某的行为构成犯罪,应当依法追究其故意杀人罪的刑事责任。

【训练案例1】

朱某,男,31岁,某县公安局干部。某日晚11时40分左右,朱某已睡下,忽然听到自家门外有响动,便起身持手枪出门察看,发现对门李家院内大树下有个人影晃动。朱上前问道:"谁?干什么的?"那人转身就跑。朱认为是有人偷东西,便追赶,一面追,一面喊"站住"。当追到邻居丁家房屋后门附近,看人影像是往右拐,随即在相距一百多米处朝人影开了一枪,王某(男,19岁)当即中弹倒地,在送医院途中死亡。

分析提示:

朱某对王某死亡的心理态度是间接故意,应当依法负刑事责任。朱某身为公安干警,在没有查明事实真相的情况下,开枪向人射击,意图伤害他人。尽管在当时的条件下,朱某对是否击中王某并无确切的把握,但击中与击不中都在其意志范围之内,即对击中王某,朱某主观上是一种放任的态度,对击中后王某是死是伤也持放任的心理态度,属于间接故意。朱某在开枪时,一无不法侵害的存在,不具备正当防卫的条件,二是仅凭别人形迹可疑就开枪射击,没有依法执行职务的依据。因此,朱某对自己的行为应当依法承担刑事责任。

【训练案例2】

王某,男,21岁,汉族,某市摊贩。杨某,男,23岁,汉族,某市摊贩。某日下午5时许,王某在自由市场卖猪肉,见邻摊有一卖菜的妇女与两名顾客争吵,便右手拿着剔骨刀走过去看热闹。往回走时,杨某与王某闹着玩,将王某抱住。王某对杨某说:"别闹,我手里有刀,别扎着你。"王某边说边把右手的剔骨刀尖由原来的向下转为向后,以防刺伤杨某。但杨某仍用双手搂住王某的双肩向后推,王某站立不稳向后倒去,恰好被害人赵某站在王某身旁,王某手中的剔骨刀刺入赵某的腹部,造成赵某腰部开放性外伤,脾刺伤。

分析提示:

(1)王某的行为属于不可抗力事件,杨某构成过失致人重伤罪。

(2)王某在杨某和他开玩笑时,已预见到了自己手中拿的刀子可能会伤及他人,便多次警告杨某不要如此开玩笑,客观上也采取了一定的措施,防止刀将人刺伤。但是由于杨某的推动,王某因站立不稳向后倒去时将身后的赵某刺伤,对王某来讲属于不能抗拒的原因所致,是刑法上的不可抗力事件,不应负刑事责任。

(3)杨某明知王某手拿剔骨刀可能会伤及他人,且在王某一再提醒下,仍然搂住王某向后推,在主观上符合已经预见到自己的行为可能会发生危害社会的结果,因轻信能够避免而实际却发生了危害社会结果的过于自信的过失的特征,应当以过失致人重伤罪追究其刑事责任。

【训练案例3】

2003年11月23日夜11时许,犯罪嫌疑人李某、岳某酒后乘坐出租车回家,当行至一十字路口,碰撞到潘某,把出租车窗玻璃碰破。岳某的手被划伤,岳某下车就对潘某拳打脚踢,然后,李某下车从身上掏出一把水果刀对潘某的脸部划了一刀,造成轻伤。岳某说:"不行!给他耳朵割了留个记号。"于是李某把刀放在潘某的耳朵上,潘某急忙跪下说掏钱给他们买酒喝,交个朋友。李某说:"给多少?"潘某说:"给200元。"李某说:"不行,太少了!"潘某说:"500元。"李某才说:"好,交钱吧!"潘某从口袋里掏出500元给二人,二人才放潘某离开。

分析提示:

两犯罪嫌疑人在开始对潘某进行殴打、伤害,是出于耍威风、欺负人的动机,应构成寻衅滋事罪。两犯罪嫌疑人在客观上造成潘某轻伤,又构成故意伤害罪。按照重罪吸收轻罪的原则,应择一罪处罚。

潘某主动提出掏钱给他们买酒喝,交个朋友,而没有选择借机逃跑或报警,足以说明两犯罪嫌疑人的暴力威胁行为在当场已给其造成了巨大的心理压力,使其完全不敢当场反抗、不能反抗或不知反抗。两犯罪嫌疑人从200元到500元的主动要求,说明当时两犯罪嫌疑人的主观动机从伤害转化为非法占有他人钱财。因此,两犯罪嫌疑人的暴力殴打、索要钱财等一系列的动作,应视为一个完整的强行劫取财物的抢劫犯罪行为,不能人为、硬性地割裂其内在联系,因此,两犯罪嫌疑人应当以抢劫罪论处。

【相关法律法规】

刑法第232条,第233条,第234条,第238条第2、3、4款;

1999年10月20日《最高人民法院 最高人民检察院关于办理组织和利用邪教组织犯罪案件具体应用法律若干问题的解释》(法释〔1999〕18号);

1999年10月27日最高人民法院印发的《全国法院维护农村稳定刑事审判工作座谈会纪要》(法〔1999〕217号);

2000年11月15日《最高人民法院关于审理交通肇事刑事案件具体应用法律若干问题的解释》(法释〔2000〕33号);

2001年5月22日《最高人民法院关于抢劫过程中故意杀人案件如何定罪问题的批复》(法释〔2001〕16号);

2006年1月11日《最高人民法院关于审理未成年人刑事案件具体应用法律若干问题的解释》(法释〔2006〕1号)。

学习单元十

强奸罪

【学习目的与要求】

熟知强奸罪的犯罪标准、处罚幅度,会分析和处理强奸罪的罪与非罪、此罪与彼罪的界限

【学习重点与提示】

强奸罪的认定,强奸罪与强制猥亵的界限

 基本知识概述

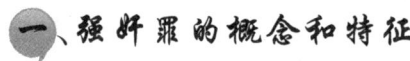 强奸罪的概念和特征

强奸罪,是指以暴力、胁迫或者其他手段,违背妇女意志,强行与女性发生性交,或者明知是不满14周岁的幼女而与之发生性交的行为。

本罪的特征如下。

(1)本罪的客体是妇女的性权利。具体而言,是妇女不与他人性交的权利和幼女的身心健康权利。被害女性是否已婚、作风是否正派,对于本罪的构成没有影响。

(2)本罪在客观方面包括两种情形:

一是行为人违背14周岁以上妇女的意志,采用暴力、胁迫或者其他手段,强行与之发生性交的行为。亦即,行为人与14周岁以上的妇女发生了性交行为,并且这种性交行为是在违背妇女意志的情况下进行的。强奸首先是指男女之间的性交行为,不论强奸得逞与否,性交行为是行为人的目的行为。如果是性交以外的其他性行为,如抠摸生殖器、鸡奸等猥亵行为,均不能构成强奸罪。强奸罪中的性交行为是违背妇女意志的,即妇女不同意发生性交,而行为人与之性交。如果妇女同意性交,行为人与之性交,不能构成本罪,而不论这种性交关系合法正当与否。参照1984年4月26日《最高人民法院 最高人民检察院 公安部关于当前办理强奸案件中具体应用法律的若干问题的解答》的规定,强奸罪中的暴力手段,是指犯罪分子直接对被害妇女采用殴打、捆绑、卡脖子、按倒等危害人身安全或者人身自由,使妇女不能抗拒的手段。胁迫手段,是指犯罪分子对被害妇女威胁、恫吓,达到精神上的强制的手段,如:以扬言行凶报复、揭发隐私、加害亲属等相威胁;利用迷信进行恐吓、欺骗;利用教养关系、从属关系、职权以及孤立无援的环境条件,进行挟制、迫害等,迫使妇女忍辱屈从,不敢抗拒。其他手段,是指犯罪分子用暴力、胁迫以外的手段,使被害妇女无法抗拒。例如:利用妇女患重病、熟睡之机,进行奸淫;以醉酒、药物麻醉以及利用或者假冒治病等方法对妇女进行奸淫。实践中,有的犯罪分子冒充妇女丈夫、未婚夫、男友或情人奸淫妇女,或利用妇女愚昧无知骗奸,这种手段也属于暴力、胁迫以外的其他手段。

二是与不满14周岁的幼女发生性交的行为。这种情形下,行为人无论采用何种手段,亦不管幼女同意与否,均可构成本罪。

(3)本罪的主体是年满14周岁、具有刑事责任能力的男性。女性不能成为本罪的实行犯,但可以与男子构成共同犯罪,成为本罪的教唆犯和帮助犯。女性教唆或帮助不满14周岁或14周岁以上、但无责任能力的男子实施强奸妇女行为的,为间接正犯,可单独成为本罪的主体。

(4)在主观上是直接故意,并且具有违背妇女意志与之发生性交的目的。当对象是不满14周岁的幼女,而行为人没有采取暴力、胁迫或者其他使人无法抗拒的方法时,要求行为人明知对方是不满14周岁。参照2003年1月17日《最高人民法院关于行为人不明知是不满14周岁的幼女双方自愿发生性关系是否构成强奸罪问题的批复》:行为人明知是不满14周岁的幼女而与其发生性关系,不论幼女是否自愿,均应以强奸罪定罪处罚;行为人确实不知对方是不满14周岁的幼女,双方自愿发生性关系,未造成严重后果,情节显著轻微的,不认为是犯罪。而对于何为"明知",2013年10月23日《最高人民法院 最高人民检察院 公安部 司法部关于依法惩治性侵害未成年人犯罪的意见》(以下简称《惩治性侵害未成年人意见》)规定,知道或者应当知道对方是不满14周岁的幼女,而实施奸淫等性侵害行为的,应当认定行为人"明知"对方是幼女;对于不满12周岁的被害人实施奸淫等性侵害行为的,应当认定行为人"明知"对方是幼女;对于已满12周岁不满14周岁的被害人,从其身体发育状况、言谈举止、衣着特征、生活作息规律等观察可能是幼女,而实施奸淫等性侵害行为的,应当认定行为人"明知"对方是幼女。

二、强奸罪的认定

根据或者参照有关司法解释的规定,并结合实际情况,认定强奸罪应当注意以下问题。

1. 正确处理未成年人与幼女发生性关系的行为定性

根据刑法第17条第2款的规定,已满14周岁不满16周岁的人可以成为强奸罪主体。需要注意的是,已满14周岁不满16周岁的人与幼女发生性关系的情况比较复杂,有的是在自由恋爱中发生,有的可能是幼女主动要求发生。

根据2006年1月11日《最高人民法院审理未成年人刑事案件具体应用法律若干问题的解释》第6条的规定和《惩治性侵害未成年人意见》第27条的规定,已满14周岁不满16周岁的人偶尔与幼女发生性行为,情节轻微、未造成严重后果的,不认为是犯罪。

2. 强奸与通奸的界限

通奸是双方或者一方有配偶的男女自愿发生的不正当性交行为。从理论上讲,强奸与通奸的区别是非常明显的:强奸行为人在主观上具有强行奸淫妇女的故意,而通奸者双方具有相同的不违背女方意志而进行性交的目的;在客观上,强奸罪表现为以暴力、胁迫或者其他手段强行与妇女发生性交的行为,通奸则是双方自愿地进行性交。但是,在实践中,强奸与通奸的区分有时比较复杂。区分强奸与通奸尤其要注意:①有的妇女与人通奸,一旦翻脸,关系恶化,或者事情败露后,怕丢面子,或者为推卸责任、嫁祸于人等情况,把通奸说成强奸的,不能定为强奸罪。②对于所谓"半推半就"案件,要对双方平时的关系如何、性行为是在什么环境和情况下发生的、事情发生后女方的态度怎样、又在什么情况下告发等事实和情节,认真审查清楚并做全面分析,不是确系违背妇女意志的,一般不宜按强奸罪论处。如果确系违背妇女意志的,以强奸罪惩处。③对于第一次性交违背妇女意志,但事后并未告发,后来女方又多次自愿与该男子发生性交的,一般不宜以强奸罪论处。④犯罪分子强奸妇女后,对被害妇女实施精神上的威胁,迫使其继续忍辱屈从的,应以强奸罪论处。⑤男女双方先是通奸,后来女方不愿继续通奸,而男方纠缠不休,并以暴力或以败坏名誉等进行胁迫,强行与女方发生性行为的,以强奸罪论处。

3. 求奸未成与强奸未遂的界限

求奸未成与强奸未遂在主观上都具有奸淫妇女的目的,客观结果方面都未实现奸淫。两者的区别在于:求奸未成的求奸者不具有强行奸淫妇女的故意,有的虽然表现为拉扯搂抱,但一旦妇女表示拒绝奸淫,便停止自己的行为,而不使用暴力、胁迫等手段违背妇女意志与妇女发生性交。强奸未遂的行为人则在主观上具有强行与妇女发生性交的目的,行为人未能奸淫成妇女是由于犯罪分子意志以外的原因造成,而非妇女没有答应其求奸的要求。在区分求奸未成与强奸未遂时,应特别注意的是,不能把求奸过程中的拉扯行为视为强奸罪中的暴力手段。

4. 如何认定利用教养关系、从属关系,利用职权和对妇女负有特殊职责的人的强奸案件

(1)参照有关司法解释的规定,利用教养关系、从属关系和利用职权与妇女发生性行为的,不能都视为强奸。行为人利用其与被害妇女之间特定的关系,迫使其就范,如养(生)父以虐待、克扣生活费迫使养(生)女容忍其奸淫的;或者行为人利用职权,乘人之危,奸淫妇女的,都构成强奸罪。行为人利用职权引诱女方,女方基于互相利用与之发生性行为的,不定为强奸罪。

(2)根据《惩治性侵害未成年人意见》,对幼女负有特殊职责的人员与幼女发生性关系的,以强奸罪论处。对已满14周岁的未成年女性负有特殊职责的人员,利用其优势地位或者被害人孤立无援的境地,迫使未成年被害人就范,而与其发生性关系的,以强奸罪定罪处罚。

5. 如何认定与精神病人或严重痴呆症患者发生性行为的性质

(1)如果行为人明知该妇女是精神病患者或者严重痴呆症患者而与之性交的,无论行为人采取什么手段,行为人主动还是患病妇女主动,也不问妇女是否"同意",均应以强奸罪论处。

(2)如果行为人确实不知对方为精神病人或严重痴呆症患者妇女,在得其同意甚至受到青春型精神病患者的性挑逗的情况下,与之发生了性交行为,则行为人主观上缺乏违背妇女意志与其性交的目的,不能认定为强奸罪。

(3)如果行为人与间歇性精神病患者在未发病期间或精神病基本痊愈的妇女发生性交,妇女本人同意的,亦不应认定为强奸罪。

6. 交付金钱财物等方式与幼女发生性关系的性质

根据《惩治性侵害未成年人意见》的规定,以金钱财物等方式引诱幼女与自己发生性关系的;知道或者应当知道幼女被他人强迫卖淫而仍与其发生性关系的,均以强奸罪论处。刑法修正案(九)取消了嫖宿幼女罪,以交付金钱等方式与卖淫的幼女发生性关系,均应认定为本罪。

7. 强奸罪既遂与未遂的界限

强奸罪既遂与未遂的界限,因对象不同而有所区别。

对于强奸已满14周岁的妇女而构成的强奸罪来说,认定强奸既遂与否应以插入说,即以男女生殖器的结合为标准。对于奸淫幼女而构成的强奸罪来说,既遂与未遂区分的标准应该采取接触说,即只要双方生殖器接触,即应视为强奸既遂;行为人已经开始实行奸淫幼女的行为,却因意志以外的原因未能达到双方性器官接触程度的,视为强奸罪的未遂。

8. 强奸罪的共同犯罪

根据《惩治性侵害未成年人意见》的规定,介绍、帮助他人奸淫幼女的,以强奸罪的共犯论处。

三、强奸罪的处罚

根据刑法第236条的规定,犯强奸罪的,处3年以上10年以下有期徒刑;有下列情形之一的,处10年以上有期徒刑、无期徒刑或者死刑:①强奸妇女、奸淫幼女情节恶劣的;②强奸妇女、奸淫幼女多人的;③在公共场所当众强奸妇女的;④2人以上轮奸的;⑤致使被害人重伤、死亡或者造成其他严重后果的。奸淫幼女的,从重处罚。

"强奸妇女情节恶劣",主要是指:强奸妇女的手段残酷;强奸对象虽然只有一个,但强奸多次,折磨时间长;以特殊年龄或身体状况的妇女,如孕妇、病妇、老妇、月经在身的妇女为强奸对象的;等等。"强奸妇女多人",是指强奸3人以上,既包括作为单独实行犯强奸的,也包括作为实行犯、教唆犯或帮助犯参与共同强奸的。"在公共场所当众强奸妇女",是指在车站、码头、公园、电影院、运动场、公路、公共交通工具等地当着不特定多数人的面公然强奸妇女。在公共场所挟持或诱骗妇女至他处再予强奸的,不应视为"在公共场所当众强奸妇女";在女浴室、女厕所趁无人之机强奸妇女的,虽然公用的浴室、厕所具有公共场所的性质,但被告人是利用其便利的环境条件,所采用的方式实质上是隐蔽的,不具有公然性,所以也不应视为情节严重的强奸罪。根据《惩治性侵害未成年人意见》的规定,在校园、游泳馆、儿童游乐场等公共场所对未成年人实施强奸,只要有其他多人在场,不论在场人员是否实际看到,均可以依照刑法第236条第3款的规定,认定为在公共场所"当众"强奸妇女。"轮奸",是指2人以上在同一段较短的时间内轮流强奸同一妇女。"致使被害人重伤、死亡",是指因强奸妇女导致被害人性器官严重损伤,或者造成其他严重伤害,甚至当场死亡或者经治疗无效死亡。对于强奸犯出于报复、灭口等动机,在实施强奸的过程中杀死或者伤害被害妇女的,应定故意杀人罪或者故意伤害罪,与强奸罪一起实行数罪并罚。"造成其他严重后果",是指因强奸妇女引起被害人自杀、精神失常以及其他严重后果的。

根据《惩治性侵害未成年人意见》的规定,奸淫幼女的应当从重处罚,具有下列情形的,更应当依法从严惩处:①对未成年人负有特殊职责的人员、与未成年人有共同家庭生活关系的人员、国家工作人员或者冒充国家工作人员,实施强奸犯罪的;②进入未成年人住所、学生集体宿舍实施强奸犯罪的;③采取暴力、胁迫、麻醉等强制手段实施奸淫幼女犯罪的;④对不满12周岁的儿童、农村留守儿童、严重残疾或者精神智力发育迟滞的未成年人,实施强奸犯罪的;⑤多次实施强奸犯罪的;⑥造成未成年被害人轻伤、怀孕、感染性病等后果的;⑦有强奸犯罪前科劣迹的。

四、相关联的罪名：强制猥亵、侮辱罪

(一)强制猥亵、侮辱罪的概念和特征

强制猥亵、侮辱罪，是指违背他人意志，以暴力、胁迫或者其他方法强制猥亵他人、侮辱妇女的行为。

本罪的构成特征如下：

(1)本罪侵犯的客体是他人的身心健康权利。强制猥亵行为的犯罪对象为已满14周岁的人，包括妇女和男性；强制侮辱行为的犯罪对象仅为妇女。

(2)本罪在客观方面表现为，行为人实施了违背他人意志，以暴力、胁迫或者其他方法强制猥亵他人、侮辱妇女的行为。违背他人意志，即缺乏他人的真实同意。"暴力"，是指犯罪分子直接对他人施以伤害、殴打等危害他人人身安全和人身自由，使他人不能抗拒的方法。"胁迫"，是指对被害的他人施以威胁、恫吓，进行精神上的强制，以迫使他人就范，使他人不敢抗拒的方法。例如，以杀害被害人、加害被害人的亲属相威胁的，利用职权、教养关系、从属关系以及妇女孤立无援的环境相威胁的，等等。"其他方法"，是指犯罪分子使用暴力、胁迫以外的，使被害的他人不知抗拒、无法抗拒的强制方法，如将他人用酒灌醉或用药物麻醉后对他人进行猥亵等。猥亵他人，即是针对他人实施的，能够刺激、兴奋、满足行为人或第三人性欲，损害善良风俗，违反良好性道德观念，且不属于奸淫的行为，如抠摸、舌舐、吮吸、亲吻、搂抱、鸡奸、兽奸、手淫等。侮辱妇女，则是指以各种淫秽下流的语言或动作伤害妇女性羞耻心且不属于奸淫的行为。例如，向妇女身上泼洒腐蚀物、涂抹污物，向妇女显露生殖器或者用生殖器顶擦妇女身体，等等。猥亵与侮辱一般都具有刺激或满足色欲需要的内容，二者并无本质的区别。有些行为既是猥亵行为又具有侮辱妇女的性质，如向妇女显露生殖器、用生殖器顶擦妇女身体等。但是，许多侮辱妇女行为不具有猥亵性质，如以下流的语言辱骂、调戏妇女，向妇女泼洒腐蚀物、涂抹污物等。

(3)本罪的主体为一般主体，即凡年满16周岁、具有刑事责任能力的人，均可构成本罪。

(4)本罪在主观上出于故意，即具有猥亵他人、侮辱妇女的直接故意。行为人在动机上通常表现出刺激或满足行为人的或者第三人的性欲的倾向。

(二)强制猥亵、侮辱罪的认定

1. 本罪与强奸罪(未遂)的界限

二者都是可能侵犯妇女身心健康的犯罪，在客观上都使用了暴力、胁迫或者其他方法，在具体表现上往往存在相同或类似之处，如抠摸、搂抱等行为。两罪的区别可以归纳为以下几个方面：①客体不完全相同。强奸罪的客体为妇女不与他人性交的权利和幼女的身心健康权利，强制猥亵、侮辱罪的客体为他人的身心健康权利。②犯罪对象不完全相同。强奸罪的犯罪对象只能是女性，强制猥亵罪的犯罪对象可以是男性，也可以是女性。③客观方面不完全相同。强奸罪是强行与妇女发生性交，强制猥亵、侮辱罪是对他人强行实施性交以外的猥亵行为、对妇女强制实施性交以外的侮辱行为。④主体不完全相同。强奸罪的主体只能是男子，强制猥亵、侮辱罪则既可由男子也可由女子实行。⑤主观故意内容不同。强奸罪以强行奸淫为目的，而强制猥亵、侮辱罪，在主观上具有寻求下流无耻的精神刺激和感官刺激的动机，某些情况下，

也具有奸淫妇女的目的,但绝不具有违背妇女意志强行与之性交的故意和目的。

2. 强制猥亵罪与猥亵儿童罪的界限

猥亵儿童罪,是指猥亵不满14周岁的儿童的行为。强制猥亵罪在客观上必须是"强制",后罪无此限制;前罪的对象是已满14周岁的男性和女性,后罪的对象则是不满14周岁的男女儿童。

▶（三）强制猥亵、侮辱罪的处罚

根据刑法第237条的规定,犯强制猥亵、侮辱罪的,处5年以下有期徒刑或者拘役;聚众或者在公共场所当众犯本罪的,或者有其他恶劣情节的,处5年以上有期徒刑。

根据《惩治性侵害未成年人意见》的规定,在校园、游泳馆、儿童游乐场等公共场所对未成年人实施猥亵犯罪,只要有其他多人在场,不论在场人员是否实际看到,均可以依照刑法第237条的规定,认定为在公共场所"当众"强制猥亵、侮辱。

案例分析

【教学案例】

被告人全某,男,25岁,无业。被告人全某平时与妻金某不和,多次提出离婚均被金某拒绝,全某遂产生杀人念头。某年7月3日晚10时许,全某伙同经常打架斗殴、调戏妇女的徒弟方某(19岁)(另案处理),以看戏为名将金某骗至村外一个小山丘上,先逼金某自杀,金某不从,两被告人又将金某捆在该山丘的一棵松树上,全某叫方某用尖刀把金某杀死。方某动手杀人前,问金某还有什么说的,金说:"只要你们不杀我,要我干啥都行。"于是方某便向全某说:"你们夫妻一场,在我杀死她之前,你们再干(性交)一次吧!"全某看出了方某的意图,便说:"我没兴趣,要干你自己干。"方某便将金某裤子解下,要行奸之时,全某又说:"这地方不平,到下面平地去干,干完后带上来。"方某强奸后将金带回小山丘上,全、方二人再次将金某捆在松树上,并用绳子活活将金某勒死。

全某构成故意杀人罪外,是否构成强奸罪?

分析步骤：

步骤1:全某未实施强奸罪的实行行为,因此,要判断全某的行为是否构成强奸罪,就要分析全某与方某是否构成强奸罪的共同犯罪。

步骤2:第一,全某与方某对强奸金某有共同的故意。全某的主观故意表现为对方某主观故意的容忍和认同方式。第二,方某实施了强奸的实行行为,而全某虽未实施实行行为,但实施了选择强奸地点的帮助行为。

步骤3:因此,全某主观上明知方某的犯罪意图,客观上实施了帮助行为,显然已构成强奸罪的共犯。

步骤4:虽然,根据我国刑法理论的精神,强奸罪的对象一般不包括妻子,但是,这只是就单独犯罪而言,丈夫完全可以成为强奸罪的共犯。

【训练案例1】

被告人甲,男,33岁,某市政府机关干部。2006年春,甲与乙(女,29岁)经人介绍相识,接触一段时间后双方都比较满意,为了单位分房,双方于同年12月21日办理了结婚登记手续,但未同居。随着双方接触增多,了解加深,乙发现甲并非自己理想的伴侣,遂以感情不和为由提出离婚要求,甲不同意。乙遂向法院起诉,要求与甲离婚。甲接到法院送达的起诉书后,当晚电话通知乙到他家商谈离婚的事。当晚8点乙到达甲的宿舍,甲乙就离婚之事不能达成一致意见。甲趁乙不备,突然将乙抱起按倒在床上,用事先准备好的绳子将乙双手捆绑在床架上,用一条毛巾堵住乙的嘴,强行与乙发生了性行为。乙被放开后,径直到公安机关控告甲强奸她。

甲的行为是否构成强奸罪?为什么?

分析提示:

甲的行为构成强奸罪。虽然,一般刑法理论上认为,婚内强奸不构成犯罪,但是,夫妻同居义务是从自愿结婚行为推定出来的伦理义务,不是法律规定的强制性义务。因此,在婚姻关系非正常存续期间,例如离婚诉讼期间,婚姻关系已进入法定的解除程序。虽然婚姻关系仍然存在,但已不能再推定女方对性行为是一种同意的承诺,也就没有理由从婚姻关系出发否定强奸罪的成立。

【训练案例2】

2010年5月,犯罪嫌疑人欧某与网友小晴见面后,一起与欧某的朋友康某、唐某在某饭店吃饭,饭后大家去KTV唱歌。期间,四人均喝了很多酒。因欧某嫌康某对小晴动手动脚,就带小晴先行离开。欧某将小晴安排在宾馆,小晴自愿与其发生了性关系。后欧某接到唐某的电话,唐某提出:只要让他和小晴睡一觉,欧某欠他的2000元钱就不用还了。欧某答应并告诉唐某宾馆地址并给康某、唐某开了宾馆的房门。小晴看见有人进入房间,就想离开,但没走成。后被康某、唐某强奸。

欧某、康某、唐某的行为如何认定?

分析提示:

(1)欧某的行为构成强奸罪的共犯,应当承担刑事责任。

(2)康某和唐某构成强奸罪。

(3)量刑上考虑本案是否构成轮奸。"轮奸"属情节加重犯。本案两被告人主观上具有轮奸的故意,客观上着手实施了强制行为、奸淫行为,即具备了加重处罚的情节,应属轮奸。

【相关法律法规】

刑法第236条、第237条、第241条、第300条第3款、第358条、第360条、第361条;

《全国人民代表大会常务委员会关于严禁卖淫嫖娼的决定》;

《最高人民法院 最高人民检察院关于执行〈全国人大常委会关于严禁卖淫嫖娼的决定〉的若干问题的解答》;

《最高人民法院 最高人民检察院 公安部关于当前办理强奸案件中具体应用法律的若干问题的解答》。

学习单元十一
非法拘禁罪

【学习目标与要求】

熟知非法拘禁罪的概念与犯罪构成,会分析非法拘禁罪的罪与非罪、此罪与彼罪的界限

【学习重点与提示】

非法拘禁罪的认定,非法拘禁罪中的法律拟制

 基本知识概述

 一、非法拘禁罪的特征分析

非法拘禁罪,是指非法拘禁他人或者以其他方法非法剥夺他人人身自由的行为。

本罪的构成要件如下:

(1)本罪侵犯的客体是他人的身体自由权。所谓身体自由权,是指以身体的动静举止不受非法干预为内容的人格权,亦即在法律范围内按照自己的意志决定自己身体行动的自由权利,公民的身体自由,是公民正常工作、生产、生活和学习的保证,失去身体自由,就失去了从事一切正常活动的可能。我国宪法第37条规定:"中华人民共和国公民的人身自由不受侵犯。任何公民,非经人民检察院批准或者决定或者人民法院决定,并由公安机关执行,不受逮捕,禁止非法拘禁和以其他方法非法剥夺或者限制公民的人身自由。"因此,非法拘禁是一种严重剥夺公民身体自由的行为。

(2)本罪客观上表现为非法剥夺他人身体自由的行为。行为的特征是非法拘禁他人或者以其他方法非法剥夺他人的身体自由。凡符合这一特征的均应认定为非法剥夺人身自由罪,如非法逮捕、拘留、监禁、扣押、绑架,办封闭式"学习班""隔离审查"等均是非法剥夺人身自由。概括起来分为两类:一类是直接拘束人的身体,剥夺其身体活动自由,如捆绑;另一类是间接拘束人的身体,剥夺其身体活动自由,即将他人监禁于一定场所,使其不能或明显难以离开、逃出。剥夺人身自由的方法既可以是有形的,也可以是无形的。例如,将妇女洗澡时的换洗衣服拿走,使其基于羞耻心无法走出浴室的行为,就是无形的方法。此外,无论是以暴力、胁迫方法拘禁他人,还是以欺诈方法拘禁他人,均不影响本罪的成立。

非法剥夺人身自由是一种持续行为,即该行为在一定时间内处于继续状态,使他人在一定时间内失去身体自由,不具有间断性。时间持续的长短不影响本罪的成立,只影响量刑。但时间过短、瞬间性的剥夺人身自由的行为,则难以认定成立本罪。

剥夺人身自由的行为必须是非法的。司法机关根据法律规定,对于有犯罪事实和重大嫌疑的人采取拘留、逮捕等限制人身自由的强制措施的行为,不成立本罪。但发现不应拘捕时,

借故不予释放,继续羁押的,则应认为是非法剥夺人身自由。对于正在实行犯罪或犯罪后及时被发觉的、通缉在案的、越狱逃跑的、正在被追捕的人,群众依法扭送至司法机关的,是一种权利,而不是非法剥夺人身自由。依法收容精神病患者的,也不是非法剥夺人身自由的行为。

(3)本罪的主体既可以是国家工作人员,也可以是一般公民。从实际发生的案件来看,多为掌握一定职权的国家工作人员或基层农村干部。另外,这类案件往往涉及的人员较多。有的是经干部会议集体讨论决定的,有的是经上级领导同意或默许的;有的是直接策划、指挥者,有的是动手捆绑、奉命看守者。因此,处理时要注意,依法应当追究刑事责任的,只是其中的直接责任者和出于陷害、报复和其他卑鄙动机的人员。对其他人员应实行区别对待,一般不追究刑事责任。

(4)本罪在主观方面表现为故意,并以剥夺他人人身自由为目的。过失不构成本罪。非法拘禁他人的动机是多种多样的。有的因法制观点差,把非法拘禁视为合法行为;有的出于泄愤报复,打击迫害;有的是不调查研究,主观武断、逼取口供;有的是闹特权、耍威风;有的是滥用职权、以势压人;也有的是居心不良,另有所图。不管出于什么动机,只要具有非法剥夺他人人身自由的目的,故意实施了非法拘禁他人,即构成本罪。

二、非法拘禁罪的认定

(一)罪与非罪的界限

非法拘禁行为,只有达到相当严重的程度,才构成犯罪。因此,应当根据情节轻重、危害大小、动机为私为公、拘禁时间长短等因素,综合分析,来确定非法拘禁行为的性质。

要注意把握违法拘捕与非法拘禁罪的界限,两者的区别主要在于违法拘留、逮捕是违反拘留、逮捕法规的行为,一般是司法人员在依照法定职权和条件的情况下决定、批准、执行拘捕时,违反法律规定的有关程序、手续和时限,并不具有非法拘禁的动机和目的。如:一般的超时限报捕、批捕;未及时办理、出示拘留、逮捕证;未依法及时通知犯罪嫌疑人家属或单位;未先办理延期手续而超期羁押人犯的等,都不构成非法拘禁罪。因各种客观因素造成错拘、错捕的,也不构成犯罪。

(二)非法拘禁罪与刑讯逼供罪的关系

两者都属于侵犯人身权利的犯罪,实践中往往互相牵连,容易混淆。两者的区别在于:①主体要件不同。前者是一般主体,后者只能是国家司法工作人员。②犯罪对象不同。前者是一般公民,后者只能是被控有违法犯罪行为的犯罪嫌疑人。③犯罪行为表现和目的不同。前者是以拘禁或者其他强制方法非法剥夺他人人身自由,后者是对犯罪嫌疑人使用肉刑或者变相肉刑逼取口供。如果两罪一起发生,互有关联的,一般应按牵连犯罪从一重罪处理。非国家工作人员有类似"刑讯逼供"等关押行为的,不定刑讯逼供罪,可以非法拘禁罪论处。

(三)非法拘禁罪与妨害公务罪的关系

妨害公务罪,是指以暴力、威胁方法阻碍国家机关工作人员依法执行职务,以暴力、威胁方法阻碍全国人大和地方各级人大代表依法执行代表职务,或者在自然灾害和突发事件中,以暴力、威胁方法阻碍红十字会工作人员依法履行职责的行为。除故意阻碍国家安全机关、公安机关依法执行国家安全工作任务造成严重后果的行为构成妨害公务罪,不需要"暴力、威胁方法"

外,暴力、威胁方法是其他妨害公务行为构成犯罪必备的行为方法条件。妨害公务罪中的暴力,一般是指对国家机关工作人员等特定人员的身体实行打击或强制,例如殴打、捆绑等。司法实践中,往往有以捆绑等非法拘禁的方法妨害公务的案件发生。这实际上是一行为同时触犯两个罪名,属于想象竞合犯,对此应择一重罪从重处罚。

三、非法拘禁罪的处罚

刑法第238条第1款规定,犯本罪的,"处三年以下有期徒刑、拘役、管制或者剥夺政治权利。具有殴打、侮辱情节的,从重处罚"。第2款规定:"犯前款罪,致人重伤的,处三年以上十年以下有期徒刑;致人死亡的,处十年以上有期徒刑。使用暴力致人伤残、死亡的,依照本法第二百三十四条、第二百三十二条的规定定罪处罚。"第3、4款分别规定:"为索取债务非法扣押、拘禁他人的,依照前两款的规定处罚。""国家机关工作人员利用职权犯前三款罪的,依照前三款的规定从重处罚。"

(1)非法拘禁他人或者以其他方法非法剥夺他人人身自由的,处3年以下有期徒刑、拘役、管制或者剥夺政治权利。具有殴打、侮辱情节的,从重处罚。"殴打、侮辱",主要是指在非法拘禁的过程中,对被害人实施了殴打、侮辱行为,如打骂、游街示众等。

(2)非法拘禁他人或者以其他方法非法剥夺他人人身自由,致人重伤的,处3年以上10年以下有期徒刑;致人死亡的,处10年以上有期徒刑。"致人重伤",是指在非法拘禁过程中,由于捆绑过紧、长期囚禁、进行虐待等致使被害人身体健康受到重大伤害的;被害人在被非法拘禁期间不堪忍受,自伤自残,身体健康受到重大伤害的。"致人死亡",是指在非法拘禁过程中,由于捆绑过紧、用东西堵住嘴导致窒息等致使被害人死亡的,以及被害人在被非法拘禁期间自杀身亡的。

(3)如果在非法拘禁他人或者以其他方法非法剥夺他人人身自由的过程中,使用暴力致人伤残、死亡的,按照故意伤害罪或者故意杀人罪的规定定罪处罚。"使用暴力致人伤残、死亡",是指在非法拘禁的同时,故意使用暴力损害被害人的身体健康或者杀害被害人,致使被害人伤残、死亡的。

(4)为索取债务非法扣押、拘禁他人的,必须适用刑法第238条第1、2款的规定。即为索取债务非法扣押、拘禁他人,致人重伤、死亡的,成立非法拘禁罪的结果加重犯;使用暴力致人伤残、死亡的,应认定为故意伤害罪、故意杀人罪。

(5)国家机关工作人员利用职权犯本罪的,从重处罚。"利用职权"表现为以行使职权的外观非法拘禁他人。以拘留、逮捕为名非法拘禁他人,以调查、审查特定事项为名非法拘禁他人,都属于利用职权。

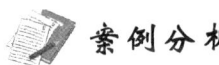案例分析

【训练案例】

2020年6月21日凌晨,被害人吕某在闫某1(已判刑)位于驻马店市驿城区的超市实施盗窃,被侦查机关查获,但吕某系未成年人(不满十六周岁)且家属未能赔偿。2020年7月5日凌晨,闫某1在驿城区遇见吕某后,便要求对方还钱,并开车将其带至驻马店市驿城区练江大

道小树林啤酒城,控制不让其离开。因吕某交不出钱,闫某1、闫某2(已判刑)伙同被告人王某洋采取拳打、脚踢、用啤酒瓶砸的方式对吕某实施殴打。之后,三人将吕某塞至后备厢并驾车至驻马店市驿城区朱古洞乡窑后庄冯庄附近路边时将其抛下,三人驾车离开。当天早晨5时许,村民发现吕某后拨打120对其救治。经公安机关鉴定:被害人吕某人体损伤程度属轻微伤。案发后,被告人与被害人达成赔偿谅解协议。

分析提示:

(1)王某洋伙同他人非法剥夺他人人身自由,其行为已构成非法拘禁罪。王某洋与同伙共同限制吕某人身自由并对其进行殴打,作用相当,均系主犯,但王某洋相对同案犯闫某1作用相对较小,量刑时酌予区分;

(2)关于非法拘禁罪,刑法中特别注明为索取债务非法扣押、拘禁他人的,依照非法拘禁罪处理。另外值得注意的是,非法拘禁指的是人身权利受到侵犯,如果在拘禁过程中被殴打致轻伤以上或致死,则直接转化为故意伤害罪或故意杀人罪。

有组织地多次短时间非法拘禁他人的,应当认定为刑法第238条规定的"以其他方法非法剥夺他人人身自由"。非法拘禁他人三次以上、每次持续时间在四小时以上,或者非法拘禁他人累计时间在十二小时以上的,应当以非法拘禁罪定罪处罚。

【相关法律法规】

刑法第238条、第234条、第232条、第93条;

1999年8月6日《最高人民检察院关于人民检察院直接受理立案侦查案件立案标准的规定(试行)》(高检发释字〔1999〕2号);

2005年12月29日《最高人民检察院关于渎职侵权犯罪案件立案标准的规定》(高检发释字〔2006〕2号)。

学习单元十二 抢劫罪

【学习目标与要求】

熟知抢劫罪的犯罪标准、处罚幅度,明确抢劫罪的罪与非罪、此罪与彼罪的界限;能准确运用刑法和司法解释,根据具体抢劫案例,做出符合案件事实和法律规范的分析

【学习重点与提示】

抢劫方法的认定,抢劫罪的加重构成,转化的抢劫罪

 基本知识概述

抢劫是司法实践中最常见的刑事案件之一,抢劫罪侵犯的是复杂(双重)客体,既侵犯了他人财产权,又侵犯了他人人身权,财产所有权是其主要客体。抢劫罪构成标准中的犯罪行为是复合行为,既包括实施了暴力、胁迫或其他致使被害人不能反抗、不敢反抗或不知反抗的方法,也包括当场劫取他人财物的行为。

一、抢劫罪的特征分析

抢劫罪是指以非法占有为目的,以暴力、胁迫或者其他方法,强行劫取他人公私财物的行为。在我国古代刑法中,抢劫罪也称为强盗罪。

(一)抢劫行为

抢劫行为是指以暴力、胁迫或者其他方法,强行劫取他人财物的行为。因此抢劫是复行为犯,即抢劫行为是由方法行为和目的行为两部分组成。目的行为是指强行劫取公私财物的行为,并且具有当场性;方法行为即指为了能当场劫取财物,而实施的暴力、胁迫或其他人身强制行为。方法行为和目的行为之间存在着因果关系,只有当暴力、胁迫或者其他方法被利用来强行劫取财物的时候,抢劫罪才能成立。

1. 关于抢劫罪的暴力方法

这里的暴力是指对被害人的身体实施袭击或者其他强暴手段,例如殴打、捆绑、禁闭、伤害、杀害等足以危及被害人身体健康或者生命安全,致使被害人不能抗拒的方法。该暴力方法具有公然性、攻击性、强制性的特征。

刑法中规定的很多犯罪采用的方法都有暴力,但是不同犯罪中暴力的含义是不一样的。例如,抢劫罪中的暴力是包括杀人的,也就是说将被害人杀死以后取得被害人的财物;强奸罪的暴力不包含杀人但包括重伤;暴力干涉婚姻自由罪中的暴力只包括轻伤。

(1)暴力的目的是为了当场取得财物。暴力行为是行为人为了排除或者压制被害人的反抗,以便当场占有财物而采取。如果是出于其他目的对被害人实施暴力,之后临时起意并利用

被害人不知反抗、不能反抗的条件而当场占有被害人财物的,是否构成抢劫罪呢?

例如:甲在旅游区森林里看到女青年乙,遂上前抓住乙并将某劫持到僻静之处,欲行强奸,遭乙反抗,甲猛击乙的头部,将其击昏后强奸。甲强奸之后,趁乙昏迷之际,将乙的钱包据为己有。对甲的行为如何处理?此案件中甲的行为构成强奸罪是没有异议的,关键是取财的行为定抢劫罪还是盗窃罪呢?这里甲的取财行为应以盗窃罪论。因为甲对乙实施的暴打,目的是为了顺利实施对乙的奸淫,并非是为了夺取乙的财物而殴打,暴力行为与占有财物之间没有直接的因果关系。

但是如果甲用暴力殴打并将乙强奸后,甲又对乙强行搜身,乙不敢吭声,甲从乙的口袋里搜出钱包并据为己有。这时的取财行为构成什么罪?很显然此时行为人强行搜身,即使不发出语言威胁和暴力举动,结合具体环境与案情也是对被害人的无声威胁和精神强制,致使被害人不敢反抗。因此,这里甲对强奸之后的取财行为应定抢劫罪。

(2)暴力所打击的对象。暴力所打击的对象一般是针对被害人,即财物的所有者、保管者或持有者的身体实施的。如果行为人当着控制财物的所有者、保管者或持有者的面,而对其在场的近亲属或其他利害关系人进行暴力打击,迫使前者交出财物,能否构成抢劫罪呢?这种情况下,实施暴力所打击的对象并未直接控制财物,但其与现场直接控制财物的人有着近亲属或者其他利害关系,对其实施暴力可以迫使财物持有者当场交出财物,实际上对财物持有者起着胁迫作用,也应以抢劫罪论。但如果对现场的与要抢劫的财物没有利害关系的人施加暴力的,不能作为抢劫罪论。

2. 关于抢劫罪的胁迫方法

这里的胁迫是指以立即实施暴力相威胁,实行精神强制,使被害人产生恐惧而不敢反抗的方法。前者的暴力是一种物理上的强制,使被害人不敢反抗,而这里的胁迫是一种精神上的强制,使被害人不敢反抗。"胁迫"具有暴力性和当场性两个特征。暴力性,即必须以要对被害人实施暴力(杀害、伤害等)相恐吓。当场性,即胁迫的目的是为了迫使被害人当场交出财物,如果要求被害人答应日后交出财物,就属于敲诈勒索罪中的"胁迫"了。

如果行为人以某种方式引起他人恐惧,但不符合这两个特征的,即使是非法获得了财物,也不构成抢劫罪。例如:巫婆某甲利用乙的迷信观念,胡说乙家中了邪气,不除邪气,乙家不久就得死人,并说如果乙愿意出4000元钱,她可以帮助其除掉邪气,乙很害怕,遂答应甲的要求。甲的行为能成立抢劫罪吗?甲所使用的方法虽然引起被害人的恐惧,并因此法占有财物,但甲的"胁迫"行为并不是以自己将要实施侵害行为为内容,被害人乙交出财物是基于相信甲所编造的情况,而且即将可能发生的不利也非甲所导致的,乙出于对鬼神的害怕而"自愿"地给予财物,因此对甲应作为诈骗罪论处。

3. 抢劫罪的"其他方法"

其他方法是指为了当场占有财物,而采用的暴力、胁迫之外的其他使被害人处于不知反抗或者不能反抗(即丧失反抗能力)的状态的方法。典型的如用药物麻醉、用酒灌醉、使用催眠术等。这些"其他方法"具有以下特征:

(1)必须是直接针对他人的身体施加的影响力,使他人身体受到强制或者使其身体机能发生变化,失去反抗能力。如果不是直接针对他人身体施加影响力即没有使用暴力或者以暴力相威胁的,如冒充人民警察或者治安联防队员"抓赌""抓嫖",而"没收"赌资或者罚款的,应分别构成招摇撞骗罪或者敲诈勒索罪,而不以抢劫罪论。

(2)这些"其他方法"与被害人处于不能、不知反抗的状态有着直接因果关系。如果是由被害人自己或被他人灌醉、正在熟睡、因病昏迷、被他人打昏在路边、被他人撞伤等,而处于不能、不知反抗的状态,行为人乘机掠夺走财物的,只能以盗窃罪等论处,而不构成抢劫罪。

(3)这些方法必须是行为人为了排除被害人的反抗以便当场占有财物而采取的。如果是因为行为人过失使他人处于上述状态,临时起意占有财物的,也不能作为抢劫罪论。

总之,抢劫罪的方法行为不论是暴力、胁迫还是其他方法,应当具有这样的一个共性,就是这些方法都致使被害人当场不能反抗或不敢反抗或不知反抗。

(二)抢劫主体

根据刑法第17条第2款的规定,已满14周岁不满16周岁的人,犯抢劫罪的,应当负刑事责任。同时,2003年4月18日《最高人民检察院法律政策研究室关于相对刑事责任年龄的人承担刑事责任范围有关问题的答复》第2条的规定,相对刑事责任年龄的人,实施了刑法第269条规定的行为的,应当依照刑法第263条的规定,追究刑事责任。此外,根据2006年1月11日《最高人民法院关于审理未成年人刑事案件具体应用法律若干问题的解释》第7条的规定,已满14周岁不满16周岁的人,使用轻微暴力或者威胁,强行索要其他未成年人随身携带的生活、学习用品或者钱财数量不大,且未造成被害人轻微伤以上或者不敢正常到校学习、生活等危害后果的,不认为是犯罪。已满16周岁不满18周岁的人具有前款规定情形的,一般也不认为是犯罪。

抢劫罪的形式是故意并且具有非法占有的目的。

二、抢劫罪的认定

(一)关于抢劫特定财物行为的定性

以毒品、假币、淫秽物品等违禁品为目标,实施抢劫的,也构成抢劫罪。抢劫的违禁品数量作为量刑情节予以考虑。如果行为人抢劫违禁品后又以违禁品实施其他犯罪的,应以抢劫罪与具体实施的其他犯罪实行并罚,如抢劫毒品后,又贩卖的,应当以抢劫罪与贩卖毒品罪并罚。

抢劫赌资、他人犯罪所得的赃款赃物的,也构成抢劫罪。但行为人仅以其所输赌资或所赢赌债为抢劫对象的,一般不以抢劫罪论处,但有可能构成其他犯罪如故意伤害罪等。

(二)抢劫罪与抢夺罪的区别

"抢劫"和"抢夺"二者虽然是一字之差,但行为性质以及危害性相差却很大。抢夺罪①的要点是:乘人不备,公然夺取财物。它与抢劫罪的区别点在于"乘人不备",即行为人胆敢公然夺取,不是倚仗武力,而是依靠突然性、速度和敏捷,通过出其不意、攻其不备而得以夺取财物。有三种情形需特别注意:在乘人不备抢夺时,行为人有可能因为用力过猛而将被害人拽倒摔伤,甚至致死;行为人抢夺后逃离现场,也有可能将他人撞倒摔伤,甚至致死;在夺取被害人项链、耳环时,致被害人颈部、耳部受伤。对此,一般仍然认定为抢夺罪,不认为是抢劫罪;但是,如果在乘人不备抢夺时,针对被害人当场使用暴力或胁迫,或者携带凶器抢夺,应当认定为抢劫罪。

---

① 抢夺罪:是指以非法占有为目的,乘人不备,公然夺取数额较大的公私财物的行为。

对于利用行驶的机动车辆抢夺（俗称"飞车抢夺"）的定性，应考虑这种行为是否具有对人暴力或精神强制的性质，以及是否足以压制被害人的反抗。根据2005年6月《最高人民法院关于审理抢劫、抢夺刑事案件适用法律若干问题的意见》（以下简称《抢劫案件意见》）第11条规定：对于驾驶机动车、非机动车夺取他人财物的，一般以抢夺罪从重处罚。但具有下列情形之一的，应当以抢劫罪定罪处罚：①驾驶车辆，逼挤、撞击或强行逼倒他人以排除他人反抗，乘机夺取财物的；②驾驶车辆强抢财物时，因被害人不放手而采取强拉硬拽方法劫取财物的；③行为人明知其驾驶车辆强行夺取他人财物的手段会造成他人伤亡的后果，仍然强行夺取并放任造成财物持有人轻伤以上后果的，如可能因为背包带的牵挂或者被害人没有在意，而致被害人摔伤，甚至摔死的。

➤（三）抢劫罪与绑架罪①的界限

绑架罪中存在以勒索财物为目的而绑架他人的情形，而抢劫罪的暴力手段也有可能是采用绑架等控制他人人身自由的方法。二者的区别主要在于：一是取财是否具有当场性；二是取财的对象是否为被害人本人。抢劫罪是行为人当场从被害人处劫取财物，而绑架罪表现为行为人向被绑架者的亲属或者利害关系人发出威胁，勒索赎金或者提出其他非法要求。如果行为人使用暴力、胁迫手段非法扣押被害人或者迫使被害人离开日常生活住处后，仍然向被害人勒索财物的，只能认定为抢劫罪；如果行为人在绑架过程中有当场劫取当事人随身携带财物的，同时触犯绑架罪和抢劫罪两罪名，应择一重论处。《抢劫案件意见》中规定：绑架过程中又当场劫取被害人随身携带财物的，同时触犯绑架罪和抢劫罪两罪名，应择一重罪处罚。

➤（四）抢劫罪与敲诈勒索罪的界限

本罪同敲诈勒索罪有一定相似性，即都有威胁的手段，被害人常常都是被迫地处分财产，但二者也有严格的区别，它们在"胁迫"的内容与形式上的不同点在于：

（1）威胁的内容是否仅限于暴力性的人身侵害。

（2）非法取得财物的时间是否只能在当场、当时取得，即如果同时具备（人身）暴力性和（取财的）当场性两个特征，就属于抢劫罪中的"胁迫"，否则就是敲诈勒索罪中的"胁迫"。具体而言：抢劫罪只能是以暴力侵害相威胁；而敲诈勒索罪的威胁内容基本上没有限制。抢劫罪只能是当场进行威胁，敲诈勒索罪既可以当场威胁，也可以通过电话、书信甚至第三者进行威胁。抢劫罪的威胁内容具有现实性，即如果不满足行为人的要求，威胁内容（暴力）就当场实现；而敲诈勒索罪则表现为如果不满足行为人的要求，威胁内容在将来的某个时间实现或者当场实现非暴力的恶害。抢劫罪只能当场取得财物；敲诈勒索罪既可以当场取得财物，也可以事后取得财物。

➤（五）以其他手段抢劫的认定

司法实践中，有的债务人对债权人实施暴力、胁迫等强行手段，逼使债权人取消债务，如当场交出其手中的欠条加以销毁的，或者当场写出收条以证明债务已经偿还的，此种情况如何处理？能否定抢劫罪呢？

一般认为是可以的，因为抢劫罪的特征就是使用暴力、胁迫等手段，当场占有公私财物，上

---

① 绑架罪：是指利用被绑架人的近亲属或者其他人对被绑架人安危的担忧，以勒索财物或者满足其他不法要求为目的，使用暴力、胁迫麻醉等方法非法劫持、控制他人的行为。

述情形无疑是行为人以特别的方式占有了他人财物,虽然没有当场将他人的财物非法转归己有,但其将欠条当场销毁、当场写出虚假的收条等方式,致使被害人(债权人)可能因无法提供其他证据,而在法律上无法讨回债务,其结果与当场被抢走财物无异,同样是侵犯了他人的财产权。而且从行为人方面讲,虽然没有使得自己的财物数额增加,但其应当偿付的钱款因此而不再偿付,无异于以另一种方式增加财产——减少付出的方式,所以同当场取得财物的抢劫性质没有区别。

当然,这类案件中,有的被害人后来可能在法庭上利用其他证据,举证讨回了债务的,并不影响行为人抢劫行为的性质,如同盗窃他人银行活期存折,被害人通过及时挂失而避免损失不影响盗窃行为的认定一样。

▶(六)抢劫罪与寻衅滋事罪的界限

寻衅滋事罪是严重扰乱社会秩序的犯罪,行为人实施寻衅滋事的行为时,客观上也可能表现为强拿硬要公私财物的特征。这种强拿硬要的行为与抢劫罪的区别在于:前者行为人主观上还具有逞强好胜和通过强拿硬要来填补其精神空虚等目的,后者行为人一般只具有非法占有他人财物的目的;前者行为人客观上一般不以严重侵犯他人人身权利的方法强拿硬要财物,而后者行为人则以暴力、胁迫等方式作为劫取他人财物的手段。司法实践中,对于未成年人使用或威胁使用轻微暴力强抢少量财物的行为,一般不宜以抢劫罪定罪处罚。其行为符合寻衅滋事罪特征的,可以寻衅滋事罪定罪处罚。

例如,未成年在校生在学校或学校周边区域,强拿硬要学生财物的,可不按照抢劫罪定罪处罚。如果次数较多、数额较大,情节恶劣的,可按照寻衅滋事罪定罪处罚。

▶(七)转化型抢劫罪的认定

注意转化型或以抢劫罪论的认定,这种情形在刑法中大致有三处:

(1)刑法第267条第2款的规定,携带凶器抢夺的,应以抢劫罪论处。根据司法解释,"携带凶器抢夺"是指行为人随身携带枪支、爆炸物、管制刀具等国家禁止个人携带以及其他能致人伤亡的器械进行抢夺或者为了实施犯罪而携带其器械进行抢夺的行为。如行为人随身携带国家禁止个人携带的器械以外的其他器械抢夺,但有证据证明确实不是为了实施犯罪准备的,不能以抢劫罪论。

(2)刑法第269条的规定,即犯盗窃、诈骗、抢夺罪,为窝藏赃物、抗拒抓捕或者毁灭罪证而当场使用暴力或者以暴力相威胁的,转化为抢劫罪。转化抢劫罪应具备三个条件:

第一个是前提条件,即犯盗窃、诈骗、抢夺罪。这里的犯盗窃、诈骗、抢夺罪一般来说要达到数额较大、具备一定条件的,也可以成为转化抢劫罪的前提条件。因为盗窃、诈骗、抢夺行为可能是在犯罪行为过程中出现的转化,因此也不能要求必须数额较大的限定。

第二个是主观条件,行为人使用暴力或者以暴力相威胁的主观目的不是为了取得财物,而是为了抗拒抓捕、窝藏赃物或毁灭罪证。这种转化型抢劫本身不是抢劫,抢劫的暴力是为了取财。

第三个条件是行为条件,当场使用暴力或以暴力相威胁。这里的"当场"是指实施盗窃、诈骗、抢夺罪的现场,也包括刚一逃离现场即被发现和追捕的过程中,即只要与犯罪行为现场紧密联系、没有间断的追捕途中也视为"当场"。

(3)刑法第289条的规定,即聚众"打砸抢"、毁坏或者抢走公私财物的,对首要分子,应以抢劫罪定罪处罚。这种情形下不论是抢走而非法占有财物，还是毁坏而根本没占有财物，都定抢劫罪，而不定故意毁坏公私财物罪，这也是立法上的一个特例。

三、抢劫罪的处罚

刑法对抢劫罪的量刑有两个幅度：一个量刑幅度是3年以上10年以下有期徒刑，并处罚金；另一个量刑幅度就是抢劫罪的加重构成，以下八种情形就是八种加重构成的事由。

有下列情形之一的，处10年以上有期徒刑、无期徒刑或者死刑，并处罚金或者没收财产：①入户抢劫的；②在公共交通工具上抢劫的；③抢劫银行或者其他金融机构的；④多次抢劫或者抢劫数额巨大的；⑤抢劫致人重伤、死亡的；⑥冒充军警人员抢劫的；⑦持枪抢劫的；⑧抢劫军用物资或者抢险、救灾、救济物资的。

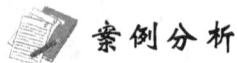
案例分析

【教学案例】

王某、张某抢劫、盗窃案①

2001年5月10日晚，被告人王某、张某经预谋，由王某驾驶新田125摩托车载张某至万柏林区漪汾街路南自行车道，尾随骑自行车的女青年赵某至千峰北路路口处时，在车速较快的情况下，由被告人张某用力抢夺赵某的右肩挎包，并加速逃离现场，将挎包抢走，致赵某当场摔倒，送医院抢救无效，因重度颅脑损伤死亡，被抢挎包内装有人民币20余元、IC电话卡等物。

分析步骤：

步骤1：从案件提供的事实中，找出犯罪行为的性质归属。本案被告人骑摩托车在车速较快的情况下，抢夺同方向骑自行车的被害人挎包，致使被害人摔倒而亡的行为，已经构成犯罪。

步骤2：被告人王某、张某以非法占有他人财物为目的，其行为虽然是将强力作用于被抢取的财物，但该强力可能会造成他人伤亡的结果，被告人是明知的，且放任了危害结果的发生，抢走被害人财物并致其死亡，既侵犯了被害人的人身权利，又侵犯了被害人的财产权利，已构成抢劫罪。被告人的行为目的是为了占有他人财物，在行为实施过程中放任了被害人死亡的发生，因此不能构成故意杀人罪。

本案的法律依据：《抢劫案件意见》。该司法解释第11条，对驾驶机动车、非机动车夺取他人财物行为的定性做了明确的规定：即对于驾驶机动车、非机动车（以下简称"驾驶车辆"）夺取他人财物的，一般以抢夺罪从重处罚，但具有下列情形之一，应当以抢劫罪定罪处罚：①驾驶车辆，逼挤、撞击或强行逼倒他人以排除他人反抗，乘机夺取财物的；②驾驶车辆强抢财物时，因被害人不放手而采取强拉硬拽方法劫取财物的；③行为人明知其驾驶车辆强行夺取他人财物的手段会造成他人伤亡的后果，仍然强行夺取并放任造成财物持有人轻伤以上后果的。

步骤3：根据刑法第263条规定，抢劫致人重伤、死亡的，处10年以上有期徒刑、无期徒刑或者死刑，并处罚金或者没收财产。

---

① 最高人民法院刑事审判第一庭、第二庭.刑事审判参考[M].北京：法律出版社，2004.此处仅引用了案例中定性争议较大的"飞车行抢"部分。

【训练案例1】

杨某抢劫案①

1998年11月1日20时许,原审被告人杨某在某县一餐馆饮酒,欲回其妹夫钟某家。在途经与钟某同社的谭某(本案受害人)家时,杨某敲门进入谭某家。杨某称打麻将输了钱,叫谭某借100元钱。谭某称无钱,杨某即拿出一把割肉刀,抓住谭某的耳朵,声称不借就要割其耳朵。谭某仍称无钱后,杨某即对谭搜身,从谭某身上搜得人民币19元,并当着谭某的面清点并告知其是19元后离开,杨某作案后,经其妹夫钟某责骂,于同月4日托钟某将19元钱还给了谭某。

分析提示:

(1)被告人杨某的行为是"借"还是"属于入户抢劫"?

(2)考虑被告人杨某犯罪情节、后果等,是否有悔改表现?

【训练案例2】

被告人荣某,男,1987年12月21日出生;

被告人胡某,男,1988年1月14日出生;

被告人吴某,女,1987年9月30日出生。

2004年11月29日下午,被告人吴某和邵某(另案处理)在蚌埠市某网吧上网时,吴某在互联网上遇到其网友被害人李某。吴某、李某二人约定到本市一贵族网吧见面。邵某得知情况后,遂打电话将被告人荣某、胡某邀约至蚌埠市某网吧,四人预谋对李某实施抢劫。当日晚6时许,吴某按照邵某事先安排,将李某带至蚌埠市宋庄北处淮河大坝,邵某与被告人荣某、胡某尾随其后至大坝北侧时,被李某发现。邵某率先冲上去用拳击打李某的面部,被告人荣某、胡某亦冲上去殴打李某,吴某见状逃离现场。之后,邵某从李某身上搜出人民币60元,并掏出随身携带的刀具向李某索要手机,同时要求被告人胡某去追吴某,胡某遂离开现场。被告人荣某等向李某索要手机时,李某进行反抗,荣某遂持刀向李某腰背部捅了一刀,后二人逃离现场。案发后,李某被送往本市第三人民医院救治。经蚌埠市中级人民法院司法科学技术鉴定:李某的损伤程度为重伤。

被告人荣某、胡某分别于2004年12月8日,被告人吴某于同年12月21日主动到公安机关投案,并如实供述了犯罪事实。

分析提示:

(1)被告人荣某、胡某、吴某采取暴力手段劫取公民财物行为构成何罪?

(2)根据刑法规定,三被告应适用的量刑幅度如何?

(3)三被告在共同犯罪中的地位和作用如何?三被告主动到公安机关投案的行为能否认定为自首?三被告在犯罪时都不满18周岁,应如何处理?

分析参考:

被告人荣某、胡某,原审被告人吴某以非法占有为目的,采取暴力手段劫取公民财物,其行为均已构成抢劫罪。在共同犯罪中,被告人荣某参与抢劫并致被害人重伤,起主要作用,系主犯;被告人胡某、吴某起次要作用,系从犯,对从犯予以减轻处罚。被告人吴某将被害人骗至作

---

① 国家法官学院,中国人民大学法学院.中国审判案例要览(2002年刑事审判案例卷)[M].北京:中国人民大学出版社,2003:107-111.

案现场后即离开,在共同犯罪中仅起到辅助作用,参与犯罪情节较轻,故原判对吴某适用缓刑。被告人荣某、胡某、吴某犯罪以后自动投案,如实供述自己的罪行,是自首,且其犯罪时均不满18周岁,依法对三被告人从轻处罚。因三被告人的犯罪行为而使被害人李某遭受经济损失,三被告人应承担民事赔偿责任。

【相关法律法规】

刑法第263条第5项,第17条第3款,第25条第1款,第26条第1、4款,第27条,第67条第1款,第72条第1款,第36条第1款。

【训练案例3】

某日中午,甲、乙、丙共谋晚上抢劫一路边店,在去踩点途中遇丁,邀丁一起,丁拒绝,甲说不干就算了,现在陪我们一起去看看。在察看该路边店时,丁告诫甲、乙:店在路边,进去时行动要快,路边有公用电话,要防止报警,还随手扯断了电话线,尔后四人离去。当晚,甲、乙在店外会合,丙未来。甲、乙持匕首闯入商店。店主一家三人正睡觉(该店在白天营业时作店铺,晚上打烊后作卧室),店主被惊醒后拿出床下私藏的猎枪(无持枪许可)朝甲、乙射击,致甲死亡、乙重伤,同时也使自己的妻子死亡。经查丙与朋友一起吃晚饭时醉酒而未来。

分析提示1:

对甲、乙、丙、丁如何定罪处罚?

定罪:甲、乙、丙、丁的行为是使用暴力强行劫取他人财物的行为,已构成抢劫罪。

量刑:属于入户抢劫,应当在10年以上有期徒刑、无期徒刑或者死刑的幅度内适用刑罚,并处罚金或没收财产。甲、乙、丙、丁四人属于抢劫未遂,可以比照既遂犯从轻或减轻处罚。甲、乙、丙、丁属于共同犯罪,其中丙、丁在共同犯罪中起辅助作用,是从犯,应当从轻、减轻或者免除处罚。

分析提示2:

店主构成非法持有枪支罪。店主开枪射击致甲死亡、乙重伤,属于正当防卫。因为遭到立即危及人身安全的暴力犯罪进行防卫,致不法侵害人重伤、死亡的,不认为过当。店主误中其妻死亡,属于在正当防卫时错误打击第三人,不具有正当防卫性质。但在特定、紧急情况下,由于不可预见、不可抗拒的原因引起的,不认为是犯罪。

【相关法律法规】

刑法第263条、第267条第2款、第269条;

2000年11月17日《最高人民法院关于审理抢劫案件具体应用法律若干问题的解释》(法释〔2000〕35号);

2001年5月22日《最高人民法院关于抢劫过程中故意杀人案件如何定罪问题的批复》(法释〔2001〕16号);

2005年6月8日《最高人民法院关于审理抢劫、抢夺刑事案件适用法律若干问题的意见》(法释〔2005〕8号);

2005年12月12日《最高人民法院关于审理未成年人刑事案件具体应用法律若干问题的解释》(法释〔2006〕1号)。

学习单元十三
盗窃罪

【学习目标与要求】

熟知盗窃罪的犯罪标准、处罚幅度,明确盗窃罪的罪与非罪、此罪与彼罪的界限;能准确运用刑法和司法解释,根据具体盗窃案例,做出符合案件事实和法律规范的分析

【学习重点与提示】

盗窃行为认定,针对特定对象盗窃行为的认定

基本知识概述

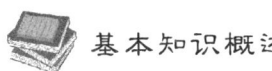

一、盗窃罪的特征分析

(一)关于盗窃罪的行为方式

盗窃罪是以非法占有为目的,秘密窃取数额较大的公私财物,或者多次盗窃、入户盗窃、携带凶器盗窃、扒窃的行为。前一种类型可谓普通盗窃,后四种类型可谓特殊盗窃。

盗窃罪在任何国家都是发案率最高的犯罪,许多国家的刑法都将盗窃罪规定为财产罪之首。盗窃罪与其他侵犯财产权利的犯罪的根本区别主要在于行为方式不同。盗窃罪主要有以下五种行为方式:

(1)"秘密窃取",即行为人采用自认为不被他人发觉的方法占有他人财物,即使客观上已被他人发觉或者注视,如被财物所有人或者公安人员暗中监视的,也不影响盗窃的性质。因为该秘密窃取是针对财物所有人、保管人、持有人而言的,至于其他在场的人都发觉了也不影响盗窃罪的构成。

(2)"多次盗窃",是指两年内三次以上盗窃。行为人盗窃公私财物虽未达到数额较大,但只要两年内有三次以上即可构成犯罪。

(3)"入户盗窃",是指非法进入他人生活的与外界相对隔离的住所(包括封闭的院落、牧民的帐篷、渔民作为家庭生活场所的渔船、为生活租用的房屋等)。

(4)"携带凶器盗窃",构成盗窃罪但不以数额较大为前提。携带凶器不要求行为人显示、暗示凶器,更不要求行为人对被害人使用凶器。针对被害人使用凶器实施暴力或者使用凶器胁迫被害人,进而取得财物的,应成立抢劫罪。

(5)"扒窃",是指在公共场所窃取他人随身携带的财物的行为。"扒窃"成立盗窃罪,客观上必须具备两个条件:行为发生在公共场所;所窃取的必须是他人随身携带的财物。扒窃不要求具有技术性,扒窃不要求行为人具有惯常性,一次扒窃就能成立盗窃罪。

根据法律的规定,除了秘密窃取需要以数额较大、多次盗窃需要以一定的次数作为构成犯

罪的成立要件外,入户盗窃、携带凶器盗窃、扒窃等行为均不以数额较大为构成犯罪的前提。

▶(二)盗窃罪的对象

盗窃罪的对象是公私财物。这种公私财物一般具有能够被人们所控制和占有、具有一定的经济价值、能够被移动、他人的财物四个特征。

二、盗窃行为的认定

▶(一)盗窃罪与非罪的界限

对某些具有小偷小摸行为的、因受灾生活困难偶尔偷窃财物的或者被胁迫参加盗窃活动没有分赃或分赃甚微的,可不作盗窃罪处理,必要时,可由主管机关予以适当处罚。应把偷窃自己家或近亲属财物的行为与社会上的盗窃犯罪行为加以区别。根据有关司法解释规定,对此类案件,一般可不按犯罪处理;对确有追究刑事责任必要的,在处理时也应同社会上作案的有所区别。

根据2013年4月4日实施的《最高人民法院 最高人民检察院关于办理盗窃刑事案件适用法律若干问题的解释》(以下简称《盗窃案件解释》)第7条的规定,盗窃公私财物数额较大、行为人认罪、悔罪、退赃、退赔,且具有下列情形之一,情节轻微的,可以不起诉或者免予刑事处罚,必要时,由有关部门予以行政处罚:

(1)具有法定从宽处罚情节的;
(2)没有参与分赃或者获赃较少且不是主犯的;
(3)被害人谅解的;
(4)其他情节轻微、危害不大的。

▶(二)关于盗窃罪的既遂与未遂的问题

盗窃罪既属于数额犯,又属于结果犯。一般而言,盗窃罪作为数额犯,如果达到"数额较大"或"多次盗窃"的标准,就构成犯罪;即使是多次盗窃、入户盗窃、携带凶器盗窃和扒窃,也应以行为人取得了值得刑法保护的财物为既遂标准;如果没有达到,则属于违反治安管理处罚法的问题,即不作为犯罪论。

如果以金融机构、珍贵文物、单位财务室等为目标,即使盗窃没有成功或者实际所得价值较小的,也应定罪(未遂)处罚,也就是说,作为结果犯的盗窃罪,也存在既遂、未遂的问题。

关于盗窃罪的既遂标准,我们主张失控加控制说。即盗窃行为已经使被害人丧失了对财物的控制时,或者行为人已经控制了所盗财物时,都是既遂。被害人的失控与行为人的控制通常是统一的,被害人的失控意味着行为人的控制。但二者也存在不统一的情况,即被害人失去了控制,但行为人并没有控制财物,对此也应认定为盗窃既遂,因为本法以保护合法权益为目的,既遂与未遂的区分到底是社会危害性的区分。例如:张三、李四二人深夜潜入一纺织厂仓库,偷出8捆毛呢布(市场价约6000元),扔出墙外。正巧王五驾驶卡车送货刚从外地连夜返回,从墙外路过,发现8捆毛呢布无人看管,遂装上卡车拉走。等张三、李四来到墙外,发现赃物已无踪影。在本案中,张三、李四将纺织厂的毛呢布扔到厂外,就使得这批物资脱离了厂方的控制,财产已经造成损失,虽然张三、李四也未能最终将赃物据为己有,但该盗窃行为也应认定为既遂。

就盗窃罪而言,其危害程度的大小不在于行为人是否控制了财物,而在于被害人是否丧失了对财物的控制。因此,即使行为人没有控制财物,但只要被害人失去了对财物的控制的,也成立盗窃既遂,没有理由以未遂论处。例如,行为人以不法占有为目的,从火车上将他人财物扔到偏僻的轨道旁,打算下车后再捡回该财物。又如,行为人以不法占有为目的,将他人放在浴室内的金戒指藏在隐蔽处,打算日后取走。在这种情况下,即使行为人后来由于某种原因没有控制该财物,但因为被害人丧失了对财物的控制,也应认定为盗窃既遂,而不能认定为未遂。

在认定盗窃罪的既遂与未遂时,必须根据财物的性质、形态、体积大小、被害人对财物的占有状态、行为人的窃取样态等进行判断。例如:刘某趁珠宝店柜台的售货员接待其他顾客时,伸手从柜台内拿出一个价值2300元的戒指,握在手中,然后继续在柜台边假装观看。几分钟后,售货员发现少了一个戒指并怀疑刘某,便立即报告保安人员,刘某见状,速将戒指扔回柜台内逃离。但对于体积较大的财物而言,如彩电、洗衣机等,只有将该财物搬运出商店才能认定为既遂。

再如盗窃工厂内的财物,如果工厂是任何人可以出入的,则将财物搬出原来的仓库、车间时就是既遂;如果工厂的出入相当严格,出大门必须经过检查,则只有将财物搬出大门外才是既遂。

▶(三)针对特定对象的盗窃行为认定

(1)行为人盗窃正在使用中的交通设备、电力(燃气)设备、易燃易爆设备、通信设备、广播电视设施以及这些设备(施)上重要的零部件,足以危害公共安全的,同时构成盗窃罪和破坏交通工具等危害公共安全犯罪,应以想象竞合犯对待,择一重罪处罚。

(2)为盗窃其他财物,盗窃机动车辆当犯罪工具使用的,被盗机动车辆的价值计入盗窃数额;为实施其他犯罪盗窃机动车辆的,以盗窃罪和所实施的其他犯罪实行数罪并罚。为实施其他犯罪,偷开机动车辆当犯罪工具使用后,将偷开的机动车辆送回原处或者停放到原处附近,车辆未丢失的,按照其所实施的犯罪从重处罚。

(3)为练习开车、游乐等目的,多次偷开机动车辆,并将机动车辆丢失的,以盗窃罪定罪处罚,这是一个特例,因为行为人并不具有非法占有的目的;在偷开机动车辆过程中发生交通肇事构成犯罪,又构成其他罪的,应当以交通肇事罪和其他罪实行数罪并罚;偷开机动车辆造成车辆损坏的,按照刑法第275条的规定定罪处罚;偶尔偷开机动车辆,情节轻微,可以不认为是犯罪。

(4)实施盗窃犯罪,造成公私财物损毁的,以盗窃罪从重处罚;又构成其他犯罪的,择一重罪从重处罚;盗窃公私财物未构成盗窃罪,但因采用破坏性手段造成公私财物损毁数额较大的,以故意毁坏财物罪定罪处罚。盗窃后,为掩盖盗窃罪行或者报复等,故意破坏公私财物构成犯罪的,应当以盗窃罪和构成的其他罪实行数罪并罚。

(5)盗窃技术成果等商业秘密的,按照刑法第219条的规定定罪处罚。

(6)使用投毒、爆炸方法偷鱼的犯罪性质问题。如果是出于盗窃的目的,毒死或炸死较大数量的鱼,将其偷走,未引起其他严重后果的,应定为盗窃罪;如果不顾人畜安危,向供饮用的池塘中投放大量的剧毒药物,或者向堤坝、其他公共设施附近的水中投掷大量炸药,严重危害公共安全,致人重伤、死亡或者使公私财物遭受重大损失的,应定投毒罪或爆炸罪;如果是为了偷鱼或挟私报复,向鱼塘内投放大量剧毒药物,严重污染水质,毒死整塘的鱼,使集体的或个人承包的养鱼生产遭到严重破坏,损失惨重的,应定破坏生产经营罪,同时还应查明毒物或炸药的来源,抑牵连犯有其他罪的,则应从一重罪惩处。

(7)盗伐林木的犯罪性质。违反保护森林法规,秘密地盗伐森林或其他林木,情节严重的,因为刑法分则另有规定,构成盗伐林木罪,不以盗窃罪论处;如果不是盗伐生长中的林木,而是盗窃已经采伐下来的木料的,或者偷砍他人房前屋后、自留地上种植的零星树木数额较大的,则应构成盗窃罪。

(8)对盗窃珍贵文物的,如果仅属窃取,应定盗窃罪;在盗窃过程中破坏珍贵文物、名胜古迹的,可以按盗窃罪或者破坏珍贵文物、名胜古迹罪中的一重罪从重处罚。

(9)盗窃墓葬,窃取数额较大的财物,应以盗窃罪论处;虽未窃得财物或窃得少量财物的,如情节严重,也应以盗窃罪论处;如果窃取少量财物,情节轻微的,可由公安机关酌情给予治安处罚;盗掘古文化遗址、古墓葬的,应依刑法第328条之规定。

(10)故意盗窃枪支、弹药、爆炸物或公文、证件、印章的,因盗窃的是刑法规定的特定对象,故依法应定盗窃枪支、弹药、爆炸物罪或盗窃公文、证件、印章罪,不以盗窃罪论;如果在盗窃到的手提包中意外地发现放有枪支、弹药,因无盗窃枪支、弹药的故意,仍应以盗窃罪论处;如果盗窃拎包后发现内有枪支、弹药而又私藏的,则构成私藏枪支、弹药罪。

(11)盗窃铁路线上行军设备的零件、部件或者铁路线上的器材,危及行车安全,构成犯罪的,根据铁路法的规定,以破坏交通设备罪论处。

(12)窃取支票骗兑现金或者骗购物品的犯罪性质。窃取他人购买的旅行支票,模仿失主签字,骗兑现款或者骗购物品的,窃取单位盖过章的空白支票,填写收款单位和金额,骗购物品的,如果数额较大,一般构成盗窃罪。行为人虽然使用了欺骗手段,但他采用秘密窃取手段取得支票是决定性的,而兑现或购物是继续完成盗窃行为,最终受损失的是丢失支票的个人或单位。所以,仍应构成盗窃罪,而不构成票据诈骗罪。盗窃犯勾结他人冒充签发支票的个人或单位人员去兑现或购物的,后者如果知道支票是偷来的,构成盗窃罪的共犯;如果不知道支票是偷来的,冒名顶替,虚构事实,采用欺骗方法占有财物则可定为票据诈骗罪。

(13)根据刑法第210条第1款规定,盗窃增值税专用发票或者可以用于骗取出口退税、抵扣税款的其他发票的,依照刑法第264条的规定即本罪定罪处罚。

(14)根据刑法第253条第2款规定,邮政工作人员私自开拆或者隐匿、毁弃邮件、电报而窃取财物的,依照刑法第264条的规定即本罪定罪从重处罚。

(15)参照1989年9月15日《最高人民检察院关于非邮电工作人员非法开拆他人信件并从中窃取财物案件定性问题的批复》之规定,非邮电工作人员非法开拆他人信件,侵犯通信自由权利情节严重,并从中窃取少量财物,或者窃取汇票、汇款支票,骗取汇兑款数额不大的,依照刑法关于侵犯通信自由罪的规定,从重处罚。非邮电工作人员非法开拆他人信件,侵犯公民通信自由权利,情节严重,并从中窃取财物数额较大的,应按照重罪吸收轻罪的原则,依照刑法关于盗窃罪的规定从重处罚。

(16)盗窃信用卡并使用的,根据刑法第196条第3款规定,应以盗窃罪论处。盗窃数额应当根据行为人盗窃信用卡后使用的数额认定。

> ### (四)盗窃罪与侵占罪的界限

刑法第270条规定的侵占罪,其犯罪对象仅限于三种财物:一是代为保管的他人财物;二是他人的遗忘物;三是他人的埋藏物。

侵占罪行为特征是:合法持有+非法侵吞。行为人将自己业已合法持有的他人财物非法转归为己有,并且拒不交出、拒不交还的行为。

"合法持有"状态表明行为人占有财物行为本身是无可非议的。"合法持有他人财物"包括以下两种情况:①以合法的方式代为保管他人的财物,即财产所有人、保管人以合法的方式将财物的占有权转移给行为人,其法律上和事实上的原因和根据是多种多样的,如受他人的委托代购商品而合法保管他人的财物,因民法上的"无因管理"而合法地持有他人的财产。②合法持有他人的遗忘物和埋藏物。所以,刑法第270条规定侵占遗忘物,而未规定遗失物;根据民法典第314条的规定,拾得遗失物,应当返还权利人。

"拒不退还"使得行为性质发生变化,由合法持有转化为非法占有。例如:一出租车公司接到某乘客电话,被告知乘坐该公司一出租车时,将手机和钱包丢在出租车上了,请求查找。公司按照该乘客提供的出租车车牌号,找到该车司机甲,说明情况,要求退还。甲推辞说没见到,可能是其他乘客拿走了,后来事情败露。出租车司机甲的行为就构成侵占罪。行为人如果在被要求退还时积极退还,则不构成犯罪。所以,侵占罪的既遂标准一般以拒不交出或拒不退还为标准。

从侵占罪的行为结构"合法持有+非法侵吞"出发,可以看出盗窃罪与侵占罪区别的关键在于行为人持有或者说接触对象物之际是否属于合法占有的状态,如果回答是肯定的,则可能是侵占罪的问题,如果回答是否定的,则可能是盗窃罪的问题,因为盗窃罪只能盗窃他人占有的财物,而侵占罪只能是侵占自己占有的他人财物。

▶(五)盗窃罪与职务侵占罪

刑法第271条的职务侵占罪,是指公司、企业或其他单位的人员,利用职务上的便利,将本单位的财物非法占为己有,数额较大的行为。这里所规定的"公司、企业或者其他单位"原则上应为非国有性质的单位,否则可能构成贪污罪。职务侵占罪侵犯的犯罪客体是公司、企业或者其他单位的财产所有权,客观方面表现为利用职务上的便利,侵占本单位财物,数额较大的行为,本罪主体为特殊主体,包括公司、企业或者其他单位的人员,本罪在主观方面是直接故意,且具有非法占有公司、企业或其他单位财物的目的。

除了刑法第271条规定的职务侵占罪外,另有两种情形也应按职务侵占罪处理。一是根据刑法第183条第1款的规定,保险公司的工作人员(不具有国家工作人员身份者)利用职务上的便利,故意编造未曾发生的保险事故进行虚假理赔,骗取保险金归自己所有的,应定职务侵占罪。另一是根据《最高人民法院关于村民小组组长利用职务便利非法占有公共财物行为如何定性问题的批复》,对于农村村民小组组长利用职务上的便利,将村民小组集体财产非法占为己有、数额较大的行为,应以职务侵占罪定罪处罚[①]。

"利用职务上的便利"是构成职务侵占罪的必要条件,是与侵占罪、盗窃罪、诈骗罪区别的关键所在。

从盗窃罪与职务侵占罪的构成要件看,盗窃罪与职务侵占罪的相同点在于:主观方面都表现为直接故意,具有非法占有财物的目的;客观方面行为人都有非法窃取财物的行为,都属侵财性犯罪。但盗窃罪与职务侵占罪又有许多不同的特点,主要表现在:一是盗窃罪是一般主体,凡达到刑事责任年龄(16周岁)且具备刑事责任能力的人均能构成;而职务侵占罪是特殊

---

① 这一规定同全国人大常委会2000年4月29日对刑法第93条第2款的解释并不冲突,因为后一立法解释规定的对象是村民委员会等村基层组织人员有可能作为国家工作人员论,而前者是"村民小组组长",即二者是不一样的。

主体,只能是达到刑事责任年龄(16周岁),具备刑事责任能力,且属公司、企业或者其他单位的人员才能构成。二是盗窃罪侵犯的客体是公私财物的所有权;而职务侵占罪侵犯的客体是公司、企业或者其他单位的财产所有权,它不包括私人财产所有权。三是职务侵占罪在客观方面还必须是利用了职务上的便利;而盗窃罪则没有这些要求。

▶ (六)盗窃数额的计算

盗窃罪数额的计算,涉及直接损失与间接损失、买进价与卖出价、批发价与零售价、作案地价与销售地价、作案时价与处理时价等。根据《盗窃案件解释》,盗窃数额应根据被盗物品的具体情况进行计算。

1) 盗窃物品数额的计算

盗窃的数额,按照下列方法认定:

(1)被盗财物有有效价格证明的,根据有效价格证明认定;无有效价格证明,或者根据价格证明认定盗窃数额明显不合理的,应当按照有关规定委托估价机构估价。

(2)盗窃外币的,按照盗窃时中国外汇交易中心或者中国人民银行授权机构公布的人民币对该货币的中间价折合成人民币计算;中国外汇交易中心或者中国人民银行授权机构未公布汇率中间价的外币,按照盗窃时境内银行人民币对该货币的中间价折算成人民币,或者该货币在境内银行、国际外汇市场对美元汇率,与人民币对美元汇率中间价进行套算。

(3)盗窃电力、燃气、自来水等财物,盗窃数量能够查实的,按照查实的数量计算盗窃数额;盗窃数量无法查实的,以盗窃前六个月月均正常用量减去盗窃后计量仪表显示的月均用量推算盗窃数额;盗窃前正常使用不足六个月的,按照正常使用期间的月均用量减去盗窃后计量仪表显示的月均用量推算盗窃数额。

(4)明知是盗接他人通信线路、复制他人电信码号的电信设备、设施而使用的,按照合法用户为其支付的费用认定盗窃数额;无法直接确认的,以合法用户的电信设备、设施被盗接、复制后的月缴费额减去被盗接、复制前六个月的月均电话费推算盗窃数额;合法用户使用电信设备、设施不足六个月的,按照实际使用的月均电话费推算盗窃数额。

(5)盗接他人通信线路、复制他人电信码号出售的,按照销赃数额认定盗窃数额。盗窃行为给失主造成的损失大于盗窃数额的,损失数额可以作为量刑情节考虑。

2) 盗窃有价支付凭证、有价证券、有价票证数额的计算

盗窃有价支付凭证、有价证券、有价票证的,按照下列方法认定盗窃数额:

(1)盗窃不记名、不挂失的有价支付凭证、有价证券、有价票证的,应当按票面数额和盗窃时应得的孳息、奖金或者奖品等可得收益一并计算盗窃数额。

(2)盗窃记名的有价支付凭证、有价证券、有价票证,已经兑现的,按照兑现部分的财物价值计算盗窃数额;没有兑现,但失主无法通过挂失、补领、补办手续等方式避免损失的,按照给失主造成的实际损失计算盗窃数额。

三、盗窃行为的处罚

(1)盗窃公私财物,数额较大的,或者多次盗窃、入户盗窃、携带凶器盗窃、扒窃的,处3年以下有期徒刑、拘役或者管制,并处或者单处罚金。

"数额较大",是指个人盗窃公私财物价值人民币1000元至3000元以上,各省、自治区、直

辖市高级人民法院、人民检察院可以根据本地区经济发展状况,并考虑社会治安状况,在上述数额幅度内,确定本地区执行的具体数额标准,报最高人民法院、最高人民检察院批准。盗窃增值税专用发票或者可以用于骗取出口退税、抵扣税款的其他发票,其数额较大的起点为25份。盗窃国有馆藏一般文物的,亦应依本幅度量刑即处3年以下有期徒刑、拘役或者管制,并处或者单处罚金。判处罚金,根据《盗窃案件解释》第14条规定,应当在1000元以上盗窃数额的2倍以下判处罚金;对于依法应当判处罚金,但没有盗窃数额或者无法计算盗窃数额的犯罪分子,应当在1000元以上10万元以下判处罚金(下同)。

(2)盗窃公私财物,数额巨大或者有其他严重情节的,处3年以上10年以下有期徒刑,并处罚金。

"数额巨大",是指个人盗窃公私财物价值人民币3万元至10万元以上。盗窃增值税专用发票或者可以用于骗取出口退税、抵扣税款的其他发票,其数额巨大的起点为250份。

"其他严重情节",是指除数额巨大以外的其他严重情节。盗窃数额达到"数额较大"的起点,并具有下列情形之一的,可以认定为"其他严重情节":①犯罪集团的首要分子或者共同犯罪中情节严重的主犯;②盗窃金融机构的;③流窜作案危害严重的;④累犯;⑤导致被害人死亡、精神失常或者其他严重后果的;⑥盗窃救灾、抢险、防汛、优抚、扶贫、移民、救济、医疗款物,造成严重后果的;⑦盗窃生产资料,严重影响生产的;⑧造成其他重大损失的。

另外,盗窃国家三级文物的,亦应依本幅度罪刑即处3年以上10年以下有期徒刑,并处罚金。

(3)盗窃公私财物,数额特别巨大或者有其他特别严重情节的,处10年以上有期徒刑或者无期徒刑,并处罚金或者没收财产。

"数额特别巨大",是指个人盗窃公私财物价值人民币30万元至50万元以上。盗窃增值税专用发票或者可以用于骗取出口退税、抵扣税款的其他发票,其数额特别巨大的起点为2500份。

"其他特别严重情节",是指盗窃数额达到"数额巨大"的起点,并具有下列情形之一的:①犯罪集团的首要分子或者共同犯罪中情节严重的主犯;②盗窃金融机构的;③流窜作案危害严重的;④累犯;⑤导致被害人死亡、精神失常或者其他严重后果的;⑥盗窃救灾、抢险、防汛、优抚、扶贫、移民、救济、医疗款物,造成严重后果的;⑦盗窃生产资料,严重影响生产的;⑧造成其他重大损失的。

另外,盗窃国家二级以上文物的,亦要依本幅度量刑即处10年以上有期徒刑或者无期徒刑,并处罚金或者没收财产。

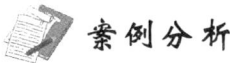

案例分析

【教学案例】

1998年3月18日上午,被告人程某从某市搭乘私人客车去县城。此时,林某、汤某带着三个纸箱(内装五金交电零部件,价值6000余元)匆匆上车,司机和售票员帮助林某和汤某将货物放进座位下面,林某托汤某照看,自己下车买点东西。不久即要发车,汤某说还有一个人没上车,并下车去找林某,司机等不及就将车开走。程某见货主没上车,遂图谋将三箱货物占为己有。当车到站后,程某等其他旅客下车之后,将货物卸下,低价销售,获款4000元。货主林某、汤某报案后,将被告人程某抓获。

分析步骤:

步骤1:被告人程某的行为是违法行为还是犯罪行为?被告人成某趁货主未上车而将三箱货物占为已有的行为,应视为盗窃行为。从另一个角度来说,货主未上车,但货物已经在车上,所以这时候车主或者司机就当然成为该货物的管理人,因此,三箱货物不能视为无主物,虽然当着司机和售票员的面拿走财物,但是作为盗窃罪的"秘密窃取"是指行为人以"自以为"秘密的方法占有他人财物的行为。

步骤2:被告人程某盗窃价值6000余元的货物,已经达到《最高人民法院关于审理盗窃案件具体应用法律若干问题的解释》规定的"数额较大"的标准,程的行为已经构成盗窃罪。

步骤3:被告人程某的行为,根据刑法第264条的规定,应在3年以下有期徒刑、拘役或者管制的法定刑幅度,选择量刑。

【训练案例1】

犯罪嫌疑人李某是某化学树脂厂的门卫,1999年10月至2000年2月期间,在犯罪嫌疑人高某的多次利诱下,答应犯罪嫌疑人要求,配合其偷盗并告诉犯罪嫌疑人高某:"白天你不能来,别人会发现的,要到凌晨一两点钟的时候来,到时我会把大门打开的,那么晚了就不会有人发现的。"李某多次协助高某偷盗堆放在该树脂厂露天的涤纶碎片、涤纶卷筒薄膜及丙烯粒子等物,总计价值人民币10 000余元。作案后,犯罪嫌疑人高某将这些赃物卖给某废品收购站,得款3000余元,分给犯罪嫌疑人李某300元作为"合作"报酬。

分析提示:

李某作为门卫,协助犯罪嫌疑人高某的行为,是否是利用职务之便?李某的行为是盗窃罪还是职务侵占罪?本案是否是一起共同犯罪案件?李某在本案中的地位和作用如何?

分析参考:

李某的身份是"门卫",主要是对进出工厂的人员进行登记,对出厂门的货物进行检查(是否与提货单上注明的货物一致)等。门卫的职责仅仅是"看护",而不是具有"管理、经手厂里财物"的职责。所以李某的行为不属于利用职务之便。

犯罪嫌疑人高某在整个犯罪过程中起了主要作用:一是犯意由其提出的;二是由其进厂进行盗窃,窃后又进行销赃的,系本案的主犯。犯罪嫌疑人李某只是乘深夜无人之机,为犯罪嫌疑人高某行窃提供方便,在共同犯罪中起了次要、辅助作用,系本案的从犯。因此,在定性时也应根据从随主的原则,以主犯的行为作为定罪的依据,即以盗窃犯罪处理。

【训练案例2】

犯罪嫌疑人马某(女)于2003年5月29日23时许,在某公司办公室(该办公室系一旧四合院内的两间正房)里间向王某(男)卖淫后,借上厕所之机从王某放在外间椅子上的外裤兜内窃走其人民币2000余元(藏于丝袜内),马某在出院门时被王某发现并被追回赃款,后王某报案。

分析提示:

(1)马某的行为是盗窃既遂还是盗窃未遂,关键是对盗窃"现场"的理解和把握。在本案中,马某虽离开被盗物品所在的房间,但并未走出四合院即被王某发现,此时应视为犯罪现场的延伸,因此马某的行为因"意志以外的原因而未得逞",属于盗窃的未遂。

(2)根据1992年12月11日《最高人民法院 最高人民检察院关于办理盗窃案件具体应用

法律的若干问题的解释》第1条第2项规定:"已经着手实行盗窃行为,只是由于行为人意志以外的原因而未造成公私财物损失的,是盗窃未遂。"马某在秘密窃取过程中当即被发现,失主追回了所盗钱财,这表明财物所有者王某在此次盗窃事件中并未受损失,法定的危害结果并未发生。

(3)马某的行为属盗窃未遂,鉴于其情节较轻(数额不属巨大),可以按一般违法行为处理。

【训练案例3】

沈某因顾某未还其转让给顾某的汽车贷款,为逼顾某还贷款,即用预备钥匙将已转让给顾某的汽车偷偷开走,并打电话告诉顾某车在其处,让顾某把贷款还清后,就把车还给顾某,顾某即告诉沈某汽车里的公文包内有5万元人民币。沈某查看后才发现车内的公文包里有5万元人民币,沈某仍将包放在车里。后顾某与沈某再次商谈还贷款之事时又提及车里的5万元钱,沈某称其未动过公文包。次日,沈某将车内公文包里的5万元人民币拿了出来。后当沈某将车还给顾某时,顾某发现车内的5万元人民币没有了,即向沈某索要,沈某称没有动过包,否认拿了包里的钱,顾某报警。在公安机关立案侦查阶段,沈某先仍否认其拿了车里的钱,后经教育才承认拿了钱,称钱均被其赌博输掉,但不交代赌博人员。将沈某刑事拘留后,沈某的亲属在警方及顾某的要求下,将款全部退赔。

分析提示:

正确理解"代为保管的他人物品"和"拒不退还"。顾某在得知其汽车被沈某开走后,告知沈某被其开走的汽车里还有5万元人民币,当沈某发现车内确实有5万元人民币时,没有当时即否认车里有钱,而是仍将钱放在车上。顾某特意告诉沈某被他拿走的车里有钱,显然有要求沈某保管的意思,但沈某未予拒绝,该5万元人民币应认定是沈某代为保管的他人财物。沈某将车还给顾某时,顾某发现包里的钱没有了,向沈某索要,而沈某对财物所有人顾某谎称"没有动过车里的包,没有拿钱",即表明了其有拒不退还顾某的钱的非法占有的意图。沈某将代为保管的他人财物非法占为己有,其侵占的数额较大,且拒不退还,构成侵占罪。

【训练案例4】

2005年11月上旬,犯罪嫌疑人李某在某汽车有限公司维修部工作期间,见公司维修部有一台千里马05款车的自动变速箱放在维修车间的房里,便产生盗窃念头。于是就给犯罪嫌疑人周某打电话,问是否要自动变速箱,周某到该维修车间看了自动变速箱后,同意以4500元的价格买这台变速箱。某晚,犯罪嫌疑人李某趁加班之机,将这台变速箱偷运出单位,低价销给周某,获赃款4500元。破案后,经价格认证中心估价,该自动变速箱价值人民币12 800元。

分析提示:

犯罪嫌疑人李某是某汽车有限公司维修部的维修人员,其工作职责是维修汽车,没有主管、经管或经手汽车配件的职权,其盗走公司维修部一台千里马05款车自动变速箱的行为,属盗窃行为,应以盗窃罪论处。

【相关法律法规】

刑法第264条、第265条、第270条、第271条;

《最高人民法院关于审理盗窃案件具体应用法律若干问题的解释》(1997年11月4日通过,1998年3月10日公布实施,法释〔1998〕4号)。重点注意该司法解释的第1条、第4条、第8条、第10条和第12条;

《最高人民法院关于审理扰乱电信市场管理秩序案件具体应用法律若干问题的解释》

(2000年4月28日最高人民法院审判委员会第1113次会议通过,法释〔2000〕12号);

《最高人民法院关于对采用破坏性手段盗窃正在使用的油田输油管道中油品的行为如何适用法律问题的批复》(2002年4月8日由最高人民法院审判委员会第1220次会议通过,自2002年4月18日起施行);

《最高人民法院关于村民小组组长利用职务便利非法占有公共财物行为如何定性问题的批复》(1999年6月18日最高人民法院审判委员会第1069次会议通过,自1999年7月3日起施行,法释〔1999〕12号);

《最高人民法院关于审理贪污、职务侵占案件如何认定共同犯罪几个问题的解释》(2000年6月27日由最高人民法院审判委员会第1120次会议通过,自2000年7月8日起施行)。

学习单元十四
诈骗罪

【学习目标与要求】

熟知诈骗罪的犯罪标准、处罚幅度,明确诈骗罪的罪与非罪、此罪与彼罪的界限;能准确运用刑法和司法解释,根据具体诈骗案例,做出符合案件事实和法律规范的分析

【学习重点与提示】

诈骗行为的认定,特殊的诈骗行为的认定

 基本知识概述

诈骗案件也是最常见的刑事案件之一。诈骗罪,是以非法占有为目的,使用虚构事实或者隐瞒真相的方法,骗取数额较大的公私财物的行为。诈骗罪的本质在于"骗",即骗取被害人的信任,而使被害人"自愿"地交付财物、处分财产,同盗窃罪一样都是用"和平"的手段取财,但其有自己的行为结构:行为人以非法占有为目的而实施欺诈行为→致使被害人产生错误认识→被害人基于错误认识而处分财产→行为人取得财产→被害人财产权受到损害。

掌握诈骗罪的核心问题,也是难点问题,就在于诈骗的本质特征——被害人处分财产、交付财物的当时是自愿的,但该自愿只是表面现象,实际上是违背被害人真实意愿的,是由于行为人的原因,致使被害人限于错误认识而表现出的"自愿"。

 一、诈骗罪的特征分析

(一)诈骗行为

诈骗罪是以虚构事实、隐瞒真相的方法,骗取数额较大公私财物的行为。诈骗罪与其他侵犯财产犯罪的一个最大区别就在于行为方式,由于行为人的虚构事实或隐瞒真相,使被害人(包括财物所有人、保管人或持有人)在认识上产生错觉、信以为真,以致"自愿"地将自己所有或持有的财物交给行为人或放弃自己的财产权(如免除行为人交还财物的义务)。诈骗的手段可谓五花八门,概括起来,无非有两类:

(1)虚构事实,即编造某种根本不存在的或不可能发生的、足以使他人受到蒙蔽的事实而骗取他人的财产。

(2)隐瞒真相,即行为人应当告知对方某种事实,而故意不告知,使得对方在受蒙蔽的情况下"自愿"地将财物交与行为人,以实现占有对方财物的目的。

一般而言,虚构事实的诈骗行为体现为作为的特点,而隐瞒真相的诈骗行为体现为不作为的特点。所以,诈骗罪也是可以由不作为的行为方式构成的。当然现实生活中,行为人常常以既有虚构事实,又有隐瞒真相的行为方式骗取他人的财产。

(二)诈骗罪的数额要求

诈骗行为要求数额较大的,才构成诈骗罪。数额较大的起点,根据2011年2月21日《最高人民法院 最高人民检察院关于办理诈骗刑事案件具体应用法律若干问题的解释》,以3000元以上为标准。该司法解释第1条明确规定:诈骗公私财物价值3000元至1万元以上、3万元至10万元以上、50万元以上的,应当分别认定为刑法第266条规定的"数额较大""数额巨大""数额特别巨大"。各省、自治区、直辖市高级人民法院、人民检察院可以结合本地区经济社会发展状况,在前款规定的数额幅度内,共同研究确定本地区执行的具体数额标准,报最高人民法院、最高人民检察院备案。

(三)特殊类型的诈骗行为

1. 诉讼欺诈

所谓诉讼欺诈,是指行为人以提起民事诉讼为手段,提供虚假的陈述,出示虚假的证据,使法院作出有利于自己的判决,从而获得财产的行为。一般情形下,诈骗罪的被害人就是被骗人,被害人因为被欺骗而产生错误认识、自己处分自己的财产。但诉讼欺诈却存在被害人与被骗人相分离的情形,即法院的具体承办法官是被骗人,被判败诉而不得不支付财产的是被害人。对于诉讼欺诈是否应当构成诈骗罪,刑法理论和司法实践中有不同的认识。2002年10月24日《最高人民检察院法律政策研究室关于通过伪造证据骗取法院民事裁判占有他人财物的行为如何适用法律问题的答复》指出:"以非法占有为目的,通过伪造证据骗取法院民事裁判占有他人财物的行为所侵害的主要是人民法院正常的审判活动,可以由人民法院依照民事诉讼法的有关规定处理,不宜以诈骗罪追究行为人刑事责任。如果行为人伪造证据时,实施了伪造公司、企业、事业单位、人民团体印章的行为,构成犯罪的,依照刑法第二百八十条第二款的规定,以伪造公司、企业、事业单位、人民团体印章罪追究刑事责任;如果行为人有指使他人作伪证行为,构成犯罪的,应当依照刑法第三百零七条第一款的规定,以妨害作证罪追究刑事责任。"

2. 赌博欺诈

所谓赌博欺诈,是指行为人故意设置圈套,诱骗他人参与赌博,致使对方"输赌"从而取得财物的行为。赌博欺诈形似赌博的行为,但不符合赌博的根本特征,因为其输赢不具有偶然性,而是行为人精心设置的骗局,即以赌博为名、行诈骗之实。

1991年3月12日《最高人民法院研究室关于设置圈套诱骗他人参赌获取钱财的案件应如何定罪问题的电话答复》规定:对于行为人以营利为目的,设置圈套,诱骗他人参赌的行为,需要追究刑事责任的,应以赌博罪论处。在上述规范性文件的基础上,1995年11月6日《最高人民法院关于设置圈套诱骗他人参赌又向索还财物的受骗人施以暴力或暴力威胁行为应如何定罪问题的批复》规定:行为人设置圈套诱骗他人参赌获取钱财的,属赌博行为,构成犯罪的,应当以赌博罪定罪处罚。参赌者识破骗局要求退还所输钱财的,设赌者又使用暴力或者以暴力相威胁,拒绝退还的,应当以赌博罪从重处罚;致使参赌者伤害或者死亡的,应当以赌博罪和故意伤害罪或故意杀人罪,依法实行数罪并罚。

二、诈骗罪的认定

(一)诈骗罪与盗窃罪的区别

二者区别的关键是行为方式不同,从而也导致被害人处分财产的差异:盗窃罪中被害人并不知道财产丢失的事实,一般也不知道侵害者为谁;而诈骗罪中被害人是"自愿地"交付财物、处分财产,事后是能够知道侵害者的,即关键在于被害人有无基于认识错误而处分财产的行为。

实践中有些犯罪分子为达到非法占有他人财物的目的,往往盗窃与诈骗并用。例如,使用调虎离山之计将被害人支开,乘机窃取其财物的;窃取他人的银行存折、汇款单,冒领他人的存款、汇款的;还有盗窃他人的信用卡后冒名使用的。这些行为人虽然有诈骗的行为,但该诈骗行为或者是为盗窃创造条件,如调虎离山的情形,或者被视为盗窃行为的自然延伸、后续行为,如盗窃存折后的冒领行为,都应作为盗窃罪论处,而非诈骗罪,根源就在于这几种情形都不具有财物所有人、保管人或持有人在受蒙蔽的情形下自愿地处分财产的特征。

再如,多次向大街马路边的自动售货机内投入类似硬币的金属片,从而取得售货机内的商品,数额较大的,也不属于诈骗罪,而成立盗窃罪。因为自动售货机并无意志自由而不可能被骗,行为人骗取的对象实际上是自动售货机背后的商家。类似的情形还有行为人从没有处分能力的幼儿、精神病患者那里取得财产的,因谈不上行为人的欺诈与被害人的处分,不成立诈骗而成立盗窃罪。

➢ (二)依诈骗罪定罪的情形

(1)行为人使用欺骗手段骗取增值税专用发票或者可以用于骗取出口退税、抵扣税款的其他发票,依诈骗罪定罪处罚(刑法第210条第2款的规定)。

(2)行为人以虚假、冒用的身份证件办理入网手续并使用移动电话,造成电信资费损失较大的,依照刑法第266条的规定,以诈骗罪论。

(3)使用伪造、变造、盗窃的武装部队车辆号牌,骗免养路费、通行费等各种规费,数额较大的,以诈骗罪定罪处罚。

➢ (三)诈骗罪与生产、销售伪劣商品犯罪的区别

生产、销售假冒、伪劣商品的行为,也具有明显的欺骗性,但其目的是获取非法利润,而不是无代价地占有他人的财物,侵犯的客体,首先是良好的市场经济秩序,应属于破坏经济秩序的行为,以具体的生产、销售伪劣商品罪论处,而不以诈骗罪论。但是,如果行为人并非从事商品经营活动,而是利用他人的无知或贪图钱财的弱点,专门以价值极小的物品冒充高价、高档物品而向他人"廉价"兜售,如以黄铜制品冒充黄金制品、以普通玻璃制品冒充玉器的,纯属诈骗,非法所得数额较大的,就以诈骗罪论处。

➢ (四)诈骗罪与特殊诈骗罪的关系

刑法中还规定有一些特殊的诈骗罪。如在金融诈骗罪一节中规定了8个特殊的诈骗罪(刑法第192条至第200条):集资诈骗罪、贷款诈骗罪、票据诈骗罪、金融凭证诈骗罪、信用证诈骗罪、信用卡诈骗罪、有价证券诈骗罪、保险诈骗罪;另外还有合同诈骗罪(刑法第224条)、骗取出口退税罪(刑法第204条)、招摇撞骗罪(刑法第279条)和冒充军人招摇撞骗罪(刑法第372条),一共12个特殊的诈骗罪。这些特殊诈骗罪主要在诈骗对象、手段上与普通诈骗罪的要求不同,规定这些特殊诈骗罪的法条与刑法第266条是特别法条与普通发条的关系,它们之间是法条竞合关系。根据法条竞合情况下特别法条优于普通法条的原则,对符合特殊诈骗罪构成要件行为,应认定为特殊诈骗罪。因此,在刑法第266条在规定了诈骗罪的罪状和法定刑之后规定:"本法另有规定的,依照规定。"但是如果行为人实施特殊诈骗行为,但又不符合特殊

诈骗罪的构成要件,而符合普通诈骗罪的构成要件时,则以普通诈骗罪论处。例如,行为人实施信用卡诈骗行为,但银行未催收的,不符合信用卡诈骗罪的构成要件;如果符合诈骗罪的构成要件,则应按刑法第266条的规定定罪处罚。再如,行为人骗取4000元的保险金,没有达到保险诈骗罪所要求的数额较大①的标准,对此应构成诈骗罪。

此外,在贪污罪、职务侵占罪中,往往也含有利用职务上便利骗取公共财产或公司财产的方式,与诈骗罪在使用欺骗手段上有交叉关系。

(五)诈骗罪与敲诈勒索罪的区别

诈骗是通过虚构的事实使他人误解,从而"自愿地"处分(交付)财物。而敲诈勒索,是通过威胁、要挟,使他人感到害怕、恐惧而不得不(被迫)交付财物。敲诈使他人心理受到一定的强制,感到恐惧。这是它与诈骗不同的地方,也是它危害性大于诈骗罪的地方。在敲诈时,行为人可能也会虚构事实,使用欺骗的手段。但是这个虚假、欺骗的事实本身足以令人感到恐惧、害怕,从而迫使他人交付财物。例如,甲听说乙孩子失踪,就打电话给乙谎称乙孩子被他绑架,立即交10万元赎人,否则,每延迟一天就要砍掉孩子的一个手指。破案后发现,甲并未绑架乙的孩子。在本例中,甲虽然有欺骗或撒谎的行为,但不属于诈骗罪,而是敲诈勒索罪。因为甲是使用威胁方式使人感到恐惧来索要财物,符合敲诈勒索罪的特征。换言之,诈骗与敲诈区别的要点在于是通过欺骗使他人自愿交付财物还是通过恐吓迫使他人违心交付财物。

另外,预言他人将有天灾人祸,谎称能替人消灾从而骗取他人财物"酬劳的",一般是诈骗罪。因为,"说话人"并非是灾难的制造、控制者,仅仅是可帮人消灾而得酬谢。

(六)诈骗罪与集资诈骗罪的区别

集资诈骗罪是指以非法占有为目的,使用诈骗方法非法集资、数额较大的行为。

作为集欺骗性、贪婪性和危害性于一身的金融诈骗犯罪,集资诈骗罪具有以下法律特征:

(1)犯罪主体是一般主体,既可以是达到刑事责任年龄,具有刑事责任能力的自然人,也可以是单位。实践中,常见的是行为人仅以单位名义非法集资,所骗取的公私财物全部或大部分被行为人中饱私囊,即使有少量用于单位,也只是为了掩人耳目,对此应按个人犯罪处理。

(2)犯罪的主观方面只能由直接故意构成,并且具有非法占有集资款的目的。即作为行为人明知自己以实施诈骗的方法非法集资,将会导致破坏金融管理和侵犯公私财产所有权的危害后果,并且希望这种危害后果发生。

集资诈骗罪主观上必须具备"非法占有目的"。所谓"非法占有目的"即行为人在主观上具有将非法集资的资金据为己有的目的。所谓据为己有,指将非法集资的资金置于非法集资人的控制之下。根据2010年《最高人民法院关于审理非法集资刑事案件具体应用法律若干问题的解释》第4条规定:使用诈骗方法非法集资,具有下列情形之一的,可以认定为"以非法占有为目的":①集资后不用于生产经营活动或者用于生产经营活动与筹集资金规模明显不成比

---

① 1996年《最高人民法院关于审理诈骗案件具体应用法律的若干问题的解释》第8条规定:根据《决定》第16条规定,进行保险诈骗活动,数额较大的,构成保险诈骗罪。个人进行保险诈骗数额在1万元以上的,属于"数额较大";个人进行保险诈骗数额在5万元以上的,属于"数额巨大";个人进行保险诈骗数额在20万元以上的,属于"数额特别巨大"。单位进行保险诈骗数额在5万元以上的,属于"数额较大";单位进行保险诈骗数额在25万元以上的,属于"数额巨大";单位进行保险诈骗数额在100万元以上的,属于"数额特别巨大"。(本条中所称的《决定》是指《全国人民代表大会常务委员会关于惩治破坏金融秩序犯罪的决定》)

例,致使集资款不能返还的;②肆意挥霍集资款,致使集资款不能返还的;③携带集资款逃匿的;④将集资款用于违法犯罪活动的;⑤抽逃、转移资金,隐匿财产,逃避返还资金的;⑥隐匿、销毁账目,或者搞假破产、假倒闭,逃避返还资金的;⑦拒不交代资金去向,逃避返还资金的;⑧其他可以认定非法占有目的的情形。司法实践中,对于其他欺诈行为可以认为是指未将集资款按约定用途使用,而是将集资款用于个人还债,或者将集资款暗中挪归他人,以他人名义秘密投资,并对外宣称经营失败、破产等假象,无法返还集资款。

集资诈骗罪中的非法占有目的,应当区分情形进行具体认定。行为人部分非法集资行为具有非法占有目的的,对该部分非法集资行为所涉集资款以集资诈骗罪定罪处罚;非法集资共同犯罪中部分行为人具有非法占有目的,其他行为人没有非法占有集资款的共同故意和行为的,对具有非法占有目的的行为人以集资诈骗罪定罪处罚。

(3)该罪侵犯的客体是复杂客体,既破坏了国家的金融管理秩序,又侵犯了公私财物的所有权。集资诈骗行为违反有关金融法规,擅自吸收公众存款的和一些单位的公款,使大量的社会资金在银行和其他金融机构之外循环,干扰了正常的金融业务,影响了国家正常资金积集和货币回笼,限制金融机构资金来源,严重扰乱了金融秩序。由于集资诈骗罪行为人是以非法占有集资款为目的实施诈骗,一旦诈骗成功,还会给被害人造成巨大的财产损失,使不少家庭为此倾家荡产,企业濒临破产。因此,此类犯罪具有极其严重的社会危害性。

(4)该罪在客观方面表现为行为人使用诈骗的方法非法集资,数额较大的行为,即非法集资行为和采用诈骗方法二者的结合。所谓"非法集资"是指法人、其他组织或者个人,未经有权机关批准向社会公众募集资金的行为,只有非法集资活动才构成集资诈骗罪。"诈骗方法"是指行为人采取虚构集资用途,以虚假的证明文件和高回报率为诱饵骗取集资款的手段。在司法实践中,行为人通常采用的方法有:虚构经营业绩,伪造效益良好的假象,打着兴办"高、特、尖"高科技企业的幌子,以优厚的红利为诱饵等。例如,发生在无锡地区最大的非法集资案中,以邓某为首的犯罪分子就是采取联营、兴办高新技术产业等欺骗方法敛财 32 亿元。行为人充分利用投资者趋利心切的暴富心理,诱以高额回报率,消除投资者的疑虑,使之失去应有的风险意识,甘愿投以重金,以致受骗上当。

(5)关于集资诈骗罪数额的认定构成集资诈骗罪须达到"数额较大"。诈骗数额的大小直接体现了行为的社会危害程度,诈骗数额不仅是定罪的重要标准,也是量刑的主要依据。根据 2010 年《最高人民法院关于审理非法集资刑事案件具体应用法律若干问题的解释》第 5 条规定:个人进行集资诈骗,数额在 10 万元以上的,应当认定为"数额较大";数额在 30 万元以上的,应当认定为"数额巨大";数额在 100 万元以上的,应当认定为"数额特别巨大"。单位进行集资诈骗,数额在 50 万元以上的,应当认定为"数额较大";数额在 150 万元以上的,应当认定为"数额巨大";数额在 500 万元以上的,应当认定为"数额特别巨大"。

▶ (七)诈骗罪与其他具有欺诈性犯罪的区别

(1)使用假币罪的特点就是以假币冒充真币,具有欺诈性,但不定诈骗罪。如甲用假币到电器商场购买手机,甲的行为构成使用假币罪而不是诈骗罪。

(2)价格欺诈,一般不认为是犯罪。如店主丙在柜台内陈列了两块标价 5 万元的玉石,韩某讲价后以 3 万元购买其中一块,周某讲价后以 3000 元购买了另一块。丙对韩某不构成诈骗罪。因为在玉石一类的商品交易中,因价格无常且商家奸诈、虚报价格是众所周知的常识,故买家一般也有所预期、戒备,常常凶狠地砍价。这种经营中"价格欺诈"行为,一般属于经营性欺诈,不属于非法占有型的诈骗罪。

(3)"制作、出售假冒他人署名的美术作品的"属于刑法第 217 条规定的侵犯著作权行为之一,一般不按诈骗罪定性。例如,画家张某临摹了著名画家范某的油画并署上范某的名章,通过画廊以 5 万元出售给田某,张某非法获利 3 万元。张的行为不是诈骗罪。

三、诈骗罪的处罚

刑法第 266 条规定:诈骗公私财物,数额较大的,处 3 年以下有期徒刑、拘役或者管制,并处或者单处罚金;数额巨大或者有其他严重情节的,处 3 年以上 10 年以下有期徒刑,并处罚金;数额特别巨大或者有其他特别严重情节的,处 10 年以上有期徒刑或者无期徒刑,并处罚金或者没收财产。本法另有规定的,依照规定。

案例分析

【教学案例】

被告人李某,男,23 岁。

李某在 1997 年 11 月被聘为治安员期间,先后 5 次私自到本所办理的 5 个案件的案犯家中,以承办案件能帮助案犯减轻罪责为名,向案犯家属索要现金 8 万余元,全部挥霍。实际上他既不是案件承办人,又无法为其"帮忙"。1998 年 9 月,被告人李某被派出所解聘,他又以上述同样手段,两次向案犯家属索要现金 2 万元。同年 12 月,被告人又到刑满释放人员周某家,冒充公安人员,以其余罪未交代为借口,让其交 5000 元罚款。周某报案,案发。

分析步骤:

步骤 1:被告人李某的行为符合诈骗罪构成的主客观要件。他主观上具有非法占有被害人钱财的目的且有诈骗的故意,客观方面虚构自己是"案件承办人""能帮助罪犯减轻罪责"的事实,使被害人信以为真,"自愿"地交给被告人钱财,最终达到非法占有被害人钱财的目的。

步骤 2:被告人李某的连续 8 次诈骗行为系我国刑法中的连续犯。被告人李某出于非法占有案犯家属钱财的同一犯罪故意,在 1 年的时间内连续实施了 8 次诈骗行为,使被害人信以为真,上当受骗,"自愿"交出钱款,骗取了数额巨大的钱财,触犯了诈骗罪同一个罪名。因此,对李某的连续诈骗犯罪行为应作为一罪从重处罚。

步骤 3:被告人李某以承办案件能帮助案犯减轻罪责为名,向案犯家属索要现金 8 万余元,达到法律所规定的"数额巨大"的标准①,根据刑法第 266 条规定,对被告人李某应在"三年以上十年以下有期徒刑,并处罚金"的法定刑幅度内量刑。

---

① 1996 年《最高人民法院关于审理诈骗案件具体应用法律若干问题的解释》:个人诈骗公私财物 2000 元以上的,属于"数额较大";个人诈骗公私财物 3 万元以上的,属于"数额巨大";个人诈骗公私财物 20 万元以上的,属于"诈骗数额特别巨大"。2011 年《最高人民法院 最高人民检察院关于办理诈骗刑事案件具体应用法律若干问题的解释》规定:"诈骗公私财物价值三千元至一万元以上、三万元至十万元以上、五十万元以上的,应当分别认定为刑法第 266 条规定的'数额较大''数额巨大''数额特别巨大'。各省、自治区、直辖市高级人民法院、人民检察院可以结合本地区经济社会发展状况,在前款规定的数额幅度内,共同研究确定本地区执行的具体数额标准,报最高人民法院、最高人民检察院备案。"此案发生在 1997 年,应适用 1996 年最高人民法院的司法解释。

【训练案例 1】

李某花 5000 元购得摩托车一辆,半年后,其友王某提出借用摩托车,李同意。王某借用数周不还,李某碍于情面,一直未讨还。某晚,李某趁王某家无人,将摩托车推回。次日,王某将摩托车丢失之事告诉李某,并提出用 4000 元予以赔偿。李某故意隐瞒真情,称:"你要赔就赔吧。"王某于是给付李某摩托车款 4000 元。后李某恐事情败露,又将摩托车偷偷卖给丁某,获得款项 3500 元。

李某的行为构成何罪?

分析提示:

要求区别盗窃罪和诈骗罪。盗窃罪中行为人违反了被害人的意志而取得财产,而诈骗罪中至少在交付财产的当时被害人是自愿的,但是具有瑕疵的意志,即错误的认识。本题中,王某并没有认识错误,因为对于他来说,摩托车是真的丢了。因此不符合诈骗罪的构成要件。而李某的行为无疑是构成盗窃罪的。

【训练案例 2】

2001 年 3 月 13 日下午,陈某因曾揭发他人违法行为,被两名加害人报复砍伤。陈某逃跑过程中,两加害人仍不罢休,持刀追赶陈。途中,陈某多次拦车欲乘,均遭出租车司机拒载。当两加害人即将追上时,适逢一中年妇女丁某骑摩托车(价值 9000 元)缓速行驶,陈某当即哀求丁某将自己带走,但也遭拒绝。眼见两加害人已经逼近,情急之下,陈某一手抓住摩托车,一手将丁某推下摩托车(丁某倒地,但未受伤害),骑车逃走。陈某骑车至安全地方(离原地约 2 公里)停歇一会儿后,才想到摩托车怎么处理。陈某将摩托车尾部工具箱的锁撬开,发现内有现金 3000 元和一张未到期的定期存单(面额 2 万元)。陈某顿生贪欲,将 3000 元现金和存单据为己有,并将摩托车推至山下摔坏。几日后,陈某使用伪造的身份证在到期之前将存单中的 2 万元取出,此后逃往外地。试分析陈某上述各行为的性质,并说明理由。

分析提示:

(1)陈某夺取摩托车的行为构成紧急避险。紧急避险是指为了使国家、公共利益、本人或者他人的人身、财产和其他权利免受正在发生的危险,不得已给另一较小合法权益造成损害的行为。题中陈某因揭发他人违法行为,而被两名加害人报复砍伤,在逃跑过程中迫不得已为了使本人的人身权利免受正在发生的危险,夺用丁的摩托车逃走。虽损害了丁某的合法权益,但保全了较大的合法利益,而且该损害并没有超过必要的限度给丁某造成不应有的损害,符合紧急避险的条件。

(2)陈某将工具箱内的 3000 元据为己有的行为构成盗窃罪。盗窃罪是指以非法占有为目的,窃取公私财物数额较大,或者多次窃取公私财物的行为。题中陈某在逃到安全的地方,擅自将摩托车尾部的工具箱撬开,将工具箱内的 3000 元现金和定期存单据为己有,因而构成盗窃罪。

(3)陈某使用伪造的身份证将 2 万元取出的行为构成诈骗罪。诈骗罪是以非法占有为目的以虚构事实或者隐瞒真相的方法,骗取数额较大的公私财物的行为。其中,陈某伪造身份证将存单中的 2 万元钱取出,其伪造身份证的犯罪行为应为实施诈骗行为的手段,属于牵连犯,按从一重罪处罚的原则,对陈某只定为诈骗罪。

(4)陈某将摩托车故意推下山崖的行为构成故意毁坏财物罪。故意毁坏财物罪是指故意毁坏公私财物,数额较大或者有其他严重情节的行为。题中陈某故意将丁某的摩托车推下山崖致其毁损,因而构成故意毁损财物罪。

【训练案例 3】

1997 年 8 月,被告人唐某任法定代表人的上海某房地产开发有限公司(以下简称房产公司)与马来西亚某公司共同设立了上海某大酒店有限公司,并选址本市青浦区建设该大酒店。同年 11 月,唐某在房产公司基础上组建了上海某置业(集团)有限公司(以下简称置业集团),并担任该集团法定代表人。置业集团在经营中,因住宅开发销售毛利率偏低、大量银行贷款需归还、经营收入无法及时收回,以及盲目投资、收购资产等原因,造成资金严重缺乏。2003 年 5 月至 2007 年 6 月间,被告人唐某直接或者指使其他几名被告人,以置业集团建设该大酒店为由和许诺支付 0.83‰ 至 12‰ 的高额月息作为回报,向 200 余名个人和单位筹集资金计 1.4 亿余元,该款主要用于归还某另一置业集团债务、支付工程款、日常经营等。至案发仍有 1.3 亿余元没有归还。

分析提示:

被告人唐某因置业集团建设大酒店和从事经营活动需要而向社会筹集资金,本案中筹集的资金主要用于归还债务、支付工程款、日常经营等,在此过程中,被告人唐某及其余被告人除承诺支付高额利息作为回报外,没有采取其他欺骗方法,故对唐某等被告人不能以集资诈骗罪定性。置业集团违反国家规定,以支付高额利息作为回报的方法,向社会不特定人员吸收资金 1.4 亿余元,扰乱金融秩序,其行为已构成非法吸收公众存款罪[①]。

【训练案例 4】

1998 年至 1999 年间,谢某与其夫陈某经过预谋后,决定一起集资诈骗,后由陈某刻好一枚名为"游坤林"的私章,再虚构"游坤林"要筹办香厂,需要资金投资为由,在某市某区某村大肆向村民非法集资,进行诈骗。谢某夫妻二人在收到集资款后,即出具"游坤林"署名及盖章的收款凭证给各被害人,并在收款凭证上写上贷款数额、期限,以及每年 24% 或 30% 的高额利息为诱饵,骗取集资款。被害人受骗金额从 2000 元至 25 万元不等,近 30 人受骗。二人共骗取人民币 142.44 万余元。骗得款项后,夫妇二人将集资款用于挥霍,在自知无法还款后,于 1999 年 6 月先后逃往外地躲藏。由于到期不能兑现本金及利息,受害人纷纷向有关部门举报。

分析提示:

被告人谢某伙同其夫陈某以非法占有为目的,采取虚构集资用途,以虚假的证明文件和高

---

① 非法吸收公众存款罪是指违反国家金融管理法规非法吸收公众存款或变相吸收公众存款,扰乱金融秩序的行为。该罪与集资诈骗罪的区别主要在主观目的不同:集资诈骗罪是行为人采用虚构事实、隐瞒真相的方法意图永久非法占有社会不特定公众的资金,具有非法占有的主观故意;而非法吸收公众存款罪行为人只是临时占用投资人的资金,行为人承诺而且也意图还本付息。还可以从以下几方面进行区别:A. 从筹集资金的目的和用途看,如果向社会公众筹集资金的目的是为了用于生产经营,并且实际上全部或者大部分的资金也是用于生产经营,则定非法吸收公众存款罪的可能性更大一些;如果向社会公众筹集资金的目的是为了用于个人挥霍,或者用于偿还个人债务,或者用于单位或个人拆东墙补西墙,则定集资诈骗罪的可能性更大一些。B. 从单位的经济能力和经营状况来看,如果单位有正常业务,经济能力较强,在向社会公众筹集资金时具有偿还能力,则定非法吸收公众存款罪的可能性更大一些;如果单位本身就是皮包公司,或者已经资不抵债,没有正常稳定的业务,则定集资诈骗的可能性更大一些。C. 从造成的后果来看,如果非法筹集的资金在案发前全部或者大部分没有归还,造成投资人重大经济损失,则定集资诈骗罪的可能性更大一些;如果非法筹集的资金在案发前全部或者大部分已经归还,则定集资诈骗罪的可能性就非常小,一般应定非法吸收公众存款罪。D. 从案发后的归还能力看,如果案发后行为人具有归还能力,并且积极筹集资金实际归还了全部或者大部分资金,则具有定非法吸收公众存款罪的可能性;如果案发后行为人没有归还能力,而且全部或者大部分资金没有实际归还,则具有定集资诈骗罪的可能性。

回报率为诱饵,骗取多人集资款,夫妇俩属共同犯罪,数额特别巨大,其行为已构成集资诈骗罪。

【相关法律法规】

刑法第266条、第210条第2款、第300条第3款;

《最高人民法院关于审理诈骗案件具体应用法律若干问题的解释》(摘录)(最高人民法院1996年12月16日公布,法发〔1996〕32号);

《最高人民法院关于审理扰乱电信市场管理秩序案件具体应用法律若干问题的解释》(2000年4月28日最高人民法院审判委员会第1113次会议通过,自2000年5月24日起施行,法释〔2000〕12号);

《最高人民法院关于审理非法集资刑事案件具体应用法律若干问题的解释》(2010年11月22日最高人民法院审判委员会第1502次会议通过,法释〔2010〕18号);

《最高人民法院 最高人民检察院关于办理诈骗刑事案件具体应用法律若干问题的解释》(2011年2月21日由最高人民法院审判委员会第1512次会议、2010年11月24日由最高人民检察院第十一届检察委员会第49次会议通过,自2011年4月8日起施行)。

学习单元十五
敲诈勒索罪

【学习目标与要求】

熟知敲诈勒索罪的构成要件、量刑幅度,掌握敲诈勒索罪的罪与非罪、此罪与彼罪的界限

【学习重点与提示】

敲诈勒索罪的认定,敲诈勒索罪与抢劫罪、诈骗罪的区分

 基本知识概述

敲诈勒索罪,是指以非法占有为目的,以威胁或者要挟的方法,强索公私财物,数额较大或者多次敲诈勒索的行为。

本罪的构成要件如下:

(1)本罪的客体是复杂客体,既侵犯公私财产所有权,也侵犯他人的人身权利或者其他权利。

(2)本罪的客观方面表现为以威胁或者要挟的方法,强索公私财物,数额较大或者多次敲诈勒索的行为。威胁、要挟的内容包括暴力伤害,毁坏被害人的人格、名誉,揭发被害人的隐私,毁坏被害人的重要财物,栽赃陷害等。威胁、要挟的方法是多种多样的,可以是面对被害人直接使用,也可以是通过第三者或者通过电话、书信、短信、微信等方式发出;可以是明示,也可以是暗示。威胁和要挟,都是能够引起他人心理上恐惧的精神强制方法,两者没有本质区别。略有不同的是,威胁可以用任何侵害他人的方法相恐吓,而要挟通常是指抓住被害人的某些把柄或者制造某种迫使其交付财物的借口,例如,以揭发贪污、盗窃等犯罪事实或生活作风腐败等相要挟。一般来说,威胁、要挟内容的实现不具有当场、当时性。行为人取得财物可以是当场、当时,也可以是在限定的时间、地点。但是,如果行为人为了迫使被害人答应在日后某个时间、地点交付财物而当场对被害人使用了暴力,其暴力实际起的是与以实施暴力相威胁一样的胁迫作用,只是因为其不是作为当场占有他人财物的手段,所以,不能认定为抢劫罪。如果其暴力尚未造成被害人严重伤残或者死亡,可以认定为本罪;如果造成被害人严重伤残或者死亡的,可以根据案件具体情况认定为故意伤害罪或者故意杀人罪。敲诈勒索公私财物数额较大或者多次敲诈勒索,才能构成本罪。根据《最高人民法院 最高人民检察院关于办理敲诈勒索刑事案件适用法律若干问题的解释》(以下简称《敲诈勒索案件解释》)第1条、第2条和第3条的规定,敲诈勒索公私财物价值2000元至5000元以上的,应当认定为"数额较大"。各省、自治区、直辖市高级人民法院、人民检察院可以根据本地区经济发展状况和社会治安状况,在上

述幅度内,共同研究确定本地区执行的具体数额标准,报最高人民法院、最高人民检察院批准。敲诈勒索公私财物,具有下列情形之一的,"数额较大"的标准可以按照上述规定标准的50%确定:①曾因敲诈勒索受过刑事处罚的;②1年内曾因敲诈勒索受过行政处罚的;③对未成年人、残疾人、老年人或者丧失劳动能力人敲诈勒索的;④以将要实施放火、爆炸等危害公共安全犯罪或者故意杀人、绑架等严重侵犯公民人身权利犯罪相威胁敲诈勒索的;⑤以黑恶势力名义敲诈勒索的;⑥利用或者冒充国家机关工作人员、军人、新闻工作者等特殊身份敲诈勒索的;⑦造成其他严重后果的。2年内敲诈勒索3次以上的,应当认定为"多次敲诈勒索"。

(3)本罪的主体是一般主体。

(4)本罪的主观方面是直接故意,并且具有非法占有公私财物的目的。

二、敲诈勒索罪的认定

(一)罪与非罪的认定

根据刑法第274条的规定,敲诈勒索公私财物,数额较大或者多次敲诈勒索的,才能构成本罪。敲诈勒索未达到"数额较大"的标准,也不属于"多次敲诈勒索",不构成本罪。当然,也并非只要敲诈勒索公私财物数额达到较大就一律作为犯罪处理。根据《敲诈勒索案件解释》第5条、第6条的规定,敲诈勒索数额较大,行为人认罪、悔罪、退赃、退赔,并具有下列情形之一的,可以认定为犯罪情节轻微,不起诉或者免予刑事处罚,由有关部门依法予以行政处罚:①具有法定从宽处罚情节的;②没有参与分赃或者获赃较少且不是主犯的;③被害人谅解的;④其他情节轻微、危害不大的。敲诈勒索近亲属的财物,获得谅解的,一般不认为是犯罪;认定为犯罪的,应当酌情从宽处理。被害人对敲诈勒索的发生存在过错的,根据被害人过错程度和案件其他情况,可以对行为人酌情从宽处理;情节显著轻微危害不大的,不认为是犯罪。

(二)既遂与未遂的认定

行为人使用了威胁或要挟手段,非法取得了他人的财物,就构成了敲诈勒索罪的既遂。如果行为人仅仅使用了威胁或要挟手段,被害人并未产生恐惧情绪,因而没有交出财物,或者被害人虽然产生了恐惧,但并未交出财物,均属于敲诈勒索罪的未遂。

(三)敲诈勒索罪与抢劫罪的关系

"威胁"既是抢劫罪的手段之一,又是敲诈勒索罪的基本行为方式。但是,两罪威胁的特定内涵不同:①从威胁的方式看,抢劫罪的威胁,是当着被害人的面直接发出的;而敲诈勒索罪的威胁可以当面发出,也可以通过书信、电话或第三者转达。②从实现威胁的时间看,抢劫罪的威胁表现为扬言如不交出财物,就要当场实现所威胁的内容;而敲诈勒索罪的威胁则一般表现为,如不答应要求将在以后某个时间实现威胁的内容。③从威胁的内容看,抢劫罪的威胁,都是以杀害、伤害等侵害人身相威胁;而敲诈勒索罪的威胁内容则比较广泛,包括对人身的加害行为或者毁坏财物、名誉等。④从非法取得财物的时间看,抢劫罪是实施威胁当场取得财物;而敲诈勒索罪则可以在当场取得财物,也可以在事后取得财物。

(四)敲诈勒索罪与诈骗罪的关系

两罪的主要区别表现在客观方面:虽然都是"诈"取财物的行为,但敲诈勒索罪是通过威胁和要挟,使被害人迫于精神上的恐惧而不得已交出财物;而诈骗罪则是通过虚构事实和隐瞒事实真相,使被害者信以为真,从而"自愿"交出财物。如果行为人以事实上并不存在的绑架行为欺骗或威胁他人交出财物的,应构成诈骗罪。

三、敲诈勒索罪的处罚

根据我国刑法第 274 条规定,敲诈勒索公私财物,数额较大或者多次敲诈勒索的,处 3 年以下有期徒刑、拘役或者管制,并处或者单处罚金;数额巨大或者有其他严重情节的,处 3 年以上 10 年以下有期徒刑,并处罚金;数额特别巨大或者有其他特别严重情节的,处 10 年以上有期徒刑,并处罚金。

根据《最高人民法院 最高人民检察院关于办理利用信息网络实施诽谤等刑事案件适用法律若干问题的解释》第 6 条、第 8 条和第 9 条的规定,以在信息网络上发布、删除等方式处理网络信息为由,威胁、要挟他人,索取公私财物,数额较大,或者多次实施上述行为的,以本罪定罪处罚。明知他人利用信息网络实施敲诈勒索犯罪,为其提供资金、场所、技术支持等帮助的,以共同犯罪论处。利用信息网络实施敲诈勒索犯罪,同时又构成刑法第 221 条规定的损害商业信誉、商品声誉罪,第 278 条规定的煽动暴力抗拒法律实施罪,第 291 条之一规定的编造、故意传播虚假恐怖信息罪等犯罪的,依照处罚较重的规定定罪处罚。

根据敲诈勒索案件解释第 1 条、第 7 条的规定,敲诈勒索公私财物价值 2000 元至 5000 元以上、3 万元至 10 万元以上、30 万元至 50 万元以上的,应当分别认定为刑法第 274 条规定的"数额较大""数额巨大""数额特别巨大"。各省、自治区、直辖市高级人民法院、人民检察院可以根据本地区经济发展状况和社会治安状况,在前款规定的数额幅度内,共同研究确定本地区执行的具体数额标准,报最高人民法院、最高人民检察院批准。明知他人实施敲诈勒索犯罪,为其提供信用卡、手机卡、通信工具、通讯传输通道、网络技术支持等帮助的,以共同犯罪论处。

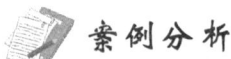

案例分析

【训练案例】

被告人王某以某医药商品是假药为由,向药商索取赔偿,迫使药商以 3.5 万元的价格,购买了其存有调查信息的笔记本电脑(实际价值 7500 元)。同时,王某要求药商对其所购买的某药品予以双倍赔偿,支付人民币 4 万元(超出实际购药款的双倍索赔金额 10 240 元)。

分析提示:

(1)被告人发现药品问题后与药商联系要求索赔,是合法行为。被告人因购买使用行为,与药商之间产生了民事法律关系,基于此关系,索赔行为并无不当,即便索赔数额高于一般的双倍赔偿数额,只要药商同意,仍然属于民事主体之间的意思表示一致。在此基础之上,厂家不想使产品的销售情况受到影响,从而支付了一定的赔偿费用,不能视为刑事司法意义上的敲诈勒索。

(2)应当注意,被告人要求药商购买其存有调查信息的笔记本电脑的行为,则具有明显的非法占有的目的。索要超过笔记本电脑价值的费用,这一行为也与打假和主张双倍索赔没有关系,因而明显具要挟性质,可以被认定为"敲诈勒索"中的胁迫。

(3)打假是正常维权还是敲诈勒索,关键在于行为人在什么样的主观心理支配下采取行为,如果证据证明,行为人采取行为的主要目的是维护自身权利,则无论索赔额度的高低,都不应当认定为敲诈勒索,而若是有证据证明行为人的目的是为了非法的个人利益,则应当被认定为敲诈勒索。

【相关法律法规】

刑法第 274 条;

2013 年 4 月 23 日《最高人民法院 最高人民检察院关于办理敲诈勒索刑事案件适用法律若干问题的解释》(法释〔2013〕10 号)。

学习单元十六
妨害公务罪

【学习目标与要求】

熟知妨害公务罪的构成要件,能够区分妨害公务罪的罪与非罪、此罪与彼罪的界限

【学习重点与提示】

妨害公务罪中公务的认定,妨害公务罪与拒不执行判决、裁定罪的区别

 基本知识概述

妨害公务罪,是指以暴力、威胁的方法,阻碍国家机关工作人员、人大代表依法执行职务,或者在自然灾害和突发事件中,以暴力、威胁方法阻碍红十字会工作人员依法履行职责,以及故意阻碍国家安全机关、公安机关依法执行国家安全工作任务,虽未使用暴力、威胁方法,但造成严重后果的行为。

本罪的构成要件如下:

(1)本罪的客体是国家机关、人民代表大会、红十字会、国家安全机关以及公安机关的公务。所谓公务,是指公共管理事务,即国家机关工作人员依法执行的职务,人大代表依法执行的代表职务,红十字会工作人员依法履行的职责,国家安全机关和公安机关依法执行的国家安全工作任务。犯罪对象是正在依法执行职务、履行职责的上述4类人员。其中,国家机关工作人员,是指在国家机关中从事公务的人员,包括在各级国家权力机关、行政机关、司法机关和军事机关中从事公务的人员。从现实出发,还应包括在中国共产党的各级机关、中国人民政协会议的各级机关中从事公务的人员。

根据司法解释,对于以暴力、威胁方法阻碍国有事业单位人员依照法律、行政法规的规定执行行政执法职务的,或者以暴力、威胁方法阻碍国家机关中受委托从事行政执法活动的事业编制人员执行行政执法职务的,可以对侵害人以妨害公务罪追究刑事责任。阻碍军人执行职务的,构成刑法第368条的阻碍军人执行职务罪,不以本罪论处。根据《全国人民代表大会常务委员会关于〈中华人民共和国刑法〉渎职罪主体适用问题的解释》的规定,在依照法律、法规规定行使国家行政管理职权的组织中从事公务的人员,或者在受国家机关委托代表国家机关行使职权的组织中从事公务的人员,或者虽未列入国家机关人员编制但在国家机关中从事公务的人员,在代表国家机关行使职权时,有渎职行为,构成犯罪的,依照刑法关于渎职罪的规定追究刑事责任。该解释明文指出的是对"渎职罪主体"的解释,没有明示是对"国家机关工作人员"的解释,但由于渎职罪的主体均为国家机关工作人员,故可以认为该解释实际上是对"国家机关工作人员"的解释。综合以上司法解释和立法解释可见,应当对本罪中的国家机关工作人

员做实质性解释,而不应拘泥于其是否有公务员身份和编制。

(2)本罪的客观方面表现为以暴力、威胁的方法,阻碍国家机关工作人员、人大代表依法执行职务,或者在自然灾害和突发事件中,以暴力、威胁方法阻碍红十字会工作人员依法履行职责,以及故意阻碍国家安全机关、公安机关依法执行国家安全工作任务,虽未使用暴力、威胁方法,但造成严重后果的行为。在以暴力、威胁方法阻碍国家机关工作人员和全国人民代表大会和地方人民代表大会代表依法执行职务的活动,或红十字会工作人员依法履行职责的活动时,本罪属于行为犯;在未使用暴力、威胁方法阻碍国家机关、公安机关工作人员依法执行国家安全工作任务时,本罪属于结果犯,即本罪的成立要求有严重后果。

(3)本罪的主体是一般主体。

(4)本罪的主观方面是故意,即行为人明知对方是正在依法执行职务或履行职责的国家机关工作人员、人大代表、红十字会工作人员而有意以暴力、威胁的方法进行阻碍,或者明知对方是正在依法执行国家安全工作任务的国家安全机关、公安机关的工作人员,而有意进行阻碍,希望或者放任使之无法正常执行职务或者履行职责的结果发生。

二、妨害公务罪的认定

(一)罪与非罪的认定

要厘清本罪与群众对抗国家机关工作人员违法乱纪行为的界限。这主要反映在两者主观意图和客观表现有所不同。前者的行为人是怀着明确的反社会意图而实施阻碍公务的行为,后者的行为人则是基于社会公正的立场对违法乱纪的行为进行斗争。

要厘清本罪与人民群众因提出合理要求,或者对政策不理解或者态度生硬而与国家机关工作人员发生争吵、围攻顶撞、纠缠行为的界限。群众围攻、顶撞国家机关工作人员,通常是由于群众对国家机关工作人员依法宣布的某项政策、决定、措施不理解,向国家机关工作人员提出质问,要求说明、解释、答复,由于情绪偏激、态度不冷静、方法不得当而形成的对国家机关工作人员的围攻、顶撞行为。在围攻、顶撞过程中,常伴有威胁性语言和类似暴力的推搡、拉扯行为,在客观上妨害了公务,一般不应作为犯罪处理。

(二)本罪与拒不执行判决、裁定罪的区别

拒不执行判决、裁定罪,是指对人民法院的判决、裁定有能力执行而拒不执行,情节严重的行为。妨害公务罪与拒不执行判决、裁定罪有一定的相似之处,表现在:其一,两者都有可能是妨害国家机关正常行使职权、发挥职能的行为;其二,两者都是故意犯罪,且都有可能存在对抗国家公务活动的故意;其三,当拒不执行判决、裁定罪表现为行为人以暴力、威胁方法阻碍人民法院的强制执行活动时,其客观行为表现就与妨害公务罪完全相同。

二者相区分的关键在于其犯罪的客观方面、犯罪主体不同:妨害公务罪通常必须是以暴力、威胁方法实施,且行为人侵害公务人员的行为必须发生在后者依法执行公务期间,而拒不执行判决、裁定罪则不要求必须使用暴力、威胁的方法,可以是能够损害法院裁判约束力、权威性的任何方法,比如欺骗隐瞒、消极抵制、无理取闹等;而且,拒不执行判决、裁定罪也不要求必须发生在人民法院依法执行职务期间;妨害公务罪的主体是一般主体,而拒不执行判决、裁定罪的主体则是特殊主体,即必须具有执行判决、裁定义务的当事人或者依照法律对判决、裁定

负有协助执行义务的人。

三、妨害公务罪的处罚

根据刑法第277条的规定，以暴力、威胁方法阻碍国家机关工作人员依法执行职务的，处3年以下有期徒刑、拘役、管制或者罚金。以暴力、威胁方法阻碍全国人民代表大会和地方各级人民代表大会代表依法执行代表职务的，依照前款的规定处罚。在自然灾害和突发事件中，以暴力、威胁方法阻碍红十字会工作人员依法履行职责的，依照第1款的规定处罚。故意阻碍国家安全机关、公安机关依法执行国家安全工作任务，未使用暴力、威胁方法，造成严重后果的，依照第1款的规定处罚。

案例分析

【训练案例】

2020年2月17日21时许，被告人刘某雨、陈某峰等人酒后开车至商丘市梁园区某乡杨楼村村民委员会新冠肺炎疫情防控卡点接人，因刘某雨、陈某峰未按疫情防控通告佩戴口罩，受商丘市梁园区某乡人民政府委托在该卡点执勤的杨楼村村干部杨某等人阻止刘某雨、陈某峰等人进村，并要求他们戴上口罩，遭到刘某雨、陈某峰等人辱骂和殴打，杨某被打伤。经法医鉴定：杨某右额部、右眼上下睑肿胀瘀血，左面部皮肤肿胀，左口腔黏膜破损，上述损伤已构成轻微伤。

分析提示：

(1)《最高人民法院 最高人民检察院 公安部 司法部关于依法惩治妨害新型冠状病毒感染肺炎疫情防控违法犯罪的意见》（以下简称《意见》）规定国家机关工作人员包含依照法律、法规规定行使国家有关疫情防控行政管理职权的组织中从事公务的人员，在受国家机关委托代表国家机关行使疫情防控职权的组织中从事公务的人员，虽未列入国家机关人员编制但在国家机关中从事疫情防控公务的人员。在疫情防控期间，由于疫情具有突发性、广泛性，为了最大限度防控疫情，各级政府需要组织动员居（村）委会、社区工作人员等落实防控职责，实施管控措施。因此，对于妨害《意见》规定的三类人员依法履行受委托公务的行为，均属于妨害公务的行为。

(2)刘某雨、陈某峰以暴力方法阻碍国家机关工作人员依法履行为防治突发传染病疫情而采取的防疫、隔离等措施，其行为已构成妨害公务罪。刘某雨、陈某峰在重大疫情防控期间，妨害疫情防控人员依法执行公务，社会危害性较大，应当从重处罚。刘某雨、陈某峰均系初犯，并系共同犯罪，在共同犯罪中作用相当。刘某雨案发后主动到公安机关投案并如实供述自己的罪行，系自首，依法可以从轻、减轻处罚；陈某峰到案后以及在庭审过程中均能如实供述，构成坦白，可以从轻处罚。

【相关法律法规】

刑法第277条，第242条第1款；

国家安全法第27条第2款；

国家安全法实施细则第25条；

红十字会法第2条、第11条、第15条；

2000年4月24日《最高人民检察院关于以暴力威胁方法阻碍事业编制人员依法执行行政执法职务是否可对侵害人以妨害公务罪论处的批复》（高检发释字〔2000〕2号）；

2003年11月13日《最高人民法院全国法院审理经济犯罪案件工作座谈会纪要》（法〔2003〕167号）。

学习单元十七
袭警罪

【学习目标与要求】

熟知袭警罪的犯罪构成,能够区分袭警罪的罪与非罪、此罪与彼罪之间的界限

【学习重点与提示】

对于暴力袭击的理解,人民警察的职业范围

基本知识概述

一、袭警罪的特征分析

袭警罪,是指暴力袭击正在依法执行职务的人民警察的行为。

本罪的构成要件如下:

(1)本罪侵犯的客体是公安机关的执法公务活动和人民警察的人身安全。刑法第277条第5款关于本罪的法定刑规定了两个量刑档次,分别对应两种犯罪形态。其基本犯为"暴力袭击正在依法执行职务的人民警察的",即构成本罪的,法定刑为"处三年以下有期徒刑、拘役或者管制"。本罪侵害对象是正在依法执行职务的人民警察,其犯罪手段限于暴力。其加重构成犯即"使用枪支、管制刀具,或者以驾驶机动车撞击等手段",暴力袭击正在依法执行职务的人民警察,"严重危及其人身安全的"。其法定刑为"处三年以上七年以下有期徒刑"。

在适用加重构成犯之法定刑方面,要求行为人的暴力袭警行为采取了使用枪支、管制刀具,或者以驾驶机动车撞击等手段达到严重危及警察人身安全的程度。一方面,适用加重法定刑的条件并不局限使用上述三种手段,而是也包括其他与这三种法律明示的手段之危害性和危险性大体相当的其他手段,如使用杀伤力很大的铁棒袭警的,或者驱使猛犬袭警的,另一方面,使用这些特别的暴力袭警手段需要达到"严重危及其人身安全"的程度。即不论行为人采用何种暴力袭击手段,只要达到足以造成正在依法执行职务的人民警察重伤、死亡的程度,即使没有对其人身造成实际损害结果,在处罚标准上也应适用加重法定刑,在3年以上7年以下有期徒刑的范围内进行量刑。

(2)本罪在客观方面表现为暴力袭击正在依法执行职务的人民警察。关于本罪的客观特征,需要把握几个要点:

第一,对于"暴力袭击"的理解,可以从两个方面进行把握:一方面,从行为样态上看,"暴力"是指采取有形的强制性武力的方式,"袭击"不仅包括出其不意的打击、突然打击,还应涵盖行为人所有有意识的攻击行为,通常表现为殴打、捆绑、拘禁等有形的人身强制行为,而不应包括实行催眠术、用酒灌醉或用药麻醉等无形暴力方式;另一方面,从行为对象上看,"暴力袭击"

的对象主要是警察的人身,同时考虑到警察执行职务的公务性,还应包含针对与警察执行职务相关的设施设备(如警车、警用装备等)进行袭击。

第二,对于"正在依法执行职务"的理解,可以从以下两个方面把握:一方面,执行职务的行为必须"正在进行",即警察正在履行在其职权范围内的职责,而且不以是否在工作时间内为限;另一方面,执行职务的行为必须是"依法"的,在制止人民警察滥用职权、徇私舞弊或以权谋私等违法犯罪过程中使用暴力行为的,不存在构成本罪的可能。

第三,对于"人民警察"的掌握。依照《中华人民共和国人民警察法》第2条的规定,在范围上涵盖公安机关、国家安全机关、监狱等管理机关的人民警察和人民法院、人民检察院的司法警察。对于辅警、协警等警务辅助人员,在其辅助人民警察执行职务的过程中,对其实施暴力袭击行为,只要起到阻碍人民警察依法执行职务的效果,就可以成立本罪。

第四,从法条表述上看,本罪属于行为犯,即只要实施了暴力袭击行为就可以成立本罪,不要求实际造成严重的危害后果。

(3)本罪的主体为一般主体,即年满16周岁且具有刑事责任能力的自然人均可构成。

(4)本罪的主观方面出自故意,即明知是正在依法执行职务的人民警察,仍然对其实施暴力袭击行为,希望或者放任妨害其依法执行职务及侵害其人身之危害结果的发生。至于行为人基于何种动机实施暴力袭警行为则不影响本罪的成立。但行为人主观上需要明知其袭击对象是正在依法执行职务的人民警察。

 二、袭警罪的认定

▶(一)罪与非罪的界限

在主观方面,如果行为人在暴力袭击他人时并不知道对方是正在执行职务的警察,则不能构成本罪。在一般情况下,凭借警察穿着的警服或携带的警官证等情况就可以识别其身份,但是在行为人不可能知晓其身份的情况下,例如与正在执行职务的便衣警察发生冲突后殴打对方,而且此时便衣警察既没有出示证件也没有亮明自己的身份,则不能认定其构成本罪。

在客观方面,如果警察并未处于正在依法执行职务的状态,例如身着警服的警察下班回家路上或者在菜市场买菜时与他人发生冲突而受到他人攻击,也不能认定其构成本罪。此外,本罪中的暴力袭击行为应当达到一定的严重程度,不宜将非常轻微的暴力行为纳入本罪的规制范围,在警察执行公务过程中对其实施的口头威胁、侮辱、谩骂甚至轻微推搡行为,妨碍其正常执行职务的,不能认定行为人构成本罪。

▶(二)本罪与妨碍公务罪的界限

妨碍公务罪与本罪在行为手段和对象上都存在明显区别。本罪手段更窄,仅限于暴力手段,对象单一,仅限于依法执行职务的警察。袭警罪是由妨碍公务罪分立而来的罪名,其犯罪构成为后罪所涵盖,但法定刑要重于后罪,所以二者之间属于特殊与一般的关系。在行为同时符合两罪犯罪构成的情况下,应当按照特殊法条优于一般法条的原则,以袭警罪定罪处刑。也就是说,对于正在依法执行职务的人民警察而言,以暴力袭击手段行为阻碍其执行公务的应按照袭警罪进行处理;但以威胁方法阻碍人民警察依法执行公务的,应按照妨碍公务罪进行处理。

(三)本罪与故意杀人罪、故意伤害罪的界限

行为人实施暴力袭击行为,造成正在依法执行职务的人民警察人身伤害或者死亡的,会同时触犯故意杀人罪或故意伤害罪。该情况属于想象竞合犯,应从一重罪处断。具体而言,在暴力袭击行为造成警察死亡的情况下,应按照故意杀人罪定罪处刑;在暴力袭击行为造成警察重伤,应按照故意伤害罪做出处理。

三、袭警罪的处罚

暴力袭击正在依法执行职务的人民警察的,处3年以下有期徒刑、拘役或者管制;使用枪支、管制刀具,或者以驾驶机动车撞击等手段,严重危及其人身安全的,处3年以上7年以下有期徒刑。

案例分析

【训练案例】

2021年5月6日晚上,被告人金某某酒后在用餐包间内滋事,随意殴打劝阻群众,致一人轻伤,一人轻微伤。容城镇派出所民警出警处置时依法将被告人金某某带至警车上。被告人金某某情绪失控,对民警言语辱骂,并连续脚踹正欲上车的民警腹部以及驾驶位民警面部,阻碍执法,暴力袭击人民警察,致一名民警轻微伤。案发后,被告人金某某一方就滋事行为对两位受伤群众进行了赔偿并取得其二人谅解。

分析提示:

法院经审理认为,被告人金某某酒后发泄情绪,随意殴打他人,致一人轻伤,一人轻微伤,情节恶劣,其行为构成寻衅滋事罪。被告人金某某采取暴力手段袭击正在依法执行职务的人民警察,致一人轻微伤,其行为构成袭警罪,被告人金某某当庭认罪认罚,遂依照《中华人民共和国刑法》第293条、第277条第5款、第69条,《中华人民共和国刑事诉讼法》第15条之规定,以寻衅滋事罪对其判处有期徒刑1年1个月;以袭警罪对其判处有期徒刑七个月;决定执行有期徒刑1年4个月。该案庭审后当庭宣判,被告人金某某当庭表示认罪悔罪,服从判决。

刑法第277条第5款[刑法修正案(十一)第31条]规定:"暴力袭击正在执行职务的人民警察的,处三年以下有期徒刑、拘役或者管制;使用枪支、管制刀具,或者以驾驶机动车撞击等手段,严重危及其人身安全的,处三年以上七年以下有期徒刑。"

人民警察代表国家行使执法权,肩负着"维护国家安全,维护社会治安秩序,保护公民的人身安全、人身自由和合法财产,保护公共财产,预防、制止和惩治违法犯罪活动"的重要职责和使命。在社会治理体系和实践中,人民警察是不可或缺的坚实力量。暴力袭警行为,不仅侵犯了人民警察的人身安全,更严重扰乱国家正常管理秩序,冲击法律底线、挑衅法律尊严与法律权威,影响人民群众安全感、幸福感。

袭警罪的正式确立,是推进全面依法治国的客观要求,是新时代推进公安工作高质量发展的迫切需要,是刑事立法精细化科学化的具体体现。能够更好地维护正常执法秩序,更好地保护一线执法执勤民警人身安全,从法律层面进一步构筑了保障民警依法履职、维护民警执法权威的防线。依法准确认定并打击袭警罪,可以有效打击妨害警情处置及危害人民警察执行职

务的行为,对维护国家法律权威,构建法治社会,维系社会良好秩序具有十分重要的意义。希望广大人民群众能够懂法、学法、用法,积极配合人民警察履行职务行为,争做遵纪守法好公民。

【相关法律法规】

刑法第277条第5款[刑法修正案(十一)第31条];

2019年12月27日《最高人民法院 最高人民检察院 公安部关于依法惩治袭警违法犯罪行为的指导意见》;

2021年2月26日《最高人民法院 最高人民检察院关于执〈行中华人民共和国刑法〉确定罪名的补充规定(七)》(法释〔2021〕2号)。

学习单元十八 冒名顶替罪

【学习目标与要求】
　　熟知冒名顶替罪的犯罪构成,能够区分冒名顶替罪的罪与非罪、此罪与彼罪之间的界限
【学习重点与提示】
　　冒名顶替罪的行为方式,冒名顶替罪既遂形态的认定

基本知识概述

、冒名顶替罪的特征分析

　　本罪是指盗用、冒用他人身份,或者组织、指使盗用、冒用他人身份,顶替他人取得的高等学历教育入学资格、公务员录用资格、就业安置待遇的行为。
　　本罪的构成要件如下:
　　(1)本罪侵犯的客体为国家对高等学历教育制度、公务员录用制度、就业安置政策和制度的管理秩序,以及公民的身份权利。
　　(2)本罪在客观方面表现为盗用、冒用他人身份,或者组织、指使盗用、冒用他人身份,顶替他人取得的高等学历教育入学资格、公务员录用资格、就业安置待遇的行为。一方面,本罪的行为方式不仅包括冒名顶替行为本身,也包括冒名顶替的组织行为和指使行为,即在冒名顶替共同犯罪中发挥组织、教唆作用的行为,经由刑法第280条之二第2款明文规定亦属于本罪的实行行为。具体而言,"盗用他人身份"是指违反他人意志,使用他人身份的行为,所谓冒用他人身份,是指替代他人使用其身份的行为。从词语含义上看,盗用身份意味着本人身份被他人使用而本人是不知情或不同意的,而冒用身份可以涵盖经过他人同意或与他人串通的情形,并且是完全以他人名义使用其身份。相比之下,冒用对他人身份侵犯的广度和深度,要大于盗用他人身份。盗用、冒用的"身份",主要表现为以姓名为核心的个人基本信息以及取得一定资格、待遇所需信息而形成的资料、材料。不论是盗用还是冒用,都需要产生替代别人、以别人的身份获得相应资格或待遇的效果。
　　另一方面,本罪的行为对象是他人取得的高等学历教育入学资格、公务员录用资格、就业安置待遇。"高等学历教育入学资格"包括专科教育、本科教育和研究生教育的入学资格,这里的高等学历教育不论是全日制或非全日制教育形式,也不论是在校教育方式还是远程教育方式。"公务员录用资格",是指通过公开考试、严格考察、平等竞争、择优录取等办法,获得成为依法履行公职、纳入国家行政编制、由国家财政负担工资福利的工作人员的资格。"就业安置待遇",是指根据国家政策或法律法规的规定,对退役军人、高校毕业生、被依法征收土地的农民等群体,在符合一定条件的情况下,由地方政府为其安排的工作岗位的权利和机会。"他人

取得"的资格或待遇,不仅包括他人已经实际取得的资格或待遇,也应包括他人尚未取得、但应当取得的资格或待遇。

(3)本罪的主体为一般主体。

(4)本罪的主观方面为故意,并且具有特定的目的,即行为人盗用、冒用他人身份,是为了达到顶替他人取得的高等学历教育入学资格、公务员录用资格或者就业安置待遇的结果。

二、冒名顶替罪的认定

▶ (一)罪与非罪的界限

行为人取得的高等学历教育入学资格、公务员录用资格、就业安置待遇必须是他人获得或应得的,若行为人通过弄虚作假等方式自己取得上述资格、待遇的,不能成立本罪;行为人取得上述资格、待遇,必须是通过盗用、冒用他人身份的方式;行为人取得的资格、待遇,仅限于法律规定的三种;如果冒名顶替三种之外的资格、待遇,则不能成立本罪。

▶ (二)犯罪形态的认定

对于犯罪既遂的界定,"构成要件说"是我国刑法理论的通说观点,即犯罪既遂是指行为人故意实施的行为已经具备了某种犯罪构成要件的全部构成要件和要素。由于本罪是指盗用、冒用他人身份,或者组织、指使盗用、冒用他人身份,顶替他人取得的高等学历教育入学资格、公务员录用资格、就业安置待遇的行为,根据"构成要件说"的内容应将本罪既遂的标志界定为受害者身份的被盗用、冒用,并且被他人顶替实际取得了高等学历教育入学资格、公务员录用资格或就业安置待遇。

▶ (三)共同犯罪的认定

由于刑法第280条之二第2款已经对冒名顶替共同犯罪中组织行为和教唆行为的刑事责任做出了规定,所以能够成立本罪共同犯罪的,实际上只有冒名顶替的帮助行为,即本罪的共同犯罪只存在帮助犯这种形态。对于帮助犯,应按其在共同犯罪中所起的作用处罚。如果在共同犯罪中起辅助作用,就以从犯论处;如果被胁迫实施帮助行为,并在共同犯罪中起较小作用,则应以胁从犯论处。

三、冒名顶替罪的处罚

盗用、冒用他人身份,顶替他人取得的高等学历教育入学资格、公务员录用资格、就业安置待遇的,处3年以下有期徒刑、拘役或者管制,并处罚金。组织、指使他人实施前款行为的,依照前款的规定从重处罚。国家工作人员有前两款行为,又构成其他犯罪的,依照数罪并罚的规定处罚。

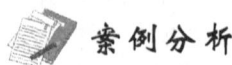
案例分析

【训练案例】

被顶替者陈某秀,女,汉族,1984年3月生,2004年6月毕业于聊城市冠县武某高中,后长期在外务工,现为冠县某私立幼儿园教师。顶替者陈某萍,女,汉族,1986年5月生,2004年6月毕业于聊城一中,后冒用陈某秀之名在山东理工大学国际经济与贸易专业学习,2007年7月毕业,同年12月通过村助理员公开招聘到冠县烟庄街道(原烟庄乡)工作。

2004年陈某萍高考成绩为303分(文科),未达到专科一批录取分数线。陈某萍父亲陈某鹏(冠县某商贸有限责任公司法定代表人)和舅舅张某(时任某乡党委副书记、乡长)请托时任冠县招生办主任冯某振,帮助陈某萍顶替他人上大学。7月26日,冯某振与陈某鹏商定以陈某秀(高考成绩为理科546分,高于当年专科一批录取分数线27分)作为冒名顶替对象,并安排县招生办工作人员王某英打印出陈某秀的准考证交给陈某鹏。经咨询山东理工大学得知陈某秀录取通知书已发出后,陈某鹏找到时任冠县邮政局副局长李某涛,谎称来拿女儿的录取通知书,持本人身份证从县邮政局截取了陈某秀的录取通知书。

陈某鹏取得陈某秀录取通知书后,冯某振利用县招生办统一发放考生档案的便利,将陈某秀档案交给陈某鹏。为使档案相关信息与陈某萍一致,张某找到时任武某高级中学校长崔某会,崔某会安排副校长兼办公室主任李某民和学生处主任郭某忠,在贴有陈某萍照片的空白高中毕业生登记表上加盖了武某高级中学公章,张某加盖了某乡政府公章,伪造了姓名为陈某秀、照片及相关信息为陈某萍的高中毕业生登记表,并替换到陈某秀的考生档案中。

2004年8月,张某以外甥女考上大学但户口丢失为由,找到时任冠县公安局烟庄派出所所长任某坤为陈某萍出具虚假户口迁移证明,任某坤违规安排户籍民警郭某伪造了名为陈某秀、地址为某乡东南庄村的户口迁移证。2007年7月陈某萍大学毕业后,陈某鹏再次找到任某坤请其帮助伪造新户籍,任某坤违反规定,以户口补录为名将有关材料上报时任县公安局分管副局长王某朝签字同意后,伪造了名为陈某秀的新户籍。

2004年8月31日,陈某萍到山东理工大学经济学院报到,由于所持报到材料不全,张某通过时任该校教务处处长助理杜某利协调,帮助陈某萍办理了入学手续,经济学院未对其身份进行实质性审核。9月中旬,山东理工大学部署新生资格审查工作,经济学院安排该院学生科具体负责此项工作,但因该校新生资格审查程序设计不够严密,且相关人员未认真履职,未能发现陈某萍冒名顶替陈某秀入学问题。

2007年10月,冠县统一招聘事业单位工作人员(含村级助理员),时任冠县人事局人事争议仲裁办公室副主任冯某秋把关不严,未发现陈某萍相关信息不一致的问题,导致其通过审核参加此次招聘考试并被聘用。

2020年5月27日,陈某秀到冠县招生办查询本人高考信息,冠县招生办工作人员张某春在其符合查询条件的情况下,仍要求其到村里开具介绍信,违反了《山东省人民政府办公厅关于做好证明事项清理工作的通知》(鲁政办字〔2018〕146号,2018年8月下发)中关于"六个一律取消"的规定。5月28日,陈某秀到冠县公安局万善派出所要求查找冒名顶替者,派出所民警张某勋、郭某勇工作失职失责,未能及时查找、比对出冒名顶替人员,造成不良后果。

分析提示:

我国刑法第280条之二规定,盗用、冒用他人身份,顶替他人取得的高等学历教育入学资格、公务员录用资格、就业安置待遇的,处3年以下有期徒刑、拘役或者管制,并处罚金。组织、指使他人实施前款行为的,依照前款的规定从重处罚。国家工作人员有前两款行为,又构成其他犯罪的,依照数罪并罚的规定处罚。陈某萍冒用他人身份,顶替陈某秀取得高等学历教育入学资格,已构成冒名顶替罪。陈某鹏违反国家法律法规,组织、教唆冒名顶替行为,构成冒名顶替罪。

目前,陈某萍因违反国家法律法规,其冒名顶替取得的学历山东理工大学已予以注销,其聘用合同被解除,公安机关已对其涉嫌犯罪问题立案侦查并采取强制措施。陈某鹏因违反国家法律法规,公安机关已对其涉嫌犯罪问题立案侦查并采取强制措施。

【相关法律法规】

刑法第280条之二[刑法修正案(十一)第32条];

2021年2月26日《最高人民法院 最高人民检察院关于执行〈中华人民共和国刑法〉确定罪名的补充规定(七)》(法释〔2021〕2号)。

学习单元十九
高空抛物罪

【学习目标与要求】

熟知高空抛物罪的犯罪构成,能够区分高空抛物罪的罪与非罪、此罪与彼罪之间的界限

【学习重点与提示】

高空抛物罪的性质,高空抛物罪的犯罪对象

  基本知识概述

 一、高空抛物罪的特征分析

高空抛物罪,是指从建筑物或者其他高空抛掷物品,情节严重的行为。

本罪的构成要件如下:

(1)本罪的犯罪客体是造成社会管理秩序的混乱,引起了社会公众的不安感。虽然高空抛物行为一定程度上会对公共安全造成威胁,但是相对于危害公共安全罪一章的罪名而言,这种威胁是潜在的、间接的,无法达到公共安全所要求的不特定或多数人的生命、健康、财产安全的程度。本罪的犯罪对象既包括人也包括物,换言之,高空抛物行为既有可能造成社会公众的人身危险,同时也可能造成物的破坏,从而导致财产损失。

(2)本罪的客观方面规定为"从建筑物或者其他高空抛掷物品"。首先是本罪的成立要符合犯罪地点的要求,对于"建筑物"与"其他高空"各自含义的理解要结合起来进行解释。"建筑物"并非普通的建筑物,而是要具有"高空"的特性,换言之,如果从一个建筑物的一层或者较低的楼层抛掷物品,不能构成"本罪",因为不符合"高空"的要求,条文表述的是"建筑物或者其他高空",说明建筑物也要满足高空的要求。"高空"的具体标准在现行法律中并没有明确的规定,类似的概念是GB/T 3608—2008《高处作业分级》中将2米以上(含2米)认定为高处。但是这一标准是指高处作业时的标准,能否直接用于高空抛物案件中仍然需要探讨。此外,刑法中的"高空"是否应当完全按照民法上高空的认定也存在疑问,刑事责任要比民事责任具有更严重的社会危害性,就"情节严重"的要求来看,刑法上对"高空"的认定应当有别于民事领域,按照一般人的生活常识,抛掷物品的高度越高、物品越重则相应地产生的危险性也就越大。对于其他高空的解释也应当符合"建筑物"的一些特征,虽然不是建筑物,但是在这一高空的四周要存在人员,这样具危险性才能同建筑物相当,例如在游乐场的高空设施上抛掷物品,虽然游乐设施并非建筑物,但是具有同建筑物相似的性质,因为在该设施四周存在不特定的人员。从反面来看,若某一高空设施周围完全不存在人员,例如建在森林或海边的设施,若抛掷物品不会造成任何人员伤亡的可能性,则不能认定此处为"其他高空"。综上所述,对于"建设物"与"其他高空"的范畴,要结合起来进行同类解释,从而明确词语内涵。

其次,需要讨论的是"抛掷物品",抛掷物品这样的表达,体现出行为大多情况下应当是主动的、自发的、积极的。第一种情况是高空坠物。放置物品具有危及公共安全的危险时能否构成本罪,当行为人先行行为引起了注意义务时,行为人应当排除该危险而没有排除的情况下,能否认定为本罪?虽然这种不作为与作为具备了等值性,但是由于欠缺抛掷动作,因此很难将单纯的坠物解释为是"抛掷",否则就属于违背罪刑法定原则的类推解释。但是,若整个过程存在抛掷行为,但并非行为人自己实施的,此时是否能构成本罪需要专门讨论,并与上一种情形相区分。第二种情形通常表现为未成年人的监护人怂恿或任由未成年人高空抛物造成人员伤亡的,应否承担刑事责任的问题。在第二种情形中,存在一个人为的积极行为,虽然这一行为并非是有刑事责任能力人实施的,但是由于存在这种抛掷的积极行为导致第二种情形与第一种情形存在差别,第二种情形在进行法条文本解释时虽然有所拓展,是仍然是在文义可能的范围内进行解释,因为确实具有抛掷行为,只不过抛掷行为并非本人直接实施。此外,在行为所造成的危害性与因果性上,第二种情形与作为犯罪具有等价性,因此,怂恿、教唆未成年人实施高空抛物行为,属于高空抛物罪的间接正犯,本质上是一种作为;而任由未成年人高空抛物,情节严重的,则属于不作为,只要与作为具有等价性,就需要承担刑事责任。

(3)本罪的主体为一般主体。

(4)本罪的主观方面为故意。

二、高空抛物罪的认定

▶(一)本罪的共同犯罪问题

教唆他人实施高空抛物行为的,可以构成本罪的教唆犯;相约一起高空抛物构成共同实行犯;利用不具备刑事责任能力的人抛掷物品的,构成间接正犯。此外,具有监管义务的人,包括对人具有监管或对场域具有监管义务的人,在他人投掷物品时不予制止,放任结果的发生的,也与直接投掷物品的人构成共同犯罪,其中,若直接投掷物品的人不具有刑事责任能力,则具有监管义务的人属于间接正犯。

▶(二)本罪的犯罪形态问题

本罪是行为犯,从建筑物或其他高空抛掷物品,且情节严重的才能成立本罪。因此,本罪基本上不存在未遂形态,正准备抛掷物品而自动放弃或者由于客观原因无法继续抛掷的,不满足情节严重的要求,甚至无法被发觉,因此,在司法实务中本罪几乎不会出现未遂形态、中止形态及预备形态。

▶(三)本罪的罪数形态问题

本罪(刑法第291条之二)第2款规定:"有前款行为,同时构成其他犯罪的,依照处罚较重的规定定罪处罚。"该款的规定是注意规范,有高空抛物行为,同时此行为又构成了其他更为严重的犯罪时,按照想象竞合择一重的原则处理。本罪为轻罪,并不要求造成严重后果,因此当司法实务中出现高空抛物造成严重后果的情况时,该行为同时可能构成具体的过失犯罪,高空抛物罪虽属于故意犯罪,但是故意的内容是抛掷,对于严重危害后果的主观心态仍然是过失的,因此可能会触犯法定刑更高的过失犯罪,例如:过失致人重伤罪、过失致人死亡罪。

三、高空抛物罪的处罚

我国刑法第291条之二规定,从建筑物或者其他高空抛掷物品,情节严重的,处1年以下有期徒刑、拘役或者管制,并处或者单处罚金。有前款行为,同时构成其他犯罪的,依照处罚较重的规定定罪处罚。

案例分析

【训练案例】

2021年某日,徐某某(家住三楼)与王某某因言语不和发生争执,徐某某一时激愤,从厨房拿出一把菜刀,王某某见状上前夺刀未果,徐某某将菜刀抛掷至楼下公共租赁房附近。楼下居民发觉后向楼上质问,徐某某听到质问声后,又去厨房拿第二把菜刀,王某某再次上前夺刀未果,徐某某又将第二把菜刀抛掷至楼下公共租赁房附近,楼下居民见状报警。

分析提示:

刑法第291条之二第1款规定:从建筑物或者其他高空抛掷物品,情节严重的,处1年以下有期徒刑、拘役或者管制,并处或者单处罚金。徐某某高空抛物行为虽未造成人身伤害或重大财产损失的严重后果,其从建筑物抛掷物品行为已经构成高空抛物罪,依照刑法判决被告人徐某某犯高空抛物罪,判处有期徒刑6个月,并处罚金2000元。

【相关法律法规】

刑法第291条之二[刑法修正案(十一)第33条];

2019年10月21日《最高人民法院关于依法妥善审理高空抛物、坠物案件的意见》(法发〔2019〕25号);

2021年2月26日《最高人民法院 最高人民检察院关于执行〈中华人民共和国刑法〉确定罪名的补充规定(七)》(法释〔2021〕2号)。

学习单元二十

毒品犯罪

【学习目标与要求】

熟知毒品犯罪的犯罪标准、处罚幅度,明确毒品犯罪的罪与非罪、此罪与彼罪的界限;能准确运用刑法和司法解释,根据具体诈骗案例,做出符合案件事实和法律规范的分析

【学习重点与提示】

毒品犯罪的具体罪名,毒品犯罪的认定

 基本知识概述

刑法分则第六章第七节,即第347～357条规定的毒品犯罪,共有12个具体罪名,大致可以分为四类:经营型毒品犯罪、妨害禁毒活动的犯罪、有关毒品原植物的犯罪、滥用毒品的犯罪。刑法第356条与第357条是关于毒品犯罪的总结性规定,可谓"毒品犯罪的总则",包括何谓毒品、毒品数量计算规则(是否要折算纯度)以及特殊再犯制度。

一、走私、贩卖、运输、制造毒品罪的认定与处罚

走私、贩卖、运输、制造毒品罪,是指违反国家毒品管制法规,走私、贩卖、运输、制造毒品的行为。

对走私、贩卖、运输、制造毒品罪应注意以下几个问题。

1. 在行为方式上

行为方式上表现为走私、贩卖、运输、制造毒品的行为。所谓走私,是指违反海关法规,逃避海关监管,运输、携带、邮寄毒品进出国(边)境。直接向走私人非法收购走私进口的毒品,或者在内海、领海运输、收购、贩卖毒品的,应以走私论处。所谓贩卖,是指在境内非法倒卖毒品或者自制自销毒品①。所谓运输,是指在境内以携带、邮寄等方式将毒品从一地运往另一地。所谓制造,是指从毒品原植物中提炼毒品或者用化学方法加工、配置毒品。

走私、贩卖、运输、制造毒品罪是一选择性罪名,走私、贩卖、运输、制造毒品的行为,是本罪客观方面的选择要件,属于行为方式的选择,只要实施四种行为之一,即构成犯罪;如果行为人实施两种或两种以上的行为,如运输、贩卖海洛因,仍为一罪而非数罪,但罪名相应地为运输、贩卖毒品罪。

---

① 对于居间介绍买卖毒品的,无论是否获利,均以贩卖毒品罪的共犯论处。以出卖为目的而收买的,也应视为贩卖毒品。依法从事生产、运输、管理、使用国家管制的麻醉药品、精神药品的单位和人员,非法向走私、贩卖毒品的分子提供麻醉药品、精神药品的,以走私、贩卖毒品罪论处;以牟利为目的向吸毒者提供的,以贩卖毒品罪论处。

2. 犯罪主体既可以是自然人，也可以是单位

自然人为本罪主体的，其中贩卖毒品罪可以由已满 14 周岁不满 16 周岁、具有责任能力的人构成，其余的只能由已满 16 周岁、具有责任能力的人构成。

3. 关于毒品及数量问题

根据刑法第 357 条第 1 款规定，这里的"毒品"指的是鸦片等国家规定管制的能够使人形成瘾癖的麻醉药品和精神药品。根据该条第 1 款规定，走私、贩卖、运输、制造毒品，无论数量多少，都应当追究刑事责任，予以刑事处罚。可见，本罪的犯罪构成原则上没有数量限制。同时，刑法第 357 条第 2 款又规定，毒品的数量以查证属实的走私、贩卖、运输、制造、非法持有毒品的数量计算，不以纯度折算。

4. 注意本罪中存在的包容关系

行为人在走私、贩卖、运输、制造毒品的犯罪过程中，如果以暴力抗拒检查、拘留、逮捕的，根据刑法第 347 条第 2 款第 4 项规定，仍以走私、贩卖、运输、制造毒品罪一罪论，将这些情形作为本罪的加重情节处理，而不另定妨害公务罪。

5. 毒品犯罪的再犯制度

根据刑法第 356 条规定，因走私、贩卖、运输、制造、非法持有毒品罪被判过刑，又犯本节毒品犯罪（后一罪并不仅限该五种罪）的，应从重处罚。可见这一规定与累犯有很大不同，前后两罪的范围虽然有很大限制，但前后两罪所判刑罚种类、中间时间间隔等都无限制。

6. 贩卖毒品中发生的假毒品问题的定性

如果行为人故意制造假毒品出售，或明知是假毒品而冒充毒品贩卖获利，数额较大的，应当以诈骗罪定罪处罚；如果行为人误将假毒品当作真毒品贩卖（如自己也是受骗者而不知是假毒品），则属于事实上的认识错误，由于行为人主观上具有贩卖毒品的故意，应当以贩卖毒品罪（未遂）定罪处罚；如果行为人在毒品中掺和非毒品以贩卖获利，只要其贩卖的物品中含有毒品且其是明知的，仍应以贩卖毒品罪论处，因为刑法第 357 条第 2 款规定毒品不进行纯度折算，当然量刑的时候可以酌情考虑。

7. 走私、贩卖、运输、制造毒品罪的处罚

依照刑法第 347 条第 1 款的规定，走私、贩卖、运输、制造毒品，无论数量多少，都应当追究刑事责任，予以刑事处罚。

依照刑法第 347 条第 2～7 款，第 356 条，第 357 条第 2 款的规定，犯走私、贩卖、运输、制造毒品罪的，应当按照以下情况分别进行处理：

(1)走私、贩卖、运输、制造毒品，有下列情形之一的，处 15 年有期徒刑、无期徒刑或者死刑，并处没收财产：①走私、贩卖、运输、制造鸦片 1000 克以上、海洛因或者甲基苯丙胺 50 克以上或者其他毒品数量大的；②走私、贩卖、运输、制造毒品集团的首要分子；③武装掩护走私、贩卖、运输、制造毒品的；④以暴力抗拒检查、拘留、逮捕，情节严重的；⑤参与有组织的国际贩毒活动的。

(2)走私、贩卖、运输、制造鸦片 200 克以上不满 1000 克、海洛因或者甲基苯丙胺 10 克以上不满 50 克或者其他毒品数量较大的，处 7 年以上有期徒刑，并处罚金。

(3)走私、贩卖、运输、制造鸦片不满 200 克、海洛因或者甲基苯丙胺不满 10 克或者其他少量毒品的，处 3 年以下有期徒刑、拘役或者管制，并处罚金；情节严重的，处 3 年以上 7 年以下有期徒刑,并处罚金。

(4)利用、教唆未成年人走私、贩卖、运输、制造毒品,或者向未成年人出售毒品的,从重处罚。

(5)因走私、贩卖、运输、制造、非法持有毒品罪被判过刑,又犯本罪的,从重处罚。

(6)单位犯走私、贩卖、运输、制造毒品罪的,对单位判处罚金,并对直接负责的主管人员和其他责任人员,依照上述关于个人犯本罪的规定处罚。

(7)对多次走私、贩卖、运输、制造毒品,未经处理的,毒品数量累计计算。毒品数量以查证属实的走私、贩卖、运输、制造毒品的数量计算,不以纯度折算。

二、有关妨害禁毒活动的犯罪

(一)包庇毒品犯罪分子罪的认定

包庇毒品犯罪分子罪,是指明知是走私、贩卖、运输、制造毒品的犯罪分子,而向司法机关作虚假证明掩盖其罪行,以使其逃避法律制裁的行为。本罪和窝藏、转移、隐瞒毒品、毒赃罪的行为对象是特定的,只涉及刑法第347条所规定的走私、贩卖、运输、制造毒品罪的犯罪分子或其犯罪所用之毒品或其犯罪所得财物,而不包括本章其他毒品犯罪,更不包括其他刑事犯罪。这一点也是本罪和窝藏、转移、隐瞒毒品、毒赃罪,与刑法第310条包庇罪、第312条窝藏、转移赃物罪的区别所在。

对包庇毒品犯罪分子罪应注意以下几个问题:

(1)与毒品犯罪的共犯的区别:要点在于是否事先通谋。

(2)与窝藏、包庇罪的区别:要点是行为对象不同,本罪包庇的对象限于毒品犯罪分子。

(3)处罚:缉毒人员或者其他国家机关工作人员掩护、包庇走私、贩卖、运输、制造毒品的犯罪分子的,从重处罚。

(二)窝藏、转移、隐瞒毒品、毒赃罪的认定

窝藏、转移、隐瞒毒品、毒赃罪,是指明知是毒品或者毒品犯罪所得财物而为犯罪分子窝藏、转移、隐瞒的行为。

对窝藏、转移、隐瞒毒品、毒赃罪应注意以下几个问题:

(1)与掩饰、隐瞒犯罪所得、犯罪所得收益罪的区别:要点是对象不同。

(2)与毒品共犯的区别:要点在于是否事先通谋。

(3)本罪与洗钱罪有一定的相似之处,因为洗钱罪的犯罪对象也包括毒品犯罪所获得的财物。二者的区别:第一,对象范围不同,洗钱罪的上游犯罪中的毒品犯罪并不仅限于走私、贩卖、运输、制造毒品犯罪,而本罪的犯罪对象仅限于此。同时,本罪的犯罪对象不仅包括这四种毒品犯罪所获得的赃物,还包括其用于犯罪的工具——毒品。第二,在行为方式上,洗钱罪侧重于利用现代化的金融手段对赃款的来源和性质的非法转变,以合法形式使这些赃款表面合法化,而本罪的行为方式侧重于掩饰赃款、赃物的非法状态和事实。

(三)非法持有毒品罪的认定

非法持有毒品罪,是指主观上明知是毒品而非法予以持有的,数额较大的行为。在客观方面须具备如下三个条件:持有毒品是非法的,对毒品具有实际占有或支配的状态和事实,非法

持有的毒品必须数量较大。

对非法持有毒品罪应注意以下几个问题：

(1)非法持有毒品罪与走私、贩卖、运输、制造毒品罪不同，其为数量(额)犯，即毒品必须达到数量较大才以犯罪论处。构成非法持有毒品罪的毒品数量标准在本条中规定为"鸦片200克以上、海洛因或甲基苯丙胺(冰毒)10克以上或其他毒品数量较大"。

(2)主观明知是毒品而非法持有。

(3)罪数问题。注意非法持有毒品罪的单独定罪的余地，即涉及本罪与其他毒品犯罪，尤其是第347条走私、贩毒、运输、制造毒品罪，第349条窝藏、转移、隐瞒毒品罪等之间的关系。本罪作为一种典型的持有型犯罪，行为人非法持有毒品有一定的来源、目的和用途，而司法机关根据现有证据又无法认定其非法持有数量较大的毒品是否用于或来源于走私、制造、贩卖、运输、窝藏、转移等，即搞不清楚行为人所持有的毒品的"来龙去脉"时，或者就是为了自己吸食而拥有，数量较大的才有非法持有毒品罪成立的余地。如果能够查明行为人持有毒品是为了走私、贩卖、运输毒品或者直接来源于制造毒品、帮他人窝藏转移毒品等情形的，应直接定走私、贩卖、运输制造毒品罪或窝藏、转移毒品罪，而不再定非法持有毒品罪，更不适用数罪并罚。

(4)与窝藏、转移、隐瞒毒品、毒赃罪的区别：要点在于毒品的来源是否清楚。如果能够有证据表明是其他毒品犯罪分子(走私、贩卖、运输)拥有的毒品，本人为其保管的属于窝藏问题。如果不能说明或不能证明毒品来源的，属于持有，包括他人非法持有的毒品。换言之，行为人"持有"来源不明的本人或他人所有的毒品，属于非法持有毒品。查清毒品来源是他人(贩卖、运输、走私毒品的犯罪分子)的毒品，属于窝藏毒品罪。

例如，从甲的家中查获100克毒品，如果不能查清其来源的，包括不清楚归谁所有和是否是毒品犯罪分子的，属于非法持有。如果查清是他人所有，比如乙所有，甲是持有还是窝藏，取决于乙的毒品来源。如果查清乙是毒品犯罪分子，则甲属于窝藏毒品；如果也查不清乙毒品的来源，则甲、乙是共同非法持有毒品。

(5)关于吸毒者涉嫌毒品犯罪的问题。吸毒者在购买、运输、存储毒品过程中被抓获，如果没有证据证明实施了其他毒品犯罪行为的，一般不应定罪处罚。但查获的毒品数量大的，应当以非法持有毒品罪定罪处罚；毒品数量未超过构成犯罪的最低数量标准的，不定罪处罚。对于"以贩养吸"的被告人，被查获的毒品数量应认定为其犯罪的数量，但量刑时应考虑被告人吸食毒品的情节。

(6)托购、代购毒品问题。行为人不是以营利为目的，为他人代买仅用于吸食的毒品，毒品数量超过非法持有毒品罪数量较大标准，构成犯罪的，托购者、代购者均构成非法持有毒品罪。

三、有关毒品原植物的犯罪

有关毒品原植物的犯罪包括刑法第351条的非法种植毒品原植物罪，第352条的非法买卖、运输、携带、持有毒品原植物种子、幼苗罪。

(一)非法种植毒品原植物罪的认定

(1)构成非法种植毒品原植物罪必须是"情节严重"的情形。它包括三种法定情形之一：种植数量较大，或者经公安机关处理后又种植的，或者抗拒铲除的。同时注意抗拒铲除的行为不要作为妨害公务罪处理，而应当视为本罪构成方面情节严重的一种表现。

(2)行为人虽然具有非法种植罂粟等毒品原植物的行为,但在收获前自动铲除的,可以免除处罚,这是本罪的一个特定的法定从宽处罚情节。

(二)非法种植毒品原植物罪与制造毒品罪的界限

从构成要件方面分析,二者比较好区分。如犯罪对象,一者为毒品的原植物,一者为毒品本身;从行为方式上看,一种为种植行为,一种为加工制造行为,即用一定原料进行加工、提炼、配制成可供吸食、注射的毒品。实践中,行为人非法种植毒品原植物的行为常常是为了制造毒品的使用,既非法种植毒品原植物,又加工、提炼成鸦片等毒品出售的,实为吸收犯,可按重行为吸收轻行为的原则,以制造、贩卖毒品罪处罚,不再定本罪,也不实行并罚。

四、滥用毒品的犯罪

滥用毒品的犯罪是指与吸食、注射毒品相关联的几种犯罪:刑法第353条第1款的引诱、教唆、欺骗他人吸毒罪,第2款的强迫他人吸毒罪,第354条的容留他人吸毒罪和第355条的非法提供麻醉药品、精神药品罪。

对滥用毒品犯罪应注意以下几个问题:

(1)行为人自己吸食、注射毒品的行为本身并不存在犯罪构成问题,如果所拥有的毒品数额较大,可能构成非法持有毒品罪。

(2)虽然行为人自己吸食、注射毒品的行为不构成犯罪,但行为人引诱、教唆、欺骗、强迫他人吸食、注射毒品的,则存在犯罪的问题,分别构成引诱、教唆、欺骗他人吸毒罪或者强迫他人吸毒罪,如果所引诱、教唆、欺骗或强迫的对象是未成年人,则依法应从重处罚。

(3)即使是对方自愿吸食、注射毒品,行为人不存在引诱、教唆、欺骗和强迫吸毒的问题,但容留他人吸毒即为吸毒者提供场所的行为,也构成犯罪,即容留他人吸毒罪。

(4)非法提供麻醉药品、精神药品罪的犯罪主体是特定主体或特定单位,即依法从事生产、运输、管理、使用国家管制的麻醉药品、精神药品的人员或单位。

非法提供麻醉药品、精神药品罪与贩卖毒品犯罪的区别与联系:本罪客观方面,行为人是向吸食、注射毒品的人提供国家管制的能够使人形成瘾癖的麻醉药品、精神药品,主观必须是不以牟利为目的。如果行为人是向走私、贩卖毒品的犯罪分子提供或者虽然向吸食、注射毒品的人提供,但以牟利为目的而提供的,则根据刑法第355条规定,应当以第347条的走私、贩卖毒品罪定罪处罚,而不再定本罪。

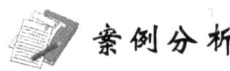

案例分析

【教学案例】

曹某系个体商贩,某日曾与其一起服过刑的高某找到他,拿出7万元现金让曹某为其保管。当曹问"是什么钱?"时,高某做了一个"偷"的手势,让其不要多问。半月后,高某取走4万元,数日后交给曹某一个塑料纸包,说是"白面"(毒品),找到买主就取走。随后高某被公安机关查获,按其交代公安人员从曹某处起获毒品和剩余的3万元现金。

曹某的行为触犯什么罪名?

分析步骤：

步骤1：本题主要涉及的是窝藏毒品、包庇毒品犯罪分子罪的构成。根据刑法第349条的规定，行为人明知是走私、制造、运输、贩卖毒品的犯罪分子而为其窝藏、转移、隐瞒毒品或者毒品犯罪所得的赃物的行为构成窝藏、转移、隐瞒毒品、毒赃罪，明知是上述毒品犯罪分子而故意对其进行包庇，使其逃避法律制裁的行为，构成包庇毒品犯罪分子罪。

步骤2：非法持有毒品罪要求行为人持有毒品必须不以进行其他毒品犯罪为目的或者作为其他毒品犯罪的延续，否则以其他毒品犯罪如制造、贩卖毒品罪、窝藏毒品罪论处。在本案中，曹某明知高某交其保管的7万元钱是偷来的而予以窝藏，构成刑法第312条的窝藏赃物罪，后来，曹某明知高某交来的是毒品而予以保管，构成本条的窝藏毒品罪。曹某前后有两个窝藏行为，前者的对象是钱，后者的对象是毒品，故应构成两罪。

曹某仅有对高某所交的钱与毒品有窝藏行为而没有对高某本人有包庇行为，并主动做了交代，所以不能构成包庇毒品犯罪分子罪。

步骤3：曹某的行为构成窝藏赃物罪和窝藏毒品罪，应数罪并罚。

【训练案例1】

被告人吴某，男，1964年10月2日出生于新疆维吾尔自治区乌鲁木齐市，汉族，初中文化，无业。2001年6月14日因犯诈骗罪被新疆维吾尔自治区库尔勒市人民法院判处有期徒刑10个月，2001年12月8日刑满释放。

2006年6月29日晚，被告人吴某从外地来到重庆市，入住渝中区两路口附近的某宾馆。6月30日，吴某到渝中区某大酒店与送毒品的人见面后，又入住该大酒店2501房间。2006年7月2日7时许，被告人吴某从其住宿的大酒店2501房间空手到该酒店的2410房间。随后，吴某从2410号房间取得一白色塑料袋后即行离开，被公安人员当场捉获。从其所携带的白色塑料袋内查获毒品海洛因10块，净重3500克。

分析提示：

(1)被告人吴某非法持有毒品海洛因3500克，其行为构成非法持有毒品罪。

(2)被告人吴某非法持有毒品海洛因3500克，数量大，应当依照非法持有毒品罪判处7年以上有期徒刑或者无期徒刑。

(3)吴某曾因犯诈骗罪被判处有期徒刑10个月，刑满释放后不满5年再犯应当判处有期徒刑以上刑罚之罪，是累犯，依法应当从重处罚。

(4)法律依据：刑法第348条、第57条第1款、第52条、第53条、第64条、第65条第1款的规定。

【训练案例2】

2007年11月17日，侦查机关在被告人沈某家及其所有的奥迪轿车里查获麻古、冰毒等毒品。经鉴定，其中甲基苯丙胺类毒品111.1克、乙基苯丙胺类毒品54.4克、氯胺酮类毒品1克。沈某对其持有上述毒品的事实均予承认，但对毒品的来源则始终供称：毒贩吴某被抓后，吴某的母亲王某对沈某讲吴某还有部分毒品未被发现，想将这部分毒品暂时交给沈某保管，沈某遂开车到王某约定的地点拿取上述毒品准备自己吸食用。因王某未能到案，沈某所述毒品来源无法核实。

分析提示：

(1)2008年的《全国部分法院审理毒品犯罪案件工作座谈会纪要》规定：对于吸毒者实施

的毒品犯罪,在认定犯罪事实和确定罪名时要慎重。吸毒者在购买、运输、存储毒品过程中被查获的,如没有证据证明其是为了实施贩卖等其他毒品犯罪行为,毒品数量未超过刑法第348条规定的最低数量标准的,一般不定罪处罚;查获毒品数量达到较大以上的,应以其实际实施的毒品犯罪行为定罪处罚。

(2)甲基苯丙胺类毒品(冰毒)111.1克等于海洛因111.1克,乙基苯丙胺54.4克按10∶1的比例也就是5.44克海洛因,氯胺酮(K粉)1克＝0.05克海洛因;以上毒品重量合计已过百克,超出刑法第348条规定的最低数量标准10克。

(3)在本案中,如公诉人认为沈某涉嫌非法持有毒品罪,沈某就应举证证明其是转移、窝藏毒品罪。现王某未到案、沈某又未能提供其他相应的证据来证明自己,也就是说,在沈某是否窝藏毒品的问题处于事实不明的状态时,沈某就应当承担不利的法律后果,法院就可据此推定其为非法持有罪。

综上,在沈某举证不能的情况下,本案应定非法持有罪。

【相关法律法规】

刑法第347条至357条;

1994年12月20日《最高人民法院关于适用〈全国人民代表大会常务委员会关于禁毒的决定〉的若干问题的解释》;

2007年11月8日《最高人民法院、最高人民检察院、公安部关于印发〈办理毒品犯罪案件适用法律若干问题的意见〉的通知》;

《中华人民共和国禁毒法》(2007年12月29日第十届全国人民代表大会常务委员会第三十一次会议通过);

2008年《全国部分法院审理毒品犯罪案件工作座谈会纪要》。

学习单元二十一
贪污罪

【学习目的与要求】

熟知贪污罪的犯罪标准、处罚幅度,会分析和处理贪污罪的罪与非罪、此罪与彼罪的界限

【学习重点与提示】

贪污罪的认定,贪污罪与受贿罪、挪用公款罪的区别

基本知识概述

一、贪污罪的认定

▶(一)贪污罪的特征分析

贪污罪,是指国家工作人员和受国家机关、国有公司、企业、事业单位、人民团体委托管理、经营国有财产的人员,利用职务上的便利,侵吞、窃取、骗取或者以其他手段非法占有公共财物的行为。本罪具有的构成特征可以从以下几方面分析。

1. 贪污罪的对象

贪污罪的对象,根据刑法第382条的规定,贪污罪的犯罪对象原则上为公共财产。关于公共财产的范围,应参照刑法第91条的规定,如在国家机关、国有公司、企业、集体企业和人民团体管理、使用或者运输中的私人财产,也是作为公共财产对待的。同时,还有三点需要注意:

(1)当行为人是受国家机关、国有公司等国有单位的委托而管理、经营国有财产的人员时,其构成贪污罪的对象仅为国有财产,而非其他公共财产。

(2)非公共财产在特定情况下也有可能成为贪污罪的犯罪对象,不仅包括刑法第91条第2款的规定,而且当行为人是国家机关、国有公司等国有单位委派到非国有公司、企业、事业单位、社会团体从事公务的人员时,其利用职务之便,非法占有所在的非国有性质单位的财产而构成贪污的,犯罪对象可能不属于公共财产,如国家工作人员利用职务便利将非国有保险公司的保险金和非国有公司、企业或单位的财物非法据为己有的也应认定为贪污罪(刑法第183条第2款和第271条第2款规定)。

(3)公务活动中贪污对象的认定。国家工作人员在国内公务活动或者对外交往中接受礼物,依照国家规定应当交公而未交公,数额较大的,根据刑法第394条的规定,也应以贪污罪定罪处罚,这是贪污罪的一种特殊形式。可见,应当交公的礼物也可能成为贪污罪的犯罪对象。对于在国内公务活动或者对外交往中接受的礼物应当交公而不交的构成贪污罪,说明本罪也可以由不作为的方式构成:作为国家工作人员在这种与其职务、职权密切相关的场合所接受的礼物,有义务如实申报并依规定如实交公,但却没有积极履行。

2. 贪污罪的主体

贪污罪的主体为特殊主体，即原则上必须是国家工作人员，但刑法第382条第2款同时规定，受国家机关、国有公司、企业、事业单位、人民团体委托管理、经营国有财产的人员，利用职务上便利，非法占有国有财物的，也以贪污罪定罪处罚。可见，贪污罪主体并非必须为国家工作人员，虽不具有国家工作人员身份，但依法受国有单位委托管理、经营国有财产的人员也可成为贪污罪主体。关于国家工作人员的范围，应依照刑法第93条确定，具体包括如下四类人：

(1) 在国家机关中从事公务的人员，即国家机关工作人员。

(2) 国有公司、企业、事业单位、人民团体中从事公务的人员。

(3) 国家机关以及其他国有单位委派到非国有单位从事公务的人员①。例如：李某是某省军区一名现役军人，中校军衔，任该省大学生军训领导小组副主任，其间也担任省军区一军办企业的厂长。1998年部队取消生产经营时，该厂按规定撤销，在清资核算过程中，李某采取偷梁换柱的手法用另购的一台轿车顶替原厂的本田轿车上交省军区，贪污两车差价5万多元。在本案中，李某构成贪污罪毋庸置疑。但就其主体身份而言，究竟是国家机关工作人员还是受委托管理、经营国家财产的人员，需进一步推敲。李某贪污行为利用的并非"军人"这种职务之便，而是利用的其"厂长"的职务之便，所以李某应是受委托管理、经营国家财产的人员，适用刑法第382条第2款。

(4) 其他依照法律从事公务的人员。"其他依照法律从事公务的人员"是否包括农村村民委员会等农村基层组织人员呢？2000年4月29日《全国人民代表大会常务委员会关于〈中华人民共和国刑法〉第九十三条第二款的解释》做了相应规定：当村民委员会等村基层组织人员协助基层人民政府从事行政管理工作时属于"其他依照法律从事公务的人员"，其利用职务上的便利、非法占有公共财物的，以贪污罪定罪处罚。

但是，关于村民小组组长可否成为贪污罪主体，1999年6月18日《最高人民法院关于村民小组组长利用职务便利非法占有公共财物行为如何定性问题的批复》(法释〔1999〕12号)做了否定性的规定，即村民小组组长利用职务上的便利，将村民小组集体财产非法占为己有，数额较大的，应以刑法第271条职务侵占罪定罪处罚，而不构成贪污罪。

刑法第382条第3款规定，行为人"与前两款所列人员勾结、伙同贪污的，以共犯论处"，即非国家工作人员可以成为贪污罪的共犯，但成立贪污罪共犯的一个前提条件是行为人与国家工作人员勾结，共同非法占有公共财物的行为，必须是利用了国家工作人员的职务便利②，否则不构成贪污共犯，但可能成立盗窃罪、诈骗罪等共犯。同时，根据最高人民法院的司法解释，公司、企业或者其他单位中，不具有国家工作人员身份的人与国家工作人员勾结，分别利用各自的职务便利，共同将本单位财物非法据为己有的，按照主犯的犯罪性质定罪。

3. 利用职务上的便利

关于利用职务上的便利，是指利用职务上的主管、管理、经手公共财物的权力及方便条件。根据我国刑事立法和刑法理论，作为贪污罪行为条件的利用职务之便，并不是泛指一切职务上的便利，而是有其相对的、特定的内涵。一般说来，是与贪污罪主体的职务相对应，是针对职务

---

① 这里的"委派"与第382条第2款的"委托"是不同的概念。
② 2000年6月27日《最高人民法院关于审理贪污、职务侵占案件如何认定共同犯罪几个问题的解释》(法释〔2000〕15号)的规定。

与公共财物的关系而言的,即主管、管理、经营、经手公共或者国家财产的便利,尤其是要与"利用工作上的便利"实施窃取、侵占公共财产的行为区别开。

在司法实践中认定作为贪污罪行为条件的利用职务便利,还应当注意这样的一个问题:即在管理、经营公共财产的活动中,利用同事的疏忽,侵吞、盗窃公共财产的,是否应当视为利用职务上的便利?对这个问题要根据行为人本人职务、业务活动的原则,具体情况具体分析,区别对待。

例如,会计做假账,利用主管审批领导的疏忽而骗取国家机关或者国有性质的单位钱财的,或者购销人员利用会计的疏忽虚报冒领的,都属于利用本人的职务、业务便利的骗取行为,符合贪污罪的客观要件,因为行为人利用的不仅仅是工作环境的有利条件。

例如:国家机关会计甲下班时发现本单位出纳员乙将钥匙忘记在办公室,甲就用该钥匙打开乙的保险柜,取走了3万元现金,然后将该钥匙放回原处,并故意未将办公室的门锁上,造成复杂的案件现场。甲的行为如何定性?对于此案,甲窃取本单位的公共财物,利用的并不是自己的职务便利,而是与出纳员乙共同工作的有利条件,而且,甲对放在保险柜中的钱物也很难说有主管、管理或经手的职权、职责,其窃取本单位公共财物的行为,所利用的工作上的有利条件仅是由于其同事乙的疏忽大意造成的,而不是构成贪污罪客观要件所要求的"利用职务便利",所以甲的行为应构成盗窃罪而非贪污罪。

4. 主观表现为故意

贪污罪在主观上表现为故意,并且具有非法占有的目的。

(二)贪污罪与职务侵占罪、盗窃罪的甄别界定

1. 贪污罪与职务侵占罪的界限

从本质上讲,贪污行为也是一种职务侵占行为,单从行为方式上难以将二者区别开来,关键在于主体方面——是否为国家工作人员。对此,刑法第183条第1款与第2款、第271条第1款与第2款做了明确的区别。另外,贪污罪与职务侵占罪也有一定的关联性,这一点可以参照最高人民法院的相关司法解释。

2. 贪污罪与盗窃罪的区别

盗窃罪与贪污罪都是以非法占有为目的的故意犯罪,客观上贪污罪也可以使用秘密窃取的手段,具有某些相似之处,但二者是两种不同性质的犯罪,有着质的差异,其区别点主要表现在:

(1)犯罪的主体不同:贪污罪的主体是特殊主体,即国家工作人员和受国家机关、国有公司、企业、事业单位、人民团体委托管理、经营国有财产的人员。盗窃罪的主体是一般主体。可见,是否具备"国家工作人员"的身份,或者虽无"国家工作人员身份",但是否属于国有单位依法委派、委托的从事公务的人员是区分贪污罪与盗窃罪的关键点之一。

(2)犯罪的客体和对象不同:贪污罪的犯罪客体是复杂客体,即国家公职人员的职务廉洁性和公共财产所有权,犯罪对象是公共财物(产)以及特定情形下的私有财产。盗窃罪的犯罪客体是简单客体,即公私财产所有权。可见,盗窃罪的犯罪对象的范围远大于贪污罪,财产性质归属有所不同。

(3)客观方面不尽相同:贪污罪的客观方面的行为方式比较复杂,表现为侵吞、窃取、骗取和其他手段将公共财物非法据为己有,故贪污罪的行为方式除秘密窃取的手段之外,还可采用

侵吞、骗取或其他手段等方式。盗窃罪的行为方式则相对单纯一些,即只有秘密窃取的方式。就窃取的行为方式而言,贪污罪与盗窃罪的区别也是明显的,前者的窃取手段是有条件限制的,即必须是利用职务上的便利而窃取。而"利用职务上的便利"又是建立在主体的特定身份的基础之上的,如果主体虽为国家工作人员,窃取的财物虽然也为公共财物,但不是利用其职务之便,而是利用因工作关系熟悉作案环境、凭工作人员身份便于进出某些单位、较易接近作案目标或对象等与职权无关的方便条件,则不符合贪污罪的客观构成特征而不应认定为贪污罪。

▶(三)贪污罪的处罚

经刑法修正案(九)修改后,刑法第383条各款规定:

(第1款)对犯贪污罪的,根据情节轻重,分别依照下列规定处罚:①贪污数额较大或者有其他较重情节的,处3年以下有期徒刑或者拘役,并处罚金,三万元以上不满二十万元的为数额较大。②贪污数额巨大或者有其他严重情节的,处3年以上10年以下有期徒刑,并处罚金或者没收财产,二十万元以上不满三百万元的为数额巨大。③贪污数额特别巨大或者有其他特别严重情节的,处10年以上有期徒刑或者无期徒刑,并处罚金或者没收财产;数额特别巨大,并使国家和人民利益遭受特别重大损失的,处无期徒刑或者死刑,并处没收财产,三百万元以上的为数额特别巨大。

(第2款)对多次贪污未经处理的,按照累计贪污数额处罚。

(第3款)犯第1款罪,在提起公诉前如实供述自己罪行、真诚悔罪、积极退赃,避免、减少损害结果的发生,有第①项规定情形的,可以从轻、减轻或者免除处罚;有第②项、第③项规定情形的,可以从轻处罚。

(第4款)犯第1款罪,有第③项规定情形被判处死刑缓期执行的,人民法院根据犯罪情节等情况可以同时决定在其死刑缓期执行两年期满依法减为无期徒刑后,终身监禁,不得减刑、假释。

根据2015年10月29日《最高人民法院关于〈中华人民共和国刑法修正案(九)〉时间效力问题的解释》的规定,对于2015年10月31日以前实施贪污、受贿行为,罪行极其严重,根据修正前刑法判处死刑缓期执行不能体现罪刑相适应原则,而根据修正后刑法判处死刑缓期执行同时决定在其死刑缓期执行两年期满依法减为无期徒刑后,终身监禁,不得减刑、假释,可以罚当其罪的,适用修正后刑法第383条第4款的规定。根据修正前刑法判处死刑缓期执行足以罚当其罪的,不适用修正后刑法第383条第4款的规定。

刑法第383条第1款规定的"贪污数额",在共同贪污犯罪案件中应理解为个人所参与或者组织、指挥共同贪污的数额,不能只按个人实际分得的赃款数额来认定。对共同贪污犯罪中的从犯,应当按照其所参与的共同贪污的数额确定量刑幅度,并依照刑法第27条第2款的规定,从轻、减轻处罚或者免除处罚。

二、贪污罪与挪用公款罪的甄别界定

▶(一)挪用公款罪的特征分析

挪用公款罪,是指国家工作人员利用职务上的便利,挪用公款归个人使用,进行非法活动,或者挪用公款数额较大、进行营利活动,或者挪用公款数额较大、超过3个月未还的行为。

1.挪用公款罪的犯罪主体

关于犯罪主体,除了知道本罪主体为国家工作人员之外,还应注意以下两个问题:

(1)根据 2000 年 4 月 29 日《全国人民代表大会常务委员会关于〈中华人民共和国刑法〉第九十三条第二款的解释》,村民委员会等村基层组织人员协助人民政府从事行政管理工作时,属于刑法第 93 条第 2 款规定的"其他依照法律从事公务的人员",其利用职务上的便利,非法挪用公款的,以本条挪用公款罪定罪处罚。

(2)对于受国家机关、国有公司、企业、事业单位、人民团体委托、管理、经营国有财产的非国家工作人员,利用职务上的便利,挪用国有资金归个人使用构成犯罪的,根据《最高人民法院关于对受委托管理、经营国有财产人员挪用国有资金行为如何定罪问题的批复》(法释〔2000〕5号)的司法解释,应当依照刑法第 272 条第 1 款挪用资金罪定罪处罚,对此不能比照刑法第 382 条第 2 款的规定来推理,即不能定挪用公款罪①。

2. 挪用公款罪的客观表现

挪用公款罪客观方面的挪用公款行为的具体表现形式有三种,不同的表现形式所要求的成立犯罪的条件也不同。

(1)挪用公款进行非法活动(包括犯罪活动),这种情形原则上不要求挪用公款数额达到较大标准,也不要求挪用时间超过 3 个月未还。

(2)挪用公款进行营利活动,这种挪用行为要求"数额较大",但没有挪用时间的要求。

(3)挪用公款归个人使用,这种情形既有数额的要求,也有时间的要求,即数额较大,超过 3 个月未还。这里的"未还",是指案发前未还。

3. 挪用公款罪的"归个人使用"

不论挪用公款的具体行为表现为哪一种方式,前提条件必须是"挪用公款归个人使用"可构成本罪。根据上述全国人大常委会的立法解释:如果是以个人名义将公款供其他单位使用的,或者是个人决定以单位名义将公款供其他单位使用而谋取个人利益的,应当视为"归个人使用",而立法解释在这里并没有限定"其他单位"的性质,理应包括国有单位在内。这样,就使得刑法第 384 条的挪用公款罪中的"归个人使用"与刑法第 272 条的挪用资金罪中的"归个人使用"的内涵基本一致。

4. 挪用公款罪的对象

根据刑法第 384 条第 1 款与第 2 款的规定,可以看出挪用公款罪的犯罪对象为公款(公共财产中呈货币或有价证券形态的那部分)和特定款物(特指第 273 条所列救济、救灾等 7 项特定款物)。如果国家工作人员挪用的是非特定公物归个人使用的,如何处罚?能否以挪用公款罪论处?《最高人民检察院关于国家工作人员挪用非特定公物能否定罪的请示的批复》(高检发释〔2000〕1 号)司法解释对此做了较为明确的规定,即刑法第 384 条规定的挪用公款罪中未包括挪用非特定公物归个人使用的行为,对该行为不以挪用公款罪论处。如果构成其他犯罪的,依刑法相关规定定罪处罚。

▶(二)挪用公款罪的处罚

根据刑法第 384 条的规定,犯本罪的,处 5 年以下有期徒刑或者拘役;情节严重的,处 5 年

---

① 挪用公款罪与挪用资金罪的关系就如同贪污与职务侵占罪的关系一样,具有很强的对应关系。但是,对于受国家机关、国有公司等国有单位委托从事管理、经营国有财产的非国家工作人员,如果利用职务上的便利挪用国有资金归个人使用的,应当以挪用资金罪论处;如果这类人员将国有资金非法据为己有的,则应以贪污罪论处而非职务侵占罪(刑法第 382 条第 2 款的规定)。因为从本质上讲,这类人员不具有国家工作人员的身份,之所以可以构成贪污罪,而不能构成挪用公款罪,就是因为第 382 条第 2 款的特殊规定。

以上有期徒刑。挪用公款数额巨大不退还的,处10年以上有期徒刑或者无期徒刑。挪用用于救灾、抢险、防汛、优抚、扶贫、移民和救济款物归个人使用的,从重处罚。

(三)贪污罪与挪用公款罪的界限

挪用公款罪与贪污罪在构成特征上有一定的共同之处:例如,两罪的主体都是国家工作人员;在主观方面都是出于故意;犯罪对象都包括公款;客观方面都利用了职务上的便利,因而两罪容易混淆。两者的主要区别在于:

(1)主体的范围不完全相同。挪用公款罪的主体仅限于国家工作人员;而贪污罪的主体除国家工作人员外,还包括受国家机关、国有公司、企业、事业单位、人民团体委托管理、经营国有财产的人员。

(2)犯罪目的不同。挪用公款罪的犯罪目的是暂时挪用公款归个人使用,具有归还的意图;而贪污罪的犯罪目的则是永久地非法占有公共财物。

(3)在客观方面表现不同。挪用公款罪在客观方面表现为行为人利用职务上的便利,挪用公款归个人使用,进行非法活动,或者挪用公款数额较大,进行营利活动,或者挪用公款数额较大,超过3个月未还;贪污罪在客观方面则表现为利用职务上的便利,以侵吞、窃取、骗取或者以其他手段非法占有公共财物的行为,贪污财物的用途对定罪没有影响。在具体行为方式上,挪用公款罪一般不存在做假账、虚报账目等行为,而贪污罪则往往需要做假账、虚报账目。

(4)侵犯的客体不完全相同。挪用公款罪只是暂时侵犯公款的所有权而贪污罪则是永久地侵犯公共财物的全部所有权。但挪用公款罪在一定条件下也可以向贪污罪转化。如果行为人先行实施了挪用公款的行为,案发前有能力归还,出于非法占有的目的而拒不归还的,其行为则由挪用公款罪转化为贪污罪。根据1998年5月9日施行的《最高人民法院关于审理挪用公款案件具体应用法律若干问题的解释》第6条的规定,携带挪用的公款潜逃的,依照刑法关于贪污罪的规定定罪处罚。但是,如果行为人在挪用公款后因丧失还款能力而无力归还的,则仍应以挪用公款罪论处。

例如:刘某原系某国有企业经理,平时喜好炒股。2006年上半年,刘某炒股投资失利,大部分资金被套牢。刘某心有不甘,为了扳回败局,刘某利用职务之便挪用公司公款共60万元继续炒股。不料,仍然亏掉30万元,其余30万元,刘某以个人名义存在某商业银行,开了两张活期存单,其中一张金额为20万元,另一张金额为10万元。2006年9月18日,上级主管部门到该单位查账,刘某担心其挪用公款的事实要败露,便携带那张金额为10万元的存单潜逃,并将这10万元从银行取出供自己使用。另外那张金额为20万元的存单刘某将其留在自己的办公桌抽屉里。2007年4月25日,刘某在其亲属的规劝下投案自首。此案中刘某由挪用公款罪转化为贪污罪。

(5)犯罪对象不完全相同。挪用公款罪的犯罪对象除了7种特定款物外,一般不包括公物,而是限于公款;而贪污罪的犯罪对象则既可以是公款,也可以是公物。

三、贪污罪与受贿罪的甄别界定

(一)受贿罪的特征分析

受贿罪,是指国家工作人员利用职务上的便利索取他人财物,或者非法收受他人财物,为他人谋取利益的行为。本罪具有如下构成特征。

1. 受贿罪的对象——贿赂的含义

受贿罪的本质是钱权交易,其客观方面体现为两个层次的内容:一是利用了职务上的便利;二是索取他人财物,或者非法收受他人财物,为他人谋取利益。

2. 受贿罪的行为方式

根据刑法第385条、第388条以及相关司法解释,受贿行为方式大致有五种情形:

(1)索贿,即主动受贿。

(2)收受贿赂,即被动受贿。

(3)商业受贿,即在经济往来中,违反规定,收受各种名义的回扣、手续费。

(4)斡旋受贿,或称居间受贿、间接受贿,即刑法第388条的规定:国家工作人员利用本人职权或者地位形成的便利条件,通过其他国家工作人员职务上的行为,为请托人谋取不正当利益,索取请托人财物或者收受请托人财物的行为。

(5)事后受贿,即在职在岗期间为请托人谋利,双方约定在离退休后收受财物的,这是2000年6月30日《最高人民法院关于国家工作人员利用职务上的便利为他人谋取利益离退休后收受财物行为如何处理问题的批复》(法释〔2000〕21号)所做的规定。

其中,索贿不要求为他人谋取利益,这一点不同于刑法第163条公司、企业人员受贿罪中的索贿;而收受贿赂构成犯罪必须同时具备收受他人财物和为他人谋取利益两方面的内容。

当然,为他人谋取利益既包括正当利益,即所谓的"贪赃不枉法",也包括不正当的、非法的利益,即"贪赃又枉法"。但至于是否实际上已经为他人谋取了利益甚至有无具体的为他人谋取利益的实际行为,在所不问,原则上行为人收受贿赂之际,只要有为他人谋取利益的意思表示,如承诺,就可构成受贿罪。

3. 受贿罪的主体——国家工作人员

根据《最高人民法院关于国家工作人员利用职务上的便利为他人谋取利益离退休后收受财物行为如何处理问题的批复》,国家工作人员利用职务上的便利为请托人谋取利益,并与请托人事先约定,在其离退休后收受请托人财物,构成犯罪的,以受贿罪定罪处罚。

▶(二)受贿罪的处罚

根据刑法第386条之规定,犯本罪的,根据受贿所得数额及情节,依照刑法第383条关于贪污罪的规定处罚,索贿的从重处罚。

▶(三)贪污罪与受贿罪的界限

受贿罪与贪污罪的主体都是特殊主体,主观方面都是故意。二者的区别在于:

(1)犯罪主体的范围不同。受贿罪主体只限于国家工作人员;而贪污罪的主体除国家工作人员外,还包括受国家机关、国有公司、企业、事业单位、人民团体委托管理、经营国有资产的人员。

(2)犯罪目的不同。受贿罪的犯罪目的是非法获取他人的财物;而贪污罪则是非法占有本人主管、管理或者经手的公共财物。

(3)犯罪的客观方面不同。这主要表现为两罪的行为方式不同。受贿罪的客观方面表现为行为人利用职务上的便利,索取他人财物或者非法收受他人财物并为他人谋取利益;贪污罪的客观方面则表现为行为人利用职务上的便利,使用侵吞、窃取、骗取或者其他方法非法占有公共财物。

（4）犯罪客体和犯罪对象不同。受贿罪侵犯的客体在一般情况下只是公务行为的廉洁性，只有在索贿时才同时侵犯他人的财产权利；而贪污罪则是同时侵犯公务行为的廉洁性和公共财产所有权。受贿罪的犯罪对象是他人的公私财物，而贪污罪的犯罪对象则是公共财物。

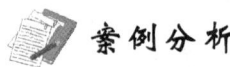

案例分析

【教学案例】

王某系某县某邮政储蓄所的营业员，在客户张某取款的时候见存折中夹有一张写有6位数字的纸条，推测是张某的存折密码，便将该组数字默默记在心头。之后，王某用一本作废的存折，按照张某的取款凭证条，填上张某的名字和金额，用默记的数字作为密码，通过储蓄所的计算机系统查询后发现张某的账户上有12万余元。王某将伪造的存折给其男友李某，告知其实情后授意李某将上述存款在另外一个网点全部取出。

分析步骤：

步骤1：王某作为邮政储蓄所的营业员，依法履行工作职责，应当以国家工作人员论。王某获悉张某的密码，是从张某处窃取得密码信息，并不是从银行方面窃取密码信息，而这并不是利用职务权力与地位所形成的主管、管理、经营、经手公共财物的便利条件，而属于利用与职务无关的"工作便利"。

步骤2：王某将伪造的存折给李某，告知其实情后授意李某将上述存款在另外一个网点全部取出。李某在明知的情况下参与犯罪，已构成共犯。王某是组织、策划犯罪嫌疑人，李某是具体实施者，犯罪地位和作用一样，两者不分主从犯。

步骤3：王某和李某以非法占有为目的，通过伪造存折等手段秘密窃取他人的银行存款，且窃取款项的数额已达到法定的定罪量刑标准，其行为构成盗窃罪。

步骤4：被告人王某和李某共同盗窃人民币的数额特别巨大，依法应当对其适用"十年以上有期徒刑或者无期徒刑，并处罚金或者没收财产"的量刑幅度予以处罚。

【训练案例1】

2005年4月至2007年12月，王某在担任延庆区某镇某村党支部书记兼该村村民委员会主任期间，协助延庆区该镇政府管理山区生态林补偿工作。在此过程中，其利用职务之便，将儿媳虚报为山区生态林管护人员，先后从镇政府共骗领管护人员工资人民币20 625元，据为己有。后王某被查获，赃款已收缴。

分析提示：

根据2000年4月29日《全国人民代表大会常务委员会关于〈中华人民共和国刑法〉第九十三条第二款的解释》规定，村民委员会等村基层组织的人员协助人民政府从事相应行政管理工作时，属于刑法第93条第2款的"其他依照法律从事公务的人员"。被告人王某在协助人民政府从事行政管理工作中，利用职务上的便利，采取虚报冒领的手段非法占有公共财物，其行为构成贪污罪，应当予以定罪处罚。

【法律依据】

刑法第382～388条、第391条、第394条；

1998年4月6日《最高人民法院关于审理挪用公款案件具体应用法律若干问题的解释》；

1999年9月1日《最高人民检察院关于人民检察院直接受理立案侦查案件立案标准的规定(试行)》(高检发释字〔1999〕2号);

2000年4月29日《全国人民代表大会常务委员会关于〈中华人民共和国刑法〉第九十三条第二款的解释》;

2000年6月27日《最高人民法院关于审理贪污、职务侵占案件如何认定共同犯罪的几个问题的解释》(法释〔2000〕15号);

2000年6月30日《最高人民法院关于国家工作人员利用职务上的便利为他人谋取利益离退休后收受财物行为如何处理问题的批复》(法释〔2000〕21号);

2001年9月18日《最高人民法院关于如何认定挪用公款归个人使用有关问题的解释》(法释〔2001〕29号);

2003年9月18日《最高人民法院关于挪用公款犯罪如何计算追诉期限问题的批复》(法释〔2003〕16号);

2006年1月11日《最高人民法院关于审理未成年人刑事案件具体应用法律若干问题的解释》(法释〔2006〕1号)。

学习单元二十二
受贿罪

【学习目标与要求】

熟知受贿罪的概念与构成要件,能够辨析受贿罪的罪与非罪、此罪与彼罪的界限

【学习重点与提示】

利用职务便利的认定,受贿罪与贪污罪的界限,国家工作人员任职前受贿条件的认定

 基本知识概述

、受贿罪的特征分析

受贿罪,是指国家工作人员利用职务上的便利,索取他人财物的,或者非法收受他人财物,为他人谋取利益的行为。

本罪的构成要件如下:

(1)本罪的客体是国家廉政建设制度。犯罪对象是财物,根据《最高人民法院 最高人民检察院关于办理贪污贿赂刑事案件适用法律若干问题的解释》(以下简称《贪污案件解释》)第12条的规定,贿赂犯罪中的"财物",包括货币、物品和财产性利益。财产性利益包括可以折算为货币的物质利益如房屋装修、债务免除等,以及需要支付货币的其他利益如会员服务、旅游等。后者的犯罪数额,以实际支付或者应当支付的数额计算。

(2)本罪的客观方面表现为利用职务上的便利,索取他人财物的,或者非法收受他人财物,为他人谋取利益的行为。所谓利用职务上的便利,是指利用本人职务范围内的权力,即自己职务上主管、负责或者承办某项公共事务的职权及其所形成的便利条件。利用职务上的便利,既包括利用本人职务上主管、负责、承办某项公共事务的职权,也包括利用职务上有隶属、制约关系的其他国家工作人员的职权。担任单位领导职务的国家工作人员通过不属于自己主管的下级部门的国家工作人员的职务为他人谋取利益的,应当认定为利用职务上的便利为他人谋取利益。所谓索取他人财物,简称索取贿赂,是指行为人主动向他人索要、勒索并收受财物,包括向他人勒索财物。基本特征是索要行为的主动性和交付财物的被动性。索取他人财物的,不论是否"为他人谋取利益",均可构成本罪。

所谓非法收受他人财物,简称收受贿赂,是指行为人对他人给付的财物予以接受。基本特征是给付财物行为的主动性、自愿性和收受财物的被动性。非法收受他人财物的,必须同时具备"为他人谋取利益"的条件,才能构成受贿罪。但是为他人谋取的利益是否正当,为他人谋取的利益是否实现,不影响受贿罪的认定。根据《贪污案件解释》第13条的规定,具有下列情形之一的,应当认定为"为他人谋取利益",构成犯罪的,应当依照刑法关于受贿犯罪的规定定罪

处罚:①实际或者承诺为他人谋取利益的;②明知他人有具体请托事项的;③履职时未被请托,但事后基于该履职事由收受他人财物的。国家工作人员索取、收受具有上下级关系的下属或者具有行政管理关系的被管理人员的财物价值3万元以上,可能影响职权行使的,视为承诺为他人谋取利益。

此外,受贿罪在客观方面还有两种表现形式:①收受回扣、手续费。根据刑法第385条第2款的规定,国家工作人员在经济往来中,违反国家规定,收受各种名义的回扣、手续费,归个人所有的,应当以受贿论处。所谓违反国家规定,是指违反全国人大及其常委会制定的法律、国务院制定的行政法规、规定的行政措施、发布的决定和命令。反不正当竞争法等法律和国务院制定的有关决定对回扣、手续费的性质都有规定。确定行为的法律性质,应参照上述有关法律法规。所谓回扣,是指在商品交易中,卖方在收取的价款中扣出一部分返还给买方或者买方经办人的现金。所谓手续费,是指多种费用的统称,如好处费、辛苦费、介绍费、酬劳费、活动费、信息费等。②斡旋受贿。根据刑法第388条的规定,所谓斡旋贿赂,是指国家工作人员利用本人职权或者地位形成的便利条件,通过其他国家工作人员职务上的行为,为请托人谋取不正当利益,索取请托人财物或者收受请托人财物的行为。构成斡旋受贿,需要具备以下条件:第一,行为人利用的是其他国家工作人员的职务行为。如果行为人利用的是不具有国家工作人员身份的公司、企业管理人员职务上的行为,那就不能构成斡旋受贿。第二,行为人利用了本人职权或者地位所形成的便利条件。即行为人利用因其职权或地位对其他国家工作人员形成的政治上或经济上的制约条件,其他国家工作人员如果不按照行为人的要求为请托人谋利益,可能带来不利的后果。第三,必须是为请托人谋取不正当利益。即谋取违反法律、法规、国家政策和国务院各部门规章规定的利益,以及要求国家工作人员或者有关单位提供违反法律、法规、国家政策和国务院各部门规章规定的帮助或方便条件。如果行为人通过其他国家工作人员职务上的行为为请托人谋取的是正当利益,从中索取或者收受了请托人的财物,则不能构成斡旋受贿。

(3)本罪的主体是特殊主体,只有国家工作人员才能构成本罪。国家工作人员包括当然的国家工作人员,即在国家机关中从事公务的人员;也包括拟定的国家工作人员,即国有公司、企事业单位、人民团体中从事公务的人员和国家机关、国有公司、企事业单位委派到非国有公司、企事业单位、社会团体从事公务的人员,以及其他依照法律从事公务的人员。

(4)本罪的主观方面是故意。只有行为人是出于故意所实施的受贿犯罪行为才构成受贿罪,过失行为不构成本罪。如果国家工作人员为他人谋利益,而无受贿意图,后者以酬谢名义将财物送至其家中,而前者并不知情,不能以受贿论处。

二、受贿罪的认定

▶ (一)本罪与接受正当馈赠、取得合法报酬的界限

在区分受贿与接受馈赠的界限时,应当注意从以下几个方面进行综合分析:第一,给予方与接受方是否存在亲友关系;第二,给予方是否要求接受方为其谋取利益,接受方是否许诺、着手或者已经为其谋取利益;第三,接受方是否利用了职务上的便利;第四,给予与接受的方式是否具有隐蔽性;第五,接受的财物的数额与价值。

国家工作人员在其本职工作以外,在法律、政策允许的范围内,利用业余时间为他人提供

智力或者体力的劳动,获得报酬的,是合法行为,不能成立本罪。但是,如果国家工作人员在业余时间,利用职务上的便利为他人谋取利益,获得报酬的,则应以本罪论处。

▶(二)本罪与贪污罪的界限

受贿罪与贪污罪的相同点是:犯罪主体都是国家工作人员,主观方面都是直接故意,客观方面都是利用职务上的便利。但是,两者又有如下区别:①侵犯客体不同。受贿罪侵犯的直接客体是国家机关的正常活动,贪污罪侵犯的直接客体是公共财产的所有权。②侵犯对象不同。受贿罪侵犯的对象是公私财物,贪污罪侵犯的对象是公共财物。③客观方面的犯罪手段不同。受贿罪是采取为他人谋利益的手段,非法索取、收受他人财物;贪污罪是采取侵吞、窃取、骗取等手段,非法占有自己主管、经营、经手的公共财物。④主观方面的犯罪目的不同。受贿罪是为了取得他人或单位的公共财物,贪污罪是为了非法占有公共财物。

▶(三)国家工作人员任职前受贿条件的认定

根据本法第163条、第385条、第386条和第388条规定,受贿罪的主体必须是国家工作人员。因此,对于国家工作人员取得国家工作人员身份或取得现有职权之前而为的受贿行为,要严格把握。

要严格把握任职前与任职后的界限。即要以行为人受聘用、委托或被任命之日起为标准区分。即行为人受聘用、委托或被任命之日以前而为的受贿行为,属于任职前的受贿行为;而行为人受聘用、委托或被任命之日(包括当日)以后而为的受贿行为,属于任职后的受贿行为。

是否依法追究行为人任职前而为的受贿行为,要严格把握,区别对待。关键是看受贿行为与行为人任职之间是否存在内在的联系。如果存在,则应认定为受贿罪;如果不存在,则不宜按受贿罪论处。具体来说:①行为人与请托人之间有许诺,但行为人收受贿赂后,在任职后并没有履行职前许诺的,则不构成受贿罪,但可以构成敲诈勒索罪或诈骗罪;但是,如果行为人收受贿赂后,在任职后履行了职前许诺即为请托人谋取其欲谋取的利益,则应以受贿罪论处。②行为人与请托人之间有了承诺,但当行为人任职后没有按照职前承诺的内容为请托人谋取其欲谋取的利益,而为请托人谋取了其他利益的,则不影响行为人受贿罪的成立。③行为人与请托人之间的承诺,行为人任职后应主动履行承诺,但因客观原因未能使为请托人谋取的利益实现的,亦不影响行为人受贿罪的成立。

三、受贿罪的处罚

对犯受贿罪的,根据受贿所得数额及情节,依照刑法第383条的规定处罚,也就是参照贪污罪处罚。且索贿的从重处罚。受贿数额较大或者有其他较重情节的,处3年以下有期徒刑或者拘役,并处罚金。受贿数额巨大或者有其他严重情节的,处3年以上10年以下有期徒刑,并处罚金或者没收财产。受贿数额特别巨大或者有其他特别严重情节的,处10年以上有期徒刑或者无期徒刑,并处罚金或者没收财产;数额特别巨大,并使国家和人民利益遭受特别重大损失的,处无期徒刑或者死刑,并处没收财产。对多次受贿未经处理的,按照累计受贿数额处罚。

关于数额较大、数额巨大等情节的认定:受贿数额3万元至20万元,应当认定为刑法第383条第1款规定的"数额较大",依法判处3年以下有期徒刑或者拘役,并处罚金。受贿数额在1万元至3万元,具有下列情形之一的,应当认定为刑法第383条第1款规定的"其他较重情节",依法判处3年以下有期徒刑或者拘役,并处罚金:①多次索贿的;②曾因贪污、受贿、挪用公款受过党纪、行政处分的;③曾因故意犯罪受过刑事追究的;④赃款赃物用于非法活动的;⑤拒不交代赃款赃物去向或者拒不配合追缴工作,致使无法追缴的;⑥造成恶劣影响或者其他严重后果的;⑦为他人谋取不正当利益,致使公共财产、国家和人民利益遭受损失的;⑧为他人谋取职务提拔、调整的。

贪污或者受贿数额在20万元至300万元,应当认定为刑法第383条第1款规定的"数额巨大",依法判处3年以上10年以下有期徒刑,并处罚金或者没收财产。受贿数额在10万元至20万元,具有以上八种情形之一的,应当认定为刑法第383条第1款规定的"其他严重情节",依法判处3年以上10年以下有期徒刑,并处罚金或者没收财产。

受贿数额在300万元以上的,应当认定为刑法第383条第1款规定的"数额特别巨大",依法判处10年以上有期徒刑、无期徒刑或者死刑,并处罚金或者没收财产。受贿数额在150万元到300万元的,具有以上八种情况之一的,应当认定为刑法第383条第1款规定的"其他特别严重情节",依法判处10年以上有期徒刑、无期徒刑或者死刑,并处罚金或者没收财产。受贿数额特别巨大、犯罪情节特别严重、社会影响特别恶劣、给国家和人民利益造成特别重大损失的,可以判处死刑。

符合以上情形,但具有自首、立功、如实供述自己罪行、真诚悔罪、积极退赃,或者避免、减少损害结果的发生等情节,不是必须立即执行的,可以判处死刑缓期2年执行。符合规定情形的,根据犯罪情节等情况可以判处死刑缓期2年执行,同时裁判决定在其死刑缓期执行2年期满依法减为无期徒刑后,终身监禁,不得减刑、假释。

 案例分析

【训练案例1】

被告人王某某与某县机关单位领导蒋某关系密切。2008年至2018年期间,该领导采用以王某某的名义在该县承接工程中占干股收受好处费和直接索要好处费让王某某出面收受的方式,非法收受他人钱财共计455万元。王某某明知是他人送给该领导的钱是好处费,仍然帮助其收受并进行保管。案发后,王某某退出部分赃款。

分析提示:

非国家工作人员帮助国家工作人员收受贿赂,特殊主体成立受贿罪共犯。蒋某身为国家机关工作人员,其利用职务上的便利,安排被告人王某某帮其非法收受他人钱财后进行保管。王某某虽不具备国家工作人员身份,但其明知帮助蒋某收受的钱财是他人送给蒋某的好处费,仍在蒋某的授意下多次代为收受并保管,很明显二人在主观上具有共同故意,客观上也相互配合实施了受贿行为。王某某在共同犯罪中起辅助作用,属于从犯地位,但不管其在共同犯罪中的分工如何、参与程度如何,所有的行为是作为整体有机联系在一起的,也正是因为有了王某某的帮助,才使得蒋某的受贿行为得以顺利完成且更为隐蔽,因此,王某某成立受贿罪的共犯。

【训练案例2】

黄某于2002年开始担任某市看守所所长。2002年10月,该看守所1至4号楼因年久需要进行改建、装修,黄某与其妻吴某合谋,由吴某出面联系某建筑公司经理韩某并为韩某积极

联系有关承接工程等事项。之后，黄某利用其负责改建、装修工程的职务便利，为请托人韩某在承接工程、解决资金等事项上谋取利益。事后，夫妻二人在家非法收受韩某所送人民币2万元。2003—2006年，黄某负责专管在押人员周某。黄某与吴某合谋，由吴某出面联系周某之弟，接受周某之弟关于给予周某生活照顾及帮忙减刑的请托，并违反规定通过周某之弟与吴某为周某传递信件。为此，黄某单独或伙同吴某，前后多次非法收受周某之弟所送人民币达21万元、港币2万元。2006年案发后，赃款已大部分追缴。

【分析提示：】

1997年刑法废止了1988年通过的《全国人民代表大会常务委员会关于惩治贪污罪贿赂罪补充规定》中"与国家工作人员、集体经济组织工作人员或者其他从事公务的人员相勾结，伙同受贿的，以共犯论处"的规定，但在第382条第3款却明确规定，非国家工作人员与国家工作人员或者受委托经营、管理国有财产的人员相勾结，伙同贪污的，以共犯论处。这样便存在一个非国家工作人员勾结国家工作人员伙同受贿，是否构成共同受贿的问题。

【训练案例3】

被告人王某原是某县地矿局的副局长，主管采矿证核发工作。2005年9月，该县个体煤矿老板钟某找到当时主管这项工作的王某，要求办理某采区的采矿许可证。为了能顺利办到采矿许可证，钟某遂以考察为名于2005年10月邀请王某夫妇到香港、澳门旅游，夫妇二人的旅游费用13 000元全部由钟某支付。2006年1月，钟某如愿以偿办到了采矿许可证。8月底因人举报，王某被逮捕归案。

【分析提示：】

王某作为国家机关工作人员，在负责核发采矿证期间为他人谋取利益，并由此获得行贿方在出境旅游时提供数额较大的旅游费用。从表面上看，王某只是享受了钟某提供的服务，但这种服务的费用全部是行贿方提供的，这与收受财物在性质上并没有不同。我国刑法第385条规定："国家工作人员利用职务上的便利，索取他人财物的，或者非法收受他人财物，为他人谋取利益的，是受贿罪。"因此，王某的行为应以受贿罪论处。

【相关法律法规】

刑法第384条、第185条、第272条、第93条、第287条；

证券法第185条；

2000年4月29日《全国人民代表大会常务委员会关于〈中华人民共和国刑法〉第九十三条第二款的解释》；

1999年8月6日《最高人民检察院关于人民检察院直接受理立案侦查案件立案标准的规定》（高检发释字〔1999〕2号）；

2016年3月25日《最高人民法院 最高人民检察院关于办理贪污贿赂刑事案件适用法律若干问题的解释》（法释〔2016〕9号）；

2000年6月27日《最高人民法院关于审理贪污、职务侵占案件如何认定共同犯罪的几个问题的解释》（法释〔2000〕15号）；

2000年6月30日《最高人民法院关于国家工作人员利用职务上的便利为他人谋取利益离退休后收受财物行为如何处理问题的批复》（法释〔2000〕21号）。

学习单元二十三 滥用职权罪

【学习目标与要求】

熟知滥用职权罪的犯罪构成,能够区分滥用职权罪的罪与非罪、此罪与彼罪之间的界限

【学习重点与提示】

滥用职权在实践中的表现,滥用职权罪中所涉及的法条竞合情形

 基本知识概述

 一、滥用职权罪的特征分析

滥用职权罪,是指国家机关工作人员滥用职权,致使公共财产、国家和人民利益遭受重大损失的行为。

其构成要件如下:

(1)本罪的客体是国家机关的正常管理活动。由于国家机关工作人员故意逾越职权,致使国家机关的某项具体工作遭到破坏,给国家、集体和人民利益造成严重损害,从而危害了国家机关的正常活动。本罪侵犯的对象可以是公共财产或者公民的人身及其财产。

(2)本罪的客观方面表现为滥用职权,致使公共财产、国家和人民利益遭受重大损失的行为。所谓滥用职权,在实践中通常表现为两种情况:一是超越职权,违法决定、处理其无权决定、处理的事项;二是虽未超越职权,但违反规定处理公务。滥用职权行为,只有致使公共财产、国家和人民利益造成重大损失的,才成立犯罪。根据《最高人民法院 最高人民检察院关于办理渎职刑事案件适用法律若干问题的解释(一)》(以下简称《渎职案件解释一》)第1条的规定,国家机关工作人员滥用职权,具有下列情形之一的,应当认定为"致使公共财产、国家和人民利益遭受重大损失":①造成死亡1人以上,或者重伤3人以上,或者轻伤9人以上,或者重伤2人、轻伤3人以上,或者重伤1人、轻伤6人以上的;②造成经济损失30万元以上的;③造成恶劣社会影响的;④其他致使公共财产、国家和人民利益遭受重大损失的情形。

(3)本罪的主体是特殊主体,即只能是国家机关工作人员。国家机关工作人员,是指在国家机关中从事公务的人员,包括在各级国家权力机关、行政机关、司法机关和军事机关中从事公务的人员。在依照法律、法规规定行使国家行政管理职权的组织中从事公务的人员,或者在受国家机关委托代表国家行使职权的组织中从事公务的人员,或者虽未列入国家机关人员编制但在国家机关中从事公务的人员,在代表国家机关行使职权时,视为国家机关工作人员。在乡(镇)以上中国共产党机关、人民政协机关中从事公务的人员视为国家机关工作人员。非国家机关工作人员滥用职权,造成损失的,不构成本罪,如果构成其他犯罪的,则以其他犯罪

论处。

(4)本罪的主观方面是故意,即行为人明知自己滥用职权的行为会给公共财产、国家和人民利益造成重大损失,而希望或者放任这一结果的发生。在实践中,本罪绝大多数出于间接故意,但也可能出于直接故意,过失不能构成本罪。

二、滥用职权罪的认定

(一)罪与非罪的认定

应当把一般的滥用职权行为与本罪区别开来。两者的区别在于滥用职权行为是否致使公共财产、国家和人民利益遭受重大损失。如果行为人虽然有滥用职权的行为,但其行为并没有导致公共财产、国家和人民利益遭受重大损失,则对行为人的行为就不应按犯罪论处,只能按照一般违法行为给予相应的行政、党纪处分。

(二)滥用职权罪法条竞合情形

刑法第397条关于滥用职权罪的规定属于普通法条,此外,刑法还规定了其他一些特殊的滥用职权的犯罪即特别法条。国家机关工作人员滥用职权的行为触犯特别法条时,也可能同时触犯本条的普通法条。在这种情况下,应按照特别法条优于普通法条的原则认定犯罪,即认定为特别法条规定的犯罪,而不认定为本罪。例如,林业主管部门的工作人员违反森林法的规定,超过批准的年采伐限额发放林木采伐许可证或者违反规定滥发林木采伐许可证,情节严重,致使森林遭受严重破坏的行为,是滥用职权的行为,但由于刑法第407条将其规定为独立犯罪,故对该行为适用刑法第407条,不能认定为滥用职权罪。

(三)滥用职权罪想象竞合情形

国家机关工作人员滥用职权,同时构成其他犯罪的,属于想象竞合,应当从一重罪处罚。例如,政府工作人员滥用职权窝藏犯罪人的,是滥用职权罪与窝藏罪的想象竞合,从一重罪处罚;国家机关工作人员滥用职权、假公济私,对控告人、申诉人、批评人、举报人实行报复陷害,致使控告人、申诉人、批评人、举报人的利益遭受重大损失的,是滥用职权罪与报复陷害罪的想象竞合,从一重罪处罚。国家机关工作人员与他人共谋,利用其职务行为帮助他人实施其他犯罪行为,同时构成滥用职权罪和共谋实施的其他犯罪的共犯的,属于想象竞合,从一重罪处罚。例如,国家机关工作人员与他人通谋,利用其职务帮助他人非法制造、买卖、运输、储存毒鼠强等禁用剧毒化学品,危害公共安全的,同时构成滥用职权罪与非法制造、买卖、运输、储存危险物质罪,从一重罪处罚。

(四)滥用职权罪中的数罪并罚情形

国家机关工作人员与他人共谋,既利用其职务行为帮助他人实施其他犯罪,又以非职务行为与他人共同实施该其他犯罪行为,同时构成滥用职权罪和其他犯罪的共犯的,由于有两个行为,造成两个法益侵害结果,应当实行数罪并罚。国家机关工作人员因索取或者收受贿赂而滥用职权,致使公共财产、国家和人民利益遭受重大损失的,应当将受贿罪与滥用职权罪实行数罪并罚。

三、滥用职权罪的处罚

根据刑法第 397 条的规定,犯本罪的,处 3 年以下有期徒刑或者拘役;情节特别严重的,处 3 年以上 7 年以下有期徒刑。刑法另有规定的,依照规定。国家机关工作人员徇私舞弊犯本罪的,处 5 年以下有期徒刑或者拘役;情节特别严重的,处 5 年以上 10 年以下有期徒刑。

附录

中华人民共和国刑法

(1979年7月1日第五届全国人民代表大会第二次会议通过,1997年3月14日第八届全国人民代表大会第五次会议修订。根据1998年12月29日第九届全国人民代表大会常务委员会第六次会议通过的《全国人民代表大会常务委员会关于惩治骗购外汇、逃汇和非法买卖外汇犯罪的决定》、1999年12月25日第九届全国人民代表大会常务委员会第十三次会议通过的《中华人民共和国刑法修正案》、2001年8月31日第九届全国人民代表大会常务委员会第二十三次会议通过的《中华人民共和国刑法修正案(二)》、2001年12月29日第九届全国人民代表大会常务委员会第二十五次会议通过的《中华人民共和国刑法修正案(三)》、2002年12月28日第九届全国人民代表大会常务委员会第三十一次会议通过的《中华人民共和国刑法修正案(四)》、2005年2月28日第十届全国人民代表大会常务委员会第十四次会议通过的《中华人民共和国刑法修正案(五)》、2006年6月29日第十届全国人民代表大会常务委员会第二十二次会议通过的《中华人民共和国刑法修正案(六)》、2009年2月28日第十一届全国人民代表大会常务委员会第七次会议通过的《中华人民共和国刑法修正案(七)》、2009年8月27日第十一届全国人民代表大会常务委员会第十次会议通过的《全国人民代表大会常务委员会关于修改部分法律的决定》、2011年2月25日第十一届全国人民代表大会常务委员会第十九次会议通过的《中华人民共和国刑法修正案(八)》、2015年8月29日第十二届全国人民代表大会常务委员会第十六次会议通过的《中华人民共和国刑法修正案(九)》、2017年11月4日第十二届全国人民代表大会常务委员会第三十次会议通过的《中华人民共和国刑法修正案(十)》和2020年12月26日第十三届全国人民代表大会常务委员会第二十四次会议通过的《中华人民共和国刑法修正案(十一)》修正)①

目 录

第一编 总则
  第一章 刑法的任务、基本原则和适用范围
  第二章 犯罪
    第一节 犯罪和刑事责任
    第二节 犯罪的预备、未遂和中止
    第三节 共同犯罪
    第四节 单位犯罪
  第三章 刑罚
    第一节 刑罚的种类

---

① 刑法、历次刑法修正案、涉及修改刑法的决定的施行日期,分别依据各法律所规定的施行日期确定。

第二节　管制
　　第三节　拘役
　　第四节　有期徒刑、无期徒刑
　　第五节　死刑
　　第六节　罚金
　　第七节　剥夺政治权利
　　第八节　没收财产
　第四章　刑罚的具体运用
　　第一节　量刑
　　第二节　累犯
　　第三节　自首和立功
　　第四节　数罪并罚
　　第五节　缓刑
　　第六节　减刑
　　第七节　假释
　　第八节　时效
　第五章　其他规定
第二编　分则
　第一章　危害国家安全罪
　第二章　危害公共安全罪
　第三章　破坏社会主义市场经济秩序罪
　　第一节　生产、销售伪劣商品罪
　　第二节　走私罪
　　第三节　妨害对公司、企业的管理秩序罪
　　第四节　破坏金融管理秩序罪
　　第五节　金融诈骗罪
　　第六节　危害税收征管罪
　　第七节　侵犯知识产权罪
　　第八节　扰乱市场秩序罪
　第四章　侵犯公民人身权利、民主权利罪
　第五章　侵犯财产罪
　第六章　妨害社会管理秩序罪
　　第一节　扰乱公共秩序罪
　　第二节　妨害司法罪
　　第三节　妨害国(边)境管理罪
　　第四节　妨害文物管理罪
　　第五节　危害公共卫生罪
　　第六节　破坏环境资源保护罪
　　第七节　走私、贩卖、运输、制造毒品罪

第八节　组织、强迫、引诱、容留、介绍卖淫罪
第九节　制作、贩卖、传播淫秽物品罪
第七章　危害国防利益罪
第八章　贪污贿赂罪
第九章　渎职罪
第十章　军人违反职责罪

附则

第一编　总则
第一章　刑法的任务、基本原则和适用范围

第一条　【立法目的】为了惩罚犯罪,保护人民,根据宪法,结合我国同犯罪作斗争的具体经验及实际情况,制定本法。

第二条　【任务】中华人民共和国刑法的任务,是用刑罚同一切犯罪行为作斗争,以保卫国家安全,保卫人民民主专政的政权和社会主义制度,保护国有财产和劳动群众集体所有的财产,保护公民私人所有的财产,保护公民的人身权利、民主权利和其他权利,维护社会秩序、经济秩序,保障社会主义建设事业的顺利进行。

第三条　【罪刑法定】法律明文规定为犯罪行为的,依照法律定罪处刑;法律没有明文规定为犯罪行为的,不得定罪处刑。

第四条　【法律面前人人平等】对任何人犯罪,在适用法律上一律平等。不允许任何人有超越法律的特权。

第五条　【罪责刑相适应】刑罚的轻重,应当与犯罪分子所犯罪行和承担的刑事责任相适应。

第六条　【属地管辖权】凡在中华人民共和国领域内犯罪的,除法律有特别规定的以外,都适用本法。

凡在中华人民共和国船舶或者航空器内犯罪的,也适用本法。

犯罪的行为或者结果有一项发生在中华人民共和国领域内的,就认为是在中华人民共和国领域内犯罪。

第七条　【属人管辖权】中华人民共和国公民在中华人民共和国领域外犯本法规定之罪的,适用本法,但是按本法规定的最高刑为三年以下有期徒刑的,可以不予追究。

中华人民共和国国家工作人员和军人在中华人民共和国领域外犯本法规定之罪的,适用本法。

第八条　【保护管辖权】外国人在中华人民共和国领域外对中华人民共和国国家或者公民犯罪,而按本法规定的最低刑为三年以上有期徒刑的,可以适用本法,但是按照犯罪地的法律不受处罚的除外。

第九条　【普遍管辖权】对于中华人民共和国缔结或者参加的国际条约所规定的罪行,中华人民共和国在所承担条约义务的范围内行使刑事管辖权的,适用本法。

第十条　【对外国刑事判决的消极承认】凡在中华人民共和国领域外犯罪,依照本法应当负刑事责任的,虽然经过外国审判,仍然可以依照本法追究,但是在外国已经受过刑罚处罚的,可以免除或者减轻处罚。

第十一条 【外交代表刑事管辖豁免】享有外交特权和豁免权的外国人的刑事责任,通过外交途径解决。

第十二条 【溯及力】中华人民共和国成立以后本法施行以前的行为,如果当时的法律不认为是犯罪的,适用当时的法律;如果当时的法律认为是犯罪的,依照本法总则第四章第八节的规定应当追诉的,按照当时的法律追究刑事责任,但是如果本法不认为是犯罪或者处刑较轻的,适用本法。

本法施行以前,依照当时的法律已经作出的生效判决,继续有效。

第二章 犯罪

第一节 犯罪和刑事责任

第十三条 【犯罪概念】一切危害国家主权、领土完整和安全,分裂国家、颠覆人民民主专政的政权和推翻社会主义制度,破坏社会秩序和经济秩序,侵犯国有财产或者劳动群众集体所有的财产,侵犯公民私人所有的财产,侵犯公民的人身权利、民主权利和其他权利,以及其他危害社会的行为,依照法律应当受刑罚处罚的,都是犯罪,但是情节显著轻微危害不大的,不认为是犯罪。

第十四条 【故意犯罪】明知自己的行为会发生危害社会的结果,并且希望或者放任这种结果发生,因而构成犯罪的,是故意犯罪。

故意犯罪,应当负刑事责任。

第十五条 【过失犯罪】应当预见自己的行为可能发生危害社会的结果,因为疏忽大意而没有预见,或者已经预见而轻信能够避免,以致发生这种结果的,是过失犯罪。

过失犯罪,法律有规定的才负刑事责任。

第十六条 【不可抗力和意外事件】行为在客观上虽然造成了损害结果,但是不是出于故意或者过失,而是由于不能抗拒或者不能预见的原因所引起的,不是犯罪。

第十七条 【刑事责任年龄】已满十六周岁的人犯罪,应当负刑事责任。

已满十四周岁不满十六周岁的人,犯故意杀人、故意伤害致人重伤或者死亡、强奸、抢劫、贩卖毒品、放火、爆炸、投放危险物质罪的,应当负刑事责任。

已满十二周岁不满十四周岁的人,犯故意杀人、故意伤害罪,致人死亡或者以特别残忍手段致人重伤造成严重残疾,情节恶劣,经最高人民检察院核准追诉的,应当负刑事责任。

对依照前三款规定追究刑事责任的不满十八周岁的人,应当从轻或者减轻处罚。

因不满十六周岁不予刑事处罚的,责令其父母或者其他监护人加以管教;在必要的时候,依法进行专门矫治教育。

第十七条之一 已满七十五周岁的人故意犯罪的,可以从轻或者减轻处罚;过失犯罪的,应当从轻或者减轻处罚。

第十八条 【特殊人员的刑事责任能力】精神病人在不能辨认或者不能控制自己行为的时候造成危害结果,经法定程序鉴定确认的,不负刑事责任,但是应当责令他的家属或者监护人严加看管和医疗;在必要的时候,由政府强制医疗。

间歇性的精神病人在精神正常的时候犯罪,应当负刑事责任。

尚未完全丧失辨认或者控制自己行为能力的精神病人犯罪的,应当负刑事责任,但是可以从轻或者减轻处罚。

醉酒的人犯罪,应当负刑事责任。

第十九条 【又聋又哑的人或盲人犯罪的刑事责任】又聋又哑的人或者盲人犯罪,可以从轻、减轻或者免除处罚。

第二十条 【正当防卫】为了使国家、公共利益、本人或者他人的人身、财产和其他权利免受正在进行的不法侵害,而采取的制止不法侵害的行为,对不法侵害人造成损害的,属于正当防卫,不负刑事责任。

正当防卫明显超过必要限度造成重大损害的,应当负刑事责任,但是应当减轻或者免除处罚。

对正在进行行凶、杀人、抢劫、强奸、绑架以及其他严重危及人身安全的暴力犯罪,采取防卫行为,造成不法侵害人伤亡的,不属于防卫过当,不负刑事责任。

第二十一条 【紧急避险】为了使国家、公共利益、本人或者他人的人身、财产和其他权利免受正在发生的危险,不得已采取的紧急避险行为,造成损害的,不负刑事责任。

紧急避险超过必要限度造成不应有的损害的,应当负刑事责任,但是应当减轻或者免除处罚。

第一款中关于避免本人危险的规定,不适用于职务上、业务上负有特定责任的人。

第二节 犯罪的预备、未遂和中止

第二十二条 【犯罪预备】为了犯罪,准备工具、制造条件的,是犯罪预备。

对于预备犯,可以比照既遂犯从轻、减轻处罚或者免除处罚。

第二十三条 【犯罪未遂】已经着手实行犯罪,由于犯罪分子意志以外的原因而未得逞的,是犯罪未遂。

对于未遂犯,可以比照既遂犯从轻或者减轻处罚。

第二十四条 【犯罪中止】在犯罪过程中,自动放弃犯罪或者自动有效地防止犯罪结果发生的,是犯罪中止。

对于中止犯,没有造成损害的,应当免除处罚;造成损害的,应当减轻处罚。

第三节 共同犯罪

第二十五条 【共同犯罪概念】共同犯罪是指二人以上共同故意犯罪。

二人以上共同过失犯罪,不以共同犯罪论处;应当负刑事责任的,按照他们所犯的罪分别处罚。

第二十六条 【主犯】组织、领导犯罪集团进行犯罪活动的或者在共同犯罪中起主要作用的,是主犯。

三人以上为共同实施犯罪而组成的较为固定的犯罪组织,是犯罪集团。

对组织、领导犯罪集团的首要分子,按照集团所犯的全部罪行处罚。

对于第三款规定以外的主犯,应当按照其所参与的或者组织、指挥的全部犯罪处罚。

第二十七条 【从犯】在共同犯罪中起次要或者辅助作用的,是从犯。

对于从犯,应当从轻、减轻处罚或者免除处罚。

第二十八条 【胁从犯】对于被胁迫参加犯罪的,应当按照他的犯罪情节减轻处罚或者免除处罚。

第二十九条 【教唆犯】教唆他人犯罪的,应当按照他在共同犯罪中所起的作用处罚。教唆不满十八周岁的人犯罪的,应当从重处罚。

如果被教唆的人没有犯被教唆的罪,对于教唆犯,可以从轻或者减轻处罚。

第四节 单位犯罪

第三十条 【单位负刑事责任的范围】公司、企业、事业单位、机关、团体实施的危害社会的行为,法律规定为单位犯罪的,应当负刑事责任。

第三十一条 【单位犯罪的处罚原则】单位犯罪的,对单位判处罚金,并对其直接负责的主管人员和其他直接责任人员判处刑罚。本法分则和其他法律另有规定的,依照规定。

第三章 刑罚

第一节 刑罚的种类

第三十二条 【主刑和附加刑】刑罚分为主刑和附加刑。

第三十三条 【主刑种类】主刑的种类如下:

(一)管制;

(二)拘役;

(三)有期徒刑;

(四)无期徒刑;

(五)死刑。

第三十四条 【附加刑种类】附加刑的种类如下:

(一)罚金;

(二)剥夺政治权利;

(三)没收财产。

附加刑也可以独立适用。

第三十五条 【驱逐出境】对于犯罪的外国人,可以独立适用或者附加适用驱逐出境。

第三十六条 【赔偿经济损失与民事优先原则】由于犯罪行为而使被害人遭受经济损失的,对犯罪分子除依法给予刑事处罚外,并应根据情况判处赔偿经济损失。

承担民事赔偿责任的犯罪分子,同时被判处罚金,其财产不足以全部支付的,或者被判处没收财产的,应当先承担对被害人的民事赔偿责任。

第三十七条 【非刑罚性处置措施】对于犯罪情节轻微不需要判处刑罚的,可以免予刑事处罚,但是可以根据案件的不同情况,予以训诫或者责令具结悔过、赔礼道歉、赔偿损失,或者由主管部门予以行政处罚或者行政处分。

第三十七条之一 【职业禁止】因利用职业便利实施犯罪,或者实施违背职业要求的特定义务的犯罪被判处刑罚的,人民法院可以根据犯罪情况和预防再犯罪的需要,禁止其自刑罚执行完毕之日或者假释之日起从事相关职业,期限为三年至五年。

被禁止从事相关职业的人违反人民法院依照前款规定作出的决定的,由公安机关依法给予处罚;情节严重的,依照本法第三百一十三条的规定定罪处罚。

其他法律、行政法规对其从事相关职业另有禁止或者限制性规定的,从其规定。

第二节 管制

第三十八条 【管制的期限与执行机关】管制的期限,为三个月以上二年以下。

判处管制,可以根据犯罪情况,同时禁止犯罪分子在执行期间从事特定活动,进入特定区域、场所,接触特定的人。

对判处管制的犯罪分子,依法实行社区矫正。

违反第二款规定的禁止令的,由公安机关依照《中华人民共和国治安管理处罚法》的规定处罚。

第三十九条 【被管制犯罪的义务与权利】被判处管制的犯罪分子,在执行期间,应当遵守下列规定:

(一)遵守法律、行政法规,服从监督;

(二)未经执行机关批准,不得行使言论、出版、集会、结社、游行、示威自由的权利;

(三)按照执行机关规定报告自己的活动情况;

(四)遵守执行机关关于会客的规定;

(五)离开所居住的市、县或者迁居,应当报经执行机关批准。

对于被判处管制的犯罪分子,在劳动中应当同工同酬。

第四十条 【管制期满解除】被判处管制的犯罪分子,管制期满,执行机关应即向本人和其所在单位或者居住地的群众宣布解除管制。

第四十一条 【管制刑期的计算和折抵】管制的刑期,从判决执行之日起计算;判决执行以前先行羁押的,羁押一日折抵刑期二日。

第三节 拘役

第四十二条 【拘役的期限】拘役的期限,为一个月以上六个月以下。

第四十三条 【拘役的执行】被判处拘役的犯罪分子,由公安机关就近执行。

在执行期间,被判处拘役的犯罪分子每月可以回家一天至两天;参加劳动的,可以酌量发给报酬。

第四十四条 【拘役刑期的计算和折抵】拘役的刑期,从判决执行之日起计算;判决执行以前先行羁押的,羁押一日折抵刑期一日。

第四节 有期徒刑、无期徒刑

第四十五条 【有期徒刑的期限】有期徒刑的期限,除本法第五十条、第六十九条规定外,为六个月以上十五年以下。

第四十六条 【有期徒刑与无期徒刑的执行】被判处有期徒刑、无期徒刑的犯罪分子,在监狱或者其他执行场所执行;凡有劳动能力的,都应当参加劳动,接受教育和改造。

第四十七条 【有期徒刑刑期的计算与折抵】有期徒刑的刑期,从判决执行之日起计算;判决执行以前先行羁押的,羁押一日折抵刑期一日。

第五节 死刑

第四十八条 【死刑、死缓的适用对象及核准程序】死刑只适用于罪行极其严重的犯罪分子。对于应当判处死刑的犯罪分子,如果不是必须立即执行的,可以判处死刑同时宣告缓期二年执行。

死刑除依法由最高人民法院判决的以外,都应当报请最高人民法院核准。死刑缓期执行的,可以由高级人民法院判决或者核准。

第四十九条 【死刑适用对象的限制】犯罪的时候不满十八周岁的人和审判的时候怀孕的妇女,不适用死刑。

审判的时候已满七十五周岁的人,不适用死刑,但以特别残忍手段致人死亡的除外。

第五十条 【死缓变更】判处死刑缓期执行的,在死刑缓期执行期间,如果没有故意犯罪,二年期满以后,减为无期徒刑;如果确有重大立功表现,二年期满以后,减为二十五年有期徒刑;如果故意犯罪,情节恶劣的,报请最高人民法院核准后执行死刑;对于故意犯罪未执行死刑的,死刑缓期执行的期间重新计算,并报最高人民法院备案。

对被判处死刑缓期执行的累犯以及因故意杀人、强奸、抢劫、绑架、放火、爆炸、投放危险物质或者有组织的暴力性犯罪被判处死刑缓期执行的犯罪分子,人民法院根据犯罪情节等情况可以同时决定对其限制减刑。

第五十一条 【死缓期间及减为有期徒刑的刑期计算】死刑缓期执行的期间,从判决确定之日起计算。死刑缓期执行减为有期徒刑的刑期,从死刑缓期执行期满之日起计算。

第六节 罚金

第五十二条 【罚金数额的裁量】判处罚金,应当根据犯罪情节决定罚金数额。

第五十三条 【罚金的缴纳、减免】罚金在判决指定的期限内一次或者分期缴纳。期满不缴纳的,强制缴纳。对于不能全部缴纳罚金的,人民法院在任何时候发现被执行人有可以执行的财产,应当随时追缴。

由于遭遇不能抗拒的灾祸等原因缴纳确实有困难的,经人民法院裁定,可以延期缴纳、酌情减少或者免除。

第七节 剥夺政治权利

第五十四条 【剥夺政治权利的含义】剥夺政治权利是剥夺下列权利:
(一)选举权和被选举权;
(二)言论、出版、集会、结社、游行、示威自由的权利;
(三)担任国家机关职务的权利;
(四)担任国有公司、企业、事业单位和人民团体领导职务的权利。

第五十五条 【剥夺政治权利的期限】剥夺政治权利的期限,除本法第五十七条规定外,为一年以上五年以下。

判处管制附加剥夺政治权利的,剥夺政治权利的期限与管制的期限相等,同时执行。

第五十六条 【剥夺政治权利的附加、独立适用】对于危害国家安全的犯罪分子应当附加剥夺政治权利;对于故意杀人、强奸、放火、爆炸、投毒、抢劫等严重破坏社会秩序的犯罪分子,可以附加剥夺政治权利。

独立适用剥夺政治权利的,依照本法分则的规定。

第五十七条 【对死刑、无期徒刑罪犯剥夺政治权利的适应】对于被判处死刑、无期徒刑的犯罪分子,应当剥夺政治权利终身。

在死刑缓期执行减为有期徒刑或者无期徒刑减为有期徒刑的时候,应当把附加剥夺政治权利的期限改为三年以上十年以下。

第五十八条 【剥夺政治权利的刑期计算、效力与执行】附加剥夺政治权利的刑期,从徒刑、拘役执行完毕之日或者从假释之日起计算;剥夺政治权利的效力当然施用于主刑执行期间。

被剥夺政治权利的犯罪分子,在执行期间,应当遵守法律、行政法规和国务院公安部门有关监督管理的规定,服从监督;不得行使本法第五十四条规定的各项权利。

第八节 没收财产

第五十九条 【没收财产的范围】没收财产是没收犯罪分子个人所有财产的一部或者全部。没收全部财产的,应当对犯罪分子个人及其扶养的家属保留必需的生活费用。

在判处没收财产的时候,不得没收属于犯罪分子家属所有或者应有的财产。

第六十条 【以没收的财产偿还债务】没收财产以前犯罪分子所负的正当债务，需要以没收的财产偿还的，经债权人请求，应当偿还。

第四章 刑罚的具体运用

第一节 量刑

第六十一条 【量刑的事实根据与法律依据】对于犯罪分子决定刑罚的时候，应当根据犯罪的事实、犯罪的性质、情节和对于社会的危害程度，依照本法的有关规定判处。

第六十二条 【从重处罚与从轻处罚】犯罪分子具有本法规定的从重处罚、从轻处罚情节的，应当在法定刑的限度以内判处刑罚。

第六十三条 【减轻处罚】犯罪分子具有本法规定的减轻处罚情节的，应当在法定刑以下判处刑罚；本法规定有数个量刑幅度的，应当在法定量刑幅度的下一个量刑幅度内判处刑罚。

犯罪分子虽然不具有本法规定的减轻处罚情节，但是根据案件的特殊情况，经最高人民法院核准，也可以在法定刑以下判处刑罚。

第六十四条 【犯罪物品的处理】犯罪分子违法所得的一切财物，应当予以追缴或者责令退赔；对被害人的合法财产，应当及时返还；违禁品和供犯罪所用的本人财物，应当予以没收。没收的财物和罚金，一律上缴国库，不得挪用和自行处理。

第二节 累犯

第六十五条 【一般累犯】被判处有期徒刑以上刑罚的犯罪分子，刑罚执行完毕或者赦免以后，在五年以内再犯应当判处有期徒刑以上刑罚之罪的，是累犯，应当从重处罚，但是过失犯罪和不满十八周岁的人犯罪的除外。

前款规定的期限，对于被假释的犯罪分子，从假释期满之日起计算。

第六十六条 【特别累犯】危害国家安全犯罪、恐怖活动犯罪、黑社会性质的组织犯罪的犯罪分子，在刑罚执行完毕或者赦免以后，在任何时候再犯上述任一类罪的，都以累犯论处。

第三节 自首和立功

第六十七条 【自首】犯罪以后自动投案，如实供述自己的罪行的，是自首。对于自首的犯罪分子，可以从轻或者减轻处罚。其中，犯罪较轻的，可以免除处罚。

被采取强制措施的犯罪嫌疑人、被告人和正在服刑的罪犯，如实供述司法机关还未掌握的本人其他罪行的，以自首论。

犯罪嫌疑人虽不具有前两款规定的自首情节，但是如实供述自己罪行的，可以从轻处罚；因其如实供述自己罪行，避免特别严重后果发生的，可以减轻处罚。

第六十八条 【立功】犯罪分子有揭发他人犯罪行为，查证属实的，或者提供重要线索，从而得以侦破其他案件等立功表现的，可以从轻或者减轻处罚；有重大立功表现的，可以减轻或者免除处罚。

第四节 数罪并罚

第六十九条 【判决宣告前一人犯数罪的并罚】判决宣告以前一人犯数罪的，除判处死刑和无期徒刑的以外，应当在总和刑期以下、数刑中最高刑期以上，酌情决定执行的刑期，但是管制最高不能超过三年，拘役最高不能超过一年，有期徒刑总和刑期不满三十五年的，最高不能超过二十年，总和刑期在三十五年以上的，最高不能超过二十五年。

数罪中有判处有期徒刑和拘役的，执行有期徒刑。数罪中有判处有期徒刑和管制，或者拘役和管制的，有期徒刑、拘役执行完毕后，管制仍须执行。

数罪中有判处附加刑的,附加刑仍须执行,其中附加刑种类相同的,合并执行,种类不同的,分别执行。

第七十条 【判决宣告后发现漏罪的并罚】判决宣告以后,刑罚执行完毕以前,发现被判刑的犯罪分子在判决宣告以前还有其他罪没有判决的,应当对新发现的罪作出判决,把前后两个判决所判处的刑罚,依照本法第六十九条的规定,决定执行的刑罚。已经执行的刑期,应当计算在新判决决定的刑期以内。

第七十一条 【判决宣告后又犯新罪的并罚】判决宣告以后,刑罚执行完毕以前,被判刑的犯罪分子又犯罪的,应当对新犯的罪作出判决,把前罪没有执行的刑罚和后罪所判处的刑罚,依照本法第六十九条的规定,决定执行的刑罚。

第五节 缓刑

第七十二条 【适用条件】对于被判处拘役、三年以下有期徒刑的犯罪分子,同时符合下列条件的,可以宣告缓刑,对其中不满十八周岁的人、怀孕的妇女和已满七十五周岁的人,应当宣告缓刑:

(一)犯罪情节较轻;

(二)有悔罪表现;

(三)没有再犯罪的危险;

(四)宣告缓刑对所居住社区没有重大不良影响。

宣告缓刑,可以根据犯罪情况,同时禁止犯罪分子在缓刑考验期限内从事特定活动,进入特定区域、场所,接触特定的人。

被宣告缓刑的犯罪分子,如果被判处附加刑,附加刑仍须执行。

第七十三条 【考验期限】拘役的缓刑考验期限为原判刑期以上一年以下,但是不能少于二个月。

有期徒刑的缓刑考验期限为原判刑期以上五年以下,但是不能少于一年。

缓刑考验期限,从判决确定之日起计算。

第七十四条 【累犯不适用缓刑】对于累犯和犯罪集团的首要分子,不适用缓刑。

第七十五条 【缓刑犯应遵守的规定】被宣告缓刑的犯罪分子,应当遵守下列规定:

(一)遵守法律、行政法规,服从监督;

(二)按照考察机关的规定报告自己的活动情况;

(三)遵守考察机关关于会客的规定;

(四)离开所居住的市、县或者迁居,应当报经考察机关批准。

第七十六条 【缓刑的考验及其积极后果】对宣告缓刑的犯罪分子,在缓刑考验期限内,依法实行社区矫正,如果没有本法第七十七条规定的情形,缓刑考验期满,原判的刑罚就不再执行,并公开予以宣告。

第七十七条 【缓刑的撤销及其处理】被宣告缓刑的犯罪分子,在缓刑考验期限内犯新罪或者发现判决宣告以前还有其他罪没有判决的,应当撤销缓刑,对新犯的罪或者新发现的罪作出判决,把前罪和后罪所判处的刑罚,依照本法第六十九条的规定,决定执行的刑罚。

被宣告缓刑的犯罪分子,在缓刑考验期限内,违反法律、行政法规或者国务院有关部门关于缓刑的监督管理规定,或者违反人民法院判决中的禁止令,情节严重的,应当撤销缓刑,执行原判刑罚。

第六节 减刑

第七十八条 【适用条件与限度】被判处管制、拘役、有期徒刑、无期徒刑的犯罪分子，在执行期间，如果认真遵守监规，接受教育改造，确有悔改表现的，或者有立功表现的，可以减刑；有下列重大立功表现之一的，应当减刑：

（一）阻止他人重大犯罪活动的；

（二）检举监狱内外重大犯罪活动，经查证属实的；

（三）有发明创造或者重大技术革新的；

（四）在日常生产、生活中舍己救人的；

（五）在抗御自然灾害或者排除重大事故中，有突出表现的；

（六）对国家和社会有其他重大贡献的。

减刑以后实际执行的刑期不能少于下列期限：

（一）判处管制、拘役、有期徒刑的，不能少于原判刑期的二分之一；

（二）判处无期徒刑的，不能少于十三年；

（三）人民法院依照本法第五十条第二款规定限制减刑的死刑缓期执行的犯罪分子，缓期执行期满后依法减为无期徒刑的，不能少于二十五年，缓期执行期满后依法减为二十五年有期徒刑的，不能少于二十年。

第七十九条 【程序】对于犯罪分子的减刑，由执行机关向中级以上人民法院提出减刑建议书。人民法院应当组成合议庭进行审理，对确有悔改或者立功事实的，裁定予以减刑。非经法定程序不得减刑。

第八十条 【无期徒刑减刑的刑期计算】无期徒刑减为有期徒刑的刑期，从裁定减刑之日起计算。

第七节 假释

第八十一条 【适用条件】被判处有期徒刑的犯罪分子，执行原判刑期二分之一以上，被判处无期徒刑的犯罪分子，实际执行十三年以上，如果认真遵守监规，接受教育改造，确有悔改表现，没有再犯罪的危险的，可以假释。如果有特殊情况，经最高人民法院核准，可以不受上述执行刑期的限制。

对累犯以及因故意杀人、强奸、抢劫、绑架、放火、爆炸、投放危险物质或者有组织的暴力性犯罪被判处十年以上有期徒刑、无期徒刑的犯罪分子，不得假释。

对犯罪分子决定假释时，应当考虑其假释后对所居住社区的影响。

第八十二条 【程序】对于犯罪分子的假释，依照本法第七十九条规定的程序进行。非经法定程序不得假释。

第八十三条 【考验期限】有期徒刑的假释考验期限，为没有执行完毕的刑期；无期徒刑的假释考验期限为十年。

假释考验期限，从假释之日起计算。

第八十四条 【假释犯应遵守的规定】被宣告假释的犯罪分子，应当遵守下列规定：

（一）遵守法律、行政法规，服从监督；

（二）按照监督机关的规定报告自己的活动情况；

（三）遵守监督机关关于会客的规定；

（四）离开所居住的市、县或者迁居，应当报经监督机关批准。

第八十五条 【假释考验及其积极后果】对假释的犯罪分子,在假释考验期限内,依法实行社区矫正,如果没有本法第八十六条规定的情形,假释考验期满,就认为原判刑罚已经执行完毕,并公开予以宣告。

第八十六条 【假释的撤销及其处理】被假释的犯罪分子,在假释考验期限内犯新罪,应当撤销假释,依照本法第七十一条的规定实行数罪并罚。

在假释考验期限内,发现被假释的犯罪分子在判决宣告以前还有其他罪没有判决的,应当撤销假释,依照本法第七十条的规定实行数罪并罚。

被假释的犯罪分子,在假释考验期限内,有违反法律、行政法规或者国务院有关部门关于假释的监督管理规定的行为,尚未构成新的犯罪的,应当依照法定程序撤销假释,收监执行未执行完毕的刑罚。

第八节 时效

第八十七条 【追诉时效期限】犯罪经过下列期限不再追诉:

(一)法定最高刑为不满五年有期徒刑的,经过五年;

(二)法定最高刑为五年以上不满十年有期徒刑的,经过十年;

(三)法定最高刑为十年以上有期徒刑的,经过十五年;

(四)法定最高刑为无期徒刑、死刑的,经过二十年。如果二十年以后认为必须追诉的,须报请最高人民检察院核准。

第八十八条 【追诉期限的延长】在人民检察院、公安机关、国家安全机关立案侦查或者在人民法院受理案件以后,逃避侦查或者审判的,不受追诉期限的限制。

被害人在追诉期限内提出控告,人民法院、人民检察院、公安机关应当立案而不予立案的,不受追诉期限的限制。

第八十九条 【追诉期限的计算与中断】追诉期限从犯罪之日起计算;犯罪行为有连续或者继续状态的,从犯罪行为终了之日起计算。

在追诉期限以内又犯罪的,前罪追诉的期限从犯后罪之日起计算。

第五章 其他规定

第九十条 【民族自治地方刑法适用的变通】民族自治地方不能全部适用本法规定的,可以由自治区或者省的人民代表大会根据当地民族的政治、经济、文化的特点和本法规定的基本原则,制定变通或者补充的规定,报请全国人民代表大会常务委员会批准施行。

第九十一条 【公共财产的范围】本法所称公共财产,是指下列财产:

(一)国有财产;

(二)劳动群众集体所有的财产;

(三)用于扶贫和其他公益事业的社会捐助或者专项基金的财产。

在国家机关、国有公司、企业、集体企业和人民团体管理、使用或者运输中的私人财产,以公共财产论。

第九十二条 【公民私人所有财产的范围】本法所称公民私人所有的财产,是指下列财产:

(一)公民的合法收入、储蓄、房屋和其他生活资料;

(二)依法归个人、家庭所有的生产资料;

(三)个体户和私营企业的合法财产;

(四)依法归个人所有的股份、股票、债券和其他财产。

第九十三条 【国家工作人员的范围】本法所称国家工作人员,是指国家机关中从事公务的人员。

国有公司、企业、事业单位、人民团体中从事公务的人员和国家机关、国有公司、企业、事业单位委派到非国有公司、企业、事业单位、社会团体从事公务的人员,以及其他依照法律从事公务的人员,以国家工作人员论。

第九十四条 【司法工作人员的范围】本法所称司法工作人员,是指有侦查、检察、审判、监管职责的工作人员。

第九十五条 【重伤】本法所称重伤,是指有下列情形之一的伤害:

(一)使人肢体残废或者毁人容貌的;

(二)使人丧失听觉、视觉或者其他器官机能的;

(三)其他对于人身健康有重大伤害的。

第九十六条 【违反国家规定之含义】本法所称违反国家规定,是指违反全国人民代表大会及其常务委员会制定的法律和决定,国务院制定的行政法规、规定的行政措施、发布的决定和命令。

第九十七条 【首要分子的范围】本法所称首要分子,是指在犯罪集团或者聚众犯罪中起组织、策划、指挥作用的犯罪分子。

第九十八条 【告诉才处理的含义】本法所称告诉才处理,是指被害人告诉才处理。如果被害人因受强制、威吓无法告诉的,人民检察院和被害人的近亲属也可以告诉。

第九十九条 【以上、以下、以内之界定】本法所称以上、以下、以内,包括本数。

第一百条 【前科报告制度】依法受过刑事处罚的人,在入伍、就业的时候,应当如实向有关单位报告自己曾受过刑事处罚,不得隐瞒。

犯罪的时候不满十八周岁被判处五年有期徒刑以下刑罚的人,免除前款规定的报告义务。

第一百零一条 【总则的效力】本法总则适用于其他有刑罚规定的法律,但是其他法律有特别规定的除外。

第二编 分则

第一章 危害国家安全罪

第一百零二条 【背叛国家罪】勾结外国,危害中华人民共和国的主权、领土完整和安全的,处无期徒刑或者十年以上有期徒刑。

与境外机构、组织、个人相勾结,犯前款罪的,依照前款的规定处罚。

第一百零三条 【分裂国家罪;煽动分裂国家罪】组织、策划、实施分裂国家、破坏国家统一的,对首要分子或者罪行重大的,处无期徒刑或者十年以上有期徒刑;对积极参加的,处三年以上十年以下有期徒刑;对其他参加的,处三年以下有期徒刑、拘役、管制或者剥夺政治权利。

煽动分裂国家、破坏国家统一的,处五年以下有期徒刑、拘役、管制或者剥夺政治权利;首要分子或者罪行重大的,处五年以上有期徒刑。

第一百零四条 【武装叛乱、暴乱罪】组织、策划、实施武装叛乱或者武装暴乱的,对首要分子或者罪行重大的,处无期徒刑或者十年以上有期徒刑;对积极参加的,处三年以上十年以下有期徒刑;对其他参加的,处三年以下有期徒刑、拘役、管制或者剥夺政治权利。

策动、胁迫、勾引、收买国家机关工作人员、武装部队人员、人民警察、民兵进行武装叛乱或者武装暴乱的,依照前款的规定从重处罚。

第一百零五条 【颠覆国家政权罪;煽动颠覆国家政权罪】组织、策划、实施颠覆国家政权、推翻社会主义制度的,对首要分子或者罪行重大的,处无期徒刑或者十年以上有期徒刑;对积极参加的,处三年以上十年以下有期徒刑;对其他参加的,处三年以下有期徒刑、拘役、管制或者剥夺政治权利。

以造谣、诽谤或者其他方式煽动颠覆国家政权、推翻社会主义制度的,处五年以下有期徒刑、拘役、管制或者剥夺政治权利;首要分子或者罪行重大的,处五年以上有期徒刑。

第一百零六条 【与境外勾结的处罚规定】与境外机构、组织、个人相勾结,实施本章第一百零三条、第一百零四条、第一百零五条规定之罪的,依照各该条的规定从重处罚。

第一百零七条 【资助危害国家安全犯罪活动罪】境内外机构、组织或者个人资助实施本章第一百零二条、第一百零三条、第一百零四条、第一百零五条规定之罪的,对直接责任人员,处五年以下有期徒刑、拘役、管制或者剥夺政治权利;情节严重的,处五年以上有期徒刑。

第一百零八条 【投敌叛变罪】投敌叛变的,处三年以上十年以下有期徒刑;情节严重或者带领武装部队人员、人民警察、民兵投敌叛变的,处十年以上有期徒刑或者无期徒刑。

第一百零九条 【叛逃罪】国家机关工作人员在履行公务期间,擅离岗位,叛逃境外或者在境外叛逃的,处五年以下有期徒刑、拘役、管制或者剥夺政治权利;情节严重的,处五年以上十年以下有期徒刑。

掌握国家秘密的国家工作人员叛逃境外或者在境外叛逃的,依照前款的规定从重处罚。

第一百一十条 【间谍罪】有下列间谍行为之一,危害国家安全的,处十年以上有期徒刑或者无期徒刑;情节较轻的,处三年以上十年以下有期徒刑:

(一)参加间谍组织或者接受间谍组织及其代理人的任务的;

(二)为敌人指示轰击目标的。

第一百一十一条 【为境外窃取、刺探、收买、非法提供国家秘密、情报罪】为境外的机构、组织、人员窃取、刺探、收买、非法提供国家秘密或者情报的,处五年以上十年以下有期徒刑;情节特别严重的,处十年以上有期徒刑或者无期徒刑;情节较轻的,处五年以下有期徒刑、拘役、管制或者剥夺政治权利。

第一百一十二条 【资敌罪】战时供给敌人武器装备、军用物资资敌的,处十年以上有期徒刑或者无期徒刑;情节较轻的,处三年以上十年以下有期徒刑。

第一百一十三条 【危害国家安全罪适用死刑、没收财产的规定】本章上述危害国家安全罪行中,除第一百零三条第二款、第一百零五条、第一百零七条、第一百零九条外,对国家和人民危害特别严重、情节特别恶劣的,可以判处死刑。

犯本章之罪的,可以并处没收财产。

第二章 危害公共安全罪

第一百一十四条 【放火罪;决水罪;爆炸罪;投放危险物质罪;以危险方法危害公共安全罪;之一】放火、决水、爆炸以及投放毒害性、放射性、传染病病原体等物质或者以其他危险方法危害公共安全,尚未造成严重后果的,处三年以上十年以下有期徒刑。

第一百一十五条 【放火罪;决水罪;爆炸罪;投放危险物质罪;以危险方法危害公共安全罪;之二】放火、决水、爆炸以及投放毒害性、放射性、传染病病原体等物质或者以其他危险方法致人重伤、死亡或者使公私财产遭受重大损失的,处十年以上有期徒刑、无期徒刑或者死刑。

【失火罪;过失决水罪;过失爆炸罪;过失投放危险物质罪;过失以危险方法危害公共安全罪】过失犯前款罪的,处三年以上七年以下有期徒刑;情节较轻的,处三年以下有期徒刑或者拘役。

第一百一十六条 【破坏交通工具罪】破坏火车、汽车、电车、船只、航空器,足以使火车、汽车、电车、船只、航空器发生倾覆、毁坏危险,尚未造成严重后果的,处三年以上十年以下有期徒刑。

第一百一十七条 【破坏交通设施罪】破坏轨道、桥梁、隧道、公路、机场、航道、灯塔、标志或者进行其他破坏活动,足以使火车、汽车、电车、船只、航空器发生倾覆、毁坏危险,尚未造成严重后果的,处三年以上十年以下有期徒刑。

第一百一十八条 【破坏电力设备罪;破坏易燃易爆设备罪】破坏电力、燃气或者其他易燃易爆设备,危害公共安全,尚未造成严重后果的,处三年以上十年以下有期徒刑。

第一百一十九条 【破坏交通工具罪;破坏交通设施罪;破坏电力设备罪;破坏易燃易爆设备罪】破坏交通工具、交通设施、电力设备、燃气设备、易燃易爆设备,造成严重后果的,处十年以上有期徒刑、无期徒刑或者死刑。

【过失损坏交通工具罪;过失损坏交通设施罪;过失损坏电力设备罪;过失损坏易燃易爆设备罪】过失犯前款罪的,处三年以上七年以下有期徒刑;情节较轻的,处三年以下有期徒刑或者拘役。

第一百二十条 【组织、领导、参加恐怖组织罪】组织、领导恐怖活动组织的,处十年以上有期徒刑或者无期徒刑,并处没收财产;积极参加的,处三年以上十年以下有期徒刑,并处罚金;其他参加的,处三年以下有期徒刑、拘役、管制或者剥夺政治权利,可以并处罚金。

犯前款罪并实施杀人、爆炸、绑架等犯罪的,依照数罪并罚的规定处罚。

第一百二十条之一 【帮助恐怖活动罪】资助恐怖活动组织、实施恐怖活动的个人的,或者资助恐怖活动培训的,处五年以下有期徒刑、拘役、管制或者剥夺政治权利,并处罚金;情节严重的,处五年以上有期徒刑,并处罚金或者没收财产。

为恐怖活动组织、实施恐怖活动或者恐怖活动培训招募、运送人员的,依照前款的规定处罚。

单位犯前两款罪的,对单位判处罚金,并对其直接负责的主管人员和其他直接责任人员,依照第一款的规定处罚。

第一百二十条之二 【准备实施恐怖活动罪】有下列情形之一的,处五年以下有期徒刑、拘役、管制或者剥夺政治权利,并处罚金;情节严重的,处五年以上有期徒刑,并处罚金或者没收财产:

(一)为实施恐怖活动准备凶器、危险物品或者其他工具的;

(二)组织恐怖活动培训或者积极参加恐怖活动培训的;

(三)为实施恐怖活动与境外恐怖活动组织或者人员联络的;

(四)为实施恐怖活动进行策划或者其他准备的。

有前款行为,同时构成其他犯罪的,依照处罚较重的规定定罪处罚。

第一百二十条之三 【宣扬恐怖主义、极端主义、煽动实施恐怖活动罪】以制作、散发宣扬恐怖主义、极端主义的图书、音频视频资料或者其他物品,或者通过讲授、发布信息等方式宣扬恐怖主义、极端主义的,或者煽动实施恐怖活动的,处五年以下有期徒刑、拘役、管制或者剥夺政治权利,并处罚金;情节严重的,处五年以上有期徒刑,并处罚金或者没收财产。

第一百二十条之四 【利用极端主义破坏法律实施罪】利用极端主义煽动、胁迫群众破坏国家法律确立的婚姻、司法、教育、社会管理等制度实施的,处三年以下有期徒刑、拘役或者管制,并处罚金;情节严重的,处三年以上七年以下有期徒刑,并处罚金;情节特别严重的,处七年以上有期徒刑,并处罚金或者没收财产。

第一百二十条之五 【强制穿戴宣扬恐怖主义、极端主义服饰、标志罪】以暴力、胁迫等方式强制他人在公共场所穿着、佩戴宣扬恐怖主义、极端主义服饰、标志的,处三年以下有期徒刑、拘役或者管制,并处罚金。

第一百二十条之六 【非法持有宣扬恐怖主义、极端主义物品罪】明知是宣扬恐怖主义、极端主义的图书、音频视频资料或者其他物品而非法持有,情节严重的,处三年以下有期徒刑、拘役或者管制,并处或者单处罚金。

第一百二十一条 【劫持航空器罪】以暴力、胁迫或者其他方法劫持航空器的,处十年以上有期徒刑或者无期徒刑;致人重伤、死亡或者使航空器遭受严重破坏的,处死刑。

第一百二十二条 【劫持船只、汽车罪】以暴力、胁迫或者其他方法劫持船只、汽车的,处五年以上十年以下有期徒刑;造成严重后果的,处十年以上有期徒刑或者无期徒刑。

第一百二十三条 【暴力危及飞行安全罪】对飞行中的航空器上的人员使用暴力,危及飞行安全,尚未造成严重后果的,处五年以下有期徒刑或者拘役;造成严重后果的,处五年以上有期徒刑。

第一百二十四条 【破坏广播电视设施、公用电信设施罪】破坏广播电视设施、公用电信设施,危害公共安全的,处三年以上七年以下有期徒刑;造成严重后果的,处七年以上有期徒刑。

【过失损坏广播电视设施、公用电信设施罪】过失犯前款罪的,处三年以上七年以下有期徒刑;情节较轻的,处三年以下有期徒刑或者拘役。

第一百二十五条 【非法制造、买卖、运输、邮寄、储存枪支、弹药、爆炸物罪;非法制造、买卖、运输、储存危险物质罪】非法制造、买卖、运输、邮寄、储存枪支、弹药、爆炸物的,处三年以上十年以下有期徒刑;情节严重的,处十年以上有期徒刑、无期徒刑或者死刑。

非法制造、买卖、运输、储存毒害性、放射性、传染病病原体等物质,危害公共安全的,依照前款的规定处罚。

单位犯前两款罪的,对单位判处罚金,并对其直接负责的主管人员和其他直接责任人员,依照第一款的规定处罚。

第一百二十六条 【违规制造、销售枪支罪】依法被指定、确定的枪支制造企业、销售企业,违反枪支管理规定,有下列行为之一的,对单位判处罚金,并对其直接负责的主管人员和其他直接责任人员,处五年以下有期徒刑;情节严重的,处五年以上十年以下有期徒刑;情节特别严重的,处十年以上有期徒刑或者无期徒刑:

(一)以非法销售为目的,超过限额或者不按照规定的品种制造、配售枪支的;

(二)以非法销售为目的,制造无号、重号、假号的枪支的;

(三)非法销售枪支或者在境内销售为出口制造的枪支的。

第一百二十七条 【盗窃、抢夺枪支、弹药、爆炸物、危险物质罪;抢劫枪支、弹药、爆炸物、危险物质罪】盗窃、抢夺枪支、弹药、爆炸物的,或者盗窃、抢夺毒害性、放射性、传染病病原体等物质,危害公共安全的,处三年以上十年以下有期徒刑;情节严重的,处十年以上有期徒刑、无期徒刑或者死刑。

抢劫枪支、弹药、爆炸物的,或者抢劫毒害性、放射性、传染病病原体等物质,危害公共安全的,或者盗窃、抢夺国家机关、军警人员、民兵的枪支、弹药、爆炸物的,处十年以上有期徒刑、无期徒刑或者死刑。

第一百二十八条 【非法持有、私藏枪支、弹药罪;非法出租、出借枪支罪】违反枪支管理规定,非法持有、私藏枪支、弹药的,处三年以下有期徒刑、拘役或者管制;情节严重的,处三年以上七年以下有期徒刑。

依法配备公务用枪的人员,非法出租、出借枪支的,依照前款的规定处罚。

依法配置枪支的人员,非法出租、出借枪支,造成严重后果的,依照第一款的规定处罚。

单位犯第二款、第三款罪的,对单位判处罚金,并对其直接负责的主管人员和其他直接责任人员,依照第一款的规定处罚。

第一百二十九条 【丢失枪支不报罪】依法配备公务用枪的人员,丢失枪支不及时报告,造成严重后果的,处三年以下有期徒刑或者拘役。

第一百三十条 【非法携带枪支、弹药、管制刀具、危险物品危及公共安全罪】非法携带枪支、弹药、管制刀具或者爆炸性、易燃性、放射性、毒害性、腐蚀性物品,进入公共场所或者公共交通工具,危及公共安全,情节严重的,处三年以下有期徒刑、拘役或者管制。

第一百三十一条 【重大飞行事故罪】航空人员违反规章制度,致使发生重大飞行事故,造成严重后果的,处三年以下有期徒刑或者拘役;造成飞机坠毁或者人员死亡的,处三年以上七年以下有期徒刑。

第一百三十二条 【铁路运营安全事故罪】铁路职工违反规章制度,致使发生铁路运营安全事故,造成严重后果的,处三年以下有期徒刑或者拘役;造成特别严重后果的,处三年以上七年以下有期徒刑。

第一百三十三条 【交通肇事罪】违反交通运输管理法规,因而发生重大事故,致人重伤、死亡或者使公私财产遭受重大损失的,处三年以下有期徒刑或者拘役;交通运输肇事后逃逸或者有其他特别恶劣情节的,处三年以上七年以下有期徒刑;因逃逸致人死亡的,处七年以上有期徒刑。

第一百三十三条之一 【危险驾驶罪】在道路上驾驶机动车,有下列情形之一的,处拘役,并处罚金:

(一)追逐竞驶,情节恶劣的;

(二)醉酒驾驶机动车的;

(三)从事校车业务或者旅客运输,严重超过额定乘员载客,或者严重超过规定时速行驶的;

(四)违反危险化学品安全管理规定运输危险化学品,危及公共安全的。

机动车所有人、管理人对前款第三项、第四项行为负有直接责任的,依照前款的规定处罚。

有前两款行为,同时构成其他犯罪的,依照处罚较重的规定定罪处罚。

第一百三十三条之二 【妨害安全驾驶罪】对行驶中的公共交通工具的驾驶人员使用暴力或者抢控驾驶操纵装置,干扰公共交通工具正常行驶,危及公共安全的,处一年以下有期徒刑、拘役或者管制,并处或者单处罚金。

前款规定的驾驶人员在行驶的公共交通工具上擅离职守,与他人互殴或者殴打他人,危及公共安全的,依照前款的规定处罚。

有前两款行为,同时构成其他犯罪的,依照处罚较重的规定定罪处罚。

第一百三十四条 【重大责任事故罪;强令、组织他人违章冒险作业罪】在生产、作业中违反有关安全管理的规定,因而发生重大伤亡事故或者造成其他严重后果的,处三年以下有期徒刑或者拘役;情节特别恶劣的,处三年以上七年以下有期徒刑。

强令他人违章冒险作业,或者明知存在重大事故隐患而不排除,仍冒险组织作业,因而发生重大伤亡事故或者造成其他严重后果的,处五年以下有期徒刑或者拘役;情节特别恶劣的,处五年以上有期徒刑。

第一百三十四条之一 【危险作业罪】在生产、作业中违反有关安全管理的规定,有下列情形之一,具有发生重大伤亡事故或者其他严重后果的现实危险的,处一年以下有期徒刑、拘役或者管制:

(一)关闭、破坏直接关系生产安全的监控、报警、防护、救生设备、设施,或者篡改、隐瞒、销毁其相关数据、信息的;

(二)因存在重大事故隐患被依法责令停产停业、停止施工、停止使用有关设备、设施、场所或者立即采取排除危险的整改措施,而拒不执行的;

(三)涉及安全生产的事项未经依法批准或者许可,擅自从事矿山开采、金属冶炼、建筑施工,以及危险物品生产、经营、储存等高度危险的生产作业活动的。

第一百三十五条 【重大劳动安全事故罪】安全生产设施或者安全生产条件不符合国家规定,因而发生重大伤亡事故或者造成其他严重后果的,对直接负责的主管人员和其他直接责任人员,处三年以下有期徒刑或者拘役;情节特别恶劣的,处三年以上七年以下有期徒刑。

第一百三十五条之一 【大型群众性活动重大安全事故罪】举办大型群众性活动违反安全管理规定,因而发生重大伤亡事故或者造成其他严重后果的,对直接负责的主管人员和其他直接责任人员,处三年以下有期徒刑或者拘役;情节特别恶劣的,处三年以上七年以下有期徒刑。

第一百三十六条 【危险物品肇事罪】违反爆炸性、易燃性、放射性、毒害性、腐蚀性物品的管理规定,在生产、储存、运输、使用中发生重大事故,造成严重后果的,处三年以下有期徒刑或者拘役;后果特别严重的,处三年以上七年以下有期徒刑。

第一百三十七条 【工程重大安全事故罪】建设单位、设计单位、施工单位、工程监理单位违反国家规定,降低工程质量标准,造成重大安全事故的,对直接责任人员,处五年以下有期徒刑或者拘役,并处罚金;后果特别严重的,处五年以上十年以下有期徒刑,并处罚金。

第一百三十八条 【教育设施重大安全事故罪】明知校舍或者教育教学设施有危险,而不采取措施或者不及时报告,致使发生重大伤亡事故的,对直接责任人员,处三年以下有期徒刑或者拘役;后果特别严重的,处三年以上七年以下有期徒刑。

第一百三十九条 【消防责任事故罪】违反消防管理法规,经消防监督机构通知采取改正措施而拒绝执行,造成严重后果的,对直接责任人员,处三年以下有期徒刑或者拘役;后果特别严重的,处三年以上七年以下有期徒刑。

第一百三十九条之一 【不报、谎报安全事故罪】在安全事故发生后,负有报告职责的人员不报或者谎报事故情况,贻误事故抢救,情节严重的,处三年以下有期徒刑或者拘役;情节特别严重的,处三年以上七年以下有期徒刑。

第三章 破坏社会主义市场经济秩序罪
第一节 生产、销售伪劣商品罪

第一百四十条 【生产、销售伪劣产品罪】生产者、销售者在产品中掺杂、掺假,以假充真,以次充好或者以不合格产品冒充合格产品,销售金额五万元以上不满二十万元的,处二年以下有期徒刑或者拘役,并处或者单处销售金额百分之五十以上二倍以下罚金;销售金额二十万元以上不满五十万元的,处二年以上七年以下有期徒刑,并处销售金额百分之五十以上二倍以下罚金;销售金额五十万元以上不满二百万元的,处七年以上有期徒刑,并处销售金额百分之五十以上二倍以下罚金;销售金额二百万元以上的,处十五年有期徒刑或者无期徒刑,并处销售金额百分之五十以上二倍以下罚金或者没收财产。

第一百四十一条 【生产、销售、提供假药罪】生产、销售假药的,处三年以下有期徒刑或者拘役,并处罚金;对人体健康造成严重危害或者有其他严重情节的,处三年以上十年以下有期徒刑,并处罚金;致人死亡或者有其他特别严重情节的,处十年以上有期徒刑、无期徒刑或者死刑,并处罚金或者没收财产。

药品使用单位的人员明知是假药而提供给他人使用的,依照前款的规定处罚。

本条所称假药,是指依照《中华人民共和国药品管理法》的规定属于假药和按假药处理的药品、非药品。

第一百四十二条 【生产、销售、提供劣药罪】生产、销售劣药,对人体健康造成严重危害的,处三年以上十年以下有期徒刑,并处罚金;后果特别严重的,处十年以上有期徒刑或者无期徒刑,并处罚金或者没收财产。

药品使用单位的人员明知是劣药而提供给他人使用的,依照前款的规定处罚。

本条所称劣药,是指依照《中华人民共和国药品管理法》的规定属于劣药的药品。

第一百四十二条之一 【妨害药品管理罪】违反药品管理法规,有下列情形之一,足以严重危害人体健康的,处三年以下有期徒刑或者拘役,并处或者单处罚金;对人体健康造成严重危害或者有其他严重情节的,处三年以上七年以下有期徒刑,并处罚金:

(一)生产、销售国务院药品监督管理部门禁止使用的药品的;

(二)未取得药品相关批准证明文件生产、进口药品或者明知是上述药品而销售的;

(三)药品申请注册中提供虚假的证明、数据、资料、样品或者采取其他欺骗手段的;

(四)编造生产、检验记录的。

有前款行为,同时又构成本法第一百四十一条、第一百四十二条规定之罪或者其他犯罪的,依照处罚较重的规定定罪处罚。

第一百四十三条 【生产、销售不符合安全标准的食品罪】生产、销售不符合食品安全标准的食品,足以造成严重食物中毒事故或者其他严重食源性疾病的,处三年以下有期徒刑或者拘役,并处罚金;对人体健康造成严重危害或者有其他严重情节的,处三年以上七年以下有期徒刑,并处罚金;后果特别严重的,处七年以上有期徒刑或者无期徒刑,并处罚金或者没收财产。

第一百四十四条 【生产、销售有毒、有害食品罪】在生产、销售的食品中掺入有毒、有害的非食品原料的,或者销售明知掺有有毒、有害的非食品原料的食品的,处五年以下有期徒刑,并处罚金;对人体健康造成严重危害或者有其他严重情节的,处五年以上十年以下有期徒刑,并处罚金;致人死亡或者有其他特别严重情节的,依照本法第一百四十一条的规定处罚。

第一百四十五条 【生产、销售不符合标准的医用器材罪】生产不符合保障人体健康的国家标准、行业标准的医疗器械、医用卫生材料,或者销售明知是不符合保障人体健康的国家标准、行业标准的医疗器械、医用卫生材料,足以严重危害人体健康的,处三年以下有期徒刑或者拘役,并处销售金额百分之五十以上二倍以下罚金;对人体健康造成严重危害的,处三年以上十年以下有期徒刑,并处销售金额百分之五十以上二倍以下罚金;后果特别严重的,处十年以上有期徒刑或者无期徒刑,并处销售金额百分之五十以上二倍以下罚金或者没收财产。

第一百四十六条 【生产、销售不符合安全标准的产品罪】生产不符合保障人身、财产安全的国家标准、行业标准的电器、压力容器、易燃易爆产品或者其他不符合保障人身、财产安全的国家标准、行业标准的产品,或者销售明知是以上不符合保障人身、财产安全的国家标准、行业标准的产品,造成严重后果的,处五年以下有期徒刑,并处销售金额百分之五十以上二倍以下罚金;后果特别严重的,处五年以上有期徒刑,并处销售金额百分之五十以上二倍以下罚金。

第一百四十七条 【生产、销售伪劣农药、兽药、化肥、种子罪】生产假农药、假兽药、假化肥,销售明知是假的或者失去使用效能的农药、兽药、化肥、种子,或者生产者、销售者以不合格的农药、兽药、化肥、种子冒充合格的农药、兽药、化肥、种子,使生产遭受较大损失的,处三年以下有期徒刑或者拘役,并处或者单处销售金额百分之五十以上二倍以下罚金;使生产遭受重大损失的,处三年以上七年以下有期徒刑,并处销售金额百分之五十以上二倍以下罚金;使生产遭受特别重大损失的,处七年以上有期徒刑或者无期徒刑,并处销售金额百分之五十以上二倍以下罚金或者没收财产。

第一百四十八条 【生产、销售不符合卫生标准的化妆品罪】生产不符合卫生标准的化妆品,或者销售明知是不符合卫生标准的化妆品,造成严重后果的,处三年以下有期徒刑或者拘役,并处或者单处销售金额百分之五十以上二倍以下罚金。

第一百四十九条 【对生产、销售伪劣商品行为的法条适用原则】生产、销售本节第一百四十一条至第一百四十八条所列产品,不构成各该条规定的犯罪,但是销售金额在五万元以上的,依照本节第一百四十条的规定定罪处罚。

生产、销售本节第一百四十一条至第一百四十八条所列产品,构成各该条规定的犯罪,同时又构成本节第一百四十条规定之罪的,依照处罚较重的规定定罪处罚。

第一百五十条 【单位犯本节规定之罪的处罚规定】单位犯本节第一百四十条至第一百四十八条规定之罪的,对单位判处罚金,并对其直接负责的主管人员和其他直接责任人员,依照各该条的规定处罚。

第二节 走私罪

第一百五十一条 【走私武器、弹药罪;走私核材料罪;走私假币罪;走私文物罪;走私贵重金属罪;走私珍贵动物、珍贵动物制品罪;走私国家禁止进出口的货物、物品罪】走私武器、弹药、核材料或者伪造的货币的,处七年以上有期徒刑,并处罚金或者没收财产;情节特别严重的,处无期徒刑,并处没收财产;情节较轻的,处三年以上七年以下有期徒刑,并处罚金。

走私国家禁止出口的文物、黄金、白银和其他贵重金属或者国家禁止进出口的珍贵动物及其制品的,处五年以上十年以下有期徒刑,并处罚金;情节特别严重的,处十年以上有期徒刑或者无期徒刑,并处没收财产;情节较轻的,处五年以下有期徒刑,并处罚金。

走私珍稀植物及其制品等国家禁止进出口的其他货物、物品的,处五年以下有期徒刑或者拘役,并处或者单处罚金;情节严重的,处五年以上有期徒刑,并处罚金。

单位犯本条规定之罪的,对单位判处罚金,并对其直接负责的主管人员和其他直接责任人员,依照本条各款的规定处罚。

第一百五十二条 【走私淫秽物品罪;走私废物罪】以牟利或者传播为目的,走私淫秽的影片、录像带、录音带、图片、书刊或者其他淫秽物品的,处三年以上十年以下有期徒刑,并处罚金;情节严重的,处十年以上有期徒刑或者无期徒刑,并处罚金或者没收财产;情节较轻的,处三年以下有期徒刑、拘役或者管制,并处罚金。

逃避海关监管将境外固体废物、液态废物和气态废物运输进境,情节严重的,处五年以下有期徒刑,并处或者单处罚金;情节特别严重的,处五年以上有期徒刑,并处罚金。

单位犯前两款罪的,对单位判处罚金,并对其直接负责的主管人员和其他直接责任人员,依照前两款的规定处罚。

第一百五十三条 【走私普通货物、物品罪】走私本法第一百五十一条、第一百五十二条、第三百四十七条规定以外的货物、物品的,根据情节轻重,分别依照下列规定处罚:

(一)走私货物、物品偷逃应缴税额较大或者一年内曾因走私被给予二次行政处罚后又走私的,处三年以下有期徒刑或者拘役,并处偷逃应缴税额一倍以上五倍以下罚金。

(二)走私货物、物品偷逃应缴税额巨大或者有其他严重情节的,处三年以上十年以下有期徒刑,并处偷逃应缴税额一倍以上五倍以下罚金。

(三)走私货物、物品偷逃应缴税额特别巨大或者有其他特别严重情节的,处十年以上有期徒刑或者无期徒刑,并处偷逃应缴税额一倍以上五倍以下罚金或者没收财产。

单位犯前款罪的,对单位判处罚金,并对其直接负责的主管人员和其他直接责任人员,处三年以下有期徒刑或者拘役;情节严重的,处三年以上十年以下有期徒刑;情节特别严重的,处十年以上有期徒刑。

对多次走私未经处理的,按照累计走私货物、物品的偷逃应缴税额处罚。

第一百五十四条 【特殊形式的走私普通货物、物品罪】下列走私行为,根据本节规定构成犯罪的,依照本法第一百五十三条的规定定罪处罚:

(一)未经海关许可并且未补缴应缴税额,擅自将批准进口的来料加工、来件装配、补偿贸易的原材料、零件、制成品、设备等保税货物,在境内销售牟利的;

(二)未经海关许可并且未补缴应缴税额,擅自将特定减税、免税进口的货物、物品,在境内销售牟利的。

第一百五十五条 【间接走私行为以相应走私犯罪论处的规定】下列行为,以走私罪论处,依照本节的有关规定处罚:

(一)直接向走私人非法收购国家禁止进口物品的,或者直接向走私人非法收购走私进口的其他货物、物品,数额较大的;

(二)在内海、领海、界河、界湖运输、收购、贩卖国家禁止进出口物品的,或者运输、收购、贩卖国家限制进出口货物、物品,数额较大,没有合法证明的。

第一百五十六条 【走私共犯】与走私罪犯通谋,为其提供贷款、资金、账号①、发票、证明,或者为其提供运输、保管、邮寄或者其他方便的,以走私罪的共犯论处。

第一百五十七条 【武装掩护走私、抗拒缉私的处罚规定】武装掩护走私的,依照本法第一百五十一条第一款的规定从重处罚。

以暴力、威胁方法抗拒缉私的,以走私罪和本法第二百七十七条规定的阻碍国家机关工作

---

① 刑法正式文本中,此处为"帐号"。2002年3月31日,国家语言文字委员会试行《第一批异形词整理表》(GF 1001—2001),并做出阐释:"账"是"帐"的分化字。"账"用于货币和货物出入的记载、债务等,如"账本、报账、借账、还账"等;"帐"专表用布、纱、绸子等制成的遮蔽物,如"蚊帐、帐篷、青纱帐(比喻用法)"等。故在涉及货币和货物出入的记载、债务等时,本书统一改为"账"字。

人员依法执行职务罪,依照数罪并罚的规定处罚。

第三节　妨害对公司、企业的管理秩序罪

第一百五十八条　【虚报注册资本罪】申请公司登记使用虚假证明文件或者采取其他欺诈手段虚报注册资本,欺骗公司登记主管部门,取得公司登记,虚报注册资本数额巨大、后果严重或者有其他严重情节的,处三年以下有期徒刑或者拘役,并处或者单处虚报注册资本金额百分之一以上百分之五以下罚金。

单位犯前款罪的,对单位判处罚金,并对其直接负责的主管人员和其他直接责任人员,处三年以下有期徒刑或者拘役。

第一百五十九条　【虚假出资、抽逃出资罪】公司发起人、股东违反公司法的规定未交付货币、实物或者未转移财产权,虚假出资,或者在公司成立后又抽逃其出资,数额巨大、后果严重或者有其他严重情节的,处五年以下有期徒刑或者拘役,并处或者单处虚假出资金额或者抽逃出资金额百分之二以上百分之十以下罚金。

单位犯前款罪的,对单位判处罚金,并对其直接负责的主管人员和其他直接责任人员,处五年以下有期徒刑或者拘役。

第一百六十条　【欺诈发行证券罪】在招股说明书、认股书、公司、企业债券募集办法等发行文件中隐瞒重要事实或者编造重大虚假内容,发行股票或者公司、企业债券、存托凭证或者国务院依法认定的其他证券,数额巨大、后果严重或者有其他严重情节的,处五年以下有期徒刑或者拘役,并处或者单处罚金;数额特别巨大、后果特别严重或者有其他特别严重情节的,处五年以上有期徒刑,并处罚金。

控股股东、实际控制人组织、指使实施前款行为的,处五年以下有期徒刑或者拘役,并处或者单处非法募集资金金额百分之二十以上一倍以下罚金;数额特别巨大、后果特别严重或者有其他特别严重情节的,处五年以上有期徒刑,并处非法募集资金金额百分之二十以上一倍以下罚金。

单位犯前两款罪的,对单位判处非法募集资金金额百分之二十以上一倍以下罚金,并对其直接负责的主管人员和其他直接责任人员,依照第一款的规定处罚。

第一百六十一条　【违规披露、不披露重要信息罪】依法负有信息披露义务的公司、企业向股东和社会公众提供虚假的或者隐瞒重要事实的财务会计报告,或者对依法应当披露的其他重要信息不按照规定披露,严重损害股东或者其他人利益,或者有其他严重情节的,对其直接负责的主管人员和其他直接责任人员,处五年以下有期徒刑或者拘役,并处或者单处罚金;情节特别严重的,处五年以上十年以下有期徒刑,并处罚金。

前款规定的公司、企业的控股股东、实际控制人实施或者组织、指使实施前款行为的,或者隐瞒相关事项导致前款规定的情形发生的,依照前款的规定处罚。

犯前款罪的控股股东、实际控制人是单位的,对单位判处罚金,并对其直接负责的主管人员和其他直接责任人员,依照第一款的规定处罚。

第一百六十二条　【妨害清算罪】公司、企业进行清算时,隐匿财产,对资产负债表或者财产清单作虚伪记载或者在未清偿债务前分配公司、企业财产,严重损害债权人或者其他人利益的,对其直接负责的主管人员和其他直接责任人员,处五年以下有期徒刑或者拘役,并处或者单处二万元以上二十万元以下罚金。

第一百六十二条之一　【隐匿、故意销毁会计凭证、会计账簿、财务会计报告罪】隐匿或者

故意销毁依法应当保存的会计凭证、会计账簿、财务会计报告,情节严重的,处五年以下有期徒刑或者拘役,并处或者单处二万元以上二十万元以下罚金。

单位犯前款罪的,对单位判处罚金,并对其直接负责的主管人员和其他直接责任人员,依照前款的规定处罚。

第一百六十二条之二 【虚假破产罪】公司、企业通过隐匿财产、承担虚构的债务或者以其他方法转移、处分财产,实施虚假破产,严重损害债权人或者其他人利益的,对其直接负责的主管人员和其他直接责任人员,处五年以下有期徒刑或者拘役,并处或者单处二万元以上二十万元以下罚金。

第一百六十三条 【非国家工作人员受贿罪】公司、企业或者其他单位的工作人员,利用职务上的便利,索取他人财物或者非法收受他人财物,为他人谋取利益,数额较大的,处三年以下有期徒刑或者拘役,并处罚金;数额巨大或者有其他严重情节的,处三年以上十年以下有期徒刑,并处罚金;数额特别巨大或者有其他特别严重情节的,处十年以上有期徒刑或者无期徒刑,并处罚金。

公司、企业或者其他单位的工作人员在经济往来中,利用职务上的便利,违反国家规定,收受各种名义的回扣、手续费,归个人所有的,依照前款的规定处罚。

国有公司、企业或者其他国有单位中从事公务的人员和国有公司、企业或者其他国有单位委派到非国有公司、企业以及其他单位从事公务的人员有前两款行为的,依照本法第三百八十五条、第三百八十六条的规定定罪处罚。

第一百六十四条 【对非国家工作人员行贿罪;对外国公职人员、国际公共组织官员行贿罪】为谋取不正当利益,给予公司、企业或者其他单位的工作人员以财物,数额较大的,处三年以下有期徒刑或者拘役,并处罚金;数额巨大的,处三年以上十年以下有期徒刑,并处罚金。

为谋取不正当商业利益,给予外国公职人员或者国际公共组织官员以财物的,依照前款的规定处罚。

单位犯前两款罪的,对单位判处罚金,并对其直接负责的主管人员和其他直接责任人员,依照第一款的规定处罚。

行贿人在被追诉前主动交待行贿行为的,可以减轻处罚或者免除处罚。

第一百六十五条 【非法经营同类营业罪】国有公司、企业的董事、经理利用职务便利,自己经营或者为他人经营与其所任职公司、企业同类的营业,获取非法利益,数额巨大的,处三年以下有期徒刑或者拘役,并处或者单处罚金;数额特别巨大的,处三年以上七年以下有期徒刑,并处罚金。

第一百六十六条 【为亲友非法牟利罪】国有公司、企业、事业单位的工作人员,利用职务便利,有下列情形之一,使国家利益遭受重大损失的,处三年以下有期徒刑或者拘役,并处或者单处罚金;致使国家利益遭受特别重大损失的,处三年以上七年以下有期徒刑,并处罚金:

(一)将本单位的盈利业务交由自己的亲友进行经营的;

(二)以明显高于市场的价格向自己的亲友经营管理的单位采购商品或者以明显低于市场的价格向自己的亲友经营管理的单位销售商品的;

(三)向自己的亲友经营管理的单位采购不合格商品的。

第一百六十七条 【签订、履行合同失职被骗罪】国有公司、企业、事业单位直接负责的主管人员,在签订、履行合同过程中,因严重不负责任被诈骗,致使国家利益遭受重大损失的,处三年以下有期徒刑或者拘役;致使国家利益遭受特别重大损失的,处三年以上七年以下有期徒刑。

第一百六十八条 【国有公司、企业、事业单位人员失职罪;国有公司、企业、事业单位人员滥用职权罪】国有公司、企业的工作人员,由于严重不负责任或者滥用职权,造成国有公司、企业破产或者严重损失,致使国家利益遭受重大损失的,处三年以下有期徒刑或者拘役;致使国家利益遭受特别重大损失的,处三年以上七年以下有期徒刑。

国有事业单位的工作人员有前款行为,致使国家利益遭受重大损失的,依照前款的规定处罚。

国有公司、企业、事业单位的工作人员,徇私舞弊,犯前两款罪的,依照第一款的规定从重处罚。

第一百六十九条 【徇私舞弊低价折股、出售国有资产罪】国有公司、企业或者其上级主管部门直接负责的主管人员,徇私舞弊,将国有资产低价折股或者低价出售,致使国家利益遭受重大损失的,处三年以下有期徒刑或者拘役;致使国家利益遭受特别重大损失的,处三年以上七年以下有期徒刑。

第一百六十九条之一 【背信损害上市公司利益罪】上市公司的董事、监事、高级管理人员违背对公司的忠实义务,利用职务便利,操纵上市公司从事下列行为之一,致使上市公司利益遭受重大损失的,处三年以下有期徒刑或者拘役,并处或者单处罚金;致使上市公司利益遭受特别重大损失的,处三年以上七年以下有期徒刑,并处罚金:

(一)无偿向其他单位或者个人提供资金、商品、服务或者其他资产的;

(二)以明显不公平的条件,提供或者接受资金、商品、服务或者其他资产的;

(三)向明显不具有清偿能力的单位或者个人提供资金、商品、服务或者其他资产的;

(四)为明显不具有清偿能力的单位或者个人提供担保,或者无正当理由为其他单位或者个人提供担保的;

(五)无正当理由放弃债权、承担债务的;

(六)采用其他方式损害上市公司利益的。

上市公司的控股股东或者实际控制人,指使上市公司董事、监事、高级管理人员实施前款行为的,依照前款的规定处罚。

犯前款罪的上市公司的控股股东或者实际控制人是单位的,对单位判处罚金,并对其直接负责的主管人员和其他直接责任人员,依照第一款的规定处罚。

第四节 破坏金融管理秩序罪

第一百七十条 【伪造货币罪】伪造货币的,处三年以上十年以下有期徒刑,并处罚金;有下列情形之一的,处十年以上有期徒刑或者无期徒刑,并处罚金或者没收财产:

(一)伪造货币集团的首要分子;

(二)伪造货币数额特别巨大的;

(三)有其他特别严重情节的。

第一百七十一条 【出售、购买、运输假币罪;金融工作人员购买假币、以假币换取货币罪;伪造货币罪】出售、购买伪造的货币或者明知是伪造的货币而运输,数额较大的,处三年以下有期徒刑或者拘役,并处二万元以上二十万元以下罚金;数额巨大的,处三年以上十年以下有期徒刑,并处五万元以上五十万元以下罚金;数额特别巨大的,处十年以上有期徒刑或者无期徒刑,并处五万元以上五十万元以下罚金或者没收财产。

银行或者其他金融机构的工作人员购买伪造的货币或者利用职务上的便利,以伪造的货币换取货币的,处三年以上十年以下有期徒刑,并处二万元以上二十万元以下罚金;数额巨大或者有其他严重情节的,处十年以上有期徒刑或者无期徒刑,并处二万元以上二十万元以下罚金或者没收财产;情节较轻的,处三年以下有期徒刑或者拘役,并处或者单处一万元以上十万元以下罚金。

伪造货币并出售或者运输伪造的货币的,依照本法第一百七十条的规定定罪从重处罚。

第一百七十二条 【持有、使用假币罪】明知是伪造的货币而持有、使用,数额较大的,处三年以下有期徒刑或者拘役,并处或者单处一万元以上十万元以下罚金;数额巨大的,处三年以上十年以下有期徒刑,并处二万元以上二十万元以下罚金;数额特别巨大的,处十年以上有期徒刑,并处五万元以上五十万元以下罚金或者没收财产。

第一百七十三条 【变造货币罪】变造货币,数额较大的,处三年以下有期徒刑或者拘役,并处或者单处一万元以上十万元以下罚金;数额巨大的,处三年以上十年以下有期徒刑,并处二万元以上二十万元以下罚金。

第一百七十四条 【擅自设立金融机构罪;伪造、变造、转让金融机构经营许可证、批准文件罪】未经国家有关主管部门批准,擅自设立商业银行、证券交易所、期货交易所、证券公司、期货经纪公司、保险公司或者其他金融机构的,处三年以下有期徒刑或者拘役,并处或者单处二万元以上二十万元以下罚金;情节严重的,处三年以上十年以下有期徒刑,并处五万元以上五十万元以下罚金。

伪造、变造、转让商业银行、证券交易所、期货交易所、证券公司、期货经纪公司、保险公司或者其他金融机构的经营许可证或者批准文件的,依照前款的规定处罚。

单位犯前两款罪的,对单位判处罚金,并对其直接负责的主管人员和其他直接责任人员,依照第一款的规定处罚。

第一百七十五条 【高利转贷罪】以转贷牟利为目的,套取金融机构信贷资金高利转贷他人,违法所得数额较大的,处三年以下有期徒刑或者拘役,并处违法所得一倍以上五倍以下罚金;数额巨大的,处三年以上七年以下有期徒刑,并处违法所得一倍以上五倍以下罚金。

单位犯前款罪的,对单位判处罚金,并对其直接负责的主管人员和其他直接责任人员,处三年以下有期徒刑或者拘役。

第一百七十五条之一 【骗取贷款、票据承兑、金融票证罪】以欺骗手段取得银行或者其他金融机构贷款、票据承兑、信用证、保函等,给银行或者其他金融机构造成重大损失的,处三年以下有期徒刑或者拘役,并处或者单处罚金;给银行或者其他金融机构造成特别重大损失或者有其他特别严重情节的,处三年以上七年以下有期徒刑,并处罚金。

单位犯前款罪的,对单位判处罚金,并对其直接负责的主管人员和其他直接责任人员,依照前款的规定处罚。

第一百七十六条 【非法吸收公众存款罪】非法吸收公众存款或者变相吸收公众存款,扰乱金融秩序的,处三年以下有期徒刑或者拘役,并处或者单处罚金;数额巨大或者有其他严重情节的,处三年以上十年以下有期徒刑,并处罚金;数额特别巨大或者有其他特别严重情节的,处十年以上有期徒刑,并处罚金。

单位犯前款罪的,对单位判处罚金,并对其直接负责的主管人员和其他直接责任人员,依照前款的规定处罚。

有前两款行为,在提起公诉前积极退赃退赔,减少损害结果发生的,可以从轻或者减轻处罚。

第一百七十七条 【伪造、变造金融票证罪】有下列情形之一,伪造、变造金融票证的,处五年以下有期徒刑或者拘役,并处或者单处二万元以上二十万元以下罚金;情节严重的,处五年以上十年以下有期徒刑,并处五万元以上五十万元以下罚金;情节特别严重的,处十年以上有期徒刑或者无期徒刑,并处五万元以上五十万元以下罚金或者没收财产:

(一)伪造、变造汇票、本票、支票的;

(二)伪造、变造委托收款凭证、汇款凭证、银行存单等其他银行结算凭证的;

(三)伪造、变造信用证或者附随的单据、文件的;

(四)伪造信用卡的。

单位犯前款罪的,对单位判处罚金,并对其直接负责的主管人员和其他直接责任人员,依照前款的规定处罚。

第一百七十七条之一 【妨害信用卡管理罪;窃取、收买、非法提供信用卡信息罪】有下列情形之一,妨害信用卡管理的,处三年以下有期徒刑或者拘役,并处或者单处一万元以上十万元以下罚金;数量巨大或者有其他严重情节的,处三年以上十年以下有期徒刑,并处二万元以上二十万元以下罚金:

(一)明知是伪造的信用卡而持有、运输的,或者明知是伪造的空白信用卡而持有、运输,数量较大的;

(二)非法持有他人信用卡,数量较大的;

(三)使用虚假的身份证明骗领信用卡的;

(四)出售、购买、为他人提供伪造的信用卡或者以虚假的身份证明骗领的信用卡的。

窃取、收买或者非法提供他人信用卡信息资料的,依照前款规定处罚。

银行或者其他金融机构的工作人员利用职务上的便利,犯第二款罪的,从重处罚。

第一百七十八条 【伪造、变造国家有价证券罪;伪造、变造股票、公司、企业债券罪】伪造、变造国库券或者国家发行的其他有价证券,数额较大的,处三年以下有期徒刑或者拘役,并处或者单处二万元以上二十万元以下罚金;数额巨大的,处三年以上十年以下有期徒刑,并处五万元以上五十万元以下罚金;数额特别巨大的,处十年以上有期徒刑或者无期徒刑,并处五万元以上五十万元以下罚金或者没收财产。

伪造、变造股票或者公司、企业债券,数额较大的,处三年以下有期徒刑或者拘役,并处或者单处一万元以上十万元以下罚金;数额巨大的,处三年以上十年以下有期徒刑,并处二万元以上二十万元以下罚金。

单位犯前两款罪的,对单位判处罚金,并对其直接负责的主管人员和其他直接责任人员,依照前两款的规定处罚。

第一百七十九条 【擅自发行股票、公司、企业债券罪】未经国家有关主管部门批准,擅自发行股票或者公司、企业债券,数额巨大、后果严重或者有其他严重情节的,处五年以下有期徒刑或者拘役,并处或者单处非法募集资金金额百分之一以上百分之五以下罚金。

单位犯前款罪的,对单位判处罚金,并对其直接负责的主管人员和其他直接责任人员,处五年以下有期徒刑或者拘役。

第一百八十条 【内幕交易、泄露内幕信息罪;利用未公开信息交易罪】证券、期货交易内幕信息的知情人员或者非法获取证券、期货交易内幕信息的人员,在涉及证券的发行,证券、期货交易或者其他对证券、期货交易价格有重大影响的信息尚未公开前,买入或者卖出该证券,或者从事与该内幕信息有关的期货交易,或者泄露该信息,或者明示、暗示他人从事上述交易活动,情节严重的,处五年以下有期徒刑或者拘役,并处或者单处违法所得一倍以上五倍以下罚金;情节特别严重的,处五年以上十年以下有期徒刑,并处违法所得一倍以上五倍以下罚金。

单位犯前款罪的,对单位判处罚金,并对其直接负责的主管人员和其他直接责任人员,处五年以下有期徒刑或者拘役。

内幕信息、知情人员的范围,依照法律、行政法规的规定确定。

证券交易所、期货交易所、证券公司、期货经纪公司、基金管理公司、商业银行、保险公司等金融机构的从业人员以及有关监管部门或者行业协会的工作人员,利用因职务便利获取的内幕信息以外的其他未公开的信息,违反规定,从事与该信息相关的证券、期货交易活动,或者明示、暗示他人从事相关交易活动,情节严重的,依照第一款的规定处罚。

第一百八十一条 【编造并传播证券、期货交易虚假信息罪;诱骗投资者买卖证券、期货合约罪】编造并且传播影响证券、期货交易的虚假信息,扰乱证券、期货交易市场,造成严重后果的,处五年以下有期徒刑或者拘役,并处或者单处一万元以上十万元以下罚金。

证券交易所、期货交易所、证券公司、期货经纪公司的从业人员,证券业协会、期货业协会或者证券期货监督管理部门的工作人员,故意提供虚假信息或者伪造、变造、销毁交易记录,诱骗投资者买卖证券、期货合约,造成严重后果的,处五年以下有期徒刑或者拘役,并处或者单处一万元以上十万元以下罚金;情节特别恶劣的,处五年以上十年以下有期徒刑,并处二万元以上二十万元以下罚金。

单位犯前两款罪的,对单位判处罚金,并对其直接负责的主管人员和其他直接责任人员,处五年以下有期徒刑或者拘役。

第一百八十二条 【操纵证券、期货市场罪】有下列情形之一,操纵证券、期货市场,影响证券、期货交易价格或者证券、期货交易量,情节严重的,处五年以下有期徒刑或者拘役,并处或者单处罚金;情节特别严重的,处五年以上十年以下有期徒刑,并处罚金:

(一)单独或者合谋,集中资金优势、持股或者持仓优势或者利用信息优势联合或者连续买卖的;

(二)与他人串通,以事先约定的时间、价格和方式相互进行证券、期货交易的;

(三)在自己实际控制的账户之间进行证券交易,或者以自己为交易对象,自买自卖期货合约的;

(四)不以成交为目的,频繁或者大量申报买入、卖出证券、期货合约并撤销申报的;

(五)利用虚假或者不确定的重大信息,诱导投资者进行证券、期货交易的;

(六)对证券、证券发行人、期货交易标的公开作出评价、预测或者投资建议,同时进行反向证券交易或者相关期货交易的;

(七)以其他方法操纵证券、期货市场的。

单位犯前款罪的,对单位判处罚金,并对其直接负责的主管人员和其他直接责任人员,依照前款的规定处罚。

第一百八十三条 【职务侵占罪;贪污罪】保险公司的工作人员利用职务上的便利,故意编造未曾发生的保险事故进行虚假理赔,骗取保险金归自己所有的,依照本法第二百七十一条的规定定罪处罚。

国有保险公司工作人员和国有保险公司委派到非国有保险公司从事公务的人员有前款行为的,依照本法第三百八十二条、第三百八十三条的规定定罪处罚。

第一百八十四条 【公司、企业人员受贿罪】银行或者其他金融机构的工作人员在金融业务活动中索取他人财物或者非法收受他人财物,为他人谋取利益的,或者违反国家规定,收受各种名义的回扣、手续费,归个人所有的,依照本法第一百六十三条的规定定罪处罚。

国有金融机构工作人员和国有金融机构委派到非国有金融机构从事公务的人员有前款行为的,依照本法第三百八十五条、第三百八十六条的规定定罪处罚。

第一百八十五条 【挪用资金罪、挪用公款罪】商业银行、证券交易所、期货交易所、证券公司、期货经纪公司、保险公司或者其他金融机构的工作人员利用职务上的便利,挪用本单位或者客户资金的,依照本法第二百七十二条的规定定罪处罚。

国有商业银行、证券交易所、期货交易所、证券公司、期货经纪公司、保险公司或者其他国有金融机构的工作人员和国有商业银行、证券交易所、期货交易所、证券公司、期货经纪公司、保险公司或者其他国有金融机构委派到前款规定中的非国有机构从事公务的人员有前款行为的,依照本法第三百八十四条的规定定罪处罚。

第一百八十五条之一 【背信运用受托财产罪;违法运用资金罪】商业银行、证券交易所、期货交易所、证券公司、期货经纪公司、保险公司或者其他金融机构,违背受托义务,擅自运用客户资金或者其他委托、信托的财产,情节严重的,对单位判处罚金,并对其直接负责的主管人员和其他直接责任人员,处三年以下有期徒刑或者拘役,并处三万元以上三十万元以下罚金;情节特别严重的,处三年以上十年以下有期徒刑,并处五万元以上五十万元以下罚金。

社会保障基金管理机构、住房公积金管理机构等公众资金管理机构,以及保险公司、保险资产管理公司、证券投资基金管理公司,违反国家规定运用资金的,对其直接负责的主管人员和其他直接责任人员,依照前款的规定处罚。

第一百八十六条 【违法发放贷款罪】银行或者其他金融机构的工作人员违反国家规定发放贷款,数额巨大或者造成重大损失的,处五年以下有期徒刑或者拘役,并处一万元以上十万元以下罚金;数额特别巨大或者造成特别重大损失的,处五年以上有期徒刑,并处二万元以上二十万元以下罚金。

银行或者其他金融机构的工作人员违反国家规定,向关系人发放贷款的,依照前款的规定从重处罚。

单位犯前两款罪的,对单位判处罚金,并对其直接负责的主管人员和其他直接责任人员,依照前两款的规定处罚。

关系人的范围,依照《中华人民共和国商业银行法》和有关金融法规确定。

第一百八十七条 【吸收客户资金不入账罪】银行或者其他金融机构的工作人员吸收客户资金不入账,数额巨大或者造成重大损失的,处五年以下有期徒刑或者拘役,并处二万元以上二十万元以下罚金;数额特别巨大或者造成特别重大损失的,处五年以上有期徒刑,并处五万元以上五十万元以下罚金。

单位犯前款罪的,对单位判处罚金,并对其直接负责的主管人员和其他直接责任人员,依照前款的规定处罚。

第一百八十八条 【违规出具金融票证罪】银行或者其他金融机构的工作人员违反规定,

为他人出具信用证或者其他保函、票据、存单、资信证明,情节严重的,处五年以下有期徒刑或者拘役;情节特别严重的,处五年以上有期徒刑。

单位犯前款罪的,对单位判处罚金,并对其直接负责的主管人员和其他直接责任人员,依照前款的规定处罚。

第一百八十九条 【对违法票据承兑、付款、保证罪】银行或者其他金融机构的工作人员在票据业务中,对违反票据法规定的票据予以承兑、付款或者保证,造成重大损失的,处五年以下有期徒刑或者拘役;造成特别重大损失的,处五年以上有期徒刑。

单位犯前款罪的,对单位判处罚金,并对其直接负责的主管人员和其他直接责任人员,依照前款的规定处罚。

第一百九十条 【逃汇罪】国有公司、企业或者其他国有单位,违反国家规定,擅自将外汇存放境外,或者将境内的外汇非法转移到境外,情节严重的,对单位判处罚金,并对其直接负责的主管人员和其他直接责任人员,处五年以下有期徒刑或者拘役。

第一百九十一条 【洗钱罪】为掩饰、隐瞒毒品犯罪、黑社会性质的组织犯罪、恐怖活动犯罪、走私犯罪、贪污贿赂犯罪、破坏金融管理秩序犯罪、金融诈骗犯罪的所得及其产生的收益的来源和性质,有下列行为之一,没收实施以上犯罪的所得及其产生的收益,处五年以下有期徒刑或者拘役,并处或者单处罚金;情节严重的,处五年以上十年以下有期徒刑,并处罚金:

(一)提供资金账户的;
(二)将财产转换为现金、金融票据、有价证券的;
(三)通过转账或者其他支付结算方式转移资金的;
(四)跨境转移资产的;
(五)以其他方法掩饰、隐瞒犯罪所得及其收益的来源和性质的。

单位犯前款罪的,对单位判处罚金,并对其直接负责的主管人员和其他直接责任人员,依照前款的规定处罚。

第五节 金融诈骗罪

第一百九十二条 【集资诈骗罪】以非法占有为目的,使用诈骗方法非法集资,数额较大的,处三年以上七年以下有期徒刑,并处罚金;数额巨大或者有其他严重情节的,处七年以上有期徒刑或者无期徒刑,并处罚金或者没收财产。

单位犯前款罪的,对单位判处罚金,并对其直接负责的主管人员和其他直接责任人员,依照前款的规定处罚。

第一百九十三条 【贷款诈骗罪】有下列情形之一,以非法占有为目的,诈骗银行或者其他金融机构的贷款,数额较大的,处五年以下有期徒刑或者拘役,并处二万元以上二十万元以下罚金;数额巨大或者有其他严重情节的,处五年以上十年以下有期徒刑,并处五万元以上五十万元以下罚金;数额特别巨大或者有其他特别严重情节的,处十年以上有期徒刑或者无期徒刑,并处五万元以上五十万元以下罚金或者没收财产:

(一)编造引进资金、项目等虚假理由的;
(二)使用虚假的经济合同的;
(三)使用虚假的证明文件的;
(四)使用虚假的产权证明作担保或者超出抵押物价值重复担保的;
(五)以其他方法诈骗贷款的。

第一百九十四条 【票据诈骗罪;金融凭证诈骗罪】有下列情形之一,进行金融票据诈骗活动,数额较大的,处五年以下有期徒刑或者拘役,并处二万元以上二十万元以下罚金;数额巨大或者有其他严重情节的,处五年以上十年以下有期徒刑,并处五万元以上五十万元以下罚金;数额特别巨大或者有其他特别严重情节的,处十年以上有期徒刑或者无期徒刑,并处五万元以上五十万元以下罚金或者没收财产:

(一)明知是伪造、变造的汇票、本票、支票而使用的;

(二)明知是作废的汇票、本票、支票而使用的;

(三)冒用他人的汇票、本票、支票的;

(四)签发空头支票或者与其预留印鉴不符的支票,骗取财物的;

(五)汇票、本票的出票人签发无资金保证的汇票、本票或者在出票时作虚假记载,骗取财物的。

使用伪造、变造的委托收款凭证、汇款凭证、银行存单等其他银行结算凭证的,依照前款的规定处罚。

第一百九十五条 【信用证诈骗罪】有下列情形之一,进行信用证诈骗活动的,处五年以下有期徒刑或者拘役,并处二万元以上二十万元以下罚金;数额巨大或者有其他严重情节的,处五年以上十年以下有期徒刑,并处五万元以上五十万元以下罚金;数额特别巨大或者有其他特别严重情节的,处十年以上有期徒刑或者无期徒刑,并处五万元以上五十万元以下罚金或者没收财产:

(一)使用伪造、变造的信用证或者附随的单据、文件的;

(二)使用作废的信用证的;

(三)骗取信用证的;

(四)以其他方法进行信用证诈骗活动的。

第一百九十六条 【信用卡诈骗罪;盗窃罪】有下列情形之一,进行信用卡诈骗活动,数额较大的,处五年以下有期徒刑或者拘役,并处二万元以上二十万元以下罚金;数额巨大或者有其他严重情节的,处五年以上十年以下有期徒刑,并处五万元以上五十万元以下罚金;数额特别巨大或者有其他特别严重情节的,处十年以上有期徒刑或者无期徒刑,并处五万元以上五十万元以下罚金或者没收财产:

(一)使用伪造的信用卡,或者使用以虚假的身份证明骗领的信用卡的;

(二)使用作废的信用卡的;

(三)冒用他人信用卡的;

(四)恶意透支的。

前款所称恶意透支,是指持卡人以非法占有为目的,超过规定限额或者规定期限透支,并且经发卡银行催收后仍不归还的行为。

盗窃信用卡并使用的,依照本法第二百六十四条的规定定罪处罚。

第一百九十七条 【有价证券诈骗罪】使用伪造、变造的国库券或者国家发行的其他有价证券,进行诈骗活动,数额较大的,处五年以下有期徒刑或者拘役,并处二万元以上二十万元以下罚金;数额巨大或者有其他严重情节的,处五年以上十年以下有期徒刑,并处五万元以上五十万元以下罚金;数额特别巨大或者有其他特别严重情节的,处十年以上有期徒刑或者无期徒刑,并处五万元以上五十万元以下罚金或者没收财产。

第一百九十八条 【保险诈骗罪】有下列情形之一,进行保险诈骗活动,数额较大的,处五年以下有期徒刑或者拘役,并处一万元以上十万元以下罚金;数额巨大或者有其他严重情节的,处五年以上十年以下有期徒刑,并处二万元以上二十万元以下罚金;数额特别巨大或者有其他特别严重情节的,处十年以上有期徒刑,并处二万元以上二十万元以下罚金或者没收财产:

(一)投保人故意虚构保险标的,骗取保险金的;

(二)投保人、被保险人或者受益人对发生的保险事故编造虚假的原因或者夸大损失的程度,骗取保险金的;

(三)投保人、被保险人或者受益人编造未曾发生的保险事故,骗取保险金的;

(四)投保人、被保险人故意造成财产损失的保险事故,骗取保险金的;

(五)投保人、受益人故意造成被保险人死亡、伤残或者疾病,骗取保险金的。

有前款第四项、第五项所列行为,同时构成其他犯罪的,依照数罪并罚的规定处罚。

单位犯第一款罪的,对单位判处罚金,并对其直接负责的主管人员和其他直接责任人员,处五年以下有期徒刑或者拘役;数额巨大或者有其他严重情节的,处五年以上十年以下有期徒刑;数额特别巨大或者有其他特别严重情节的,处十年以上有期徒刑。

保险事故的鉴定人、证明人、财产评估人故意提供虚假的证明文件,为他人诈骗提供条件的,以保险诈骗的共犯论处。

第二百条 【单位犯金融诈骗罪的处罚规定】单位犯本节第一百九十四条、第一百九十五条规定之罪的,对单位判处罚金,并对其直接负责的主管人员和其他直接责任人员,处五年以下有期徒刑或者拘役,可以并处罚金;数额巨大或者有其他严重情节的,处五年以上十年以下有期徒刑,并处罚金;数额特别巨大或者有其他特别严重情节的,处十年以上有期徒刑或者无期徒刑,并处罚金。

第六节 危害税收征管罪

第二百零一条 【逃税罪】纳税人采取欺骗、隐瞒手段进行虚假纳税申报或者不申报,逃避缴纳税款数额较大并且占应纳税额百分之十以上的,处三年以下有期徒刑或者拘役,并处罚金;数额巨大并且占应纳税额百分之三十以上的,处三年以上七年以下有期徒刑,并处罚金。

扣缴义务人采取前款所列手段,不缴或者少缴已扣、已收税款,数额较大的,依照前款的规定处罚。

对多次实施前两款行为,未经处理的,按照累计数额计算。

有第一款行为,经税务机关依法下达追缴通知后,补缴应纳税款,缴纳滞纳金,已受行政处罚的,不予追究刑事责任;但是,五年内因逃避缴纳税款受过刑事处罚或者被税务机关给予二次以上行政处罚的除外。

第二百零二条 【抗税罪】以暴力、威胁方法拒不缴纳税款的,处三年以下有期徒刑或者拘役,并处拒缴税款一倍以上五倍以下罚金;情节严重的,处三年以上七年以下有期徒刑,并处拒缴税款一倍以上五倍以下罚金。

第二百零三条 【逃避追缴欠税罪】纳税人欠缴应纳税款,采取转移或者隐匿财产的手段,致使税务机关无法追缴欠缴的税款,数额在一万元以上不满十万元的,处三年以下有期徒刑或者拘役,并处或者单处欠缴税款一倍以上五倍以下罚金;数额在十万元以上的,处三年以上七年以下有期徒刑,并处欠缴税款一倍以上五倍以下罚金。

第二百零四条 【骗取出口退税罪;逃税罪】以假报出口或者其他欺骗手段,骗取国家出口退税款,数额较大的,处五年以下有期徒刑或者拘役,并处骗取税款一倍以上五倍以下罚金;数额巨大或者有其他严重情节的,处五年以上十年以下有期徒刑,并处骗取税款一倍以上五倍以下罚金;数额特别巨大或者有其他特别严重情节的,处十年以上有期徒刑或者无期徒刑,并处骗取税款一倍以上五倍以下罚金或者没收财产。

纳税人缴纳税款后,采取前款规定的欺骗方法,骗取所缴纳的税款的,依照本法第二百零一条的规定定罪处罚;骗取税款超过所缴纳的税款部分,依照前款的规定处罚。

第二百零五条 【虚开增值税专用发票、用于骗取出口退税、抵扣税款发票罪】虚开增值税专用发票或者虚开用于骗取出口退税、抵扣税款的其他发票的,处三年以下有期徒刑或者拘役,并处二万元以上二十万元以下罚金;虚开的税款数额较大或者有其他严重情节的,处三年以上十年以下有期徒刑,并处五万元以上五十万元以下罚金;虚开的税款数额巨大或者有其他特别严重情节的,处十年以上有期徒刑或者无期徒刑,并处五万元以上五十万元以下罚金或者没收财产。

单位犯本条规定之罪的,对单位判处罚金,并对其直接负责的主管人员和其他直接责任人员,处三年以下有期徒刑或者拘役;虚开的税款数额较大或者有其他严重情节的,处三年以上十年以下有期徒刑;虚开的税款数额巨大或者有其他特别严重情节的,处十年以上有期徒刑或者无期徒刑。

虚开增值税专用发票或者虚开用于骗取出口退税、抵扣税款的其他发票,是指有为他人虚开、为自己虚开、让他人为自己虚开、介绍他人虚开行为之一的。

第二百零五条之一 【虚开发票罪】虚开本法第二百零五条规定以外的其他发票,情节严重的,处二年以下有期徒刑、拘役或者管制,并处罚金;情节特别严重的,处二年以上七年以下有期徒刑,并处罚金。

单位犯前款罪的,对单位判处罚金,并对其直接负责的主管人员和其他直接责任人员,依照前款的规定处罚。

第二百零六条 【伪造、出售伪造的增值税专用发票罪】伪造或者出售伪造的增值税专用发票的,处三年以下有期徒刑、拘役或者管制,并处二万元以上二十万元以下罚金;数量较大或者有其他严重情节的,处三年以上十年以下有期徒刑,并处五万元以上五十万元以下罚金;数量巨大或者有其他特别严重情节的,处十年以上有期徒刑或者无期徒刑,并处五万元以上五十万元以下罚金或者没收财产。

单位犯本条规定之罪的,对单位判处罚金,并对其直接负责的主管人员和其他直接责任人员,处三年以下有期徒刑、拘役或者管制;数量较大或者有其他严重情节的,处三年以上十年以下有期徒刑;数量巨大或者有其他特别严重情节的,处十年以上有期徒刑或者无期徒刑。

第二百零七条 【非法出售增值税专用发票罪】非法出售增值税专用发票的,处三年以下有期徒刑、拘役或者管制,并处二万元以上二十万元以下罚金;数量较大的,处三年以上十年以下有期徒刑,并处五万元以上五十万元以下罚金;数量巨大的,处十年以上有期徒刑或者无期徒刑,并处五万元以上五十万元以下罚金或者没收财产。

第二百零八条 【非法购买增值税专用发票、购买伪造的增值税专用发票罪】非法购买增值税专用发票或者购买伪造的增值税专用发票的,处五年以下有期徒刑或者拘役,并处或者单处二万元以上二十万元以下罚金。

非法购买增值税专用发票或者购买伪造的增值税专用发票又虚开或者出售的,分别依照本法第二百零五条、第二百零六条、第二百零七条的规定定罪处罚。

第二百零九条 【非法制造、出售非法制造的用于骗取出口退税、抵扣税款发票罪;非法制造、出售非法制造的发票罪;非法出售用于骗取出口退税、抵扣税款发票罪;非法出售发票罪】伪造、擅自制造或者出售伪造、擅自制造的可以用于骗取出口退税、抵扣税款的其他发票的,处三年以下有期徒刑、拘役或者管制,并处二万元以上二十万元以下罚金;数量巨大的,处三年以上七年以下有期徒刑,并处五万元以上五十万元以下罚金;数量特别巨大的,处七年以上有期徒刑,并处五万元以上五十万元以下罚金或者没收财产。

伪造、擅自制造或者出售伪造、擅自制造的前款规定以外的其他发票的,处二年以下有期徒刑、拘役或者管制,并处或者单处一万元以上五万元以下罚金;情节严重的,处二年以上七年以下有期徒刑,并处五万元以上五十万元以下罚金。

非法出售可以用于骗取出口退税、抵扣税款的其他发票的,依照第一款的规定处罚。

非法出售第三款规定以外的其他发票的,依照第二款的规定处罚。

第二百一十条 【盗窃罪;诈骗罪】盗窃增值税专用发票或者可以用于骗取出口退税、抵扣税款的其他发票的,依照本法第二百六十四条的规定定罪处罚。

使用欺骗手段骗取增值税专用发票或者可以用于骗取出口退税、抵扣税款的其他发票的,依照本法第二百六十六条的规定定罪处罚。

第二百一十条之一 【持有伪造的发票罪】明知是伪造的发票而持有,数量较大的,处二年以下有期徒刑、拘役或者管制,并处罚金;数量巨大的,处二年以上七年以下有期徒刑,并处罚金。

单位犯前款罪的,对单位判处罚金,并对其直接负责的主管人员和其他直接责任人员,依照前款的规定处罚。

第二百一十一条 【单位犯危害税收征管罪的处罚规定】单位犯本节第二百零一条、第二百零三条、第二百零四条、第二百零七条、第二百零八条、第二百零九条规定之罪的,对单位判处罚金,并对其直接负责的主管人员和其他直接责任人员,依照各该条的规定处罚。

第二百一十二条 【税务机关征缴优先原则】犯本节第二百零一条至第二百零五条规定之罪,被判处罚金、没收财产的,在执行前,应当先由税务机关追缴税款和所骗取的出口退税款。

第七节 侵犯知识产权罪

第二百一十三条 【假冒注册商标罪】未经注册商标所有人许可,在同一种商品、服务上使用与其注册商标相同的商标,情节严重的,处三年以下有期徒刑,并处或者单处罚金;情节特别严重的,处三年以上十年以下有期徒刑,并处罚金。

第二百一十四条 【销售假冒注册商标的商品罪】销售明知是假冒注册商标的商品,违法所得数额较大或者有其他严重情节的,处三年以下有期徒刑,并处或者单处罚金;违法所得数额巨大或者有其他特别严重情节的,处三年以上十年以下有期徒刑,并处罚金。

第二百一十五条 【非法制造、销售非法制造的注册商标标识罪】伪造、擅自制造他人注册商标标识或者销售伪造、擅自制造的注册商标标识,情节严重的,处三年以下有期徒刑,并处或者单处罚金;情节特别严重的,处三年以上十年以下有期徒刑,并处罚金。

第二百一十六条 【假冒专利罪】假冒他人专利,情节严重的,处三年以下有期徒刑或者拘役,并处或者单处罚金。

第二百一十七条 【侵犯著作权罪】以营利为目的,有下列侵犯著作权或者与著作权有关的权利的情形之一,违法所得数额较大或者有其他严重情节的,处三年以下有期徒刑,并处或者单处罚金;违法所得数额巨大或者有其他特别严重情节的,处三年以上十年以下有期徒刑,并处罚金:

(一)未经著作权人许可,复制发行、通过信息网络向公众传播其文字作品、音乐、美术、视听作品、计算机软件及法律、行政法规规定的其他作品的;

(二)出版他人享有专有出版权的图书的;

(三)未经录音录像制作者许可,复制发行、通过信息网络向公众传播其制作的录音录像的;

(四)未经表演者许可,复制发行录有其表演的录音录像制品,或者通过信息网络向公众传播其表演的;

(五)制作、出售假冒他人署名的美术作品的;

(六)未经著作权人或者与著作权有关的权利人许可,故意避开或者破坏权利人为其作品、录音录像制品等采取的保护著作权或者与著作权有关的权利的技术措施的。

第二百一十八条 【销售侵权复制品罪】以营利为目的,销售明知是本法第二百一十七条规定的侵权复制品,违法所得数额巨大或者有其他严重情节的,处五年以下有期徒刑,并处或者单处罚金。

第二百一十九条 【侵犯商业秘密罪】有下列侵犯商业秘密行为之一,情节严重的,处三年以下有期徒刑,并处或者单处罚金;情节特别严重的,处三年以上十年以下有期徒刑,并处罚金:

(一)以盗窃、贿赂、欺诈、胁迫、电子侵入或者其他不正当手段获取权利人的商业秘密的;

(二)披露、使用或者允许他人使用以前项手段获取的权利人的商业秘密的;

(三)违反保密义务或者违反权利人有关保守商业秘密的要求,披露、使用或者允许他人使用其所掌握的商业秘密的。

明知前款所列行为,获取、披露、使用或者允许他人使用该商业秘密的,以侵犯商业秘密论。

本条所称权利人,是指商业秘密的所有人和经商业秘密所有人许可的商业秘密使用人。

第二百一十九条之一 【为境外窃取、刺探、收买、非法提供商业秘密罪】为境外的机构、组织、人员窃取、刺探、收买、非法提供商业秘密的,处五年以下有期徒刑,并处或者单处罚金;情节严重的,处五年以上有期徒刑,并处罚金。

第二百二十条 【单位犯侵犯知识产权罪的处罚规定】单位犯本节第二百一十三条至第二百一十九条之一规定之罪,对单位判处罚金,并对其直接负责的主管人员和其他直接责任人员,依照本节各该条的规定处罚。

第八节 扰乱市场秩序罪

第二百二十一条 【损害商业信誉、商品声誉罪】捏造并散布虚伪事实,损害他人的商业信誉、商品声誉,给他人造成重大损失或者有其他严重情节的,处二年以下有期徒刑或者拘役,并处或者单处罚金。

第二百二十二条 【虚假广告罪】广告主、广告经营者、广告发布者违反国家规定,利用广告对商品或者服务作虚假宣传,情节严重的,处二年以下有期徒刑或者拘役,并处或者单处罚金。

第二百二十三条 【串通投标罪】投标人相互串通投标报价,损害招标人或者其他投标人利益,情节严重的,处三年以下有期徒刑或者拘役,并处或者单处罚金。

投标人与招标人串通投标,损害国家、集体、公民的合法利益的,依照前款的规定处罚。

第二百二十四条 【合同诈骗罪】有下列情形之一,以非法占有为目的,在签订、履行合同过程中,骗取对方当事人财物,数额较大的,处三年以下有期徒刑或者拘役,并处或者单处罚金;数额巨大或者有其他严重情节的,处三年以上十年以下有期徒刑,并处罚金;数额特别巨大或者有其他特别严重情节的,处十年以上有期徒刑或者无期徒刑,并处罚金或者没收财产:

(一)以虚构的单位或者冒用他人名义签订合同的;

(二)以伪造、变造、作废的票据或者其他虚假的产权证明作担保的;

(三)没有实际履行能力,以先履行小额合同或者部分履行合同的方法,诱骗对方当事人继续签订和履行合同的;

(四)收受对方当事人给付的货物、货款、预付款或者担保财产后逃匿的;

(五)以其他方法骗取对方当事人财物的。

第二百二十四条之一 【组织、领导传销活动罪】组织、领导以推销商品、提供服务等经营活动为名,要求参加者以缴纳费用或者购买商品、服务等方式获得加入资格,并按照一定顺序组成层级,直接或者间接以发展人员的数量作为计酬或者返利依据,引诱、胁迫参加者继续发展他人参加,骗取财物,扰乱经济社会秩序的传销活动的,处五年以下有期徒刑或者拘役,并处罚金;情节严重的,处五年以上有期徒刑,并处罚金。

第二百二十五条 【非法经营罪】违反国家规定,有下列非法经营行为之一,扰乱市场秩序,情节严重的,处五年以下有期徒刑或者拘役,并处或者单处违法所得一倍以上五倍以下罚金;情节特别严重的,处五年以上有期徒刑,并处违法所得一倍以上五倍以下罚金或者没收财产:

(一)未经许可经营法律、行政法规规定的专营、专卖物品或者其他限制买卖的物品的;

(二)买卖进出口许可证、进出口原产地证明以及其他法律、行政法规规定的经营许可证或者批准文件的;

(三)未经国家有关主管部门批准非法经营证券、期货、保险业务的,或者非法从事资金支付结算业务的;

(四)其他严重扰乱市场秩序的非法经营行为。

第二百二十六条 【强迫交易罪】以暴力、威胁手段,实施下列行为之一,情节严重的,处三年以下有期徒刑或者拘役,并处或者单处罚金;情节特别严重的,处三年以上七年以下有期徒刑,并处罚金:

(一)强买强卖商品的;

(二)强迫他人提供或者接受服务的;

(三)强迫他人参与或者退出投标、拍卖的;

(四)强迫他人转让或者收购公司、企业的股份、债券或者其他资产的;

(五)强迫他人参与或者退出特定的经营活动的。

第二百二十七条 【伪造、倒卖伪造的有价票证罪;倒卖车票、船票罪】伪造或者倒卖伪造的车票、船票、邮票或者其他有价票证,数额较大的,处二年以下有期徒刑、拘役或者管制,并处或者单处票证价额一倍以上五倍以下罚金;数额巨大的,处二年以上七年以下有期徒刑,并处票证价额一倍以上五倍以下罚金。

倒卖车票、船票,情节严重的,处三年以下有期徒刑、拘役或者管制,并处或者单处票证价额一倍以上五倍以下罚金。

第二百二十八条 【非法转让、倒卖土地使用权罪】以牟利为目的,违反土地管理法规,非法转让、倒卖土地使用权,情节严重的,处三年以下有期徒刑或者拘役,并处或者单处非法转让、倒卖土地使用权价额百分之五以上百分之二十以下罚金;情节特别严重的,处三年以上七年以下有期徒刑,并处非法转让、倒卖土地使用权价额百分之五以上百分之二十以下罚金。

第二百二十九条 【提供虚假证明文件罪;出具证明文件重大失实罪】承担资产评估、验资、验证、会计、审计、法律服务、保荐、安全评价、环境影响评价、环境监测等职责的中介组织的人员故意提供虚假证明文件,情节严重的,处五年以下有期徒刑或者拘役,并处罚金;有下列情形之一的,处五年以上十年以下有期徒刑,并处罚金:

(一)提供与证券发行相关的虚假的资产评估、会计、审计、法律服务、保荐等证明文件,情节特别严重的;

(二)提供与重大资产交易相关的虚假的资产评估、会计、审计等证明文件,情节特别严重的;

(三)在涉及公共安全的重大工程、项目中提供虚假的安全评价、环境影响评价等证明文件,致使公共财产、国家和人民利益遭受特别重大损失的。

有前款行为,同时索取他人财物或者非法收受他人财物构成犯罪的,依照处罚较重的规定定罪处罚。

第一款规定的人员,严重不负责任,出具的证明文件有重大失实,造成严重后果的,处三年以下有期徒刑或者拘役,并处或者单处罚金。

第二百三十条 【逃避商检罪】违反进出口商品检验法的规定,逃避商品检验,将必须经商检机构检验的进口商品未报经检验而擅自销售、使用,或者将必须经商检机构检验的出口商品未报经检验合格而擅自出口,情节严重的,处三年以下有期徒刑或者拘役,并处或者单处罚金。

第二百三十一条 【单位犯扰乱市场秩序罪的处罚规定】单位犯本节第二百二十一条至第二百三十条规定之罪的,对单位判处罚金,并对其直接负责的主管人员和其他直接责任人员,依照本节各该条的规定处罚。

第四章 侵犯公民人身权利、民主权利罪

第二百三十二条 【故意杀人罪】故意杀人的,处死刑、无期徒刑或者十年以上有期徒刑;情节较轻的,处三年以上十年以下有期徒刑。

第二百三十三条 【过失致人死亡罪】过失致人死亡的,处三年以上七年以下有期徒刑;情节较轻的,处三年以下有期徒刑。本法另有规定的,依照规定。

第二百三十四条 【故意伤害罪】故意伤害他人身体的,处三年以下有期徒刑、拘役或者管制。

犯前款罪,致人重伤的,处三年以上十年以下有期徒刑;致人死亡或者以特别残忍手段致人重伤造成严重残疾的,处十年以上有期徒刑、无期徒刑或者死刑。本法另有规定的,依照规定。

第二百三十四条之一 【组织出卖人体器官罪】组织他人出卖人体器官的,处五年以下有期徒刑,并处罚金;情节严重的,处五年以上有期徒刑,并处罚金或者没收财产。

未经本人同意摘取其器官,或者摘取不满十八周岁的人的器官,或者强迫、欺骗他人捐献器官的,依照本法第二百三十四条、第二百三十二条的规定定罪处罚。

违背本人生前意愿摘取其尸体器官,或者本人生前未表示同意,违反国家规定,违背其近亲属意愿摘取其尸体器官的,依照本法第三百零二条的规定定罪处罚。

第二百三十五条 【过失致人重伤罪】过失伤害他人致人重伤的,处三年以下有期徒刑或者拘役。本法另有规定的,依照规定。

第二百三十六条 【强奸罪】以暴力、胁迫或者其他手段强奸妇女的,处三年以上十年以下有期徒刑。

奸淫不满十四周岁的幼女的,以强奸论,从重处罚。

强奸妇女、奸淫幼女,有下列情形之一的,处十年以上有期徒刑、无期徒刑或者死刑:

(一)强奸妇女、奸淫幼女情节恶劣的;

(二)强奸妇女、奸淫幼女多人的;

(三)在公共场所当众强奸妇女、奸淫幼女的;

(四)二人以上轮奸的;

(五)奸淫不满十周岁的幼女或者造成幼女伤害的;

(六)致使被害人重伤、死亡或者造成其他严重后果的。

第二百三十六条之一 【负有照护职责人员性侵罪】对已满十四周岁不满十六周岁的未成年女性负有监护、收养、看护、教育、医疗等特殊职责的人员,与该未成年女性发生性关系的,处三年以下有期徒刑;情节恶劣的,处三年以上十年以下有期徒刑。

有前款行为,同时又构成本法第二百三十六条规定之罪的,依照处罚较重的规定定罪处罚。

第二百三十七条 【强制猥亵、侮辱罪;猥亵儿童罪】以暴力、胁迫或者其他方法强制猥亵他人或者侮辱妇女的,处五年以下有期徒刑或者拘役。

聚众或者在公共场所当众犯前款罪的,或者有其他恶劣情节的,处五年以上有期徒刑。

猥亵儿童的,处五年以下有期徒刑;有下列情形之一的,处五年以上有期徒刑:

(一)猥亵儿童多人或者多次的;

(二)聚众猥亵儿童的,或者在公共场所当众猥亵儿童,情节恶劣的;

(三)造成儿童伤害或者其他严重后果的;

(四)猥亵手段恶劣或者有其他恶劣情节的。

第二百三十八条 【非法拘禁罪】非法拘禁他人或者以其他方法非法剥夺他人人身自由的,处三年以下有期徒刑、拘役、管制或者剥夺政治权利。具有殴打、侮辱情节的,从重处罚。

犯前款罪,致人重伤的,处三年以上十年以下有期徒刑;致人死亡的,处十年以上有期徒刑。使用暴力致人伤残、死亡的,依照本法第二百三十四条、第二百三十二条的规定定罪处罚。

为索取债务非法扣押、拘禁他人的,依照前两款的规定处罚。

国家机关工作人员利用职权犯前三款罪的,依照前三款的规定从重处罚。

第二百三十九条 【绑架罪】以勒索财物为目的绑架他人的,或者绑架他人作为人质的,处十年以上有期徒刑或者无期徒刑,并处罚金或者没收财产;情节较轻的,处五年以上十年以下有期徒刑,并处罚金。

犯前款罪,杀害被绑架人的,或者故意伤害被绑架人,致人重伤、死亡的,处无期徒刑或者死刑,并处没收财产。

以勒索财物为目的偷盗婴幼儿的,依照前两款的规定处罚。

第二百四十条 【拐卖妇女、儿童罪】拐卖妇女、儿童的,处五年以上十年以下有期徒刑,并处罚金;有下列情形之一的,处十年以上有期徒刑或者无期徒刑,并处罚金或者没收财产;情节特别严重的,处死刑,并处没收财产:

(一)拐卖妇女、儿童集团的首要分子;

(二)拐卖妇女、儿童三人以上的;

(三)奸淫被拐卖的妇女的;

(四)诱骗、强迫被拐卖的妇女卖淫或者将被拐卖的妇女卖给他人迫使其卖淫的;

(五)以出卖为目的,使用暴力、胁迫或者麻醉方法绑架妇女、儿童的;

(六)以出卖为目的,偷盗婴幼儿的;

(七)造成被拐卖的妇女、儿童或者其亲属重伤、死亡或者其他严重后果的;

(八)将妇女、儿童卖往境外的。

拐卖妇女、儿童是指以出卖为目的,有拐骗、绑架、收买、贩卖、接送、中转妇女、儿童的行为之一的。

第二百四十一条 【收买被拐卖的妇女、儿童罪;强奸罪;非法拘禁罪;故意伤害罪;侮辱罪;拐卖妇女、儿童罪】收买被拐卖的妇女、儿童的,处三年以下有期徒刑、拘役或者管制。

收买被拐卖的妇女,强行与其发生性关系的,依照本法第二百三十六条的规定定罪处罚。

收买被拐卖的妇女、儿童,非法剥夺、限制其人身自由或者有伤害、侮辱等犯罪行为的,依照本法的有关规定定罪处罚。

收买被拐卖的妇女、儿童,并有第二款、第三款规定的犯罪行为的,依照数罪并罚的规定处罚。

收买被拐卖的妇女、儿童又出卖的,依照本法第二百四十条的规定定罪处罚。

收买被拐卖的妇女、儿童,对被买儿童没有虐待行为,不阻碍对其进行解救的,可以从轻处罚;按照被买妇女的意愿,不阻碍其返回原居住地的,可以从轻或者减轻处罚。

第二百四十二条 【妨害公务罪;聚众阻碍解救被收买的妇女、儿童罪】以暴力、威胁方法阻碍国家机关工作人员解救被收买的妇女、儿童的,依照本法第二百七十七条的规定定罪处罚。

聚众阻碍国家机关工作人员解救被收买的妇女、儿童的首要分子,处五年以下有期徒刑或者拘役;其他参与者使用暴力、威胁方法的,依照前款的规定处罚。

第二百四十三条 【诬告陷害罪】捏造事实诬告陷害他人,意图使他人受刑事追究,情节严重的,处三年以下有期徒刑、拘役或者管制;造成严重后果的,处三年以上十年以下有期徒刑。

国家机关工作人员犯前款罪的,从重处罚。

不是有意诬陷,而是错告,或者检举失实的,不适用前两款的规定。

第二百四十四条 【强迫劳动罪】以暴力、威胁或者限制人身自由的方法强迫他人劳动的,处三年以下有期徒刑或者拘役,并处罚金;情节严重的,处三年以上十年以下有期徒刑,并处罚金。

明知他人实施前款行为,为其招募、运送人员或者有其他协助强迫他人劳动行为的,依照前款的规定处罚。

单位犯前两款罪的,对单位判处罚金,并对其直接负责的主管人员和其他直接责任人员,依照第一款的规定处罚。

第二百四十四条之一 【雇用童工从事危重劳动罪】违反劳动管理法规,雇用未满十六周岁的未成年人从事超强度体力劳动的,或者从事高空、井下作业的,或者在爆炸性、易燃性、放射性、毒害性等危险环境下从事劳动,情节严重的,对直接责任人员,处三年以下有期徒刑或者拘役,并处罚金;情节特别严重的,处三年以上七年以下有期徒刑,并处罚金。

有前款行为,造成事故,又构成其他犯罪的,依照数罪并罚的规定处罚。

第二百四十五条 【非法搜查罪;非法侵入住宅罪】非法搜查他人身体、住宅,或者非法侵入他人住宅的,处三年以下有期徒刑或者拘役。

司法工作人员滥用职权,犯前款罪的,从重处罚。

第二百四十六条 【侮辱罪;诽谤罪】以暴力或者其他方法公然侮辱他人或者捏造事实诽谤他人,情节严重的,处三年以下有期徒刑、拘役、管制或者剥夺政治权利。

前款罪,告诉的才处理,但是严重危害社会秩序和国家利益的除外。

通过信息网络实施第一款规定的行为,被害人向人民法院告诉,但提供证据确有困难的,人民法院可以要求公安机关提供协助。

第二百四十七条 【刑讯逼供罪;暴力取证罪】司法工作人员对犯罪嫌疑人、被告人实行刑讯逼供或者使用暴力逼取证人证言的,处三年以下有期徒刑或者拘役。致人伤残、死亡的,依照本法第二百三十四条、第二百三十二条的规定定罪从重处罚。

第二百四十八条 【虐待被监管人罪】监狱、拘留所、看守所等监管机构的监管人员对被监管人进行殴打或者体罚虐待,情节严重的,处三年以下有期徒刑或者拘役;情节特别严重的,处三年以上十年以下有期徒刑。致人伤残、死亡的,依照本法第二百三十四条、第二百三十二条的规定定罪从重处罚。

监管人员指使被监管人殴打或者体罚虐待其他被监管人的,依照前款的规定处罚。

第二百四十九条 【煽动民族仇恨、民族歧视罪】煽动民族仇恨、民族歧视,情节严重的,处三年以下有期徒刑、拘役、管制或者剥夺政治权利;情节特别严重的,处三年以上十年以下有期徒刑。

第二百五十条 【出版歧视、侮辱少数民族作品罪】在出版物中刊载歧视、侮辱少数民族的内容,情节恶劣,造成严重后果的,对直接责任人员,处三年以下有期徒刑、拘役或者管制。

第二百五十一条 【非法剥夺公民宗教信仰自由罪;侵犯少数民族风俗习惯罪】国家机关工作人员非法剥夺公民的宗教信仰自由和侵犯少数民族风俗习惯,情节严重的,处二年以下有期徒刑或者拘役。

第二百五十二条 【侵犯通信自由罪】隐匿、毁弃或者非法开拆他人信件,侵犯公民通信自由权利,情节严重的,处一年以下有期徒刑或者拘役。

第二百五十三条 【私自开拆、隐匿、毁弃邮件、电报罪;盗窃罪】邮政工作人员私自开拆或者隐匿、毁弃邮件、电报的,处二年以下有期徒刑或者拘役。

犯前款罪而窃取财物的,依照本法第二百六十四条的规定定罪从重处罚。

第二百五十三条之一 【侵犯公民个人信息罪】违反国家有关规定,向他人出售或者提供公民个人信息,情节严重的,处三年以下有期徒刑或者拘役,并处或者单处罚金;情节特别严重的,处三年以上七年以下有期徒刑,并处罚金。

违反国家有关规定,将在履行职责或者提供服务过程中获得的公民个人信息,出售或者提供给他人的,依照前款的规定从重处罚。

窃取或者以其他方法非法获取公民个人信息的,依照第一款的规定处罚。

单位犯前三款罪的,对单位判处罚金,并对其直接负责的主管人员和其他直接责任人员,依照各该款的规定处罚。

第二百五十四条 【报复陷害罪】国家机关工作人员滥用职权、假公济私,对控告人、申诉人、批评人、举报人实行报复陷害的,处二年以下有期徒刑或者拘役;情节严重的,处二年以上七年以下有期徒刑。

第二百五十五条 【打击报复会计、统计人员罪】公司、企业、事业单位、机关、团体的领导人,对依法履行职责、抵制违反会计法、统计法行为的会计、统计人员实行打击报复,情节恶劣的,处三年以下有期徒刑或者拘役。

第二百五十六条 【破坏选举罪】在选举各级人民代表大会代表和国家机关领导人员时,以暴力、威胁、欺骗、贿赂、伪造选举文件、虚报选举票数等手段破坏选举或者妨害选民和代表自由行使选举权和被选举权,情节严重的,处三年以下有期徒刑、拘役或者剥夺政治权利。

第二百五十七条 【暴力干涉婚姻自由罪】以暴力干涉他人婚姻自由的,处二年以下有期徒刑或者拘役。

犯前款罪,致使被害人死亡的,处二年以上七年以下有期徒刑。

第一款罪,告诉的才处理。

第二百五十八条 【重婚罪】有配偶而重婚的,或者明知他人有配偶而与之结婚的,处二年以下有期徒刑或者拘役。

第二百五十九条 【破坏军婚罪;强奸罪】明知是现役军人的配偶而与之同居或者结婚的,处三年以下有期徒刑或者拘役。

利用职权、从属关系,以胁迫手段奸淫现役军人的妻子的,依照本法第二百三十六条的规定定罪处罚。

第二百六十条 【虐待罪】虐待家庭成员,情节恶劣的,处二年以下有期徒刑、拘役或者管制。

犯前款罪,致使被害人重伤、死亡的,处二年以上七年以下有期徒刑。

第一款罪,告诉的才处理,但被害人没有能力告诉,或者因受到强制、威吓无法告诉的除外。

第二百六十条之一 【虐待被监护、看护人罪】对未成年人、老年人、患病的人、残疾人等负有监护、看护职责的人虐待被监护、看护的人,情节恶劣的,处三年以下有期徒刑或者拘役。

单位犯前款罪的,对单位判处罚金,并对其直接负责的主管人员和其他直接责任人员,依照前款的规定处罚。

有第一款行为,同时构成其他犯罪的,依照处罚较重的规定定罪处罚。

第二百六十一条 【遗弃罪】对于年老、年幼、患病或者其他没有独立生活能力的人,负有扶养义务而拒绝扶养,情节恶劣的,处五年以下有期徒刑、拘役或者管制。

第二百六十二条 【拐骗儿童罪】拐骗不满十四周岁的未成年人,脱离家庭或者监护人的,处五年以下有期徒刑或者拘役。

第二百六十二条之一 【组织残疾人、儿童乞讨罪】以暴力、胁迫手段组织残疾人或者不满十四周岁的未成年人乞讨的,处三年以下有期徒刑或者拘役,并处罚金;情节严重的,处三年以上七年以下有期徒刑,并处罚金。

第二百六十二条之二 【组织未成年人进行违反治安管理活动罪】组织未成年人进行盗窃、诈骗、抢夺、敲诈勒索等违反治安管理活动的,处三年以下有期徒刑或者拘役,并处罚金;情节严重的,处三年以上七年以下有期徒刑,并处罚金。

第五章 侵犯财产罪

第二百六十三条 【抢劫罪】以暴力、胁迫或者其他方法抢劫公私财物的,处三年以上十年以下有期徒刑,并处罚金;有下列情形之一的,处十年以上有期徒刑、无期徒刑或者死刑,并处罚金或者没收财产:

(一)入户抢劫的;

(二)在公共交通工具上抢劫的;

(三)抢劫银行或者其他金融机构的;

(四)多次抢劫或者抢劫数额巨大的;

(五)抢劫致人重伤、死亡的;

(六)冒充军警人员抢劫的;

(七)持枪抢劫的;

(八)抢劫军用物资或者抢险、救灾、救济物资的。

第二百六十四条 【盗窃罪】盗窃公私财物,数额较大的,或者多次盗窃、入户盗窃、携带凶器盗窃、扒窃的,处三年以下有期徒刑、拘役或者管制,并处或者单处罚金;数额巨大或者有其他严重情节的,处三年以上十年以下有期徒刑,并处罚金;数额特别巨大或者有其他特别严重情节的,处十年以上有期徒刑或者无期徒刑,并处罚金或者没收财产。

第二百六十五条 【盗窃罪】以牟利为目的,盗接他人通信线路、复制他人电信码号或者明知是盗接、复制的电信设备、设施而使用的,依照本法第二百六十四条的规定定罪处罚。

第二百六十六条 【诈骗罪】诈骗公私财物,数额较大的,处三年以下有期徒刑、拘役或者管制,并处或者单处罚金;数额巨大或者有其他严重情节的,处三年以上十年以下有期徒刑,并处罚金;数额特别巨大或者有其他特别严重情节的,处十年以上有期徒刑或者无期徒刑,并处罚金或者没收财产。本法另有规定的,依照规定。

第二百六十七条 【抢夺罪;抢劫罪】抢夺公私财物,数额较大的,或者多次抢夺的,处三年以下有期徒刑、拘役或者管制,并处或者单处罚金;数额巨大或者有其他严重情节的,处三年以上十年以下有期徒刑,并处罚金;数额特别巨大或者有其他特别严重情节的,处十年以上有期徒刑或者无期徒刑,并处罚金或者没收财产。

携带凶器抢夺的,依照本法第二百六十三条的规定定罪处罚。

第二百六十八条 【聚众哄抢罪】聚众哄抢公私财物,数额较大或者有其他严重情节的,对首要分子和积极参加的,处三年以下有期徒刑、拘役或者管制,并处罚金;数额巨大或者有其他特别严重情节的,处三年以上十年以下有期徒刑,并处罚金。

第二百六十九条 【抢劫罪】犯盗窃、诈骗、抢夺罪,为窝藏赃物、抗拒抓捕或者毁灭罪证而当场使用暴力或者以暴力相威胁的,依照本法第二百六十三条的规定定罪处罚。

第二百七十条 【侵占罪】将代为保管的他人财物非法占为己有,数额较大,拒不退还的,处二年以下有期徒刑、拘役或者罚金;数额巨大或者有其他严重情节的,处二年以上五年以下有期徒刑,并处罚金。

将他人的遗忘物或者埋藏物非法占为己有,数额较大,拒不交出的,依照前款的规定处罚。

本条罪,告诉的才处理。

第二百七十一条 【职务侵占罪;贪污罪】公司、企业或者其他单位的工作人员,利用职务上的便利,将本单位财物非法占为己有,数额较大的,处三年以下有期徒刑或者拘役,并处罚金;数额巨大的,处三年以上十年以下有期徒刑,并处罚金;数额特别巨大的,处十年以上有期徒刑或者无期徒刑,并处罚金。

国有公司、企业或者其他国有单位中从事公务的人员和国有公司、企业或者其他国有单位委派到非国有公司、企业以及其他单位从事公务的人员有前款行为的,依照本法第三百八十二条、第三百八十三条的规定定罪处罚。

第二百七十二条 【挪用资金罪;挪用公款罪】公司、企业或者其他单位的工作人员,利用职务上的便利,挪用本单位资金归个人使用或者借贷给他人,数额较大、超过三个月未还的,或者虽未超过三个月,但数额较大、进行营利活动的,或者进行非法活动的,处三年以下有期徒刑或者拘役;挪用本单位资金数额巨大的,处三年以上七年以下有期徒刑;数额特别巨大的,处七年以上有期徒刑。

国有公司、企业或者其他国有单位中从事公务的人员和国有公司、企业或者其他国有单位委派到非国有公司、企业以及其他单位从事公务的人员有前款行为的,依照本法第三百八十四条的规定定罪处罚。

有第一款行为,在提起公诉前将挪用的资金退还的,可以从轻或者减轻处罚。其中,犯罪较轻的,可以减轻或者免除处罚。

第二百七十三条 【挪用特定款物罪】挪用用于救灾、抢险、防汛、优抚、扶贫、移民、救济款物,情节严重,致使国家和人民群众利益遭受重大损害的,对直接责任人员,处三年以下有期徒刑或者拘役;情节特别严重的,处三年以上七年以下有期徒刑。

第二百七十四条 【敲诈勒索罪】敲诈勒索公私财物,数额较大或者多次敲诈勒索的,处三年以下有期徒刑、拘役或者管制,并处或者单处罚金;数额巨大或者有其他严重情节的,处三年以上十年以下有期徒刑,并处罚金;数额特别巨大或者有其他特别严重情节的,处十年以上有期徒刑,并处罚金。

第二百七十五条 【故意毁坏财物罪】故意毁坏公私财物,数额较大或者有其他严重情节的,处三年以下有期徒刑、拘役或者罚金;数额巨大或者有其他特别严重情节的,处三年以上七年以下有期徒刑。

第二百七十六条 【破坏生产经营罪】由于泄愤报复或者其他个人目的,毁坏机器设备、残害耕畜或者以其他方法破坏生产经营的,处三年以下有期徒刑、拘役或者管制;情节严重的,处三年以上七年以下有期徒刑。

第二百七十六条之一 【拒不支付劳动报酬罪】以转移财产、逃匿等方法逃避支付劳动者的劳动报酬或者有能力支付而不支付劳动者的劳动报酬,数额较大,经政府有关部门责令支付仍不支付的,处三年以下有期徒刑或者拘役,并处或者单处罚金;造成严重后果的,处三年以上七年以下有期徒刑,并处罚金。

单位犯前款罪的,对单位判处罚金,并对其直接负责的主管人员和其他直接责任人员,依照前款的规定处罚。

有前两款行为,尚未造成严重后果,在提起公诉前支付劳动者的劳动报酬,并依法承担相应赔偿责任的,可以减轻或者免除处罚。

第六章　妨害社会管理秩序罪
第一节　扰乱公共秩序罪

第二百七十七条　【妨害公务罪;袭警罪】以暴力、威胁方法阻碍国家机关工作人员依法执行职务的,处三年以下有期徒刑、拘役、管制或者罚金。

以暴力、威胁方法阻碍全国人民代表大会和地方各级人民代表大会代表依法执行代表职务的,依照前款的规定处罚。

在自然灾害和突发事件中,以暴力、威胁方法阻碍红十字会工作人员依法履行职责的,依照第一款的规定处罚。

故意阻碍国家安全机关、公安机关依法执行国家安全工作任务,未使用暴力、威胁方法,造成严重后果的,依照第一款的规定处罚。

暴力袭击正在依法执行职务的人民警察的,处三年以下有期徒刑、拘役或者管制;使用枪支、管制刀具,或者以驾驶机动车撞击等手段,严重危及其人身安全的,处三年以上七年以下有期徒刑。

第二百七十八条　【煽动暴力抗拒法律实施罪】煽动群众暴力抗拒国家法律、行政法规实施的,处三年以下有期徒刑、拘役、管制或者剥夺政治权利;造成严重后果的,处三年以上七年以下有期徒刑。

第二百七十九条　【招摇撞骗罪】冒充国家机关工作人员招摇撞骗的,处三年以下有期徒刑、拘役、管制或者剥夺政治权利;情节严重的,处三年以上十年以下有期徒刑。

冒充人民警察招摇撞骗的,依照前款的规定从重处罚。

第二百八十条　【伪造、变造、买卖国家机关公文、证件、印章罪;盗窃、抢夺、毁灭国家机关公文、证件、印章罪;伪造公司、企业、事业单位、人民团体印章罪;伪造、变造、买卖身份证件罪】伪造、变造、买卖或者盗窃、抢夺、毁灭国家机关的公文、证件、印章的,处三年以下有期徒刑、拘役、管制或者剥夺政治权利,并处罚金;情节严重的,处三年以上十年以下有期徒刑,并处罚金。

伪造公司、企业、事业单位、人民团体的印章的,处三年以下有期徒刑、拘役、管制或者剥夺政治权利,并处罚金。

伪造、变造、买卖居民身份证、护照、社会保障卡、驾驶证等依法可以用于证明身份的证件的,处三年以下有期徒刑、拘役、管制或者剥夺政治权利,并处罚金;情节严重的,处三年以上七年以下有期徒刑,并处罚金。

第二百八十条之一　【使用虚假身份证件、盗用身份证件罪】在依照国家规定应当提供身份证明的活动中,使用伪造、变造的或者盗用他人的居民身份证、护照、社会保障卡、驾驶证等依法可以用于证明身份的证件,情节严重的,处拘役或者管制,并处或者单处罚金。

有前款行为,同时构成其他犯罪的,依照处罚较重的规定定罪处罚。

第二百八十条之二　【冒名顶替罪】盗用、冒用他人身份,顶替他人取得的高等学历教育入学资格、公务员录用资格、就业安置待遇的,处三年以下有期徒刑、拘役或者管制,并处罚金。

组织、指使他人实施前款行为的,依照前款的规定从重处罚。

国家工作人员有前两款行为,又构成其他犯罪的,依照数罪并罚的规定处罚。

第二百八十一条　【非法生产、买卖警用装备罪】非法生产、买卖人民警察制式服装、车辆号牌等专用标志、警械,情节严重的,处三年以下有期徒刑、拘役或者管制,并处或者单处罚金。

单位犯前款罪的,对单位判处罚金,并对其直接负责的主管人员和其他直接责任人员,依照前款的规定处罚。

第二百八十二条 【非法获取国家秘密罪;非法持有国家绝密、机密文件、资料、物品罪】以窃取、刺探、收买方法,非法获取国家秘密的,处三年以下有期徒刑、拘役、管制或者剥夺政治权利;情节严重的,处三年以上七年以下有期徒刑。

非法持有属于国家绝密、机密的文件、资料或者其他物品,拒不说明来源与用途的,处三年以下有期徒刑、拘役或者管制。

第二百八十三条 【非法生产、销售专用间谍器材、窃听、窃照专用器材罪】非法生产、销售专用间谍器材或者窃听、窃照专用器材的,处三年以下有期徒刑、拘役或者管制,并处或者单处罚金;情节严重的,处三年以上七年以下有期徒刑,并处罚金。

单位犯前款罪的,对单位判处罚金,并对其直接负责的主管人员和其他直接责任人员,依照前款的规定处罚。

第二百八十四条 【非法使用窃听、窃照专用器材罪;考试作弊罪】非法使用窃听、窃照专用器材,造成严重后果的,处二年以下有期徒刑、拘役或者管制。

第二百八十四条之一 【组织考试作弊罪;非法出售、提供试题答案罪;代替考试罪】在法律规定的国家考试中,组织作弊的,处三年以下有期徒刑或者拘役,并处或者单处罚金;情节严重的,处三年以上七年以下有期徒刑,并处罚金。

为他人实施前款犯罪提供作弊器材或者其他帮助的,依照前款的规定处罚。

为实施考试作弊行为,向他人非法出售或者提供第一款规定的考试的试题、答案的,依照第一款的规定处罚。

代替他人或者让他人代替自己参加第一款规定的考试的,处拘役或者管制,并处或者单处罚金。

第二百八十五条 【非法侵入计算机信息系统罪;非法获取计算机信息系统数据、非法控制计算机信息系统罪;提供侵入、非法控制计算机信息系统程序、工具罪】违反国家规定,侵入国家事务、国防建设、尖端科学技术领域的计算机信息系统的,处三年以下有期徒刑或者拘役。

违反国家规定,侵入前款规定以外的计算机信息系统或者采用其他技术手段,获取该计算机信息系统中存储、处理或者传输的数据,或者对该计算机信息系统实施非法控制,情节严重的,处三年以下有期徒刑或者拘役,并处或者单处罚金;情节特别严重的,处三年以上七年以下有期徒刑,并处罚金。

提供专门用于侵入、非法控制计算机信息系统的程序、工具,或者明知他人实施侵入、非法控制计算机信息系统的违法犯罪行为而为其提供程序、工具,情节严重的,依照前款的规定处罚。

单位犯前三款罪的,对单位判处罚金,并对其直接负责的主管人员和其他直接责任人员,依照各该款的规定处罚。

第二百八十六条 【破坏计算机信息系统罪】违反国家规定,对计算机信息系统功能进行删除、修改、增加、干扰,造成计算机信息系统不能正常运行,后果严重的,处五年以下有期徒刑或者拘役;后果特别严重的,处五年以上有期徒刑。

违反国家规定,对计算机信息系统中存储、处理或者传输的数据和应用程序进行删除、修改、增加的操作,后果严重的,依照前款的规定处罚。

故意制作、传播计算机病毒等破坏性程序,影响计算机系统正常运行,后果严重的,依照第一款的规定处罚。

单位犯前三款罪的,对单位判处罚金,并对其直接负责的主管人员和其他直接责任人员,依照第一款的规定处罚。

第二百八十六条之一 【拒不履行信息网络安全管理义务罪】网络服务提供者不履行法律、行政法规规定的信息网络安全管理义务,经监管部门责令采取改正措施而拒不改正,有下列情形之一的,处三年以下有期徒刑、拘役或者管制,并处或者单处罚金:

(一)致使违法信息大量传播的;

(二)致使用户信息泄露,造成严重后果的;

(三)致使刑事案件证据灭失,情节严重的;

(四)有其他严重情节的。

单位犯前款罪的,对单位判处罚金,并对其直接负责的主管人员和其他直接责任人员,依照前款的规定处罚。

有前两款行为,同时构成其他犯罪的,依照处罚较重的规定定罪处罚。

第二百八十七条 【利用计算机实施犯罪的提示性规定】利用计算机实施金融诈骗、盗窃、贪污、挪用公款、窃取国家秘密或者其他犯罪的,依照本法有关规定定罪处罚。

第二百八十七条之一 【非法利用信息网络罪】利用信息网络实施下列行为之一,情节严重的,处三年以下有期徒刑或者拘役,并处或者单处罚金:

(一)设立用于实施诈骗、传授犯罪方法、制作或者销售违禁物品、管制物品等违法犯罪活动的网站、通讯群组的;

(二)发布有关制作或者销售毒品、枪支、淫秽物品等违禁物品、管制物品或者其他违法犯罪信息的;

(三)为实施诈骗等违法犯罪活动发布信息的。

单位犯前款罪的,对单位判处罚金,并对其直接负责的主管人员和其他直接责任人员,依照第一款的规定处罚。

有前两款行为,同时构成其他犯罪的,依照处罚较重的规定定罪处罚。

第二百八十七条之二 【帮助信息网络犯罪活动罪】明知他人利用信息网络实施犯罪,为其犯罪提供互联网接入、服务器托管、网络存储、通讯传输等技术支持,或者提供广告推广、支付结算等帮助,情节严重的,处三年以下有期徒刑或者拘役,并处或者单处罚金。

单位犯前款罪的,对单位判处罚金,并对其直接负责的主管人员和其他直接责任人员,依照第一款的规定处罚。

有前两款行为,同时构成其他犯罪的,依照处罚较重的规定定罪处罚。

第二百八十八条 【扰乱无线电管理秩序罪】违反国家规定,擅自设置、使用无线电台(站),或者擅自使用无线电频率,干扰无线电通讯秩序,情节严重的,处三年以下有期徒刑、拘役或者管制,并处或者单处罚金;情节特别严重的,处三年以上七年以下有期徒刑,并处罚金。

单位犯前款罪的,对单位判处罚金,并对其直接负责的主管人员和其他直接责任人员,依照前款的规定处罚。

第二百八十九条 【对聚众"打砸抢"行为的处理规定】聚众"打砸抢",致人伤残、死亡的,依照本法第二百三十四条、第二百三十二条的规定定罪处罚。毁坏或者抢走公私财物的,除判令退赔外,对首要分子,依照本法第二百六十三条的规定定罪处罚。

第二百九十条 【聚众扰乱社会秩序罪;聚众冲击国家机关罪;扰乱国家机关工作秩序罪;组织、资助非法聚集罪】聚众扰乱社会秩序,情节严重,致使工作、生产、营业和教学、科研、医疗无法进行,造成严重损失的,对首要分子,处三年以上七年以下有期徒刑;对其他积极参加的,处三年以下有期徒刑、拘役、管制或者剥夺政治权利。

聚众冲击国家机关,致使国家机关工作无法进行,造成严重损失的,对首要分子,处五年以上十年以下有期徒刑;对其他积极参加的,处五年以下有期徒刑、拘役、管制或者剥夺政治权利。

多次扰乱国家机关工作秩序,经行政处罚后仍不改正,造成严重后果的,处三年以下有期徒刑、拘役或者管制。

多次组织、资助他人非法聚集,扰乱社会秩序,情节严重的,依照前款的规定处罚。

第二百九十一条 【聚众扰乱公共场所秩序、交通秩序罪】聚众扰乱车站、码头、民用航空站、商场、公园、影剧院、展览会、运动场或者其他公共场所秩序,聚众堵塞交通或者破坏交通秩序,抗拒、阻碍国家治安管理工作人员依法执行职务,情节严重的,对首要分子,处五年以下有期徒刑、拘役或者管制。

第二百九十一条之一 【投放虚假危险物质罪;编造、故意传播虚假恐怖信息罪;编造、故意传播虚假信息罪】投放虚假的爆炸性、毒害性、放射性、传染病病原体等物质,或者编造爆炸威胁、生化威胁、放射威胁等恐怖信息,或者明知是编造的恐怖信息而故意传播,严重扰乱社会秩序的,处五年以下有期徒刑、拘役或者管制;造成严重后果的,处五年以上有期徒刑。

编造虚假的险情、疫情、灾情、警情,在信息网络或者其他媒体上传播,或者明知是上述虚假信息,故意在信息网络或者其他媒体上传播,严重扰乱社会秩序的,处三年以下有期徒刑、拘役或者管制;造成严重后果的,处三年以上七年以下有期徒刑。

第二百九十一条之二 【高空抛物罪】从建筑物或者其他高空抛掷物品,情节严重的,处一年以下有期徒刑、拘役或者管制,并处或者单处罚金。

有前款行为,同时构成其他犯罪的,依照处罚较重的规定定罪处罚。

第二百九十二条 【聚众斗殴罪;故意伤害罪;故意杀人罪】聚众斗殴的,对首要分子和其他积极参加的,处三年以下有期徒刑、拘役或者管制;有下列情形之一的,对首要分子和其他积极参加的,处三年以上十年以下有期徒刑:

(一)多次聚众斗殴的;

(二)聚众斗殴人数多,规模大,社会影响恶劣的;

(三)在公共场所或者交通要道聚众斗殴,造成社会秩序严重混乱的;

(四)持械聚众斗殴的。

聚众斗殴,致人重伤、死亡的,依照本法第二百三十四条、第二百三十二条的规定定罪处罚。

第二百九十三条 【寻衅滋事罪】有下列寻衅滋事行为之一,破坏社会秩序的,处五年以下有期徒刑、拘役或者管制:

(一)随意殴打他人,情节恶劣的;

(二)追逐、拦截、辱骂、恐吓他人,情节恶劣的;

(三)强拿硬要或者任意损毁、占用公私财物,情节严重的;

(四)在公共场所起哄闹事,造成公共场所秩序严重混乱的。

纠集他人多次实施前款行为,严重破坏社会秩序的,处五年以上十年以下有期徒刑,可以并处罚金。

第二百九十三条之一 【催收非法债务罪】有下列情形之一,催收高利放贷等产生的非法债务,情节严重的,处三年以下有期徒刑、拘役或者管制,并处或者单处罚金:

(一)使用暴力、胁迫方法的;

(二)限制他人人身自由或者侵入他人住宅的;

(三)恐吓、跟踪、骚扰他人的。

第二百九十四条 【组织、领导、参加黑社会性质组织罪;入境发展黑社会组织罪;包庇、纵容黑社会性质组织罪】组织、领导黑社会性质的组织的,处七年以上有期徒刑,并处没收财产;积极参加的,处三年以上七年以下有期徒刑,可以并处罚金或者没收财产;其他参加的,处三年以下有期徒刑、拘役、管制或者剥夺政治权利,可以并处罚金。

境外的黑社会组织的人员到中华人民共和国境内发展组织成员的,处三年以上十年以下有期徒刑。

国家机关工作人员包庇黑社会性质的组织,或者纵容黑社会性质的组织进行违法犯罪活动的,处五年以下有期徒刑;情节严重的,处五年以上有期徒刑。

犯前三款罪又有其他犯罪行为的,依照数罪并罚的规定处罚。

黑社会性质的组织应当同时具备以下特征:

(一)形成较稳定的犯罪组织,人数较多,有明确的组织者、领导者,骨干成员基本固定;

(二)有组织地通过违法犯罪活动或者其他手段获取经济利益,具有一定的经济实力,以支持该组织的活动;

(三)以暴力、威胁或者其他手段,有组织地多次进行违法犯罪活动,为非作恶,欺压、残害群众;

(四)通过实施违法犯罪活动,或者利用国家工作人员的包庇或者纵容,称霸一方,在一定区域或者行业内,形成非法控制或者重大影响,严重破坏经济、社会生活秩序。

第二百九十五条 【传授犯罪方法罪】传授犯罪方法的,处五年以下有期徒刑、拘役或者管制;情节严重的,处五年以上十年以下有期徒刑;情节特别严重的,处十年以上有期徒刑或者无期徒刑。

第二百九十六条 【非法集会、游行、示威罪】举行集会、游行、示威,未依照法律规定申请或者申请未获许可,或者未按照主管机关许可的起止时间、地点、路线进行,又拒不服从解散命令,严重破坏社会秩序的,对集会、游行、示威的负责人和直接责任人员,处五年以下有期徒刑、拘役、管制或者剥夺政治权利。

第二百九十七条 【非法携带武器、管制刀具、爆炸物参加集会、游行、示威罪】违反法律规定,携带武器、管制刀具或者爆炸物参加集会、游行、示威的,处三年以下有期徒刑、拘役、管制或者剥夺政治权利。

第二百九十八条 【破坏集会、游行、示威罪】扰乱、冲击或者以其他方法破坏依法举行的集会、游行、示威,造成公共秩序混乱的,处五年以下有期徒刑、拘役、管制或者剥夺政治权利。

第二百九十九条 【侮辱国旗、国徽、国歌罪】在公众场合,故意以焚烧、毁损、涂划、玷污、践踏等方式侮辱中华人民共和国国旗、国徽的，处三年以下有期徒刑、拘役、管制或者剥夺政治权利。

在公共场合，故意篡改中华人民共和国国歌歌词、曲谱，以歪曲、贬损方式奏唱国歌，或者以其他方式侮辱国歌，情节严重的，依照前款的规定处罚。

第二百九十九条之一　【侵害英雄烈士名誉、荣誉罪】侮辱、诽谤或者以其他方式侵害英雄烈士的名誉、荣誉，损害社会公共利益，情节严重的，处三年以下有期徒刑、拘役、管制或者剥夺政治权利。

第三百条　【组织、利用会道门、邪教组织、利用迷信破坏法律实施罪；组织、利用会道门、邪教组织、利用迷信致人重伤、死亡罪；强奸罪；诈骗罪】组织、利用会道门、邪教组织或者利用迷信破坏国家法律、行政法规实施的，处三年以上七年以下有期徒刑，并处罚金；情节特别严重的，处七年以上有期徒刑或者无期徒刑，并处罚金或者没收财产；情节较轻的，处三年以下有期徒刑、拘役、管制或者剥夺政治权利，并处或者单处罚金。

组织、利用会道门、邪教组织或者利用迷信蒙骗他人，致人重伤、死亡的，依照前款的规定处罚。

犯第一款罪又有奸淫妇女、诈骗财物等犯罪行为的，依照数罪并罚的规定处罚。

第三百零一条　【聚众淫乱罪；引诱未成年人聚众淫乱罪】聚众进行淫乱活动的，对首要分子或者多次参加的，处五年以下有期徒刑、拘役或者管制。

引诱未成年人参加聚众淫乱活动的，依照前款的规定从重处罚。

第三百零二条　【盗窃、侮辱、故意毁坏尸体、尸骨、骨灰罪】盗窃、侮辱、故意毁坏尸体、尸骨、骨灰的，处三年以下有期徒刑、拘役或者管制。

第三百零三条　【赌博罪；开设赌场罪；组织参与国（境）外赌博罪】以营利为目的，聚众赌博或者以赌博为业的，处三年以下有期徒刑、拘役或者管制，并处罚金。

开设赌场的，处五年以下有期徒刑、拘役或者管制，并处罚金；情节严重的，处五年以上十年以下有期徒刑，并处罚金。

组织中华人民共和国公民参与国（境）外赌博，数额巨大或者有其他严重情节的，依照前款的规定处罚。

第三百零四条　【故意延误投递邮件罪】邮政工作人员严重不负责任，故意延误投递邮件，致使公共财产、国家和人民利益遭受重大损失的，处二年以下有期徒刑或者拘役。

第二节　妨害司法罪

第三百零五条　【伪证罪】在刑事诉讼中，证人、鉴定人、记录人、翻译人对与案件有重要关系的情节，故意作虚假证明、鉴定、记录、翻译，意图陷害他人或者隐匿罪证的，处三年以下有期徒刑或者拘役；情节严重的，处三年以上七年以下有期徒刑。

第三百零六条　【辩护人、诉讼代理人毁灭证据、伪造证据、妨害作证罪】在刑事诉讼中，辩护人、诉讼代理人毁灭、伪造证据，帮助当事人毁灭、伪造证据，威胁、引诱证人违背事实改变证言或者作伪证的，处三年以下有期徒刑或者拘役；情节严重的，处三年以上七年以下有期徒刑。

辩护人、诉讼代理人提供、出示、引用的证人证言或者其他证据失实，不是有意伪造的，不属于伪造证据。

第三百零七条　【妨害作证罪；帮助毁灭、伪造证据罪】以暴力、威胁、贿买等方法阻止证人作证或者指使他人作伪证的，处三年以下有期徒刑或者拘役；情节严重的，处三年以上七年以下有期徒刑。

帮助当事人毁灭、伪造证据,情节严重的,处三年以下有期徒刑或者拘役。

司法工作人员犯前两款罪的,从重处罚。

第三百零七条之一 【虚假诉讼罪】以捏造的事实提起民事诉讼,妨害司法秩序或者严重侵害他人合法权益的,处三年以下有期徒刑、拘役或者管制,并处或者单处罚金;情节严重的,处三年以上七年以下有期徒刑,并处罚金。

单位犯前款罪的,对单位判处罚金,并对其直接负责的主管人员和其他直接责任人员,依照前款的规定处罚。

有第一款行为,非法占有他人财产或者逃避合法债务,又构成其他犯罪的,依照处罚较重的规定定罪从重处罚。

司法工作人员利用职权,与他人共同实施前三款行为的,从重处罚;同时构成其他犯罪的,依照处罚较重的规定定罪从重处罚。

第三百零八条 【打击报复证人罪】对证人进行打击报复的,处三年以下有期徒刑或者拘役;情节严重的,处三年以上七年以下有期徒刑。

第三百零八条之一 【泄露不应公开的案件信息罪;故意泄露国家秘密罪;披露、报道不应公开的案件信息罪】司法工作人员、辩护人、诉讼代理人或者其他诉讼参与人,泄露依法不公开审理的案件中不应当公开的信息,造成信息公开传播或者其他严重后果的,处三年以下有期徒刑、拘役或者管制,并处或者单处罚金。

有前款行为,泄露国家秘密的,依照本法第三百九十八条的规定定罪处罚。

公开披露、报道第一款规定的案件信息,情节严重的,依照第一款的规定处罚。

单位犯前款罪的,对单位判处罚金,并对其直接负责的主管人员和其他直接责任人员,依照第一款的规定处罚。

第三百零九条 【扰乱法庭秩序罪】有下列扰乱法庭秩序情形之一的,处三年以下有期徒刑、拘役、管制或者罚金:

(一)聚众哄闹、冲击法庭的;

(二)殴打司法工作人员或者诉讼参与人的;

(三)侮辱、诽谤、威胁司法工作人员或者诉讼参与人,不听法庭制止,严重扰乱法庭秩序的;

(四)有毁坏法庭设施,抢夺、损毁诉讼文书、证据等扰乱法庭秩序行为,情节严重的。

第三百一十条 【窝藏、包庇罪】明知是犯罪的人而为其提供隐藏处所、财物,帮助其逃匿或者作假证明包庇的,处三年以下有期徒刑、拘役或者管制;情节严重的,处三年以上十年以下有期徒刑。

犯前款罪,事前通谋的,以共同犯罪论处。

第三百一十一条 【拒绝提供间谍犯罪、恐怖主义犯罪、极端主义犯罪证据罪】明知他人有间谍犯罪或者恐怖主义、极端主义犯罪行为,在司法机关向其调查有关情况、收集有关证据时,拒绝提供,情节严重的,处三年以下有期徒刑、拘役或者管制。

第三百一十二条 【掩饰、隐瞒犯罪所得、犯罪所得收益罪】明知是犯罪所得及其产生的收益而予以窝藏、转移、收购、代为销售或者以其他方法掩饰、隐瞒的,处三年以下有期徒刑、拘役或者管制,并处或者单处罚金;情节严重的,处三年以上七年以下有期徒刑,并处罚金。

单位犯前款罪的,对单位判处罚金,并对其直接负责的主管人员和其他直接责任人员,依

照前款的规定处罚。

第三百一十三条 【拒不执行判决、裁定罪】对人民法院的判决、裁定有能力执行而拒不执行,情节严重的,处三年以下有期徒刑、拘役或者罚金;情节特别严重的,处三年以上七年以下有期徒刑,并处罚金。

单位犯前款罪的,对单位判处罚金,并对其直接负责的主管人员和其他直接责任人员,依照前款的规定处罚。

第三百一十四条 【非法处置查封、扣押、冻结的财产罪】隐藏、转移、变卖、故意毁损已被司法机关查封、扣押、冻结的财产,情节严重的,处三年以下有期徒刑、拘役或者罚金。

第三百一十五条 【破坏监管秩序罪】依法被关押的罪犯,有下列破坏监管秩序行为之一,情节严重的,处三年以下有期徒刑:

(一)殴打监管人员的;
(二)组织其他被监管人破坏监管秩序的;
(三)聚众闹事,扰乱正常监管秩序的;
(四)殴打、体罚或者指使他人殴打、体罚其他被监管人的。

第三百一十六条 【脱逃罪;劫夺被押解人员罪】依法被关押的罪犯、被告人、犯罪嫌疑人脱逃的,处五年以下有期徒刑或者拘役。

劫夺押解途中的罪犯、被告人、犯罪嫌疑人的,处三年以上七年以下有期徒刑;情节严重的,处七年以上有期徒刑。

第三百一十七条 【组织越狱罪;暴动越狱罪;聚众持械劫狱罪】组织越狱的首要分子和积极参加的,处五年以上有期徒刑;其他参加的,处五年以下有期徒刑或者拘役。

暴动越狱或者聚众持械劫狱的首要分子和积极参加的,处十年以上有期徒刑或者无期徒刑;情节特别严重的,处死刑;其他参加的,处三年以上十年以下有期徒刑。

第三节 妨害国(边)境管理罪

第三百一十八条 【组织他人偷越国(边)境罪】组织他人偷越国(边)境的,处二年以上七年以下有期徒刑,并处罚金;有下列情形之一的,处七年以上有期徒刑或者无期徒刑,并处罚金或者没收财产:

(一)组织他人偷越国(边)境集团的首要分子;
(二)多次组织他人偷越国(边)境或者组织他人偷越国(边)境人数众多的;
(三)造成被组织人重伤、死亡的;
(四)剥夺或者限制被组织人人身自由的;
(五)以暴力、威胁方法抗拒检查的;
(六)违法所得数额巨大的;
(七)有其他特别严重情节的。

犯前款罪,对被组织人有杀害、伤害、强奸、拐卖等犯罪行为,或者对检查人员有杀害、伤害等犯罪行为的,依照数罪并罚的规定处罚。

第三百一十九条 【骗取出境证件罪】以劳务输出、经贸往来或者其他名义,弄虚作假,骗取护照、签证等出境证件,为组织他人偷越国(边)境使用的,处三年以下有期徒刑,并处罚金;情节严重的,处三年以上十年以下有期徒刑,并处罚金。

单位犯前款罪的,对单位判处罚金,并对其直接负责的主管人员和其他直接责任人员,依

照前款的规定处罚。

第三百二十条 【提供伪造、变造的出入境证件罪;出售出入境证件罪】为他人提供伪造、变造的护照、签证等出入境证件,或者出售护照、签证等出入境证件的,处五年以下有期徒刑,并处罚金;情节严重的,处五年以上有期徒刑,并处罚金。

第三百二十一条 【运送他人偷越国(边)境罪】运送他人偷越国(边)境的,处五年以下有期徒刑、拘役或者管制,并处罚金;有下列情形之一的,处五年以上十年以下有期徒刑,并处罚金:

(一)多次实施运送行为或者运送人数众多的;
(二)所使用的船只、车辆等交通工具不具备必要的安全条件,足以造成严重后果的;
(三)违法所得数额巨大的;
(四)有其他特别严重情节的。

在运送他人偷越国(边)境中造成被运送人重伤、死亡,或者以暴力、威胁方法抗拒检查的,处七年以上有期徒刑,并处罚金。

犯前两款罪,对被运送人有杀害、伤害、强奸、拐卖等犯罪行为,或者对检查人员有杀害、伤害等犯罪行为的,依照数罪并罚的规定处罚。

第三百二十二条 【偷越国(边)境罪】违反国(边)境管理法规,偷越国(边)境,情节严重的,处一年以下有期徒刑、拘役或者管制,并处罚金;为参加恐怖活动组织、接受恐怖活动培训或者实施恐怖活动,偷越国(边)境的,处一年以上三年以下有期徒刑,并处罚金。

第三百二十三条 【破坏界碑、界桩罪;破坏永久性测量标志罪】故意破坏国家边境的界碑、界桩或者永久性测量标志的,处三年以下有期徒刑或者拘役。

第四节 妨害文物管理罪

第三百二十四条 【故意损毁文物罪;故意损毁名胜古迹罪;过失损毁文物罪】故意损毁国家保护的珍贵文物或者被确定为全国重点文物保护单位、省级文物保护单位的文物的,处三年以下有期徒刑或者拘役,并处或者单处罚金;情节严重的,处三年以上十年以下有期徒刑,并处罚金。

故意损毁国家保护的名胜古迹,情节严重的,处五年以下有期徒刑或者拘役,并处或者单处罚金。

过失损毁国家保护的珍贵文物或者被确定为全国重点文物保护单位、省级文物保护单位的文物,造成严重后果的,处三年以下有期徒刑或者拘役。

第三百二十五条 【非法向外国人出售、赠送珍贵文物罪】违反文物保护法规,将收藏的国家禁止出口的珍贵文物私自出售或者私自赠送给外国人的,处五年以下有期徒刑或者拘役,可以并处罚金。

单位犯前款罪的,对单位判处罚金,并对其直接负责的主管人员和其他直接责任人员,依照前款的规定处罚。

第三百二十六条 【倒卖文物罪】以牟利为目的,倒卖国家禁止经营的文物,情节严重的,处五年以下有期徒刑或者拘役,并处罚金;情节特别严重的,处五年以上十年以下有期徒刑,并处罚金。

单位犯前款罪的,对单位判处罚金,并对其直接负责的主管人员和其他直接责任人员,依照前款的规定处罚。

第三百二十七条 【非法出售、私赠文物藏品罪】违反文物保护法规,国有博物馆、图书馆等单位将国家保护的文物藏品出售或者私自送给非国有单位或者个人的,对单位判处罚金,并对其直接负责的主管人员和其他直接责任人员,处三年以下有期徒刑或者拘役。

第三百二十八条 【盗掘古文化遗址、古墓葬罪;盗掘古人类化石、古脊椎动物化石罪】盗掘具有历史、艺术、科学价值的古文化遗址、古墓葬的,处三年以上十年以下有期徒刑,并处罚金;情节较轻的,处三年以下有期徒刑、拘役或者管制,并处罚金;有下列情形之一的,处十年以上有期徒刑或者无期徒刑,并处罚金或者没收财产:

(一)盗掘确定为全国重点文物保护单位和省级文物保护单位的古文化遗址、古墓葬的;

(二)盗掘古文化遗址、古墓葬集团的首要分子;

(三)多次盗掘古文化遗址、古墓葬的;

(四)盗掘古文化遗址、古墓葬,并盗窃珍贵文物或者造成珍贵文物严重破坏的。

盗掘国家保护的具有科学价值的古人类化石和古脊椎动物化石的,依照前款的规定处罚。

第三百二十九条 【抢夺、窃取国有档案罪;擅自出卖、转让国有档案罪】抢夺、窃取国家所有的档案的,处五年以下有期徒刑或者拘役。

违反档案法的规定,擅自出卖、转让国家所有的档案,情节严重的,处三年以下有期徒刑或者拘役。

有前两款行为,同时又构成本法规定的其他犯罪的,依照处罚较重的规定定罪处罚。

第五节 危害公共卫生罪

第三百三十条 【妨害传染病防治罪】违反传染病防治法的规定,有下列情形之一,引起甲类传染病以及依法确定采取甲类传染病预防、控制措施的传染病传播或者有传播严重危险的,处三年以下有期徒刑或者拘役;后果特别严重的,处三年以上七年以下有期徒刑:

(一)供水单位供应的饮用水不符合国家规定的卫生标准的;

(二)拒绝按照疾病预防控制机构提出的卫生要求,对传染病病原体污染的污水、污物、场所和物品进行消毒处理的;

(三)准许或者纵容传染病病人、病原携带者和疑似传染病病人从事国务院卫生行政部门规定禁止从事的易使该传染病扩散的工作的;

(四)出售、运输疫区中被传染病病原体污染或者可能被传染病病原体污染的物品,未进行消毒处理的;

(五)拒绝执行县级以上人民政府、疾病预防控制机构依照传染病防治法提出的预防、控制措施的。

单位犯前款罪的,对单位判处罚金,并对其直接负责的主管人员和其他直接责任人员,依照前款的规定处罚。

甲类传染病的范围,依照《中华人民共和国传染病防治法》和国务院有关规定确定。

第三百三十一条 【传染病菌种、毒种扩散罪】从事实验、保藏、携带、运输传染病菌种、毒种的人员,违反国务院卫生行政部门的有关规定,造成传染病菌种、毒种扩散,后果严重的,处三年以下有期徒刑或者拘役;后果特别严重的,处三年以上七年以下有期徒刑。

第三百三十二条 【妨害国境卫生检疫罪】违反国境卫生检疫规定,引起检疫传染病传播或者有传播严重危险的,处三年以下有期徒刑或者拘役,并处或者单处罚金。

单位犯前款罪的,对单位判处罚金,并对其直接负责的主管人员和其他直接责任人员,依

照前款的规定处罚。

第三百三十三条 【非法组织卖血罪;强迫卖血罪;故意伤害罪】非法组织他人出卖血液的,处五年以下有期徒刑,并处罚金;以暴力、威胁方法强迫他人出卖血液,处五年以上十年以下有期徒刑,并处罚金。

有前款行为,对他人造成伤害的,依照本法第二百三十四条的规定定罪处罚。

第三百三十四条 【非法采集、供应血液、制作、供应血液制品罪;采集、供应血液、制作、供应血液制品事故罪】非法采集、供应血液或者制作、供应血液制品,不符合国家规定的标准,足以危害人体健康的,处五年以下有期徒刑或者拘役,并处罚金;对人体健康造成严重危害的,处五年以上十年以下有期徒刑,并处罚金;造成特别严重后果的,处十年以上有期徒刑或者无期徒刑,并处罚金或者没收财产。

经国家主管部门批准采集、供应血液或者制作、供应血液制品的部门,不依照规定进行检测或者违背其他操作规定,造成危害他人身体健康后果的,对单位判处罚金,并对其直接负责的主管人员和其他直接责任人员,处五年以下有期徒刑或者拘役。

第三百三十四条之一 【非法采集人类遗传资源、走私人类遗传资源材料罪】违反国家有关规定,非法采集我国人类遗传资源或者非法运送、邮寄、携带我国人类遗传资源材料出境,危害公众健康或者社会公共利益,情节严重的,处三年以下有期徒刑、拘役或者管制,并处或者单处罚金;情节特别严重的,处三年以上七年以下有期徒刑,并处罚金。

第三百三十五条 【医疗事故罪】医务人员由于严重不负责任,造成就诊人死亡或者严重损害就诊人身体健康的,处三年以下有期徒刑或者拘役。

第三百三十六条 【非法行医罪;非法进行节育手术罪】未取得医生执业资格的人非法行医,情节严重的,处三年以下有期徒刑、拘役或者管制,并处或者单处罚金;严重损害就诊人身体健康的,处三年以上十年以下有期徒刑,并处罚金;造成就诊人死亡的,处十年以上有期徒刑,并处罚金。

未取得医生执业资格的人擅自为他人进行节育复通手术、假节育手术、终止妊娠手术或者摘取宫内节育器,情节严重的,处三年以下有期徒刑、拘役或者管制,并处或者单处罚金;严重损害就诊人身体健康的,处三年以上十年以下有期徒刑,并处罚金;造成就诊人死亡的,处十年以上有期徒刑,并处罚金。

第三百三十六条之一 【非法植入基因编辑、克隆胚胎罪】将基因编辑、克隆的人类胚胎植入人体或者动物体内,或者将基因编辑、克隆的动物胚胎植入人体内,情节严重的,处三年以下有期徒刑或者拘役,并处罚金;情节特别严重的,处三年以上七年以下有期徒刑,并处罚金。

第三百三十七条 【妨害动植物防疫、检疫罪】违反有关动植物防疫、检疫的国家规定,引起重大动植物疫情的,或者有引起重大动植物疫情危险,情节严重的,处三年以下有期徒刑或者拘役,并处或者单处罚金。

单位犯前款罪的,对单位判处罚金,并对其直接负责的主管人员和其他直接责任人员,依照前款的规定处罚。

第六节 破坏环境资源保护罪

第三百三十八条 【污染环境罪】违反国家规定,排放、倾倒或者处置有放射性的废物、含传染病病原体的废物、有毒物质或者其他有害物质,严重污染环境的,处三年以下有期徒刑或者拘役,并处或者单处罚金;情节严重的,处三年以上七年以下有期徒刑,并处罚金;有下列情

形之一的,处七年以上有期徒刑,并处罚金:

(一)在饮用水水源保护区、自然保护地核心保护区等依法确定的重点保护区域排放、倾倒、处置有放射性的废物、含传染病病原体的废物、有毒物质,情节特别严重的;

(二)向国家确定的重要江河、湖泊水域排放、倾倒、处置有放射性的废物、含传染病病原体的废物、有毒物质,情节特别严重的;

(三)致使大量永久基本农田基本功能丧失或者遭受永久性破坏的;

(四)致使多人重伤、严重疾病,或者致人严重残疾、死亡的。

有前款行为,同时构成其他犯罪的,依照处罚较重的规定定罪处罚。

第三百三十九条 【非法处置进口的固体废物罪;擅自进口固体废物罪;走私废物罪】违反国家规定,将境外的固体废物进境倾倒、堆放、处置的,处五年以下有期徒刑或者拘役,并处罚金;造成重大环境污染事故,致使公私财产遭受重大损失或者严重危害人体健康的,处五年以上十年以下有期徒刑,并处罚金;后果特别严重的,处十年以上有期徒刑,并处罚金。

未经国务院有关主管部门许可,擅自进口固体废物用作原料,造成重大环境污染事故,致使公私财产遭受重大损失或者严重危害人体健康的,处五年以下有期徒刑或者拘役,并处罚金;后果特别严重的,处五年以上十年以下有期徒刑,并处罚金。

以原料利用为名,进口不能用作原料的固体废物、液态废物和气态废物的,依照本法第一百五十二条第二款、第三款的规定定罪处罚。

第三百四十条 【非法捕捞水产品罪】违反保护水产资源法规,在禁渔区、禁渔期或者使用禁用的工具、方法捕捞水产品,情节严重的,处三年以下有期徒刑、拘役、管制或者罚金。

第三百四十一条 【危害珍贵、濒危野生动物罪;非法狩猎罪;非法猎捕、收购、运输、出售陆生野生动物罪】非法猎捕、杀害国家重点保护的珍贵、濒危野生动物的,或者非法收购、运输、出售国家重点保护的珍贵、濒危野生动物及其制品的,处五年以下有期徒刑或者拘役,并处罚金;情节严重的,处五年以上十年以下有期徒刑,并处罚金;情节特别严重的,处十年以上有期徒刑,并处罚金或者没收财产。

违反狩猎法规,在禁猎区、禁猎期或者使用禁用的工具、方法进行狩猎,破坏野生动物资源,情节严重的,处三年以下有期徒刑、拘役、管制或者罚金。

违反野生动物保护管理法规,以食用为目的非法猎捕、收购、运输、出售第一款规定以外的在野外环境自然生长繁殖的陆生野生动物,情节严重的,依照前款的规定处罚。

第三百四十二条 【非法占用农用地罪】违反土地管理法规,非法占用耕地、林地等农用地,改变被占用土地用途,数量较大,造成耕地、林地等农用地大量毁坏的,处五年以下有期徒刑或者拘役,并处或者单处罚金。

第三百四十二条之一 【破坏自然保护地罪】违反自然保护地管理法规,在国家公园、国家级自然保护区进行开垦、开发活动或者修建建筑物,造成严重后果或者有其他恶劣情节的,处五年以下有期徒刑或者拘役,并处或者单处罚金。

有前款行为,同时构成其他犯罪的,依照处罚较重的规定定罪处罚。

第三百四十三条 【非法采矿罪;破坏性采矿罪】违反矿产资源法的规定,未取得采矿许可证擅自采矿,擅自进入国家规划矿区、对国民经济具有重要价值的矿区和他人矿区范围采矿,或者擅自开采国家规定实行保护性开采的特定矿种,情节严重的,处三年以下有期徒刑、拘役或者管制,并处或者单处罚金;情节特别严重的,处三年以上七年以下有期徒刑,并处罚金。

违反矿产资源法的规定,采取破坏性的开采方法开采矿产资源,造成矿产资源严重破坏的,处五年以下有期徒刑或者拘役,并处罚金。

第三百四十四条 【危害国家重点保护植物罪】违反国家规定,非法采伐、毁坏珍贵树木或者国家重点保护的其他植物的,或者非法收购、运输、加工、出售珍贵树木或者国家重点保护的其他植物及其制品的,处三年以下有期徒刑、拘役或者管制,并处罚金;情节严重的,处三年以上七年以下有期徒刑,并处罚金。

第三百四十四条之一 【非法引进、释放、丢弃外来入侵物种罪】违反国家规定,非法引进、释放或者丢弃外来入侵物种,情节严重的,处三年以下有期徒刑或者拘役,并处或者单处罚金。

第三百四十五条 【盗伐林木罪;滥伐林木罪;非法收购、运输盗伐、滥伐的林木罪】盗伐森林或者其他林木,数量较大的,处三年以下有期徒刑、拘役或者管制,并处或者单处罚金;数量巨大的,处三年以上七年以下有期徒刑,并处罚金;数量特别巨大的,处七年以上有期徒刑,并处罚金。

违反森林法的规定,滥伐森林或者其他林木,数量较大的,处三年以下有期徒刑、拘役或者管制,并处或者单处罚金;数量巨大的,处三年以上七年以下有期徒刑,并处罚金。

非法收购、运输明知是盗伐、滥伐的林木,情节严重的,处三年以下有期徒刑、拘役或者管制,并处或者单处罚金;情节特别严重的,处三年以上七年以下有期徒刑,并处罚金。

盗伐、滥伐国家级自然保护区内的森林或者其他林木的,从重处罚。

第三百四十六条 【单位犯破坏环境资源保护罪的处罚规定】单位犯本节第三百三十八条至第三百四十五条规定之罪的,对单位判处罚金,并对其直接负责的主管人员和其他直接责任人员,依照本节各该条的规定处罚。

第七节 走私、贩卖、运输、制造毒品罪

第三百四十七条 【走私、贩卖、运输、制造毒品罪】走私、贩卖、运输、制造毒品,无论数量多少,都应当追究刑事责任,予以刑事处罚。

走私、贩卖、运输、制造毒品,有下列情形之一的,处十五年有期徒刑、无期徒刑或者死刑,并处没收财产:

(一)走私、贩卖、运输、制造鸦片一千克以上、海洛因或者甲基苯丙胺五十克以上或者其他毒品数量大的;

(二)走私、贩卖、运输、制造毒品集团的首要分子;

(三)武装掩护走私、贩卖、运输、制造毒品的;

(四)以暴力抗拒检查、拘留、逮捕,情节严重的;

(五)参与有组织的国际贩毒活动的。

走私、贩卖、运输、制造鸦片二百克以上不满一千克、海洛因或者甲基苯丙胺十克以上不满五十克或者其他毒品数量较大的,处七年以上有期徒刑,并处罚金。

走私、贩卖、运输、制造鸦片不满二百克、海洛因或者甲基苯丙胺不满十克或者其他少量毒品的,处三年以下有期徒刑、拘役或者管制,并处罚金;情节严重的,处三年以上七年以下有期徒刑,并处罚金。

单位犯第二款、第三款、第四款罪的,对单位判处罚金,并对其直接负责的主管人员和其他直接责任人员,依照各该款的规定处罚。

利用、教唆未成年人走私、贩卖、运输、制造毒品,或者向未成年人出售毒品的,从重处罚。

对多次走私、贩卖、运输、制造毒品,未经处理的,毒品数量累计计算。

第三百四十八条 【非法持有毒品罪】非法持有鸦片一千克以上、海洛因或者甲基苯丙胺五十克以上或者其他毒品数量大的,处七年以上有期徒刑或者无期徒刑,并处罚金;非法持有鸦片二百克以上不满一千克、海洛因或者甲基苯丙胺十克以上不满五十克或者其他毒品数量较大的,处三年以下有期徒刑、拘役或者管制,并处罚金;情节严重的,处三年以上七年以下有期徒刑,并处罚金。

第三百四十九条 【包庇毒品犯罪分子罪;窝藏、转移、隐瞒毒品、毒赃罪】包庇走私、贩卖、运输、制造毒品的犯罪分子的,为犯罪分子窝藏、转移、隐瞒毒品或者犯罪所得的财物的,处三年以下有期徒刑、拘役或者管制;情节严重的,处三年以上十年以下有期徒刑。

缉毒人员或者其他国家机关工作人员掩护、包庇走私、贩卖、运输、制造毒品的犯罪分子的,依照前款的规定从重处罚。

犯前两款罪,事先通谋的,以走私、贩卖、运输、制造毒品罪的共犯论处。

第三百五十条 【非法生产、买卖、运输制毒物品、走私制毒物品罪】违反国家规定,非法生产、买卖、运输醋酸酐、乙醚、三氯甲烷或者其他用于制造毒品的原料、配剂,或者携带上述物品进出境,情节较重的,处三年以下有期徒刑、拘役或者管制,并处罚金;情节严重的,处三年以上七年以下有期徒刑,并处罚金;情节特别严重的,处七年以上有期徒刑,并处罚金或者没收财产。

明知他人制造毒品而为其生产、买卖、运输前款规定的物品的,以制造毒品罪的共犯论处。

单位犯前两款罪的,对单位判处罚金,并对其直接负责的主管人员和其他直接责任人员,依照前两款的规定处罚。

第三百五十一条 【非法种植毒品原植物罪】非法种植罂粟、大麻等毒品原植物的,一律强制铲除。有下列情形之一的,处五年以下有期徒刑、拘役或者管制,并处罚金:

(一)种植罂粟五百株以上不满三千株或者其他毒品原植物数量较大的;

(二)经公安机关处理后又种植的;

(三)抗拒铲除的。

非法种植罂粟三千株以上或者其他毒品原植物数量大的,处五年以上有期徒刑,并处罚金或者没收财产。

非法种植罂粟或者其他毒品原植物,在收获前自动铲除的,可以免除处罚。

第三百五十二条 【非法买卖、运输、携带、持有毒品原植物种子、幼苗罪】非法买卖、运输、携带、持有未经灭活的罂粟等毒品原植物种子或者幼苗,数量较大的,处三年以下有期徒刑、拘役或者管制,并处或者单处罚金。

第三百五十三条 【引诱、教唆、欺骗他人吸毒罪;强迫他人吸毒罪】引诱、教唆、欺骗他人吸食、注射毒品的,处三年以下有期徒刑、拘役或者管制,并处罚金;情节严重的,处三年以上七年以下有期徒刑,并处罚金。

强迫他人吸食、注射毒品的,处三年以上十年以下有期徒刑,并处罚金。

引诱、教唆、欺骗或者强迫未成年人吸食、注射毒品的,从重处罚。

第三百五十四条 【容留他人吸毒罪】容留他人吸食、注射毒品的,处三年以下有期徒刑、拘役或者管制,并处罚金。

第三百五十五条 【非法提供麻醉药品、精神药品罪】依法从事生产、运输、管理、使用国家管制的麻醉药品、精神药品的人员,违反国家规定,向吸食、注射毒品的人提供国家规定管制的能够使人形成瘾癖的麻醉药品、精神药品的,处三年以下有期徒刑或者拘役,并处罚金;情节严重的,处三年以上七年以下有期徒刑,并处罚金。向走私、贩卖毒品的犯罪分子或者以牟利为目的,向吸食、注射毒品的人提供国家规定管制的能够使人形成瘾癖的麻醉药品、精神药品的,依照本法第三百四十七条的规定定罪处罚。

单位犯前款罪的,对单位判处罚金,并对其直接负责的主管人员和其他直接责任人员,依照前款的规定处罚。

第三百五十五条之一 【防害兴奋剂管理罪】引诱、教唆、欺骗运动员使用兴奋剂参加国内、国际重大体育竞赛,或者明知运动员参加上述竞赛而向其提供兴奋剂,情节严重的,处三年以下有期徒刑或者拘役,并处罚金。

组织、强迫运动员使用兴奋剂参加国内、国际重大体育竞赛的,依照前款的规定从重处罚。

第三百五十六条 【毒品犯罪的再犯】因走私、贩卖、运输、制造、非法持有毒品罪被判过刑,又犯本节规定之罪的,从重处罚。

第三百五十七条 【毒品的范围及毒品数量的计算原则】本法所称的毒品,是指鸦片、海洛因、甲基苯丙胺(冰毒)、吗啡、大麻、可卡因以及国家规定管制的其他能够使人形成瘾癖的麻醉药品和精神药品。

毒品的数量以查证属实的走私、贩卖、运输、制造、非法持有毒品的数量计算,不以纯度折算。

第八节 组织、强迫、引诱、容留、介绍卖淫罪

第三百五十八条 【组织卖淫罪;强迫卖淫罪;协助组织卖淫罪】组织、强迫他人卖淫的,处五年以上十年以下有期徒刑,并处罚金;情节严重的,处十年以上有期徒刑或者无期徒刑,并处罚金或者没收财产。

组织、强迫未成年人卖淫的,依照前款的规定从重处罚。

犯前两款罪,并有杀害、伤害、强奸、绑架等犯罪行为的,依照数罪并罚的规定处罚。

为组织卖淫的人招募、运送人员或者有其他协助组织他人卖淫行为的,处五年以下有期徒刑,并处罚金;情节严重的,处五年以上十年以下有期徒刑,并处罚金。

第三百五十九条 【引诱、容留、介绍卖淫罪;引诱幼女卖淫罪】引诱、容留、介绍他人卖淫的,处五年以下有期徒刑、拘役或者管制,并处罚金;情节严重的,处五年以上有期徒刑,并处罚金。

引诱不满十四周岁的幼女卖淫的,处五年以上有期徒刑,并处罚金。

第三百六十条 【传播性病罪】明知自己患有梅毒、淋病等严重性病卖淫、嫖娼的,处五年以下有期徒刑、拘役或者管制,并处罚金。

第三百六十一条 【特定单位的人员组织、强迫、引诱、容留、介绍卖淫的处理规定】旅馆业、饮食服务业、文化娱乐业、出租汽车业等单位的人员,利用本单位的条件,组织、强迫、引诱、容留、介绍他人卖淫的,依照本法第三百五十八条、第三百五十九条的规定定罪处罚。

前款所列单位的主要负责人,犯前款罪的,从重处罚。

第三百六十二条 【包庇罪】旅馆业、饮食服务业、文化娱乐业、出租汽车业等单位的人员,在公安机关查处卖淫、嫖娼活动时,为违法犯罪分子通风报信,情节严重的,依照本法第三百一十条的规定定罪处罚。

第九节 制作、贩卖、传播淫秽物品罪

第三百六十三条 【制作、复制、出版、贩卖、传播淫秽物品牟利罪；为他人提供书号出版淫秽书刊罪】以牟利为目的，制作、复制、出版、贩卖、传播淫秽物品的，处三年以下有期徒刑、拘役或者管制，并处罚金；情节严重的，处三年以上十年以下有期徒刑，并处罚金；情节特别严重的，处十年以上有期徒刑或者无期徒刑，并处罚金或者没收财产。

为他人提供书号，出版淫秽书刊的，处三年以下有期徒刑、拘役或者管制，并处或者单处罚金；明知他人用于出版淫秽书刊而提供书号的，依照前款的规定处罚。

第三百六十四条 【传播淫秽物品罪；组织播放淫秽音像制品罪】传播淫秽的书刊、影片、音像、图片或者其他淫秽物品，情节严重的，处二年以下有期徒刑、拘役或者管制。

组织播放淫秽的电影、录像等音像制品的，处三年以下有期徒刑、拘役或者管制，并处罚金；情节严重的，处三年以上十年以下有期徒刑，并处罚金。

制作、复制淫秽的电影、录像等音像制品组织播放的，依照第二款的规定从重处罚。

向不满十八周岁的未成年人传播淫秽物品的，从重处罚。

第三百六十五条 【组织淫秽表演罪】组织进行淫秽表演的，处三年以下有期徒刑、拘役或者管制，并处罚金；情节严重的，处三年以上十年以下有期徒刑，并处罚金。

第三百六十六条 【单位犯本节规定之罪的处罚】单位犯本节第三百六十三条、第三百六十四条、第三百六十五条规定之罪的，对单位判处罚金，并对其直接负责的主管人员和其他直接责任人员，依照各该条的规定处罚。

第三百六十七条 【淫秽物品的范围】本法所称淫秽物品，是指具体描绘性行为或者露骨宣扬色情的诲淫性的书刊、影片、录像带、录音带、图片及其他淫秽物品。

有关人体生理、医学知识的科学著作不是淫秽物品。

包含有色情内容的有艺术价值的文学、艺术作品不视为淫秽物品。

第七章 危害国防利益罪

第三百六十八条 【阻碍军人执行职务罪；阻碍军事行动罪】以暴力、威胁方法阻碍军人依法执行职务的，处三年以下有期徒刑、拘役、管制或者罚金。

故意阻碍武装部队军事行动，造成严重后果的，处五年以下有期徒刑或者拘役。

第三百六十九条 【破坏武器装备、军事设施、军事通信罪；过失损坏武器装备、军事设施、军事通信罪】破坏武器装备、军事设施、军事通信的，处三年以下有期徒刑、拘役或者管制；破坏重要武器装备、军事设施、军事通信的，处三年以上十年以下有期徒刑；情节特别严重的，处十年以上有期徒刑、无期徒刑或者死刑。

过失犯前款罪，造成严重后果的，处三年以下有期徒刑或者拘役；造成特别严重后果的，处三年以上七年以下有期徒刑。

战时犯前两款罪的，从重处罚。

第三百七十条 【故意提供不合格武器装备、军事设施罪；过失提供不合格武器装备、军事设施罪】明知是不合格的武器装备、军事设施而提供给武装部队的，处五年以下有期徒刑或者拘役；情节严重的，处五年以上十年以下有期徒刑；情节特别严重的，处十年以上有期徒刑、无期徒刑或者死刑。

过失犯前款罪，造成严重后果的，处三年以下有期徒刑或者拘役；造成特别严重后果的，处三年以上七年以下有期徒刑。

单位犯第一款罪的,对单位判处罚金,并对其直接负责的主管人员和其他直接责任人员,依照第一款的规定处罚。

第三百七十一条 【聚众冲击军事禁区罪;聚众扰乱军事管理区秩序罪】聚众冲击军事禁区,严重扰乱军事禁区秩序的,对首要分子,处五年以上十年以下有期徒刑;对其他积极参加的,处五年以下有期徒刑、拘役、管制或者剥夺政治权利。

聚众扰乱军事管理区秩序,情节严重,致使军事管理区工作无法进行,造成严重损失的,对首要分子,处三年以上七年以下有期徒刑;对其他积极参加的,处三年以下有期徒刑、拘役、管制或者剥夺政治权利。

第三百七十二条 【冒充军人招摇撞骗罪】冒充军人招摇撞骗的,处三年以下有期徒刑、拘役、管制或者剥夺政治权利;情节严重的,处三年以上十年以下有期徒刑。

第三百七十三条 【煽动军人逃离部队罪;雇用逃离部队军人罪】煽动军人逃离部队或者明知是逃离部队的军人而雇用,情节严重的,处三年以下有期徒刑、拘役或者管制。

第三百七十四条 【接送不合格兵员罪】在征兵工作中徇私舞弊,接送不合格兵员,情节严重的,处三年以下有期徒刑或者拘役;造成特别严重后果的,处三年以上七年以下有期徒刑。

第三百七十五条 【伪造、变造、买卖武装部队公文、证件、印章罪;盗窃、抢夺武装部队公文、证件、印章罪;非法生产、买卖武装部队制式服装罪;伪造、盗窃、买卖、非法提供、非法使用武装部队专用标志罪】伪造、变造、买卖或者盗窃、抢夺武装部队公文、证件、印章的,处三年以下有期徒刑、拘役、管制或者剥夺政治权利;情节严重的,处三年以上十年以下有期徒刑。

非法生产、买卖武装部队制式服装,情节严重的,处三年以下有期徒刑、拘役或者管制,并处或者单处罚金。

伪造、盗窃、买卖或者非法提供、使用武装部队车辆号牌等专用标志,情节严重的,处三年以下有期徒刑、拘役或者管制,并处或者单处罚金;情节特别严重的,处三年以上七年以下有期徒刑,并处罚金。

单位犯第二款、第三款罪的,对单位判处罚金,并对其直接负责的主管人员和其他直接责任人员,依照各该款的规定处罚。

第三百七十六条 【战时拒绝、逃避征召、军事训练罪;战时拒绝、逃避服役罪】预备役人员战时拒绝、逃避征召或者军事训练,情节严重的,处三年以下有期徒刑或者拘役。

公民战时拒绝、逃避服役,情节严重的,处二年以下有期徒刑或者拘役。

第三百七十七条 【战时故意提供虚假敌情罪】战时故意向武装部队提供虚假敌情,造成严重后果的,处三年以上十年以下有期徒刑;造成特别严重后果的,处十年以上有期徒刑或者无期徒刑。

第三百七十八条 【战时造谣扰乱军心罪】战时造谣惑众,扰乱军心的,处三年以下有期徒刑、拘役或者管制;情节严重的,处三年以上十年以下有期徒刑。

第三百七十九条 【战时窝藏逃离部队军人罪】战时明知是逃离部队的军人而为其提供隐蔽处所、财物,情节严重的,处三年以下有期徒刑或者拘役。

第三百八十条 【战时拒绝、故意延误军事订货罪】战时拒绝或者故意延误军事订货,情节严重的,对单位判处罚金,并对其直接负责的主管人员和其他直接责任人员,处五年以下有期徒刑或者拘役;造成严重后果的,处五年以上有期徒刑。

第三百八十一条 【战时拒绝军事征收、征用罪】战时拒绝军事征收、征用,情节严重的,处三年以下有期徒刑或者拘役。

第八章　贪污贿赂罪

第三百八十二条　【贪污罪】国家工作人员利用职务上的便利，侵吞、窃取、骗取或者以其他手段非法占有公共财物的，是贪污罪。

受国家机关、国有公司、企业、事业单位、人民团体委托管理、经营国有财产的人员，利用职务上的便利，侵吞、窃取、骗取或者以其他手段非法占有国有财物的，以贪污论。

与前两款所列人员勾结，伙同贪污的，以共犯论处。

第三百八十三条　【对犯贪污罪的处罚规定】对犯贪污罪的，根据情节轻重，分别依照下列规定处罚：

（一）贪污数额较大或者有其他较重情节的，处三年以下有期徒刑或者拘役，并处罚金。

（二）贪污数额巨大或者有其他严重情节的，处三年以上十年以下有期徒刑，并处罚金或者没收财产。

（三）贪污数额特别巨大或者有其他特别严重情节的，处十年以上有期徒刑或者无期徒刑，并处罚金或者没收财产；数额特别巨大，并使国家和人民利益遭受特别重大损失的，处无期徒刑或者死刑，并处没收财产。

对多次贪污未经处理的，按照累计贪污数额处罚。

犯第一款罪，在提起公诉前如实供述自己罪行、真诚悔罪、积极退赃，避免、减少损害结果的发生，有第一项规定情形的，可以从轻、减轻或者免除处罚；有第二项、第三项规定情形的，可以从轻处罚。

犯第一款罪，有第三项规定情形被判处死刑缓期执行的，人民法院根据犯罪情节等情况可以同时决定在其死刑缓期执行二年期满依法减为无期徒刑后，终身监禁，不得减刑、假释。

第三百八十四条　【挪用公款罪】国家工作人员利用职务上的便利，挪用公款归个人使用，进行非法活动的，或者挪用公款数额较大、进行营利活动的，或者挪用公款数额较大、超过三个月未还的，是挪用公款罪，处五年以下有期徒刑或者拘役；情节严重的，处五年以上有期徒刑。挪用公款数额巨大不退还的，处十年以上有期徒刑或者无期徒刑。

挪用用于救灾、抢险、防汛、优抚、扶贫、移民、救济款物归个人使用的，从重处罚。

第三百八十五条　【受贿罪】国家工作人员利用职务上的便利，索取他人财物的，或者非法收受他人财物，为他人谋取利益的，是受贿罪。

国家工作人员在经济往来中，违反国家规定，收受各种名义的回扣、手续费，归个人所有的，以受贿论处。

第三百八十六条　【对犯受贿罪的处罚规定】对犯受贿罪的，根据受贿所得数额及情节，依照本法第三百八十三条的规定处罚。索贿的从重处罚。

第三百八十七条　【单位受贿罪】国家机关、国有公司、企业、事业单位、人民团体，索取、非法收受他人财物，为他人谋取利益，情节严重的，对单位判处罚金，并对其直接负责的主管人员和其他直接责任人员，处五年以下有期徒刑或者拘役。

前款所列单位，在经济往来中，在账外暗中收受各种名义的回扣、手续费的，以受贿论，依照前款的规定处罚。

第三百八十八条　【受贿罪】国家工作人员利用本人职权或者地位形成的便利条件，通过其他国家工作人员职务上的行为，为请托人谋取不正当利益，索取请托人财物或者收受请托人财物的,以受贿论处。

第三百八十八条之一 【利用影响力受贿罪】国家工作人员的近亲属或者其他与该国家工作人员关系密切的人,通过该国家工作人员职务上的行为,或者利用该国家工作人员职权或者地位形成的便利条件,通过其他国家工作人员职务上的行为,为请托人谋取不正当利益,索取请托人财物或者收受请托人财物,数额较大或者有其他较重情节的,处三年以下有期徒刑或者拘役,并处罚金;数额巨大或者有其他严重情节的,处三年以上七年以下有期徒刑,并处罚金;数额特别巨大或者有其他特别严重情节的,处七年以上有期徒刑,并处罚金或者没收财产。

离职的国家工作人员或者其近亲属以及其他与其关系密切的人,利用该离职的国家工作人员原职权或者地位形成的便利条件实施前款行为的,依照前款的规定定罪处罚。

第三百八十九条 【行贿罪】为谋取不正当利益,给予国家工作人员以财物的,是行贿罪。

在经济往来中,违反国家规定,给予国家工作人员以财物,数额较大的,或者违反国家规定,给予国家工作人员以各种名义的回扣、手续费的,以行贿论处。

因被勒索给予国家工作人员以财物,没有获得不正当利益的,不是行贿。

第三百九十条 【对犯行贿罪的处罚;关联行贿罪】对犯行贿罪的,处五年以下有期徒刑或者拘役,并处罚金;因行贿谋取不正当利益,情节严重的,或者使国家利益遭受重大损失的,处五年以上十年以下有期徒刑,并处罚金;情节特别严重的,或者使国家利益遭受特别重大损失的,处十年以上有期徒刑或者无期徒刑,并处罚金或者没收财产。

行贿人在被追诉前主动交待行贿行为的,可以从轻或者减轻处罚。其中,犯罪较轻的,对侦破重大案件起关键作用的,或者有重大立功表现的,可以减轻或者免除处罚。

第三百九十条之一 【对有影响力的人行贿罪】为谋取不正当利益,向国家工作人员的近亲属或者其他与该国家工作人员关系密切的人,或者向离职的国家工作人员或者其近亲属以及其他与其关系密切的人行贿的,处三年以下有期徒刑或者拘役,并处罚金;情节严重的,或者使国家利益遭受重大损失的,处三年以上七年以下有期徒刑,并处罚金;情节特别严重的,或者使国家利益遭受特别重大损失的,处七年以上十年以下有期徒刑,并处罚金。

单位犯前款罪的,对单位判处罚金,并对其直接负责的主管人员和其他直接责任人员,处三年以下有期徒刑或者拘役,并处罚金。

第三百九十一条 【对单位行贿罪】为谋取不正当利益,给予国家机关、国有公司、企业、事业单位、人民团体以财物的,或者在经济往来中,违反国家规定,给予各种名义的回扣、手续费的,处三年以下有期徒刑或者拘役,并处罚金。

单位犯前款罪的,对单位判处罚金,并对其直接负责的主管人员和其他直接责任人员,依照前款的规定处罚。

第三百九十二条 【介绍贿赂罪】向国家工作人员介绍贿赂,情节严重的,处三年以下有期徒刑或者拘役,并处罚金。

介绍贿赂人在被追诉前主动交待介绍贿赂行为的,可以减轻处罚或者免除处罚。

第三百九十三条 【单位行贿罪】单位为谋取不正当利益而行贿,或者违反国家规定,给予国家工作人员以回扣、手续费,情节严重的,对单位判处罚金,并对其直接负责的主管人员和其他直接责任人员,处五年以下有期徒刑或者拘役,并处罚金。因行贿取得的违法所得归个人所有的,依照本法第三百八十九条、第三百九十条的规定定罪处罚。

第三百九十四条 【贪污罪】国家工作人员在国内公务活动或者对外交往中接受礼物,依照国家规定应当交公而不交公,数额较大的,依照本法第三百八十二条、第三百八十三条的规定定罪处罚。

第三百九十五条 【巨额财产来源不明罪;隐瞒境外存款罪】国家工作人员的财产、支出明显超过合法收入,差额巨大的,可以责令该国家工作人员说明来源,不能说明来源的,差额部分以非法所得论,处五年以下有期徒刑或者拘役;差额特别巨大的,处五年以上十年以下有期徒刑。财产的差额部分予以追缴。

国家工作人员在境外的存款,应当依照国家规定申报。数额较大、隐瞒不报的,处二年以下有期徒刑或者拘役;情节较轻的,由其所在单位或者上级主管机关酌情给予行政处分。

第三百九十六条 【私分国有资产罪;私分罚没财物罪】国家机关、国有公司、企业、事业单位、人民团体,违反国家规定,以单位名义将国有资产集体私分给个人,数额较大的,对其直接负责的主管人员和其他直接责任人员,处三年以下有期徒刑或者拘役,并处或者单处罚金;数额巨大的,处三年以上七年以下有期徒刑,并处罚金。

司法机关、行政执法机关违反国家规定,将应当上缴国家的罚没财物,以单位名义集体私分给个人的,依照前款的规定处罚。

第九章 渎职罪

第三百九十七条 【滥用职权罪;玩忽职守罪】国家机关工作人员滥用职权或者玩忽职守,致使公共财产、国家和人民利益遭受重大损失的,处三年以下有期徒刑或者拘役;情节特别严重的,处三年以上七年以下有期徒刑。本法另有规定的,依照规定。

国家机关工作人员徇私舞弊,犯前款罪的,处五年以下有期徒刑或者拘役;情节特别严重的,处五年以上十年以下有期徒刑。本法另有规定的,依照规定。

第三百九十八条 【故意泄露国家秘密罪;过失泄露国家秘密罪】国家机关工作人员违反保守国家秘密法的规定,故意或者过失泄露国家秘密,情节严重的,处三年以下有期徒刑或者拘役;情节特别严重的,处三年以上七年以下有期徒刑。

非国家机关工作人员犯前款罪的,依照前款的规定酌情处罚。

第三百九十九条 【徇私枉法罪;民事、行政枉法裁判罪;执行判决、裁定失职罪;执行判决、裁定滥用职权罪】司法工作人员徇私枉法、徇情枉法,对明知是无罪的人而使他受追诉、对明知是有罪的人而故意包庇不使他受追诉,或者在刑事审判活动中故意违背事实和法律作枉法裁判的,处五年以下有期徒刑或者拘役;情节严重的,处五年以上十年以下有期徒刑;情节特别严重的,处十年以上有期徒刑。

在民事、行政审判活动中故意违背事实和法律作枉法裁判,情节严重的,处五年以下有期徒刑或者拘役;情节特别严重的,处五年以上十年以下有期徒刑。

在执行判决、裁定活动中,严重不负责任或者滥用职权,不依法采取诉讼保全措施、不履行法定执行职责,或者违法采取诉讼保全措施、强制执行措施,致使当事人或者其他人的利益遭受重大损失的,处五年以下有期徒刑或者拘役;致使当事人或者其他人的利益遭受特别重大损失的,处五年以上十年以下有期徒刑。

司法工作人员收受贿赂,有前三款行为的,同时又构成本法第三百八十五条规定之罪的,依照处罚较重的规定定罪处罚。

第三百九十九条之一 【枉法仲裁罪】依法承担仲裁职责的人员,在仲裁活动中故意违背事实和法律作枉法裁决,情节严重的,处三年以下有期徒刑或者拘役;情节特别严重的,处三年以上七年以下有期徒刑。

第四百条 【私放在押人员罪;失职致使在押人员脱逃罪】司法工作人员私放在押的犯罪嫌疑人、被告人或者罪犯的,处五年以下有期徒刑或者拘役;情节严重的,处五年以上十年以下有期徒刑;情节特别严重的,处十年以上有期徒刑。

司法工作人员由于严重不负责任,致使在押的犯罪嫌疑人、被告人或者罪犯脱逃,造成严重后果的,处三年以下有期徒刑或者拘役;造成特别严重后果的,处三年以上十年以下有期徒刑。

第四百零一条 【徇私舞弊减刑、假释、暂予监外执行罪】司法工作人员徇私舞弊,对不符合减刑、假释、暂予监外执行条件的罪犯,予以减刑、假释或者暂予监外执行的,处三年以下有期徒刑或者拘役;情节严重的,处三年以上七年以下有期徒刑。

第四百零二条 【徇私舞弊不移交刑事案件罪】行政执法人员徇私舞弊,对依法应当移交司法机关追究刑事责任的不移交,情节严重的,处三年以下有期徒刑或者拘役;造成严重后果的,处三年以上七年以下有期徒刑。

第四百零三条 【滥用管理公司、证券职权罪】国家有关主管部门的国家机关工作人员,徇私舞弊,滥用职权,对不符合法律规定条件的公司设立、登记申请或者股票、债券发行、上市申请,予以批准或者登记,致使公共财产、国家和人民利益遭受重大损失的,处五年以下有期徒刑或者拘役。

上级部门强令登记机关及其工作人员实施前款行为的,对其直接负责的主管人员,依照前款的规定处罚。

第四百零四条 【徇私舞弊不征、少征税款罪】税务机关的工作人员徇私舞弊,不征或者少征应征税款,致使国家税收遭受重大损失的,处五年以下有期徒刑或者拘役;造成特别重大损失的,处五年以上有期徒刑。

第四百零五条 【徇私舞弊发售发票、抵扣税款、出口退税罪;违法提供出口退税证罪】税务机关的工作人员违反法律、行政法规的规定,在办理发售发票、抵扣税款、出口退税工作中,徇私舞弊,致使国家利益遭受重大损失的,处五年以下有期徒刑或者拘役;致使国家利益遭受特别重大损失的,处五年以上有期徒刑。

其他国家机关工作人员违反国家规定,在提供出口货物报关单、出口收汇核销单等出口退税凭证的工作中,徇私舞弊,致使国家利益遭受重大损失的,依照前款的规定处罚。

第四百零六条 【国家机关工作人员签订、履行合同失职被骗罪】国家机关工作人员在签订、履行合同过程中,因严重不负责任被诈骗,致使国家利益遭受重大损失的,处三年以下有期徒刑或者拘役;致使国家利益遭受特别重大损失的,处三年以上七年以下有期徒刑。

第四百零七条 【违法发放林木采伐许可证罪】林业主管部门的工作人员违反森林法的规定,超过批准的年采伐限额发放林木采伐许可证或者违反规定滥发林木采伐许可证,情节严重,致使森林遭受严重破坏的,处三年以下有期徒刑或者拘役。

第四百零八条 【环境监管失职罪】负有环境保护监督管理职责的国家机关工作人员严重不负责任,导致发生重大环境污染事故,致使公私财产遭受重大损失或者造成人身伤亡的严重后果的,处三年以下有期徒刑或者拘役。

第四百零八条之一 【食品、药品监管渎职罪】负有食品药品安全监督管理职责的国家机关工作人员,滥用职权或者玩忽职守,有下列情形之一,造成严重后果或者有其他严重情节的,

处五年以下有期徒刑或者拘役;造成特别严重后果或者有其他特别严重情节的,处五年以上十年以下有期徒刑:

(一)瞒报、谎报食品安全事故、药品安全事件的;

(二)对发现的严重食品药品安全违法行为未按规定查处的;

(三)在药品和特殊食品审批审评过程中,对不符合条件的申请准予许可的;

(四)依法应当移交司法机关追究刑事责任不移交的;

(五)有其他滥用职权或者玩忽职守行为的。

徇私舞弊犯前款罪的,从重处罚。

第四百零九条 【传染病防治失职罪】从事传染病防治的政府卫生行政部门的工作人员严重不负责任,导致传染病传播或者流行,情节严重的,处三年以下有期徒刑或者拘役。

第四百一十条 【非法批准征收、征用、占用土地罪;非法低价出让国有土地使用权罪】国家机关工作人员徇私舞弊,违反土地管理法规,滥用职权,非法批准征收、征用、占用土地,或者非法低价出让国有土地使用权,情节严重的,处三年以下有期徒刑或者拘役;致使国家或者集体利益遭受特别重大损失的,处三年以上七年以下有期徒刑。

第四百一十一条 【放纵走私罪】海关工作人员徇私舞弊,放纵走私,情节严重的,处五年以下有期徒刑或者拘役;情节特别严重的,处五年以上有期徒刑。

第四百一十二条 【商检徇私舞弊罪;商检失职罪】国家商检部门、商检机构的工作人员徇私舞弊,伪造检验结果的,处五年以下有期徒刑或者拘役;造成严重后果的,处五年以上十年以下有期徒刑。

前款所列人员严重不负责任,对应当检验的物品不检验,或者延误检验出证、错误出证,致使国家利益遭受重大损失的,处三年以下有期徒刑或者拘役。

第四百一十三条 【动植物检疫徇私舞弊罪;动植物检疫失职罪】动植物检疫机关的检疫人员徇私舞弊,伪造检疫结果的,处五年以下有期徒刑或者拘役;造成严重后果的,处五年以上十年以下有期徒刑。

前款所列人员严重不负责任,对应当检疫的检疫物不检疫,或者延误检疫出证、错误出证,致使国家利益遭受重大损失的,处三年以下有期徒刑或者拘役。

第四百一十四条 【放纵制售伪劣商品犯罪行为罪】对生产、销售伪劣商品犯罪行为负有追究责任的国家机关工作人员,徇私舞弊,不履行法律规定的追究职责,情节严重的,处五年以下有期徒刑或者拘役。

第四百一十五条 【办理偷越国(边)境人员出入境证件罪;放行偷越国(边)境人员罪】负责办理护照、签证以及其他出入境证件的国家机关工作人员,对明知是企图偷越国(边)境的人员,予以办理出入境证件的,或者边防、海关等国家机关工作人员,对明知是偷越国(边)境的人员,予以放行的,处三年以下有期徒刑或者拘役;情节严重的,处三年以上七年以下有期徒刑。

第四百一十六条 【不解救被拐卖、绑架妇女、儿童罪;阻碍解救被拐卖、绑架妇女、儿童罪】对被拐卖、绑架的妇女、儿童负有解救职责的国家机关工作人员,接到被拐卖、绑架的妇女、儿童及其家属的解救要求或者接到其他人的举报,而对被拐卖、绑架的妇女、儿童不进行解救,造成严重后果的,处五年以下有期徒刑或者拘役。

负有解救职责的国家机关工作人员利用职务阻碍解救的,处二年以上七年以下有期徒刑;情节较轻的,处二年以下有期徒刑或者拘役。

第四百一十七条 【帮助犯罪分子逃避处罚罪】有查禁犯罪活动职责的国家机关工作人员,向犯罪分子通风报信、提供便利,帮助犯罪分子逃避处罚的,处三年以下有期徒刑或者拘役;情节严重的,处三年以上十年以下有期徒刑。

第四百一十八条 【招收公务员、学生徇私舞弊罪】国家机关工作人员在招收公务员、学生工作中徇私舞弊,情节严重的,处三年以下有期徒刑或者拘役。

第四百一十九条 【失职造成珍贵文物损毁、流失罪】国家机关工作人员严重不负责任,造成珍贵文物损毁或者流失,后果严重的,处三年以下有期徒刑或者拘役。

第十章 军人违反职责罪

第四百二十条 【军人违反职责罪的概念】军人违反职责,危害国家军事利益,依照法律应当受刑罚处罚的行为,是军人违反职责罪。

第四百二十一条 【战时违抗命令罪】战时违抗命令,对作战造成危害的,处三年以上十年以下有期徒刑;致使战斗、战役遭受重大损失的,处十年以上有期徒刑、无期徒刑或者死刑。

第四百二十二条 【隐瞒、谎报军情罪;拒传、假传军令罪】故意隐瞒、谎报军情或者拒传、假传军令,对作战造成危害的,处三年以上十年以下有期徒刑;致使战斗、战役遭受重大损失的,处十年以上有期徒刑、无期徒刑或者死刑。

第四百二十三条 【投降罪】在战场上贪生怕死,自动放下武器投降敌人的,处三年以上十年以下有期徒刑;情节严重的,处十年以上有期徒刑或者无期徒刑。

投降后为敌人效劳的,处十年以上有期徒刑、无期徒刑或者死刑。

第四百二十四条 【战时临阵脱逃罪】战时临阵脱逃的,处三年以下有期徒刑;情节严重的,处三年以上十年以下有期徒刑;致使战斗、战役遭受重大损失的,处十年以上有期徒刑、无期徒刑或者死刑。

第四百二十五条 【擅离、玩忽军事职守罪】指挥人员和值班、值勤人员擅离职守或者玩忽职守,造成严重后果的,处三年以下有期徒刑或者拘役;造成特别严重后果的,处三年以上七年以下有期徒刑。

战时犯前款罪的,处五年以上有期徒刑。

第四百二十六条 【阻碍执行军事职务罪】以暴力、威胁方法,阻碍指挥人员或者值班、值勤人员执行职务的,处五年以下有期徒刑或者拘役;情节严重的,处五年以上十年以下有期徒刑;情节特别严重的,处十年以上有期徒刑或者无期徒刑。战时从重处罚。

第四百二十七条 【指使部属违反职责罪】滥用职权,指使部属进行违反职责的活动,造成严重后果的,处五年以下有期徒刑或者拘役;情节特别严重的,处五年以上十年以下有期徒刑。

第四百二十八条 【违令作战消极罪】指挥人员违抗命令,临阵畏缩,作战消极,造成严重后果的,处五年以下有期徒刑;致使战斗、战役遭受重大损失或者有其他特别严重情节的,处五年以上有期徒刑。

第四百二十九条 【拒不救援友邻部队罪】在战场上明知友邻部队处境危急请求救援,能救援而不救援,致使友邻部队遭受重大损失的,对指挥人员,处五年以下有期徒刑。

第四百三十条 【军人叛逃罪】在履行公务期间,擅离岗位,叛逃境外或者在境外叛逃,危害国家军事利益的,处五年以下有期徒刑或者拘役;情节严重的,处五年以上有期徒刑。

驾驶航空器、舰船叛逃的,或者有其他特别严重情节的,处十年以上有期徒刑、无期徒刑或者死刑。

第四百三十一条 【非法获取军事秘密罪;为境外窃取、刺探、收买、非法提供军事秘密罪】以窃取、刺探、收买方法,非法获取军事秘密的,处五年以下有期徒刑;情节严重的,处五年以上十年以下有期徒刑;情节特别严重的,处十年以上有期徒刑。

为境外的机构、组织、人员窃取、刺探、收买、非法提供军事秘密的,处五年以上十年以下有期徒刑;情节严重的,处十年以上有期徒刑、无期徒刑或者死刑。

第四百三十二条 【故意泄露军事秘密罪;过失泄露军事秘密罪】违反保守国家秘密法规,故意或者过失泄露军事秘密,情节严重的,处五年以下有期徒刑或者拘役;情节特别严重的,处五年以上十年以下有期徒刑。

战时犯前款罪的,处五年以上十年以下有期徒刑;情节特别严重的,处十年以上有期徒刑或者无期徒刑。

第四百三十三条 【战时造谣惑众罪】战时造谣惑众,动摇军心的,处三年以下有期徒刑;情节严重的,处三年以上十年以下有期徒刑;情节特别严重的,处十年以上有期徒刑或者无期徒刑。

第四百三十四条 【战时自伤罪】战时自伤身体,逃避军事义务的,处三年以下有期徒刑;情节严重的,处三年以上七年以下有期徒刑。

第四百三十五条 【逃离部队罪】违反兵役法规,逃离部队,情节严重的,处三年以下有期徒刑或者拘役。

战时犯前款罪的,处三年以上七年以下有期徒刑。

第四百三十六条 【武器装备肇事罪】违反武器装备使用规定,情节严重,因而发生责任事故,致人重伤、死亡或者造成其他严重后果的,处三年以下有期徒刑或者拘役;后果特别严重的,处三年以上七年以下有期徒刑。

第四百三十七条 【擅自改变武器装备编配用途罪】违反武器装备管理规定,擅自改变武器装备的编配用途,造成严重后果的,处三年以下有期徒刑或者拘役;造成特别严重后果的,处三年以上七年以下有期徒刑。

第四百三十八条 【盗窃、抢夺武器装备、军用物资罪;盗窃、抢夺枪支、弹药、爆炸物、危险物质罪】盗窃、抢夺武器装备或者军用物资的,处五年以下有期徒刑或者拘役;情节严重的,处五年以上十年以下有期徒刑;情节特别严重的,处十年以上有期徒刑、无期徒刑或者死刑。

盗窃、抢夺枪支、弹药、爆炸物的,依照本法第一百二十七条的规定处罚。

第四百三十九条 【非法出卖、转让武器装备罪】非法出卖、转让军队武器装备的,处三年以上十年以下有期徒刑;出卖、转让大量武器装备或者有其他特别严重情节的,处十年以上有期徒刑、无期徒刑或者死刑。

第四百四十条 【遗弃武器装备罪】违抗命令,遗弃武器装备的,处五年以下有期徒刑或者拘役;遗弃重要或者大量武器装备的,或者有其他严重情节的,处五年以上有期徒刑。

第四百四十一条 【遗失武器装备罪】遗失武器装备,不及时报告或者有其他严重情节的,处三年以下有期徒刑或者拘役。

第四百四十二条 【擅自出卖、转让军队房地产罪】违反规定,擅自出卖、转让军队房地产,情节严重的,对直接责任人员,处三年以下有期徒刑或者拘役;情节特别严重的,处三年以上十年以下有期徒刑。

第四百四十三条 【虐待部属罪】滥用职权,虐待部属,情节恶劣,致人重伤或者造成其他严重后果的,处五年以下有期徒刑或者拘役;致人死亡的,处五年以上有期徒刑。

第四百四十四条 【遗弃伤病军人罪】在战场上故意遗弃伤病军人,情节恶劣的,对直接责任人员,处五年以下有期徒刑。

第四百四十五条 【战时拒不救治伤病军人罪】战时在救护治疗职位上,有条件救治而拒不救治危重伤病军人的,处五年以下有期徒刑或者拘役;造成伤病军人重残、死亡或者有其他严重情节的,处五年以上十年以下有期徒刑。

第四百四十六条 【战时残害居民、掠夺居民财物罪】战时在军事行动地区,残害无辜居民或者掠夺无辜居民财物的,处五年以下有期徒刑;情节严重的,处五年以上十年以下有期徒刑;情节特别严重的,处十年以上有期徒刑、无期徒刑或者死刑。

第四百四十七条 【私放俘虏罪】私放俘虏的,处五年以下有期徒刑;私放重要俘虏、私放俘虏多人或者有其他严重情节的,处五年以上有期徒刑。

第四百四十八条 【虐待俘虏罪】虐待俘虏,情节恶劣的,处三年以下有期徒刑。

第四百四十九条 【战时缓刑】在战时,对被判处三年以下有期徒刑没有现实危险宣告缓刑的犯罪军人,允许其戴罪立功,确有立功表现时,可以撤销原判刑罚,不以犯罪论处。

第四百五十条 【本章适用的主体范围】本章适用于中国人民解放军的现役军官、文职干部、士兵及具有军籍的学员和中国人民武装警察部队的现役警官、文职干部、士兵及具有军籍的学员以及文职人员、执行军事任务的预备役人员和其他人员。

第四百五十一条 【战时的概念】本章所称战时,是指国家宣布进入战争状态、部队受领作战任务或者遭敌突然袭击时。

部队执行戒严任务或者处置突发性暴力事件时,以战时论。

附则

第四百五十二条 【生效日期】本法自1997年10月1日起施行。

列于本法附件一的全国人民代表大会常务委员会制定的条例、补充规定和决定,已纳入本法或者已不适用,自本法施行之日起,予以废止。

列于本法附件二的全国人民代表大会常务委员会制定的补充规定和决定予以保留,其中,有关行政处罚和行政措施的规定继续有效;有关刑事责任的规定已纳入本法,自本法施行之日起,适用本法规定。

附件一

全国人民代表大会常务委员会制定的下列条例、补充规定和决定,已纳入本法或者已不适用,自本法施行之日起,予以废止:

1. 中华人民共和国惩治军人违反职责罪暂行条例(颁布日期:1981年06月10日)
2. 关于严惩严重破坏经济的罪犯的决定(颁布日期:1982年03月08日)
3. 关于严惩严重危害社会治安的犯罪分子的决定(颁布日期:1983年09月02日)
4. 关于惩治走私罪的补充规定(颁布日期:1988年1月21日)
5. 关于惩治贪污罪贿赂罪的补充规定(颁布日期:1988年01月21日)
6. 关于惩治泄露国家秘密犯罪的补充规定(颁布日期:1988年09月05日)
7. 关于惩治捕杀国家重点保护的珍贵、濒危野生动物犯罪的补充规定(颁布日期:1988年11月08日)

8. 关于惩治侮辱中华人民共和国国旗国徽罪的决定(颁布日期:1990年06月28日)
9. 关于惩治盗掘古文化遗址古墓葬犯罪的补充规定(颁布日期:1991年06月29日)
10. 关于惩治劫持航空器犯罪分子的决定(颁布日期:1992年12月28日)
11. 关于惩治假冒注册商标犯罪的补充规定(颁布日期:1993年02月22日)
12. 关于惩治生产、销售伪劣商品犯罪的决定(颁布日期:1993年07月02日)
13. 关于惩治侵犯著作权的犯罪的决定(颁布日期:1994年07月05日)
14. 关于惩治违反公司法的犯罪的决定(颁布日期:1995年02月28日)
15. 关于处理逃跑或者重新犯罪的劳改犯和劳教人员的决定(颁布日期:1981年06月10日)

附件二

全国人民代表大会常务委员会制定的下列补充规定和决定予以保留,其中,有关行政处罚和行政措施的规定继续有效;有关刑事责任的规定已纳入本法,自本法施行之日起,适用本法规定:

1. 关于禁毒的决定(颁布日期:1990年12月28日)
2. 关于惩治走私、制作、贩卖、传播淫秽物品的犯罪分子的决定(颁布日期:1990年12月28日)
3. 关于严惩拐卖、绑架妇女、儿童的犯罪分子的决定(颁布日期:1991年09月04日)
4. 关于严禁卖淫嫖娼的决定(颁布日期:1991年09月04日)
5. 关于惩治偷税、抗税犯罪的补充规定(颁布日期:1992年09月04日)
6. 关于严惩组织、运送他人偷越国(边)境犯罪的补充规定(颁布日期:1994年03月05日)
7. 关于惩治破坏金融秩序犯罪的决定(颁布日期:1995年06月30日)
8. 关于惩治虚开、伪造和非法出售增值税专用发票犯罪的决定(颁布日期:1995年10月30日)

参考文献

[1] 陈兴良.共同犯罪论[M].北京:中国人民大学出版社,2006.
[2] 陈兴良.教义刑法学[M].3版.北京:中国人民大学出版社,2017.
[3] 陈兴良.判例刑法学[M].3版.北京:中国人民大学出版社,2022.
[4] 陈兴良.刑法的启蒙[M].3版.北京:北京大学出版社,2018.
[5] 张明楷.犯罪构成体系与构成要件要素[M].北京:北京大学出版社,2010.
[6] 张明楷.刑法分则的解释原理[M].北京:中国人民大学出版社,2011.
[7] 张明楷.刑法学:上下册[M].6版.北京:法律出版社,2021.
[8] 张明楷.刑法格言的展开[M].3版.北京:北京大学出版社,2013.
[9] 黎宏.刑法学总论[M].2版.北京:法律出版社,2016.
[10] 黎宏.刑法学各论[M].2版.北京:法律出版社,2016.
[11] 周光权.刑法总论[M].3版.北京:中国人民大学出版社,2016.
[12] 周光权.刑法各论[M].3版.北京:中国人民大学出版社,2016.
[13] 周光权.刑法公开课:第2卷[M].北京:北京大学出版社,2020.
[14] 劳东燕.刑法基础的理论展开[M].北京:北京大学出版社,2008.
[15] 劳东燕.风险社会中的刑法:社会转型与刑法理论的变迁[M].北京:北京大学出版社,2015.
[16] 马克昌.犯罪通论[M].武汉:武汉大学出版社,2001.
[17] 马克昌.刑罚通论[M].武汉:武汉大学出版社,1999.
[18] 付立庆.刑法总论[M].北京:法律出版社,2020.
[19] 蔡桂生.构成要件论[M].北京:中国人民大学出版社,2015.
[20] 李翔.刑法:案例与图表[M].北京:北京大学出版社,2016.
[21] 杨兴培.反思与批评:中国刑法的理论与实践[M].北京:北京大学出版社,2013.
[22] 储槐植,江溯.美国刑法[M].4版.北京:北京大学出版社,2012.
[23] 罗克辛.德国刑法学总论:第一卷[M].王世洲,译.北京:法律出版社,2005.
[24] 耶塞克,魏根特.德国刑法教科书:总论[M].徐久生,译.北京:中国法制出版社,2001.
[25] 拉伦茨.法学方法论[M].陈爱娥,译.北京:商务印书馆,2003.
[26] 大谷实.刑法讲义总论[M].黎宏,译.2版.北京:中国人民大学出版社,2008.
[27] 西田典之.日本刑法总论[M].王昭武,刘明祥,译.2版.北京:法律出版社,2013.
[28] 山口厚.刑法总论[M].付立庆,译.3版.北京:中国人民大学出版社,2018.
[29] 侯德.阿什沃斯刑法原理[M].时延安,史蔚,译.北京:中国法制出版社,2019.
[30] 威尔逊.刑法理论的核心问题[M].谢望原,罗灿,王波,译.北京:中国人民大学出版社,2014.